सिनेमा और साहित्य

नाज़ी यातना शिविरों की त्रासद गाथा

सिनेमा और साहित्य

नाज़ी यातना शिविरों की त्रासद गाथा

विजय शर्मा

वाणी प्रकाशन

वाणी प्रकाशन

4695, 21-ए, दरियागंज, नयी दिल्ली 110 002

फ़ोन : +91 11 23273167 **फ़ैक्स** : +91 11 23275710

शाखाएँ

अशोक राजपथ, पटना 800 004, बिहार

कॉफ़ी हाउस कैम्पस, महात्मा गांधी मार्ग, इलाहाबाद 211 001, उत्तर प्रदेश

महात्मा गांधी अन्तरराष्ट्रीय हिन्दी विश्वविद्यालय, वर्धा 442 001, महाराष्ट्र

www.vaniprakashan.in
marketing@vaniprakashan.in
sales@vaniprakashan.in

CINEMA AUR SAHITYA
Nazi Yatna Shiviron Ki Trasad Gatha
by Vijay Sharma

ISBN : 978-93-88684-21-7
Cinema

प्रथम संस्करण 2019

मूल्य : ₹ 695

एम.एस. प्रिंटर्स, दिल्ली-110 093 में मुद्रित

वाणी प्रकाशन का लोगो मक़बूल फ़िदा हुसेन की कूची से

वे अनगिनत निर्दोष स्त्री, पुरुष और बच्चे
जो होलोकास्ट की घृणाग्नि में झोंक डाले गये
और
जो थोड़े से जीवित बच निकले,
उनको समर्पित।

Postcard 4

by *MiklósRadnóti*

his final poem, written October 31, 1944 near Szentkirályszabadja, Hungary
translated by Michael R. Burch

I toppled beside him — his body already taut,
tight as a string just before it snaps,
shot in the back of the head.
"This is how you'll end too; just lie quietly here,"
I whispered to myself, patience blossoming from dread.
"Der springtnoch auf," the voice above me jeered;
I could only dimly hear
through the congealing blood slowly sealing my ear.

Translator's note: "Der springtnoch auf" means something like "That one is still twitching."

अनुक्रम

अपनी बात

इस पुस्तक 'साहित्य और सिनेमा' को लिखना मेरे लिए आसान नहीं रहा है। तब इस कठिन काम को मैंने क्यों चुना? जब इस बात को सोचती हूँ तो उतना सरल उत्तर नहीं मिलता है। आख़िर इस विषय की ओर मैं क्यों आकर्षित हुई? क्या कारण है इस अमानवीय, क्रूर, दानवी काल की घटनाओं ने मेरा ध्यान खींचा। इन घटनाओं से मैंने क्या जाना–समझा? ये घटनाएँ मेरे अपने देश भारत से दूर, बहुत दूर घटित हुईं। सुदूर यूरोप में। होलोकास्ट से सम्बन्धित साहित्य पढ़ना और उस पर बनी हुई फ़िल्में देखना कम त्रासद नहीं है। आप यातना शिविर में न होते हुए भी उसकी अनुभूति करते हैं, उस दारुण स्थिति को पढ़ते–देखते–भोगते हैं। यहूदी लोगों पर हो रहे अत्याचार आपको हिला कर रख देते हैं। पूर्ण रूप से झकझोर देते हैं। आपकी आत्मा को झिंझोड़ देते हैं। विश्वास नहीं होता है आदमी आदमी के ऊपर ऐसा–ऐसा भयंकर अत्याचार कर सकता है। ज़िन्दा आदमी को भट्ठी में झोंक सकता है। गैस–चैम्बर में डाल कर समाप्त कर दे सकता है। उसकी हड्डियाँ मात्र अपने प्रयोग के लिए तोड़ सकता है। माँ से उसका बच्चा छीन कर मार सकता है। झूठ, आश्वस्तिकारक बातें बोल–बोल कर उसे मौत के मुँह में धकेल सकता है। ज़िन्दा आदमी को कुत्तों से चिथवा कर समाप्त कर सकता है (होलोकास्ट पर बचे हुए लोगों का साक्षात्कार ले कर बनी हुई डॉक्यूमेण्ट्री 'पैराग्राफ़ 175' में एक समलैंगिक वृद्ध व्यक्ति बताता है कैसे उसके प्रेमी जो को यातना कैम्प में 300 क़ैदियों के सामने–जिसमें वह भी शामिल था–नाज़ियों ने जर्मन अल्शेसियन कुत्तों से नोचवा कर मार डाला। होलोकास्ट से ज़िन्दा बच रही एक जिप्सी स्त्री ने बताया, उसका नाम छीन कर उसके हाथ पर जेड 6399 दाग दिया गया।) आदमी की चमड़ी, हड्डी, खोपड़ी को सजावटी सामान बना सकता है, उसकी चर्बी से साबुन बना सकता है। कोई जानवर ऐसी

पाशविक (पाशविक शब्द उचित नहीं है, आदमी जैसा कहना अधिक सही शब्द है) हरकत करता आज तक नहीं देखा गया है। इसीलिए होलोकास्ट से ज़िन्दा बचे प्रीमो लेवी ने लिखा, 'इफ़ दिस इज़ ए मैन'। किसी ने ठीक ही कहा है, नाज़ी लोगों की आत्मा मर चुकी थी और उन्होंने जिन्हें मारा उनकी आत्मा को पहले मार दिया।

शायद बचपन से अपने आसपास होता अत्याचार इसके मूल में है। मैंने पति का पत्नी पर और माता–पिता का बच्चों पर, सास–ससुर–ननद का बहू–भाभी पर, बहू का सास–ससुर पर होता अत्याचार ख़ूब देखा है। भाई–भाई को एक–दूसरे की जान लेते देखा है। लेकिन अत्याचार सदैव शारीरिक नहीं होता है, मानसिक और भावात्मक अत्याचार भी ख़ूब जम कर किया जाता है। बल्कि यही अत्याचार अधिक होता है और यह शारीरिक अत्याचार से कई गुणा अधिक दुःखदायी होता है, कहीं अधिक चोट पहुँचाता है। एक व्यक्ति का दूसरे व्यक्ति पर अत्याचार असल में अत्याचार करने वाले व्यक्ति की कमज़ोरी, उसके भय, उसकी हीनता या उच्चता ग्रन्थि को प्रदर्शित करता है, उसकी इन ग्रन्थियों का नतीज़ा होता है। अत्याचार शोषण का ऐसा नायाब तरीक़ा है जो शोषित की अस्मिता, उसके आत्मसम्मान को नष्ट करता है। जब व्यक्ति डरा होता है तो वह अत्याचार के द्वारा दहशत फैलाना चाहता है। वह भय के बल पर शासन करना चाहता है। इसीलिए नाज़ी जब हत्या करते तो दूसरे क़ैदियों को ज़बरदस्ती इसे देखने के लिए मजबूर करते थे। इसीलिए शिक्षक भरी कक्षा के सामने एक छात्र को सज़ा देता है। तानाशाही में चौराहे पर फाँसी दी जाती है। विश्वास नहीं होता है होलोकास्ट के दौरान यह सब कुछ ईसाइयों द्वारा किया गया, ईसाई समाज में किया गया। क्योंकि ईसाई धर्म सदैव दया, क्षमा की बात करता है। एक गाल पर चाँटा लगने पर दूसरा गाल सामने करने की बात करता है।

इस पुस्तक की रूपरेखा क़रीब एक दशक से बनने लगी थी। इसे लिखने में मुझे अपनी अन्य पुस्तकों की अपेक्षा बहुत अधिक समय लगा। होलोकास्ट से सम्बन्धित साहित्य बहुत पहले पढ़ना शुरू कर दिया था और आज भी यह सिलसिला जारी है। कितना कुछ और है पढ़ने को। इस विषय पर साहित्य कई प्रकार का है। भुक्तभोगियों द्वारा स्वयं लिखा साहित्य, भुक्तभोगियों के साक्षात्कार पर आधारित दूसरों का लिखा साहित्य,

दूसरों के द्वारा लिखा गया होलोकास्ट आधारित साहित्य, होलोकास्ट पर कल्पना की उड़ान वाला साहित्य। इसे और भी कई अन्य तरीक़े से विभाजित किया जा सकता है, जैसे, पोलैण्ड से आने वाला होलोकास्ट साहित्य, रूस से आने वाला होलोकास्ट साहित्य, जर्मनी से आने वाला होलोकास्ट साहित्य, यानी विभिन्न देशों, विभिन्न भाषाओं में लिखा गया होलोकास्ट साहित्य। इसी तरह इसे दो अन्य श्रेणियों में विभाजित किया जा सकता है, स्त्री द्वारा लिखा गया होलोकास्ट साहित्य क्योंकि होलोकास्ट में स्त्रियों पर अलग तरह का अत्याचार हो रहा था, स्त्रियों के अनुभव भिन्न हैं तथा पुरुष द्वारा लिखित होलोकास्ट साहित्य। एक श्रेणी बच्चों के अनुभवों पर आधारित साहित्य की हो सकती है क्योंकि बच्चे हर बात को एक अलग नज़रिए से देखते हैं, जैसे इमरे कर्टीज का लिखा 'फ़ेटलेस'। होलोकास्ट विषय पर बहुत सारा शोध साहित्य भी उपलब्ध है। उनका साहित्य जो होलोकास्ट से ज़िन्दा बचे रहे और हॉलीवुड में स्टार बने और जिन्होंने नोबेल पुरस्कार जीता।

होलोकास्ट साहित्य पढ़ना जितना त्रासद अनुभव है कई बार उससे भयंकर अनुभव है होलोकास्ट पर बनी फ़िल्म देखना। लाशों की ढ़ेरियों के विषय में पढ़ना एक बात है और लाशों की ढ़ेरियों को देखना एक भिन्न बात है। ज़िन्दा मनुष्य को जलती भट्ठी में झोंका जाना देखने के लिए बहुत हिम्मत चाहिए। कई बार फ़िल्म अधिक प्रभाव डालती है। यह चाक्षुष माध्यम है और यहाँ गीत–संगीत, पार्श्व–संगीत उसका अभिन्न हिस्सा होता है। ध्वनि, संगीत, बैकग्राउण्ड म्यूजिक, कैमरा एंगल, कैमरे की गति, कैमरे से वस्तु अथवा पात्र की नज़दीकी–दूरी, प्रकाश–रंग आदि दृश्य की सघनता बढ़ा देता है। इसलिए होलोकास्ट फ़िल्म देखना अपने आप में एक अलग, कई गुणा त्रासद अनुभव है। वैसे यह भी सही है कि फ़िल्म पात्रों को रूढ़ कर देती हैं, जबकि लिखित सामग्री पाठक की कल्पना को खुली छूट देती है।

भले ही ये घटनाएँ सुदूर यूरोप में घटीं लेकिन इसका प्रभाव सम्पूर्ण मानवता पर पड़ा। इसने साहित्य, कला, संगीत सबको प्रभावित किया। इसने यूरोप के सामाजिक, राजनीतिक, आर्थिक, धार्मिक, सांस्कृतिक ताने–बाने को छिन्न–भिन्न कर दिया। द्वितीय विश्वयुद्ध के बाद यूरोप में जो साहित्य रचा गया उसमें अनीश्वरवाद, उदासी, अस्तित्ववाद, अनास्था

की बहुलता रही और इस साहित्य का हमारे साहित्य पर भी असर हुआ। सार्त्र, कामू–काफ़्का ने भारतीय साहित्य पर भी प्रभाव डाला। भले ही भारत में यहूदी संख्या में कम हैं। भारत में प्राचीनतम सिनॉगॉग हैं। केरल में बाकायदा यहूदी बस्ती–बाज़ार, स्ट्रीट हैं। सलमान रुश्दी ने केरल के यहूदियों पर एक किताब, 'मूर्स लास्ट साई' लिख दी। स्वीडन और स्विट्ज़रलैण्ड की भाँति भारत ने भी अपने यहूदियों को नाज़ियों के हवाले नहीं किया। वैसे यह भी सत्य है कि उनसे किसी ने उनके यहूदी माँगे नहीं। लेकिन अगर माँगे होते तो हमारा उत्तर क्या होता? हम तो खुद गुलाम थे उस वक़्त। अपनी स्वतन्त्रता के लिए जूझ रहे थे। ऐसे में हमारी सरकार (ब्रिटिश सरकार) क्या करती? सामान्य जनता क्या करती? कई देशों की सामान्य जनता ने भी यहूदियों को पकड़वाने में अपनी सरकार का साथ दिया था। साथ ही कई स्थानों पर जनता ने अपने पड़ोसी यहूदियों की रक्षा की, उन्हें सुरक्षा दी। मानवता पूरी तरह से कभी नहीं मरती है, बर्बर समय में भी यह जीवित रहती है।

कई बार होलोकास्ट साहित्य पढ़ते हुए या होलोकास्ट फ़िल्म देखते हुए साँस रुकने लगती है, मुँह खुला रह जाता है। कलेजा निचुड़ने लगता है, दम घुटने लगता है। एक बार होलोकास्ट से बचे हुए लोगों पर एक शोध पुस्तक पढ़ रही थी। उसमें एक होलोकास्ट भुक्तभोगी अपने अनुभव सुना रहा था। यातना शिविर में भूख एक बहुत बड़ा मुद्दा थी। नाज़ी स्वयं तो सदा बराबर अच्छा–अच्छा खाना खाते, उम्दा किस्म की शराब पीते लेकिन क़ैदियों को भूखा रखने में उन्हें बड़ा मज़ा आता था। वे प्रयोग करके देखना चाहते थे आदमी बिना खाये कितने दिन ज़िन्दा रह सकता है। तो यह आदमी बता रहा था कि एक क़ैदी ने भूख से लाचार होकर दूसरे क़ैदी का हाथ खा लिया। पढ़ कर मेरे पेट में मरोड़ उठने लगी, मितली आने लगी। काफ़ी समय के लिए मैंने पढ़ना रोक दिया। इसी तरह फ़िल्म 'द ग्रे ज़ोन' देखते हुए कई बार रुकना पड़ा। फ़िल्म रोक देनी पड़ी क्योंकि लगता कोई कलेजा पकड़ कर निचोड़ रहा है, सिर भारी हो जाता, घूमने लगता। ऐसा कई बार हुआ, एक साँस में पूरी फ़िल्म देखना न हो सका। होलोकास्ट में जिप्सियों को भी समाप्त किया गया। एक जिप्सी लड़की के अनुभव पढ़ रही थी। उसके अनुसार उसके कैम्प की स्त्री गार्ड बहुत भयानक होती थीं खासकर वह बिन्ज़ नाम की एक अमानुष गार्ड

को याद करते हुए उसके एक दिन के कारनामे को बताती है, वे लोग चादरें सुखा रही थीं तभी एक बूढ़ी क़ैदी स्त्री फ़िसल कर गिर पड़ी। बस फिर क्या था बिन्ज़ ने उसके सिर को तब तक पैर से कूँचा जब तक कि उसका भेजा बाहर न आ गया। सोचिए यह पढ़कर मेरी क्या स्थिति हुई होगी। लेकिन बाद में यह पढ़ कर थोड़ी राहत मिली कि यह जिप्सी स्त्री सेइजा स्टोजका बाद में एक प्रसिद्ध कलाकार बनी। होलोकास्ट ने बहुत कुछ नष्ट किया लेकिन वे सब कुछ नष्ट न कर सके।

मुझे बहुत आश्चर्य होता है जब लोग हिटलर की प्रशंसा करते हैं। हिटलर की जीवनी 'मैन कॉफ़' की लाखों प्रतियाँ बिकी हैं, आगे भी बिकेंगी। मैंने लीडरशिप पर थोड़ा–सा काम किया है। वॉल्ट डिज़्नी पर पुस्तक ('वॉल्ट डिज़्नी : ऐनीमेशन का बादशाह', वाणी प्रकाशन) लिखते समय तथा एकाध लीडरशिप कोर्स चलाने के लिए लीडरशिप पर पढ़ना हुआ। इसमें शक नहीं कि हिटलर में लीडर के गुण थे। भले ही वह नकारात्मक लीडर था। अगर उसमें लीडर के गुण न होते तो भला आँख मूँद कर लोग उसकी हर बात कैसे मानते। कैसे उसे अपना आदर्श स्वीकारते, उससे मिलना अपना सौभाग्य मानते। अगर उसकी शक्ति पर भरोसा न होता तो नेताजी सुभाषचन्द्र बोस उससे सहायता लेने क्यों जाते। उस युग के न जाने कितने युवा उसके चमत्कारी रूप के सम्मोहन में थे। गुंटर ग्रास उसके प्रभाव में थे, उन्होंने बहुत बाद में इसे खुलेआम स्वीकार किया। हिटलर की अपनी एक प्रेमिका भी थी, ईवा ब्राउन और हिटलर की चहेती भतीजी थी, गेल (उसका पूरा नाम एंजेला था)। क्या वे उसके काले कारनामे नहीं जानती थीं। 'होलोकास्ट : द स्टोरी ऑफ़ द फ़ैमिली वाइस' की मार्टा और उसके पति एसएस ऑफ़िसर एरिक डोर्फ़ की भाँति बहुत लोग विश्वास करते थे कि वे एक नयी दुनिया बनाने जा रहे हैं। वे एक बड़े आन्दोलन का हिस्सा हैं, उन्हें आदेश मानना चाहिए। न्यूरम्बर्ग मुक़दमे में नाज़ी ऑफ़िसरों का कहना था उन्होंने कोई गलत काम नहीं किया वे तो केवल आदेश का पालन कर रहे थे। वे ज़िम्मेदार नहीं हैं, उन्होंने केवल हुक्म का पालन किया। कितना आसान है यह कहकर अपनी ज़िम्मेदारी से बच निकलना।

हिटलर के संगठन में अनुशासन पर बहुत बल था। जिस अनुशासन का मतलब है बिना दिल–दिमाग़ लगाये आदेशों का पालन करना, उलट

कर कभी प्रश्न न पूछना। मैं इस बात को सोच कर अक्सर काँप जाती हूँ, हमारे स्कूलों में, शिक्षण–प्रशिक्षण में अनुशासन पर इतना बल दिया जाता है। शिक्षकों की सबसे बड़ी समस्या क्लास में अनुशासन को ले कर रहती है। हम कैसी अगली पीढ़ी तैयार कर रहे हैं। जिस संगठन–संस्था में अनुशासन प्रमुख होता है आश्चर्य नहीं कि उसकी प्रगति रुक जाती है फिर भले ही उस संस्था का नाम प्रगतिशील ही क्यों न हो। प्रश्न न पूछना यथास्थिति को बनाये रखना है, बिना प्रश्न पूछे परिवर्तन–प्रगति कैसे हो सकती है। स्वतन्त्रता और अनुशासन का बड़ा गहरा सम्बन्ध है। जिस अनुशासन की बात हो रही है इसका अर्थ है, आदेश मानना, जो कहा जाये उसे आँख–कान मूँदकर करना। अनुशासन का जीवन में बड़ा महत्त्व है। एक अलग तरह का अनुशासन होता है, वैज्ञानिक जब अपने काम में लगा होता है, रचनाकार–कलाकार जब सृजन करता है, वह अनुशासन से बँधा होता है। यह अनुशासन विकल्प का अनुशासन होता है, व्यक्ति इसे स्वयं चुनता है। यह आन्तरिक अनुशासन, स्वतन्त्रता का अनुशासन होता है, गुलामी का नहीं। अनुशासन की शिक्षा का अर्थ है किसी काम के लिए प्रतिबद्धता। यह अनुशासन भय के कारण नहीं होता है, दबाव के कारण नहीं होता है। हिटलर और तानाशाहों का अनुशासन नकारात्मक अनुशासन है।

महाभारत बताता है जब महाभारत युद्ध से बहुत पहले युधिष्ठिर की ख्याति चारों ओर फैल गयी थी। वह एक कुशल राजकुमार के रूप में राज्य कर रहा था, एक क्राउन प्रिंस के रूप में। उसका यह सुशासन धृतराष्ट्र से सहन नहीं हो रहा था। तब धृतराष्ट्र ने अपने मन्त्री कणिक से अपने मन की बात कही। उसने कहा कि मैं युधिष्ठिर की ख्याति के कारण ईर्ष्या से जल रहा हूँ। मैं क्या करूँ? मन्त्री कणिक ने पहले तो माफ़ी माँगी क्योंकि वह जो कहने जा रहा था वह बहुत नकारात्मक बात थी। वह धृतराष्ट्र को भय के द्वारा शासन की सलाह देने जा रहा था। फिर उसने बताया, 'नित्यं उद्यतदण्डः स्यात्' अर्थात राजा को डण्डा उठा कर खड़े रहना चाहिए। इसके बाद कणिक ने धृतराष्ट्र को शासन करने के तमाम नकारात्मक टिप्स दिये। महाभारत में इस पर पूरा अध्याय है। अयोग्य लीडर भय दिखा कर शासन करता है।

मनुष्य एक स्वतन्त्रचेता प्राणी है। अनुशासन के नाम पर उसकी

स्वतन्त्रता का हनन उसे गुलाम बनाता है। तानाशाह के लिए गुलामी बहुत मुफ़ीद होती है। ऐसे लोग, ऐसे संगठन कभी नहीं चाहते हैं कि लोग प्रश्न पूछें। प्रश्न ऐसे लोगों को असुविधा में डालते हैं। प्रश्न उनके छद्म को उघाड़ते हैं। प्रश्न सिद्ध करते हैं कि दूसरे भी सोच रहे हैं, सोच सकते हैं। इससे तानाशाहों का वर्चस्व टूटता है। इसीलिए तानाशाह अपने लोगों और अधिकांश शिक्षक और माता–पिता अपने छात्रों और बच्चों से कहते हैं तुम मत सोचो, हम हैं न तुम्हारे लिए सोचने वाले। और कहते हैं, हम सदैव तुम्हारा भला सोचते हैं। बचपन से गुलामी के बीज पड़ जाते हैं। मैं एक प्रोफ़ेसर को जानती हूँ जो कक्षा में आते ही पहली बात कहते, 'नो बॉडी विल डिसरप्ट माई क्लास। इफ़ यू हैव एनी क्वेश्चन मीट मी आफ़्टर द क्लास।' भला कौन जायेगा प्रश्न पूछने क्लास के बाद, क्लास के बाहर। माता–पिता के पास बच्चों के प्रश्न सुनने का समय नहीं होता है, उत्तर दूर की बात है। अक्सर उत्तर कैसे दें वे नहीं जानते हैं। कई बार उन्हें सही उत्तर मालूम नहीं होते हैं। गलत उत्तर और अधिक नुक़सान पहुँचाता है। प्रश्न सुनने का धैर्य उनके पास नहीं होता है। इसलिए वे कहते हैं, 'यह बहुत प्रश्न पूछता/पूछती है।' या फिर कहते हैं, 'दिमाग़ मत चाटो।' 'जाओ जा कर खेलो।' 'मेरे पास समय नहीं है, तुम्हारी फालतू बातों का उत्तर देने के लिए।' 'मुझे और बहुत ज़रूरी काम करने हैं।'

मनोविज्ञान कहता है जिस दिन मन में प्रश्न उठने बन्द हो जाते हैं, व्यक्ति की प्रगति उसी दिन रुक जाती है, असल में उसी दिन उस मनुष्य की मृत्यु हो जाती है। जानने के लिए सवाल पूछना और असहमति में सवाल उठाना दोनों आवश्यक है। एक समय यूरोप में दोनों तरह के प्रश्न रुक गये। लोगों का प्रश्न पूछना निषिद्ध कर दिया गया। और लोगों ने प्रश्न पूछना बन्द कर दिया। जिसका नतीजा हुआ क़रीब एक हज़ार साल का अन्धकार–काल (डार्क एजेज)। चौथी शताब्दी से चौदहवीं शताब्दी तक यूरोप अन्धकार में डूबा रहा और फिर जब लोगों ने प्रश्न उठाने शुरू किये, लोग प्रश्न पूछने लगे तो यूरोप एक बार फिर जाग उठा। यह काल यूरोप का पुनर्जागरण काल कहलाता है, यूरोप फिर से प्रगति के पथ पर बढ़ चला। अन्धकार युग में किताबें जलाई जाती हैं क्योंकि किताबें प्रश्न पूछने को उकसाती हैं। 'अगोरा' फ़िल्म में लोगों को लाइब्रेरी जलाते हुए दिखाया गया है। 'फ़ेरनहाइट 451' में यही हो रहा है। होलोकास्ट से जुड़ी

फ़िल्म 'बुक थीफ़' में किताबें जलाई जा रही हैं। गुंटर ग्रास कहते हैं, मैं किताब जलाने वालों के देश से आता हूँ। किताबें जागरूक करती हैं, प्रश्न पूछने को प्रेरित करती हैं। और प्रश्न कुछ लोगों के लिए असुविधा उत्पन्न करते हैं। कहीं–कहीं किताब हाथ में लेना गुनाह माना जाता है जिसकी सज़ा मौत होती है। विक्टर ह्यूगो के उपन्यास 'हंचबैक ऑफ़ नोट्रदाम' पर आधारित इसी नाम की फ़िल्म की शुरुआत में लिख कर दिखाया गया है, 'पेरिस, फ्रांस–1480, एक डरावना अन्ध समय जब लोग विश्वास करते थे कि पृथ्वी सपाट है और ईश्वर का सत्य हस्तलिखित पार्चमेण्ट पेपर पर कैथेड्रल की लाइब्रेरी में रखा हुआ है। यह ऐसी दुनिया थी जहाँ चर्च द्वारा आधुनिक विचार प्रतिबन्धित था, मात्र छपा हुआ कागज़ हाथ में रखना अपराध था, जिसकी सज़ा मौत थी।'

तानाशाहों को ऐसे ही लोग चाहिए जो मरे हुए हों, जिनके भीतर प्रश्न न उठते हों, जो प्रश्न पूछने की हिम्मत न रखते हों। प्रश्न पूछते तानाशाहों का साम्राज्य भहराने लगता है, उनका शीराजा बिखर जाता है। लेकिन ढोल की पोल खोलने के लिए प्रश्न पूछना आवश्यक है। भारतीय परम्परा में प्रश्न पूछना एक अतिआवश्यक काम है, एक बहुत महत्त्वपूर्ण कार्य है। गुरु से अवश्य प्रश्न पूछने चाहिए तभी वास्तविक ज्ञान की प्राप्ति हो सकती है। भारत का प्राचीन साहित्य गुरु की शिक्षा पर श्रवण–मनन–निदिध्यास करते हुए उस पर निरन्तर प्रश्न पूछने की बात कहता है। और सबसे बढ़ कर स्वयं से लगातार प्रश्न पूछने चाहिए। चिन्तन–मनन के समानान्तर प्रश्न पूछना चलता रहना चाहिए। इसी परम्परा में पलने के कारण बालक नचिकेता यमराज से प्रश्न पूछता है। भारत की स्त्री प्रश्न पूछती है। जब राम गर्भवती सीता को लक्ष्मण के साथ वन भेज देते हैं तब सीता लक्ष्मण से प्रश्न पूछती है। महाभारत में भरी सभा से द्रौपदी प्रश्न करती है और किसी के पास उसके प्रश्नों का उचित उत्तर नहीं है। वह अपने पतियों से प्रश्न पूछती है, सम्राट से प्रश्न पूछती है, परिवार के वरिष्ठ–श्रेष्ठ जनों से प्रश्न पूछती है, सभासदों से प्रश्न पूछती है। चूँकि उसके प्रश्न वैध हैं और लोगों के पास उत्तर नहीं है, सबके सिर झुके हुए हैं। श्रीमद्‌भगवत्‌गीता का प्रारम्भ प्रश्न से होता है। गार्गी प्रश्न पूछे जाने के लिए जानी जाती है।

'केनोपनिषद्' प्रश्न से शुरू होता है, जिस उपनिषद् पर लिखते हुए जवाहरलाल नेहरू उसकी बहुत प्रशंसा करते हैं। उन्होंने भारत की प्रश्न

पूछने की परम्परा की दिल खोल कर प्रशंसा की। हमारे यहाँ एक उपनिषद् का नाम ही है, 'प्रश्नोपनिषद्'। मेरा अपना अनुभव कहता है सही समय पर प्रश्न न पूछना बहुत सारी मुसीबतें खड़ी करता है। प्रश्न पूछना एक कला है, जो बच्चे की शिक्षा का अंग होनी चाहिए। सवाल पूछना और सवाल उठाना। जानने के लिए, जिज्ञासावश प्रश्न पूछना, दूसरा है वैधता के लिए प्रश्न पूछना। असहमति से उठे प्रश्न। भारतीय प्राचीन शिक्षा पद्धति श्रवण–मनन–निदिध्यास की पद्धति अपनाती है इसका मतलब है, शिष्य पहले गुरु की बात सुने फिर उस पर मनन करे। मनन करते समय वह गुरु की कही एक–एक बात को तर्क की कसौटी पर कसे। इसके बाद जो खरी बात निकल कर आये उसे ग्रहण करे। यह उसका अपना ज्ञान होगा, अपनी समझ होगी, यह स्थायी होगा, मात्र कण्ठस्थ नहीं। शिक्षक ने जो कहा वो सही है अथवा नहीं इसकी जाँच आवश्यक है। यह नहीं होने पर, नहीं करने पर अन्धविश्वास पनपता है, जो बहुत ख़तरनाक है।

यहूदी एक अनुशासित नस्ल के लोग थे अतः प्रश्न नहीं पूछते थे। वे सहज विश्वासी और सहयोगी लोग थे। आपस में वे ख़ूब वाद–विवाद करते, बहस करते। यहाँ तक कि घेटो में रहते हुए भी वाद–विवाद, भाषण–प्रवचन आयोजित करते। लेकिन नाज़ियों से उन्होंने प्रश्न नहीं पूछे। अधिकांश यहूदियों को विश्वास था, होलोकास्ट जैसा कुछ नहीं हो रहा है। यह सब मात्र अफ़वाह है। यह सब अस्थायी है, जल्द ही सब ठीक, सामान्य हो जायेगा। यहूदी जलाये जा रहे हैं, मारे जा रहे हैं, यह ख़बर मिलने पर भी वे विश्वास नहीं कर रहे थे, पतिया नहीं रहे थे। यहूदी पढ़े–लिखे, कुशल कारीगर, डॉक्टर, केमिस्ट, वैज्ञानिक, बैंकर थे। उन्हें लगता था जर्मन उनके बिना अपना काम नहीं चला सकते हैं अतः उन्हें जर्मनों का सहयोग करना चाहिए। नाज़ी सेना ने उनके इसी विश्वास का फ़ायदा उठाया। चुन–चुनकर उन्हें मार डाला।

हिंसा विभिन्न प्रकार की होती है। पारिवारिक हिंसा, राजनीतिक हिंसा, धार्मिक हिंसा, सामुदायिक हिंसा, नस्लगत हिंसा, आदि, आदि। एक और तरह की हिंसा होती है, घृणा के तहत की गयी हिंसा। यह उपर्युक्त किसी भी हिंसा का हिस्सा हो सकती है। सब भावनाओं में घृणा सर्वाधिक नकारात्मक भाव है। घृणा का प्रतिफल हम अपने देश–दुनिया में बराबर देखते–भोगते रहते हैं। घृणा के तहत की गयी हिंसा सर्वाधिक

क्रूर, सर्वाधिक भयानक होती है, सर्वाधिक बर्बर होती है। घृणा आदमी को पागल बना देती है। घृणा बहुत शक्तिशाली नकारात्मक भावना है। नाज़ियों ने यहूदियों के प्रति घृणा के तहत हिंसा की। वे पागल हो गये थे अन्यथा कोई ऐसे जघन्य तरीक़ों से किसी की हत्या कैसे कर सकता है। वह भी एक, दो या दस, बीस की नहीं पूरे साठ लाख लोगों की हत्या। होलोकास्ट में बच्चों (ऑश्वित्ज) के राक्षस डॉक्टर मेन्गेल ने 1,500 जुड़वाँ बच्चों पर प्रयोग किये, मात्र 200 जुड़वाँ बच्चे बच सके। इन बचे हुए बच्चों ने आगे चल कर 'कैंडल्स' नाम से अपना ग्रुप बनाया। कैंडल्स का पूरा नाम था 'चिल्ड्रेन ऑफ़ ऑश्वित्ज नाज़ी डेडली लैब एक्सपेरिमेंट्स सर्वाइवर्स'। बूढ़ों, जवानों, स्त्रियों की बीभत्स तरीक़े से हत्या की गयी। 'द फाइनल सोल्यूशन' के तहत पूरी नस्ल का सफाया करने का प्रयास किया गया। संवेदनहीनता के साथ, बिना क्रोध के उनकी हत्या की गयी। होलोकास्ट में केवल यहूदियों को ही नहीं मारा गया। विकलांगों, बीमारों, जिप्सियों, अपराधियों, कम्युनिस्टों (1959 में बनी कोन्राड वुल्फ़ द्वारा निर्देशित बहुभाषीय संवाद वाली फ़िल्म 'स्टेर्ने' मतलब स्टार्स इसका एक उदाहरण है। यह होलोकास्ट पर शुरू में बनने वाली फ़िल्मों में से एक है।), जिप्सी (क़रीब 1.5 मिलियन जिप्सी होलोकास्ट के दौरान मारे गये।), समलैंगिकों (एक सूत्र के अनुसार क़रीब एक लाख समलैंगिक लोग पकड़े गये जिसमें से कुछ को जेल हुई। क़रीब पाँच हज़ार से पन्द्रह हज़ार को यातना कैम्प भेज दिया गया। उन्हें समलैंगिक पहचान के लिए गुलाबी त्रिकोण पहनना पड़ता था। कई बार जर्मन सैनिक ख़ुद भी इन लोगों से शारीरिक सम्बन्ध बनाते, कई बार इन पर शारीरिक अत्याचार करते। 'पैराग्राफ़ 175' इसी विषय पर बनी डॉक्यूमेण्ट्री फ़िल्म है।) लाखों लोगों का जीवन भी छीन लिया गया। किसे तय करने का अधिकार होना चाहिए, कौन जीवित रहे और कौन मारा जाये?

एक फ़िल्म का संवाद है, फ़िल्म केवल मनोरंजन, मनोरंजन और मनोरंजन होती है। लेकिन होलोकास्ट साहित्य और होलोकास्ट फ़िल्में आपका मनोरंजन नहीं करती हैं। ये मनुष्य के अस्तित्व पर प्रश्न खड़े करती हैं। आदमी की अस्मिता, उसके आत्मसम्मान की बात करती हैं। यह साहित्य, ये फ़िल्में आपके रोंगटे खड़े कर देती हैं। सोचने–समझने पर मजबूर करती हैं। प्रश्न पूछने के लिए उकसाती हैं। पाठक–दर्शक को

और अधिक संवेदनशील बनाती हैं। अपने आसपास के वातावरण के प्रति सचेत करती हैं। अन्याय को रोकने, अत्याचार का प्रतिरोध करने के लिए जागरूक करती हैं। फ़िल्म जगत में तारकोव्स्की जाना–पहचाना नाम है। उन्होंने अपने बचपन की स्मृतियों को पहले साहित्य में ढालने का प्रयास किया लेकिन जल्द ही उस प्रोजेक्ट को त्याग कर फ़िल्म का सहारा लिया। होलोकास्ट पर बनी फ़िल्म 'मिरर' को एक बार में देखकर समझना आसान नहीं है। इस फ़िल्म को कम–से–कम दो बार अवश्य देखना होगा। निर्देशक अतीत–वर्तमान, यथार्थ–कल्पना तथा श्वेत–श्याम–रंगीन में लगातार आवाजाही करता है। द्वितीय विश्वयुद्ध से जुड़ी इस फ़िल्म में उन्होंने एक ही अभिनेत्री–मार्गरीटा तेरेखोवा को अपनी माँ और अपनी पत्नी के रूप में प्रस्तुत किया है। साथ ही इस फ़िल्म में तारकोव्स्की ने अपने पिता की कविताओं का भी उपयोग किया है। यह फ़िल्म दर्शक को एक–दूसरे लोक में ले जाती है, उसे सोचने–समझने, चिन्तन–मनन के लिए प्रेरित करती है।

इस पुस्तक को तैयार करने में बहुत लोगों का सहयोग रहा है। सबसे पहले उन लेखकों–प्रकाशकों का आभार जिन्हें मैंने पढ़ा। कभी पूरी किताब पढ़ी, कभी सरसरी तौर पर देखा। 'नाइट' (एली विसेल), 'द डायरी ऑफ़ ऐन फ्रैंक' (ऐन फ्रैंक), 'द जू कीपर्स वाइफ़' (डायने एकरमैन), 'सरवाइवल इन ऑश्वित्ज' (प्रीमो लेवी), 'फ़ेटलेस' (इमरे कर्टीज), 'एंग्लो–ज्युइश वीमेन राइटिंग होलोकास्ट' (फ़िलिस लैसनर), 'चिल्ड्रेन राइटिंग द होलोकास्ट' (सु वाइस), 'होलोकास्ट टेस्टिमोनीज' (लॉरेंस एल. लैंगर), 'इनडेलिबल शैडोज' (एनेट इन्सडोर्फ़), 'द रोटलेज हिस्ट्री ऑफ़ द होलोकास्ट' (सं. जोनाथन सी. फ्राइडमैन), 'व्यायजिंग द वोइड' (सारा आर, होरोविट्ज), 'टिन ड्रम' (गुंटर ग्रास), 'सोफ़ीज च्वाइस' (विलियम स्टाइरॉन), 'ऑश्वित्जः ए डॉक्टर्स आईविटनेस एकाउण्ट' (मिक्लोस निस्ज्ली), 'शिंडलर्स लिस्ट' (थॉमस केनीली), 'एक्जोड्स' (लियोन यूरिस) और भी कई। 'राइस एण्ड फ़ॉल ऑफ़ थर्ड राइक' अभी तक नहीं पढ़ पायी हूँ। पढ़ने का मन है।

उन फ़िल्म निर्देशकों का धन्यवाद होलोकास्ट पर बनायी जिनकी फ़िल्में देखीं, उन पर लिखा। होलोकास्ट पर बनी बहुत सारी फ़िल्में देखीं, कुछ अभी देखनी बाकी हैं। मगर सब पर नहीं लिखा, ज़रूरत भी नहीं है। किताब के लिए कहीं तो फुलस्टॉप लगाना था। कुछ फ़िल्में देखीं

मगर उन पर लिखने का मन नहीं किया। ये फ़िल्में ख़राब नहीं हैं। कई तो बहुत अच्छी हैं। मगर इन फ़िल्मों का मेरी संवेदना से ताल–मेल नहीं बैठा। 'द हाइडिंग प्लेस' उनमें से एक है। यह एक बहुत डीसेंट फ़िल्म है। एक 'फ़ेथ–ग्रुप' द्वारा निर्मित यह फ़िल्म कोरी बूम के संस्मरण पर आधारित है जिसका स्क्रीनप्ले एलान स्लोअन तथा लॉरेंस होल्बेन ने तैयार किया है। बूम परिवार यहूदी नहीं है। एमस्टरडैम में रहने वाला यह परिवार कैथोलिक ईसाई भी नहीं है। ये लोग डच कैल्वनिस्ट–प्रोटेस्टेन ईसाई हैं। जीसेस क्राइस्ट पर इनकी असीम भक्ति है। यहूदियों की सुरक्षा ये लोग किसी प्रतिरोध अथवा अन्य किसी कारण से नहीं करते हैं केवल अपने धर्म की बात मान कर करते हैं। चूँकि गॉस्पल में कहा गया है, किसी ज़रूरतमन्द के लिए अपने घर का दरवाज़ा बन्द करने का मतलब जीसेस क्राइस्ट के लिए दरवाज़ा बन्द करना है। इसीलिए यह परिवार एक यहूदी बच्चे को छिपा कर सुरक्षा देता है। लेकिन भेद खुल जाता है और पूरा परिवार गिरफ़्तार करके रैवेंसब्रुक के यातना शिविर में पहुँचा दिया जाता है। जेम्स एफ़. कोलियर निर्देशित इस फ़िल्म में मात्र कोरी को छोड़कर सब होलोकास्ट की भेंट चढ़ जाते हैं। कोरी का अपने ईश्वर पर अटल विश्वास है, उसकी बहन बेट्सी भी समाप्त होती है। दोनों बहनें दारुण पीड़ा भोगती हैं। फ़िल्म यातना कैम्प की क्रूरताओं को भी दिखाती है और आस्था के बल पर उन्हें सहन करने की शक्ति को भी दिखाती है। प्रीमो लेवी ने लिखा है, जो ईश्वर में विश्वास रखते थे, वे बेहतर जीए। एक वास्तविक व्यक्ति, एक कैथोलिक फ़ादर मैक्सीमिलिअन भी ऑश्वित्ज की सारी यातना जीसेस और मेरी पर विश्वास रखते हुए झेलते रहे जब तक कि उन्हें नाज़ियों ने लेथल इंजेक्शन दे कर मार नहीं डाला।

एक और फ़िल्म है 'कापो' इसमें सुसैन स्ट्रासबर्ग ने 1[illegible] साल की यहूदी युवती की भूमिका की है। गिलो पोंटेकोर्वो द्वारा निर्देशित इस फ़िल्म में यह युवती यहूदी होने के कारण यातना शिविर में पहुँचा दी गयी है जहाँ जीवित रहने और अच्छा खाने–पहनने के लालच में वह समझौता करती है। नाज़ी सैनिकों से सम्बन्ध बनाती है और उसकी सहायता से यहूदी क़ैदियों पर शासन करने लगती है। फ्रेंच–इटैलियन सहयोग से बनी यह फ़िल्म देखने में अच्छी है पर...। इसी तरह 'लास्ट मैट्रो', 'सोआह', 'द करेजियस हार्ट ऑफ़ एरिना सेण्डलर', 'हिटलर : द राइज ऑफ़ इविल',

'ब्लैक थर्सडे', 'द वार ज़ोन', 'बुक थीफ़', 'इन डार्कनेस', 'पॉन ब्रोकर', 'नाइट पोर्टर' आदि होलोकास्ट से जुड़ी फ़िल्में देखीं, ये अच्छी फ़िल्में हैं।

जब भी होलोकास्ट फ़िल्मों की बात होती है, 'शिंडलर्स लिस्ट' को सूची में सबसे ऊपर रखा जाता है। लेकिन होलोकास्ट फ़िल्मों की मेरी सूची में यह नम्बर वन नहीं है। मेरी सूची में जो होलोकास्ट फ़िल्में शीर्ष पर आती हैं, वे हैं, 'द पियानिस्ट', 'सोफ़ीज' च्वाइस', 'सनशाइन', 'द ग्रे ज़ोन'। क्यों मुझे ये होलोकास्ट फ़िल्में सर्वोत्तम लगती हैं, यह पुस्तक के भीतर दर्ज है।

होलोकास्ट साहित्य तथा फ़िल्मों पर काफ़ी सामग्री इण्टरनेट से मिली। इण्टरनेट बनाने वालों और इसकी साइट पर होलोकास्ट सामग्री अपलोड करने वालों का शुक्रिया। कृतज्ञता प्रो. सत्य चैतन्य के प्रति जिनके धैर्य तथा सहायता के बिना यह कार्य सम्भव न होता। अब बेटी अनघा बड़ी हो गयी है कई बार इस किताब की बाबत उससे चर्चा, मशविरा किया, उसे प्यार। वाणी प्रकाशन की अदिति माहेश्वरी–गोयल का धन्यवाद, जिन्होंने प्रोजेक्ट की बात सुन कर इसे प्रकाशित करने में उत्साह दिखाया। प्रकाशन के बाद पुस्तक पाठकों की होगी, उन्हें एडवांस में धन्यवाद।

विजय शर्मा

तिरुवोणम
जमशेदपुर
2017

होलोकास्ट : सिनेमा, त्रासदी और जिजीविषा

'A movie is a dramatic interpretation of history and the maker is the bearer of the historical truth.'

–Oliver Stone

आदमी इतिहास बनाता है मगर वह इससे कुछ सीखता नहीं है। इसीलिए इतिहास स्वयं को दोहराता है और आदमी बार–बार उन्हीं हादसों, उन्हीं त्रासदियों से गुज़रने को अभिशप्त होता रहता है। आदमी का आदमी के प्रति क्रूर व्यवहार के लेखे–जोखे से इतिहास भरा हुआ है। प्राचीन काल से ले कर अब तक आदमी को आदमी के द्वारा दास बनाया जाना, समय–समय पर आक्रमणकारी शासकों द्वारा क़त्लेआम, गाँव, शहर, बस्ती–की–बस्ती जला देना, उजाड़ देना, खड़ी फ़सल रौंद देना, उसमें आग लगा देना, स्त्रियों, बच्चों, वृद्धों, लाचारों के साथ अत्याचार–बलात्कार, सैनिकों द्वारा अगली नस्लों को संकर बना देना, पूरी–की–पूरी नस्ल, जाति का सफाया कर देना, धर्म के नाम पर लोगों की हत्या करना, उन्हें ज़िन्दा जला देना, डायन कह कर किसी की ज़िन्दगी समाप्त कर डालना, दूसरी नस्ल–धर्म के लोगों को आग की भट्ठी में झोंक देना, दूसरी विचारधारा के लोगों को देश–बदर करना आदि घटनाओं से इतिहास भरा हुआ है। मगर ये सारे कुकर्म और क्रूर कर्म पासंग बराबर भी नहीं ठहरते हैं, जब हम होलोकास्ट की बात करते हैं। होलोकास्ट के भुक्तभोगी विक्टर फ्रैंकल लिखते हैं, 'कोई भी सपना कितना भी भयंकर क्यों न हो, यातना शिविर की हमारे आसपास की सच्चाई से भयंकर नहीं हो सकता है।' और होलोकास्ट हुआ सोची–समझी, जानी–बूझी योजना के तहत। चालीस यातना शिविर की स्थापना कर के एक व्यक्ति के आदेश और तमाम लोगों की सहमति से यहूदियों, दासों, जिप्सियों, कम्युनिस्टों तथा समलैंगिकों को गैर–ज़रूरी

घोषित करके नष्ट कर डाला गया। आदमी को सताने के विभिन्न औजारों का ईजाद, गैस–चैम्बर, घातक सूइयाँ, जीवित आदमी, औरतों तथा बच्चों पर तरह–तरह के भयंकर प्रयोग, क्या नहीं किया गया होलोकास्ट के भयानक काल के दौरान।

होलोकास्ट मनुष्यता के चेहरे पर बदनुमा दाग है जिसे किसी भी तरह मिटाया नहीं जा सकता है। हिटलर मर चुका है। जर्मनी फिर से एकीकृत हो चुका है परन्तु दुःखद बात यह है कि आज भी होलोकास्ट समाप्त नहीं हुआ है। किसी–न–किसी रूप में दुनिया के विभिन्न हिस्सों में आज भी जारी है। पॉल पोट अभी हाल की घटना है, रुआंडा अभी हमारी यादों में ताज़ा है। नादिरशाह का क़त्लेआम होलोकास्ट के सामने बहुत बौना नज़र आता है। होलोकास्ट शब्द दो ग्रीक शब्दों का मेल है, जिसमें 'होलो' का अर्थ होता है, पूर्ण तथा 'कस्टोस' पद, जलाना क्रिया के लिए प्रयोग होता है। यह शब्द धार्मिक क्रिया–कलाप में प्रयुक्त होता है, जहाँ अग्नि को आहुति दी जाती है, जैसे हवन में विभिन्न सामग्रियों को डाला जाता है। लेकिन आज यह शब्द अपने इस अर्थ में प्रयुक्त नहीं होता है। आज इसका अर्थ रूढ़ हो गया है। आज इस शब्द का अर्थ बड़ी संख्या में नरसंहार के लिए प्रयोग किया जाता है। साहित्य तथा फ़िल्म में यह शब्द विशिष्ट अर्थ में प्रयोग होता है। यहाँ इसका एक ही अर्थ है, नाज़ी जर्मनी द्वारा यूरोप के यहूदियों का सफाया। इसीलिए यूरोप में लोग 'होलोकास्ट' शब्द के प्रयोग पर आपत्ति करते हैं, उनके अनुसार यहूदी–संहार धार्मिक नहीं था।

यूरोप के लोग खासकर यहूदी लोग 'जेनोसाइड' (नर–संहार, नस्ल–संहार) शब्द का प्रयोग करते हैं। लेकिन इंग्लिश भाषा–भाषी दुनिया में होलोकास्ट शब्द ही प्रचलित है। इसके लिए एक और शब्द 'सोआह' का प्रयोग होता है जिसे सुनते ही मुझे हवन में प्रयोग होने वाले शब्द 'स्वाहा' की ध्वनि सुनाई देती है। 'सोआह' शब्द का अर्थ होता है अनर्थ अथवा विध्वंस। जो इस काल में हुआ उसके लिए कुछ हद तक यह 'सोआह' अधिक सटीक शब्द है। होलोकास्ट बीसवीं सदी की सर्वाधिक भयानक त्रासदी है। एक सिद्धान्त के अनुसार जब कोई समुदाय अपनी बुद्धि, मेहनत, लगन या किसी अन्य तरीक़े से उन्नति करता है, समाज में अपना महत्त्वपूर्ण स्थान बना लेता है। विज्ञान, आर्थिक, राजनीतिक, सामाजिक क्षेत्र में महत्त्वपूर्ण बन जाता है तो दूसरे समुदाय के लोग

उससे भयभीत हो जाते हैं। घबराने लगते हैं, उन्हें लगने लगता है कि यदि इनका कुछ किया नहीं गया तो ये हमारे लिए ख़तरा बन जायेंगे। और किसी–न–किसी प्रकार से इस समुदाय को नियन्त्रित करने का काम प्रारम्भ कर दिया जाता है।

यहूदी समुदाय के विषय में भी यही हुआ। जर्मन ईसाई समुदाय को लगा कि यदि इन्हें सबक न सिखाया गया तो ये हमारे सिर पर चढ़ बैठेंगे। हमारा समस्त व्यापार, अधिकार और सम्मान हजम कर जायेंगे। लेकिन होलोकास्ट की जड़ में जर्मन लोगों की अपनी नस्ल की श्रेष्ठता के दम्भ का हाथ धार्मिक, राजनीतिक, आर्थिक कारणों से ज़्यादा था। वे श्रेष्ठ हैं और केवल उन्हें ही जीने का अधिकार है। उनकी यह धारणा बहुत प्रबल हो गयी थी। इस तरह होलोकास्ट के रूप में 'फाइनल सॉल्यूशन ऑफ़ क्वेश्चन' के लिए साठ लाख लोग यातना शिविर में समाप्त कर दिये गये। चेल्मनो, बेल्जेक, सोबीबोर, ट्रेबलिंका, मेडेनेक, बिरकेनाऊ, बुचनवाल्ड, ऑश्वित्ज यातना शिविरों में क्राकोवा के क़रीब का ऑश्वित्ज शिविर सबसे बड़ा मृत्यु शिविर था। इस विशाल भयंकर राक्षसी परियोजना के लिए सर्वोत्तम वैज्ञानिक, सर्वोत्तम इंजीनियर्स, परिवहन तथा अन्य तमाम विषयों से जुड़े जानकार इस काम पर लगाये गये थे। इन शिविरों में मानव यातना के नायाब तरीक़े ईजाद हुए जिसे सोच कर आज भी रोंगटे खड़े हो जाते हैं। जो नाममात्र के लोग इन मृत्यु–स्थानों से बच निकले उनमें से ज़्यादातर लोग मौन हो गये। इस चुप्पी के पीछे बहुत से कारण हो सकते हैं। मनोविज्ञान के एक सिद्धान्त के अनुसार व्यक्ति बड़े हादसों को स्मरण नहीं करना चाहता है। उस स्मृति को विस्मृत कर देना चाहता है। मनुष्य दुःखद बातों से बचना चाहता है। यही उसका स्वभाव है। यह उसके लिए आवश्यक भी है। उसके जीवित बचे रहने के लिए यह अत्यावश्यक है। यहाँ तक कि वह यह भी स्वीकार नहीं करना चाहता है कि उसके साथ ऐसी कोई अमानवीय घटना कभी घटी है। होलोकास्ट का धक्का इतना गहन तथा आकार में यह सदमा इतना भयंकर और विशाल था कि जो लोग इस अमानवीय घटना से बच गये वे स्तम्भित थे।

होलोकास्ट से जीवित बच कर निकल आये डॉ. विक्टर फ़्रैंकल अपनी पुस्तक 'मैन सर्च फ़ॉर मीनिंग' में इसका एक अन्य कारण प्रस्तुत करते हैं। उनके अनुसार 'होलोकास्ट से बचे हुए अधिकांश लोग अपने अनुभवों के विषय में बात करना, बोलना नापसन्द करते हैं, क्योंकि जो होलोकास्ट के

भीतर थे उनके लिए इसकी व्याख्या की कोई आवश्यकता नहीं है। और जो लोग भीतर नहीं थे वे इसे समझ नहीं सकते हैं, कि जो भीतर थे उन्हें वहाँ कैसे अनुभव हुए और आज बच कर भी ये क्या अनुभव करते हैं।' जो एकाध लोग बच गये उनमें से कुछ ने ही अपने अनुभवों को शब्दों में व्यक्त किया। क्या इसे बयान किया जा सकता है? फिर भी इन्होंने प्रयास किया। इनमें से कुछ ने कहानी, उपन्यास लिखे, साक्षात्कार दिये, संस्मरण लिखे, कुछ ने फ़िल्म बनायी। कुछ और लोगों ने जिन्होंने ये अनुभव प्रत्यक्ष रूप से नहीं किये थे, उन्होंने दूसरों के अनुभवों को काग़ज़ तथा परदे पर उतारा। डॉ. विक्टर फ्रैंकल, इमरे कर्टीज, एनएन, प्रीमो लेवी ने विभिन्न विधाओं में अपने इन अनुभवों को शब्दबद्ध किया। इमरे कर्टीज ने कलमबद्ध करने के साथ–साथ फ़िल्म (फ़ेटलेस) विधा में भी अपने इन यातना भरे दिनों को व्यक्त किया। उन्होंने इस हादसे को एक बच्चे के नज़रिए से देखा था और इसे उसी रूप में व्यक्त भी किया है। जिस पर प्रश्न भी उठाये जाते हैं। एक ही समय में एक घटना के भुक्तभोगी भी उसका वर्णन भिन्न–भिन्न तरह से करते हैं। यह एक जानी–मानी बात है। यह व्यक्ति के नज़रिए, उसकी संवेदनशीलता, उसकी पृष्ठभूमि, अनुभवों तथा उसकी अभिव्यक्ति की कुशलता और क्षमता पर निर्भर करता है। उस पर घटना का कैसा और कितना प्रभाव पड़ा यह भी मायने रखता है। यह व्यक्ति पर निर्भर करता है कि वह अपने अनुभव, अपनी अनुभूति को कैसे व्यक्त करता है, व्यक्त करता भी है अथवा नहीं। कुछ लोग सदा आगे की ओर देखते हैं। कुछ मुड़–मुड़कर पीछे भी देखते जाते हैं। कोई अतीत के अनुभवों से निराश होकर आगे भी अन्धकार देखता है तो कोई अतीत को पीछे छोड़कर भविष्य में आशा का दामन पकड़ता है।

इमरे कर्टीज अपने नोबेल भाषण में कहते हैं कि आज हम होलोकास्ट का भूमण्डलीकरण, इसकी स्फीति अनुभव कर रहे हैं। होलोकास्ट से बचे हुए, ऑश्वित्ज के कष्ट से गुज़र कर बचे हुए लोग, जिन्होंने पीड़ा का अनुभव किया है, वे इन सब बातों को वहाँ से मिले नज़रिए से देखते हैं। ऐसा व्यक्ति मौन रहता है या स्पियलबर्ग फ़ाउण्डेशन को साक्षात्कार देता है। वह मुआवज़े के वायदे को पचास साल बाद पाता है या यदि वह बहुत प्रसिद्ध है तो स्वीडिश अकादमी में व्याख्यान देता है (यह वे स्वयं अपने लिए कह रहे हैं)। एक–सी परिस्थिति में अलग–अलग लोग भिन्न–भिन्न प्रतिक्रिया कर रहे थे। यातना शिविर में भी लोगों का व्यवहार अलग–अलग

था और बचकर बाहर निकले लोग भी अलग–अलग प्रतिक्रिया कर रहे थे। लाखों लोग यातना शिविरों में मार डाले गये, बहुतों ने आत्महत्या कर ली, बहुत सारे भूख–बीमारी से मर गये। कुछ थोड़े–से लोग जीवित रहे और युद्ध समाप्ति के बाद वापस लौटे। उनमें से कुछ ने आत्महत्या कर ली। कुछ ऐसे भी थे जिन्होंने नये सिरे से अपना जीवन प्रारम्भ किया। जीवन का अर्थ खोजा। जीवन की विडम्बनाओं के बीच, त्रासद परिस्थितियों में भी उनकी जिजीविषा कायम रही।

केमिस्ट्री में उच्च शिक्षा प्राप्त तथा मनोविज्ञानी के रूप में प्रशिक्षित विक्टर फ्रैंकल ने यातना शिविर की सारी कार्यविधि का निरीक्षण एक प्रशिक्षित व्यक्ति के रूप में किया। उन्हें वहाँ प्रयोगशाला के काम पर लगाया गया था। बचे हुए लोगों के विषय में उनका कहना है कि इन अमानवीय, क्रूर और कठिन परिस्थितियों में लोगों के बचे रहने और अपने अस्तित्व की रक्षा करने में प्रेम से मदद मिली। स्वयं वे अपनी पत्नी के चेहरे का निरन्तर स्मरण करते रहे। और जब उन्हें ज्ञात हो गया कि उनकी पत्नी मारी जा चुकी है तब भी वे उससे बातें करते रहे, मानो वह अब भी जीवित हो। वहीं उन्हें पहली बार कवियों और चिन्तकों की बुद्धिमानी का पता चला, जो कहते हैं कि प्रेम चार्म है। उन्हें काव्य और विचारों–विश्वासों का गूढ़ रहस्य मिला। यहीं पता चला कि मनुष्य की मुक्ति प्रेम के द्वारा है, प्रेम में है। प्रेम भौतिक शरीर के पार जाता है। उन्होंने वहाँ प्रेम के बल पर ख़ुद को बचाये रखा साथ ही कई लोगों को आत्महत्या से बचाने का प्रयास किया। वहाँ वे लोगों की काउंसिलिंग भी कर रहे थे। यातना शिविर से मुक्त होने के बाद उन्होंने फ्ऱायड की मनःचिकित्सा की प्रणाली के स्तर की एक और सकारात्मक मनःचिकित्सा प्रणाली 'लोगोथेरेपी' विकसित की।

यातना शिविर के क़ैदियों की मनोदशा पर चिन्तन–मनन कर, उन पर प्रयोग कर के उन्होंने जीवन की गुत्थियों को सुलझाने के लिए मनोविज्ञान में 'लोगोथेरेपी' को समाहित किया। इस चिकित्सा का सार है, 'विल टू मीनिंग'। यह थेरेपी इस बात से शुरू होती है कि 'ज़िन्दगी तुमसे क्या चाहती है?' यह इस बात पर बल नहीं देती है कि तुम ज़िन्दगी से क्या चाहते हो। यह एक सकारात्मक नज़रिया प्रस्तुत करती है। इसके अनुसार ज़िन्दगी तुमसे जो चाहती है उसे तुम और केवल तुम ही पूरा कर सकते हो। यह काम कोई और व्यक्ति नहीं कर सकता है। कम–से–कम एक व्यक्ति इस दुनिया में है जिसे तुम्हारी आवश्यकता है। दुनिया के लिए

भले ही तुम एक आदमी हो मगर इस आदमी के लिए तुम पूरी दुनिया हो। अतः प्रत्येक व्यक्ति को अपनी ज़िन्दगी का अर्थ जानने की इच्छा रखनी चाहिए। फ्रायड 'विल टू प्लेज़र' और एडगर 'विल टू पावर' की बात करते हैं, विक्टर फ्रैंकल की लोगोथेरेपी 'विल टू मीनिंग' की बात करती है। यह भविष्य पर ध्यान केन्द्रित करती है। उन बातों, उन दत्तकार्यों और उनकी अर्थवत्ता पर ध्यान केन्द्रित करती है जो आदमी को भविष्य में पूरे करने हैं। जिन्हें केवल वही पूरा कर सकता है। जब व्यक्ति को अपने जीवन का अर्थ ज्ञात हो जाता है तो उसे जीने का एक उद्देश्य मिल जाता है। तब वह कोई भी कष्ट सहने को प्रतिबद्ध हो जाता है। उसे ज्ञात होता है कि दुनिया की कोई ताकत उसके अनुभव को छीन नहीं सकती है। वैसे 'लोगोज' का अर्थ आत्मा भी होता है। आज लोगोथेरेपी को 'द थर्ड वियना स्कूल ऑफ़ साइको थेरेपी' कहा जाता है।

कृष्णा सोबती भारत विभाजन के सन्दर्भ में कहती हैं कि विभाजन भूलना कठिन है, पर याद रखना ख़तरनाक है। यह कथन होलोकास्ट के सम्बन्ध में भी सटीक उतरता है। लेकिन मुझे लगता है कि शायद इसे किसी–न–किसी रूप में स्मरण करते रहना एक बेहतर तरीक़ा है। शायद फ़िल्म के रूप में प्रदर्शित करना और भी अधिक उचित होगा। हालाँकि इसमें ख़तरे भी कम नहीं हैं। साहित्य में, फ़िल्म में होलोकास्ट अवश्य आना चाहिए, लेकिन आधिकारिक तरीक़े से। इसे ज़िम्मेदारी के साथ आना चाहिए ताकि आने वाली पीढ़ियाँ इस तरह के हादसों का शिकार न हों। वे स्वयं भी ऐसी गर्हित हरकत न करें। तीस के दशक में जर्मनी में फ़िल्म उद्योग ख़ूब फल–फूल रहा था। क़रीब 130 की सालाना दर से फ़िल्में बन रही थीं। मगर 1933 में नाज़ियों के उदय के साथ अन्य सब कलाओं के साथ–साथ फ़िल्म व्यवसाय भी नष्ट हो गया। फ़िल्म निर्माण समाप्त होने का एक कारण यह भी कि फ़िल्म से अधिकांश रूप में यहूदी जुड़े हुए थे। और यहूदियों के समस्त अधिकार समाप्त किये जा चुके थे। हाँ, प्रोपेगैंडा फ़िल्में धड़ल्ले से बन रही थीं।

फ़िल्म इतिहास नहीं होती हैं लेकिन हमारा दुर्भाग्य या सौभाग्य है कि हमारी आने वाली पीढ़ियाँ इतिहास की जानकारी के लिए फ़िल्मों पर काफ़ी हद तक निर्भर करेंगी। अगर डॉक्यूमेण्ट्री न हो तो फ़िल्म निर्माताओं से पूर्ण यथार्थ की अपेक्षा करना न तो अपेक्षित है और न ही उचित। वे यथार्थ का कोई एक नगण्य–सा आयाम उठाते हैं और उसे अपनी कल्पना

से रंग कर प्रस्तुत करते हैं। यह आयाम यथार्थ का किसी भी कोण से वास्तविक प्रतिनिधित्व नहीं करता है। 'शिंडलर्स लिस्ट' में होलोकास्ट की दहशत, भयंकर अमानवीय कृत्य को बड़े सरलीकृत रूप में प्रस्तुत कर दिया गया है। होलोकास्ट पर बनी कई अन्य फ़िल्में इसी सदाशयता का शिकार हो गयी हैं। इनमें वास्तविक स्थिति गौण हो गयी और कहीं–कहीं तो बिल्कुल ग़ायब हो गयी।

होलोकास्ट समाप्त होने के बरसों बाद तक इस विषय पर लोकप्रिय फ़िल्म निर्माण मौन रहा। इक्का–दुक्का फ़िल्में बनीं। हालाँकि कुछ बहुत महत्त्वपूर्ण फ़िल्में बनीं। 1953 में 'द जगलर' तथा 1956 में 'सिंगिंग इन द डार्क' (किर्क डगलस ने मुख्य भूमिका की थी) बनी। लेकिन इसके पहले रूस में 1945 में 'द अनवैंक्वीश्ड' बनी थी। बाबी यार लोकेशन पर 1947 में यहूदियों ने 'मैरिज इन शैडोज' बनायी। 1948 में बनी 'लॉन्ग इज़ द रोड' आत्मकथात्मक फ़िल्म थी। 1948 में यिद्दिश भाषा में होलोकास्ट में अनाथ हुए बच्चों पर 'आवर चिल्ड्रेन' बनी। 'द लास्ट स्टेज' भुक्तभोगी के अनुभवों पर आधारित है, 'बोर्डर स्ट्रीट' वार्सा घेटो के विद्रोह को प्रदर्शित करती है। बाद की कई फ़िल्मों में इसको दोहराया गया है। 1948 में ही चेक फ़िल्ममेकर एल्फ्रेड रैडोक ने एक क्लासिकल फ़िल्म 'डिस्टेंट जर्नी' बनायी।

कुछ फ़िल्में होलोकास्ट की स्थिति पर बनीं, कुछ इस भीषण अमानवीय घटना के बाद बच गये लोगों के जीवनानुभवों पर बनीं, कुछ ऐसी फ़िल्में हैं जो होलोकास्ट की पृष्ठभूमि में जाती हैं। उसके मूल में जा कर इस जघन्य घटना की पड़ताल करती हैं। 'इन्विंसिबल' एक ऐसी ही फ़िल्म है जो होलोकास्ट से पहले की कहानी बताती है। नाज़ी शक्ति के उदय के पूर्व यहूदियों को बलशाली होने, नकल न करने, दूसरों की धारा में न बह जाने का सन्देश देती है। इसमें एक पोलिश यहूदी पहलवान बर्लिन में एक तान्त्रिक कैबरे में भाग लेने ट्योटोनिक देवता के रूप में पहुँचता है। बाद में वह स्वयं को छिपा पाने में मानसिक रूप से परेशान होकर अपनी असलियत प्रकट कर देता है। और अन्त में बरबादी और हताशा का भाव लिए अपने घर लौटता है। उसे ज्ञात होता है कि यहूदियों की निरन्तरता एक नयी प्रशिक्षित पीढ़ी में है। सैम्सन की नकल करने में नहीं है। सैम्सन की नकल करके अपनी अस्मिता नष्ट करने में नहीं है। यदि कुछ करना है तो अपनी शक्ति का विस्तार करना होगा। मुखौटा ओढ़ने से काम नहीं चलेगा। निर्देशक वेर्नर हेर्ज़ोग की इस फ़िल्म का नायक

ज़िशे ब्रेइटबार्ट पहले सोच रहा था कि वह नया सैम्सन बनकर अपने लोगों की रक्षा कर सकता है।

बहुत बाद में 1971 में होलोकास्ट पर सीधे नहीं लेकिन एक बहुत प्यारी फ़िल्म आयी। इस ख़ूबसूरत म्यूज़िकल फ़िल्म को नॉर्मन ज्वेलसन ने बनाया है। 'फ़िडलर ऑन द रूफ़' यहूदी जीवन पर बनी एक बहुत आकर्षक फ़िल्म है। ब्रॉडवे पर सफल रहा यह नाटक फ़िल्म बन कर भी ख़ूब चर्चित रहा। इसमें यहूदी जीवन दर्शन और उनकी मान्यताओं का बहुत यथार्थ चित्रण हुआ है। इस फ़िल्म की एक विशेषता है यहूदी स्त्रियों का चित्रण। यहाँ उनकी समझ, मेहनत, लगन और स्वतन्त्रता के प्रति उनके लगाव तथा जुनून का प्रदर्शन देखने योग्य है।

होलोकास्ट पर बनने वाली शुरुआती और महत्त्वपूर्ण फ़िल्मों में स्टीवन स्पीयलबर्ग की 'शिंडलर्स लिस्ट' का नाम सर्वप्रथम आता है। इस फ़िल्म की प्रेरणा एक वास्तविक व्यक्ति है। ऑस्कर शिंडलर 1908 में चेकोस्लोवाकिया में जन्मा था। इस जर्मन उद्योगपति ने यहूदियों को होलोकास्ट के समय जर्मनों के हाथों नष्ट होने से बचाया था। क्राकोवा में उसका एनेमल सामान बनाने का एक कारख़ाना था जो यहूदी मज़दूरों के लिए स्वर्ग समान था। जब क्राकोवा को यातना शिविर में परिवर्तित कर दिया गया तो ऑस्कर अपना कारख़ाना उठा कर चेकोस्लोवाकिया ले गया और उसने घूस दे कर यहूदी कामगारों को भी वहाँ पहुँचा दिया। इस तरह ख़तरा मोल ले कर उसने 1200 यहूदियों को नष्ट होने से बचा लिया। फ़िल्म में ऑस्कर शिंडलर का किरदार लिआम नीसन ने निभाया है। फ़िल्म एक छोटे–से रंगीन दृश्य के साथ प्रारम्भ होती है लेकिन बाद में पूरी फ़िल्म श्वेत–श्याम है। रंगों का यह तालमेल फ़िल्म को यथार्थ की अनुभूति में बदलकर रख देता है। ऑस्कर शिंडलर अपने यहूदी वर्कर्स को मुफ़्त में काम करवाने के एवज़ में बहुत बड़ी मुक्ति प्रदान करता है। वह उन्हें मौत के मुँह से निकाल लाता है। इसमें उसका फ़ायदा है। मगर उसकी मानवीयता भी है। फ़िल्म में ऑस्कर की मानवीयता को उभारने के लिए एमोन गोयेथ (रॉल्फ़ फ़िएंस) का किरदार है। यह खलनायक एक यहूदी स्त्री हेलेन हिरिश्च (एम्नेथ डेविट) को अपनी दासी बना लेता है। लेकिन शीघ्र ही खुद को उसके प्रेम में पाता है। एक और समय यह खब्ती आदमी बेवजह बालकनी में जाता है और अन्धाधुन्ध गोलियाँ चला कर लोगों को मार डालता है। हेलेन घृणा से देखती है। यह व्यक्ति मानसिक रूप से अस्थिर है, पल

में माशा, पल में तोला। एक क्षण में एक बच्चे के प्रति दया दिखाता है, अगले पल उसे मार डालता है।

असल में ऑस्कर शिंडलर का एकाउंटेंट एक यहूदी व्यक्ति है। इस व्यक्ति का प्रभाव शिंडलर पर पड़ता है। इस व्यक्ति में अपने आदर्शों, विश्वास, आस्था एवं अपने मूल्यों के लिए सीना तान कर खड़े होने का साहस है। बेन किंग्सले ('गाँधी' फ़िल्म में गाँधी की भूमिका करने वाले) एक मँजे हुए कलाकार हैं। उन्होंने इस यहूदी की भूमिका बख़ूबी निभायी है। मगर पूरी फ़िल्म में नीसन ने बाजी मारी है। असली ऑस्कर की भाँति ही यहाँ भी उसकी शुरुआत औरत, पैसे और पावर के पीछे भागने वाले व्यक्ति के रूप में होती है लेकिन फ़िल्म के अन्त में वह एक दूसरा ही व्यक्ति नज़र आता है। साथ ही मानवीयता का मूल्य चुकाते हुए उसे दिखाया गया है। उसके जीवन की विडम्बना यह है कि दूसरों की सहायता करने के बावजूद उसके पास एक अँगूठी के अलावा अपना कहने को कुछ भी नहीं है। यथार्थ जीवन में ऑस्कर शिंडलर का दीवाला निकल गया था। और 1974 में मरते समय वह एक पियक्कड़ के रूप में बरबाद हो चुका था। स्पीयलबर्ग ने बहुत तरह की और बहुत सारी फ़िल्में बनायी हैं। जब भी उनकी फ़िल्मों की चर्चा होगी, 'शिंडलर्स लिस्ट' की बात अवश्य होगी। यह 1993 की सर्वोत्तम फ़िल्म थी जिसे उस साल का सर्वोत्तम पिक्चर, सर्वोत्तम निर्देशन, सर्वोत्तम एडॉप्टेड स्क्रीनप्ले, सर्वोत्तम कला निर्देशन, सर्वोत्तम सम्पादन तथा सर्वोत्तम मौलिक संगीत के लिए चुनकर पुरस्कृत किया गया था, इसे और तमाम श्रेणी में नामांकन प्राप्त हुए थे।

'शिंडलर्स लिस्ट' के पहले और बाद में होलोकास्ट पर और बहुत सारी फ़िल्में बनीं। इस पर नरेटिव और डॉक्यूमेण्ट्री दोनों तरह की फ़िल्में बनीं। पिछली सदी के चौथे दशक से ही यूरोप में होलोकास्ट पर फ़िल्में बनने लगीं। यूरोप, अमेरिका में इस विषय पर अब तक बहुत सारी फ़िल्में बन चुकी हैं। आगे भी यह सिलसिला थमने वाला नहीं है। ऑर्सन वेल्स की 'द स्ट्रेंजर', किर्क डगलस को नायक के रूप में प्रस्तुत करती है। 'द जगलर', 'डायरी ऑफ़ ऐनफ्रैंक' (ऐनफ्रैंक की डायरी पर कई फ़िल्में बनी हैं), लियोन यूरिस के उपन्यास पर आधारित 'एक्जोडस' (फ़िल्म जो कभी भी सामान्य दर्शकों के लिए रिलीज़ न हो सकी), 'द डे द क्लाउन क्राइड', एलान पाकुला की 'सोफ़ीज वॉइस', एलान जॉनसन की 'टू बी ऑर नॉट टू बी', मार्क हरमन की 'द ब्वॉय इन द स्ट्राइप्ड पाजामाज',

एडवर्ड स्वाइग की 'डिफ़ायंस', स्टीफ़न आल्ड्राई की 'द रीडर' के अलावा इस विषय पर 'लाइफ़ इज़ ब्यूटीफुल', 'सनशाइन', 'द पियानिस्ट' आदि कुछ प्रसिद्ध फ़िल्में बनी हैं।

स्पीयलबर्ग चाहते थे कि 'शिंडलर्स लिस्ट' का निर्देशन रोमन पोलांस्की करें। मगर पोलांस्की ने इस प्रस्ताव को अस्वीकार कर दिया। कारण था कि वे होलोकास्ट के भुक्तभोगी हैं। उनका अनुभव कहता है, होलोकास्ट से जो बच रहे वे भाग्य और संयोग से बच रहे, ऑस्कर जैसे लोगों के महत्त्व पर वे ज़्यादा बल नहीं देते हैं। रोमन पोलांस्की की माँ यातना शिविर में गैस–चैम्बर में मार डाली गयी थीं। यह हादसा उनके लिए इतना कष्टप्रद है कि उनकी अपनी मृत्यु के साथ ही इसका पटाक्षेप होगा। स्वयं वे एक बालक के रूप में अपने पिता की होशियारी से बचे थे। पिता ने उन्हें नाज़ी सैनिकों की आँख बचा कर शिविर के कँटीले तारों के पार धकेल दिया था। निरीह, भयभीत, एकाकी बालक बहुत समय तक क्राकोवा और वार्सा में भटकता रहा। अनजान लोगों की दया के फलस्वरूप वह जीवित बचा रह पाया। अतः जब उन्हें इसी तरह, दूसरों की सहायता से बचने वाले एक व्यक्ति के जीवन पर फ़िल्म बनाने का अवसर मिला तो उन्होंने 'द पियानिस्ट' फ़िल्म बनायी। 'द पियानिस्ट' कहने से इस फ़िल्म का सही महत्त्व, इसकी वास्तविक गहराई का भान नहीं होता है। यह फ़िल्म वास्तविक जीवनानुभवों पर आधारित है। 1939 में पोलैण्ड का एक महान पियानो वादक जर्मनी द्वारा अधिकृत वार्सा में सारे समय अकेला जीता है। वह एक संयमी, निर्लिप्त व्यक्ति है, जो भाग्य से बचा रहता है। यह फ़िल्म वैडीस्लाव स्पीलमैन के संस्मरण पर आधारित है। जब पहली बार वार्सा पर बम वर्षा होती है वह रेडियो स्टेशन पर शॉपिन बजा रहा था। उसका समृद्ध परिवार सुरक्षा की दृष्टि से वहाँ से निकल जाना चाहता है लेकिन वह कहता है, 'वह कहीं नहीं जा रहा है।' उसे पूरा विश्वास है कि शीघ्र ही नाज़ी अत्याचार समाप्त हो जायेगा और सब कुछ पहले की भाँति सामान्य होगा। मगर दर्शक बेबस देखता रहता है और यहूदियों पर नाज़ी शिकंजा कसता चला जाता है। वार्सा के यहूदियों को पहले घेटो में सिमटना पड़ता है। घेटो के समय ईंटों की चिनाई का दृश्य भुलाए नहीं भूलता है मानो ज़िन्दा लोगों को दीवारों में चिना जा रहा हो। और बाद में उन्हें डिपोर्ट कर दिया जाता है। एक मित्र की सहायता से स्पीलमैन बच निकलता है। वह पोल प्रतिरोध दस्ते की सहायता से जीवित रहता है।

'शिंडलर्स लिस्ट' और 'द पियानिस्ट' दोनों होलोकास्ट पर आधारित फ़िल्में हैं लेकिन दोनों के अप्रोच में बहुत फ़र्क है। 'शिंडलर्स लिस्ट' का ध्यान ऑस्कर के जटिल व्यक्तित्व में आये परिवर्तन पर केन्द्रित है जबकि 'द पियानिस्ट' का नायक अपने भीतर के अपराध–बोध से लड़ते हुए जीवित है। यही उसे जिजीविषा प्रदान करता है। उसमें जीने की आदिम इच्छा है। पोलांस्की नाज़ी अत्याचार को बड़ी सूक्ष्मता और कुशलता से परदे पर उतारते हैं। 'द शिंडलर्स लिस्ट' होलोकास्ट को होलोकास्ट नहीं रहने देती है, यह एक 'फीलगुड' फ़िल्म बनकर रह जाती है। फ़िल्म देखकर दर्शक राहत की साँस लेता है। होलोकास्ट पर बनने वाली कई फ़िल्मों में कथावस्तु को कम करके (सबड्यूड) दिखाया गया है ताकि दर्शक उसे आसानी से पचा सकें।

लेकिन यातना शिविरों की वास्तविकता काफ़ी जटिल और भयावह है जिसे टिम ब्लेक नेल्सन ने अपनी फ़िल्म 'द ग्रे ज़ोन' में दिखाया है। इसमें दिखाया गया है कि अमानवीय परिस्थितियों में मृत्यु एक राहत है, शायद इसीलिए बहुत से क़ैदियों ने आत्महत्या कर ली। फ़िल्म में यह बात एक किशोरी के माध्यम से दिखाई गयी है। वह मारे जाने की पूरी विधि विस्तार और ध्यान से देखती है तो यह बात उसके अन्दर समझ के साथ कौंधती है। वह भागना शुरू कर देती है। वह तत्काल मारी जाती है, यही वह चाहती थी। इसीलिए बिना एक शब्द बोले वह यह क़दम उठाती है। फ़िल्म एक बहुत महत्त्वपूर्ण प्रश्न उठाती है, हम अपनी जान बचाने के लिए किस हद तक नीचे जा सकते हैं? फ़िल्म में उत्तर भी है हम ज़िन्दा रहने के लिए किसी भी हद तक नीचे गिर सकते हैं। कुछ यहूदी चार महीनों की ज़िन्दगी, साफ़ बिस्तर, भरपेट खाना, सिगरेट और शराब के एवज़ में अपने ही लोगों को गैस–चैम्बर में ले जाते हैं, शवों को आग में झोंकते हैं। उन्हें अपना अन्त भी मालूम है मगर जब तक ज़िन्दा रह सकें। रूसी फ़ौज शायद इससे पहले ही आ जाये और वे चार महीने से ज़्यादा आगे भी ज़िन्दा रह सकें। यही आशा उनसे यह जघन्य कार्य करवाती है। हम–आप, बाहर रहने वाले लोग इन यहूदियों को, इनके निर्णय, इनके कार्य को उचित–अनुचित ठहराने वाले कौन होते हैं? 'द ग्रे जोन' सच्ची घटना पर आधारित फ़िल्म है।

मगर सब लोग न तो यातना शिविर से छुटकारा पाने के लिए साहस के साथ भागे और न वहाँ रहते हुए मरे ही। उनकी जिजीविषा उन्हें

अमानवीय और भयंकर क्रूर यातनाओं के बीच भी जिलाए रख सकी। वे जीवित लौट आये लेकिन वे वह न रहे जो यातना शिविर जाने से पहले थे। नोबेल पुरस्कृत इमरे कर्टीज अपने आत्मकथात्मक उपन्यास 'फ़ेटलेस' को फ़िल्म रूप में देखकर पूर्णरूपेण अभिभूत हैं। एक बालक–कोव्स के रूप में वे यातना शिविर में थे, अपनी किताब और फ़िल्म में भी वे एक बालक के रूप में हैं। एक साल बाद जब कोव्स को यातना शिविर से बचाया जाता है तो वह मृत्यु शैया पर था। अपने दोस्तों के समूह में बचने वाला वह एकमात्र व्यक्ति था। पीला, कंकाल, जिसके रोम–रोम में घाव था। बालक के रूप में उसने देखा है, जो गार्ड हैं उनका रूप और शारीरिक सौष्ठव बिगड़ा नहीं है जबकि बाकी लोग इतने शक्तिहीन और बीमार हो गये हैं कि पहचान में ही नहीं आते हैं।

नाज़ी जर्मन केवल यहूदियों के ख़िलाफ़ नहीं थे, उनकी दृष्टि में जिप्सी, समलैंगिक और मार्क्सवादी भी जीने योग्य न थे। उनकी योजना पूरे विश्व पर अपनी सत्ता कायम करने की थी। सत्ता हथियाने के लिए दूसरे देशों को आर्थिक रूप से नष्ट करना आवश्यक है। नाज़ियों ने इसका प्रबन्ध बख़ूबी किया हुआ था। वे यातना शिविर, गैस–चैम्बर चला रहे थे, इसके साथ उन्होंने एक और अपने मतलब का महत्त्वपूर्ण ऑपरेशन चालू किया हुआ था। यह था 'ऑपरेशन बर्नहार्ड'। यह द्वितीय विश्वयुद्ध के दौरान नाज़ी जर्मनी के द्वारा चलाया जा रहा सीक्रेट प्लान था। इस योजना का उद्देश्य गुप्त रूप से इंग्लैण्ड की नकली करंसी छापना और नकली बैंक चलाना था। नकली नोटों की इतनी भरमार कर देना ताकि इंग्लैण्ड की अर्थव्यवस्था पूरी तौर पर ढह जाये। सत्ताधारी गन्दे काम ख़ुद नहीं करके अपने अधीनों से करवाते हैं। नाज़ी भी यह काम ख़ुद न करके यहूदियों से करवा रहे थे। इसी कथानक को लेकर बनी है फ़िल्म 'काउण्टरफ़िएटर्स'। अधिकांश यहूदी प्रतिभावान होते हैं, ऐसा ही एक यहूदी अडोल्फ़ बर्गर टाइपोग्राफ़र था। उसका काम बप्तिस्मा के नकली सर्टिफ़िकेट बनाना था। इस तरह वह यहूदियों को यातना कैम्प में जाने से बचाने का प्रयास करता था। वह स्लोवाक यहूदी था मगर 1942 में नाज़ियों के हत्थे चढ़ गया। उसे सच्सेनहाउसेन यातना शिविर में भेज दिया गया और उसकी कुशलता का फ़ायदा उठाते हुए उसे 'ऑपरेशन बर्नहार्ड' से जोड़ दिया गया। युद्ध समाप्ति के बाद इस बर्गर ने 'द डेविल्स वर्कशॉप' नाम से अपना संस्मरण लिखा। इसी संस्मरण को आधार बना कर 2007 में फ़िल्म निर्देशक स्टेफ़न

रुज़ोविट्ज़्की ने 'द काउण्टरफ़िएटर्स' नाम से फ़िल्म बनायी। फ़िल्म की कहानी स्वयं निर्देशक ने तैयार की। फ़िल्म दिखाती है कि नाज़ियों के बुरे–गलत कामों में सहायक होने पर व्यक्ति के भीतर कैसा नैतिक क्षरण होता है। इस ऑस्ट्रियन–जर्मन ड्रामा श्रेणी की फ़िल्म को बनाते समय पूरे वक़्त निर्देशक स्टेफ़न रुज़ोविट्ज़्की ने हर स्टेज पर बर्गर से सलाह–मशविरा किया। फ़िल्म में बाद में ये यहूदी विद्रोह करते हैं।

विक्टर फ्रैंकल यातना शिविर में व्यक्ति के समायोजन के तीन चरण बतलाते हैं। पहला जब वह वहाँ लाया जाता है, दूसरे चरण में वह वहाँ के वातावरण से अनुकूलन करके भोथरा हो जाता है। और तीसरा चरण यदि वह बचा रह गया, वहाँ से निकल आया तब प्रारम्भ होता है। जिसमें पहले उसे अपने बचे रहने और मुक्ति का विश्वास नहीं होता है। तब कुछ लोग अपना मानसिक सन्तुलन खो बैठते हैं। कुछ लोग सोचते हैं कि घर पर परिवार जन उनकी प्रतीक्षा कर रहे हैं। यही भोली आशा उसे अब तक जीवित रखे हुए थी। क्रूरता, अत्याचार सहन करने की क्षमता दे रही थी। मगर घर लौट कर वह पाता है कि परिवार जन हैं ही नहीं। वहाँ तो अजनबियों का निवास है, या हैं भी तो उसे समझ नहीं पाते हैं। उसे सामान्य जीवन में वापस लौटने में बहुत समय लगता है। वह वास्तव में कभी सामान्य नहीं हो पाता है। कुछ कटु हो जाते हैं, बहुत थोड़े से लोग कटुता भुला कर जीवन के सकारात्मक पक्ष को देखना प्रारम्भ करते हैं। जैसा कि स्वयं विक्टर फ्रैंकल ने किया।

'फ़ेटलेस' के कोव्स को असली धक्का यातना शिविर के बाहर आने पर लगता है, क्योंकि जब वह अपने घर लौटता है तो वहाँ सब नये चेहरे हैं। आसपास के सब अजनबियों को उसके किसी अनुभव पर विश्वास नहीं है। इस अजनबी माहौल से उसे यातना शिविर का वातावरण अधिक अपना लगता है। वहाँ सब कुछ जाना–पहचाना हो गया था। बाहर उसे समझ नहीं आता है किससे ख़ुद को जोड़े, किससे रिलेट करे। वैसे तो 'फ़ेटलेस' फ़िल्म निर्देशक की पहली फ़िल्म थी लेकिन ऐसी नपी–तुली फ़िल्में बहुत कम बनती हैं। जीवन की उजाड़ता को प्रदर्शित करता फ़िल्म का भूरा रंग होलोकास्ट की आत्मा को प्रकट करता है। वैसे किसी ने बिल्कुल ठीक कहा है, यातना शिविर उसके क़ैदियों की आत्मा मार डालता है, और उसे संचालित करने वालों की भी। जीवित आत्मा वाले लोग ऐसा जघन्य काम कभी नहीं कर सकते हैं।

मगर होलोकास्ट की भयावहता और गाम्भीर्य को अपने नन्हे बच्चे को कैसे समझाया जाये? क्या चार साल का बच्चा इस अमानवीयता को समझ सकता है? क्या चार साल के बच्चे को उसके माता–पिता बता सकते हैं कि अब सब कुछ समाप्त होने वाला है। इसके लिए बड़ा क्रूर और बड़ा दिल चाहिए। सब और 'लाइफ़ इज़ ब्यूटीफुल' के माता–पिता इतने बड़े दिल वाले नहीं हैं, न ही इतने क्रूर। पिता बच्चे से कहता है कि वे खेलने जा रहे हैं। जहाँ जीतने पर टैंक मिलेगा। त्रासदी है कि पिता को मौत के साये में बेटे को बचाये रखने के लिए जोकर की भूमिका अदा करनी पड़ती है। स्लैपेस्टिक कॉमेडी होलोकास्ट की त्रासदी में परिवर्तित हो जाती है। ज़िन्दगी बहुत ख़ूबसूरत है, मृत्यु की छाया में भी जीवन ऐसे जिया जा सकता है। इटली का हास्य अभिनेता (रोबर्टो बेनिग्नी) दूसरों को तमाशा दिखाते–दिखाते ख़ुद एक तमाशा बन जाता है। त्रासदी की इन्तहाँ होती है, मासूम बच्चे (गिओगिओ कांटारिनी) को पता नहीं चलता है कि उसका पिता नाज़ियों की गोली का शिकार हो चुका है, वह इसे भी खेल का अंग समझता है।

होलोकास्ट पर कल्पना की उड़ान है, 'इनग्लोरियस बास्टर्ड'। दर्शक को बड़ी राहत मिलती है जब वह सेना के तमाम अधिकारियों के साथ हिटलर को भी थियेटर में जलता देखता है, काश ऐसा होता! 'विशफुल थिंकिंग' की यह फ़िल्म शुरू से अन्त तक दर्शक को बाँधे रखती है। दर्शक एक तुष्टि, प्रसन्नता के साथ हाल से बाहर आता है मगर यह तो होलोकास्ट नहीं है। होलोकास्ट में पोयटिक जस्टिस की कोई गुंज़ाइश नहीं होनी चाहिए। फिर भी क्वेंटीन टारांटीनो की यह फ़िल्म अभिनय, फ़ोटोग्राफ़ी, सेट्स, आउटडोर शूटिंग, एडिटिंग, कैमरा एंगेल्स की ख़ूबसूरती और कुशलता के लिए देखी जानी चाहिए। यथार्थ और कल्पना के मिश्रण से ही तैयार हुई है एक और फ़िल्म, 'डाउनफ़ॉल'। यह भी हिटलर और उसके साथियों पर आधारित है। जीवन की विडम्बना है कि कई बार हम युवावस्था में गलत लोगों को अपना आदर्श मान बैठते हैं। ऐसा ही हुआ 1999 के साहित्य के नोबेल पुरस्कार विजेता गुंटर ग्रास के साथ। बहुत बाद में उन्होंने इसकी स्वीकारोक्ति की और साहित्य जगत में इससे ख़ूब हंगामा हुआ।

एक अन्य स्त्री ट्राउडल युंग अपनी युवावस्था में हिटलर के करिश्माई व्यक्तित्व से आकर्षित हो कर उसके यहाँ काम करती रही। वह किसी

सैद्धान्तिक आदर्श के तहत उससे नहीं जुड़ी थी। बाद में उसने मेलिसा मूलर के साथ मिलकर अपना संस्मरण 'अंटिल द फाइनल ऑवर : हिटलर्स लास्ट सेक्रेटरी' लिखा। हिटलर पर इतिहासकार जोआशिम फ़ेस्ट ने 'इनसाइड हिटलर्स बंकर : द लास्ट डेज ऑफ़ द थर्ड रीच' लिखा। इन्हीं दोनों किताबों से सामग्री लेकर ओलिवर हीर्सबिगाल ने 'डाउनफ़ॉल' फ़िल्म बनायी। हिटलर का व्यक्तित्व जैसा करिश्माई था उसका अन्त उससे कम चकित करने वाला न था। उसके जीवन के अन्तिम कुछ दिन बहुत हैरतअंगेज़ हैं। उसके तीन वफ़ादार साथियों ने उसका साथ छोड़ दिया था, उसकी आज्ञा मानने से इनकार कर दिया था। रूसी फ़ौज बढ़ी चली आ रही थी। उसकी पराजय तय थी। तानाशाह और विश्वविजेता क्यों भूल जाते हैं कि उनके दिन भी एक दिन समाप्त होंगे। इन कुछ दिनों में हिटलर ने कई विचित्र काम किये। अपना जन्मदिन मनाया, लोगों को मेडल बाँटे, शादी की और अन्ततः आत्महत्या भी की। 20 अप्रैल, 1945 को उसने मेडल बाँटकर अपना जन्मदिन मनाया। स्वयं हिटलर और उसके साथियों को जब लगा कि अब उनके जीवन का कोई अर्थ (?) नहीं रह गया है तो उन लोगों ने आत्महत्या कर ली। यह फ़िल्म दिखाती है, कैसे हिटलर अन्तिम भोजन करता है, आराम से हाथ पोंछता है और आत्महत्या के लिए चल देता है। मगर जाते–जाते अपने अनुयायियों को तमाम निर्देश देता जाता है। दिन–रात की उसकी साथी इवा कहती है, हिटलर को जानना आसान नहीं है। फ़िल्म में हिटलर और उसके महत्त्वपूर्ण लोगों के कारनामे हैं, मगर वे कारनामे नहीं जो उन लोगों ने यहूदियों तथा अन्य क़ैदियों के साथ किये थे। फ़िल्म में उनके वे कारनामे दर्ज हैं जो रूसी सेना के आ जाने, हिटलर के चारों ओर से घिर जाने पर किये जाते हैं। इस फ़िल्म में सैल्यूलाइड पर उनके द्वारा की गयी ढेरों हत्याओं का चित्रण न हो कर उनकी आत्महत्याओं का चित्रण है।

इस फ़िल्म में हिटलर के लोग, जिन्होंने बड़ी निर्ममता से, बिना किसी क्रोध के लाखों लोगों को मौत के घाट उतार दिया। मात्र आदेश और कर्तव्य मान कर लोगों की जाने क्रूरतम तरीक़े से ले ली थीं। यही लोग उतनी ही निर्लिप्तता से स्वयं को भी समाप्त करते हैं। इतना ही नहीं, चेहरे पर बिना कोई शिकन लाये अपने छह–छह बच्चों को कड़वी दवा की तरह साइनाइट गटकवा देते हैं, स्वयं भी क्रूरता–कायरता से एक–दूसरे को समाप्त करते हुए नष्ट हो जाते हैं। कितने भावहीन, संवेदनहीन, भोथरे

थे ये लोग, यह देखकर आज भी रीढ़ में सनसनी दौड़ जाती है। ब्रेनवॉश का इससे बड़ा और क्रूर उदाहरण इतिहास और निकट वर्तमान–भविष्य में मिलना कठिन है।

क्या ये लोग पागल थे। शायद! क्योंकि विक्षिप्त व्यक्ति ही ऐसा कर सकते हैं। किसी व्यक्ति का ऐसा ब्रेनवॉश! ऐसी अन्धभक्ति! कर्तव्य के रूप में अपने बच्चों को मारते हुए मागदा (कोरोन हारफ़ोश) का हाथ एक बार भी नहीं काँपता है, न ही उसका पति जोसेफ़ गोएबल्स (उलरिच मैथेस) विचलित होता है। एक बार पक्का हो जाता है कि उनके बच्चे सदा के लिए सो चुके हैं तो वे दोनों ख़ुद को भी समाप्त कर लेते हैं। यह विडम्बना नहीं तो और क्या है, मारने वाले ख़ुद भी मरते हैं। एक दिन सबको मरना है मगर कैसी मौत? इन कोल्डब्लडेड मर्डर्स को देखना अपने आप में एक दहला देने वाला अनुभव है। फ़िल्म का अन्त आते–आते हिटलर और उसके सहयोगियों की इस तरह की उत्तेजना विहीन आत्महत्याओं से दर्शक सहानुभूति प्रकट करने के मूड में आने लगता है, तभी फ़िल्म के परदे पर एक वाक्य और संख्या उभरती है : 'पाँच करोड़ युद्ध में मारे गये, साठ लाख यहूदियों का कत्लेआम हुआ।' यह हमें नाज़ियों के क्रूर, अमानुषिक अत्याचार की याद पुनः दिला देता है, और दर्शक दुःख, हताशा तथा मानव द्वारा स्वयं अपने ऊपर और दूसरों पर किये जाने वाले जघन्य अपराधों की स्मृति लिए, काफ़ी समय तक सोचने–विचारने को मजबूर थियेटर से बाहर आता है। हाय रे मानव! सृष्टि का सर्वश्रेष्ठ प्राणी! आश्चर्य होता है देखकर, मनुष्य पतन के कितने अधम गर्त में समा सकता है। धिक्कार है, उसे मनुष्य कहना मनुष्यता का अपमान है।

एक और अन्य स्त्री हिटलर की प्रशंसक थी और उसने हिटलर के लिए बहुत सारी प्रोपगंडा फ़िल्में बनायीं। जर्मनी की यह फ़िल्म निर्देशक एवं अभिनेत्री है, लेनी रिफ़ेंस्थाल, जिसका पूरा काम विवादास्पद रहा है कारण उसने बहुत सारी फ़िल्में हिटलर और उसके काम के प्रचार-प्रसार के लिए बनायीं। लेनी रिफ़ेंस्थाल का जन्म का नाम हेलेन बेर्टो अमाली रिफ़ेंस्थाल था और उनका जन्म 22 अगस्त, 1902 में बर्लिन में हुआ। इसके माता–पिता का नाम बेर्था तथा अल्फ़्रेड रिफ़ेंस्थाल था। 1932 में शुरू में उसने माउण्टेन फ़िल्म 'द ब्लू लाइट' बनायी, यह पहाड़ों की यात्रा की रहस्यमयी, बड़ी रोमाण्टिक गाथा पर प्रस्तुति है। ख़ुद लेनी ने इस फ़िल्म में इटली की एक आदेशवादी लड़की युंटा की भूमिका की। युंटा

कठिन चढ़ाई के बाद उस जादुई चोटी पर पहुँचती है जहाँ क्रिस्टल से चमकीली नीली रौशनी निकलती है। मिथक के अनुसार जो व्यक्ति उस चोटी पर जाता था वह मृत्यु को प्राप्त होता था। मगर युंटा वहाँ जाकर रौशनी के मूल को देखती है, और बची रहती है। जब लेनी यह फ़िल्म बना रही थी, इसी समय हिटलर सत्ता में आया। उसने लेनी को 1933 में न्यूरेम्बर्ग में होने वाली नाज़ी पार्टी की रैली को फ़िल्माने के लिए कहा। वैसे 1933 में बनी यह फ़िल्म 'विक्ट्री ऑफ़ फ़ेथ' आज उपलब्ध नहीं है। मगर लेनी की बनायी एक दूसरी फ़िल्म, 1934 की रैली की 'ट्रैयम्फ़ ऑफ़ द विल' उपलब्ध है। इसे बनाने के लिए भी हिटलर ने ही उसे कहा था। यह हिटलर की प्रोपेगंडा फ़िल्मों में से शीर्ष की फ़िल्म है और हिटलर तथा नाज़ी आदर्शों का गुणगान करती है। ज़ाहिर–सी बात है इस फ़िल्म को 1935 का द जर्मन फ़िल्म प्राइज़ तथा 1937 में इण्टरनेशनल ग्रैंड प्री मिलना ही था, जो इसे मिला।

जर्मन सेना को सन्तुष्ट करने के लिए लेनी ने 1935 में 'डे ऑफ़ फ्रीडम : आवर आर्म्ड फ़ोर्सेस' एक लघु फ़िल्म बनायी। उसे 1936 के ओलम्पिक खेलों पर फ़िल्म बनाने का काम भी मिला। उस साल ये खेल जर्मनी में हुए थे। 'ओलम्पिया' नाम से ये फ़िल्में दो भाग में बनीं; 1938 में जाकर इनका प्रदर्शन हुआ। पहले भाग का नाम 'फ़ेस्टिवल ऑफ़ नेशन्स' तथा दूसरे भाग का नाम 'फ़ेस्टिवल ऑफ़ ब्यूटी' था। दूसरे भाग की फ़िल्म अपनी कलात्मकता के लिए सराही गयी। लेकिन इसके बाद काफ़ी समय तक लेनी के बुरे दिन चले। अठारहवीं सदी के स्पैनिश ऑपेरा के आधार पर उसने 'लोलैण्ड' बनायी जिसे 1944 में रोक दिया गया। इसी समय उसके पिता और भाई की मृत्यु हुई। वह खुद भी काफ़ी बीमार पड़ गयी, और इसी समय उसने जर्मन सेना के एक मेजर पीटर जेकब से शादी की। लेकिन इसी समय से हिटलर ने उसे निगरानी में रख दिया। बाद में 'हिटलर्स फ़िल्म गॉडेस' के नाम से जानी जाने वाली लेनी रिफ़ेंस्थाल को गिरफ़्तार करके जेल में डाल दिया गया, फिर बाद में दोषमुक्त करके छोड़ भी दिया गया।

1951 में उसने 'द ब्लू लाइट' को पुनः एडिट किया जो 1952 में प्रदर्शित हुई। 'लोलैण्ड' उसने 1954 में पूरी की। इसके बावजूद लेनी दोबारा फ़िल्म जगत में अपने पैर न जमा सकी क्योंकि फ़िल्म दुनिया के लोगों ने उसका बहिष्कार कर दिया। लेकिन वह अपने काम में लगी रही।

अफ़्रीका गयी और उसने वहाँ गुलाम व्यापार पर एक रंगीन डॉक्यूमेण्ट्री 'ब्लैक कार्गो' बनायी, अगले पन्द्रह सालों में स्पेन में रह कर तीन स्क्रीनप्ले लिखे, और अपनी फ़िल्म 'ओलम्पिया' लेकर जर्मनी का दौरा किया। उसने 'द लास्ट ऑफ़ द न्यूबा' नाम से ढेरों फ़ोटोग्राफ़्स भी प्रकाशित किये। 1972 में म्यूनिख में होने वाले ओलम्पिक खेलों को कवर करने के लिए 'लन्दन टाइम्स' ने उसे काम सौंपा। 1974 में वह कोलोराडो में फ़िल्म समारोह में गयी तो उसे वहाँ से नाज़ी विरोधियों ने उठा लिया। 'पीपुल ऑफ़ काऊ' नाम से 1976 में उसने फ़ोटोग्राफ़्स का एक और भाग प्रकाशित किया। लेनी जीवट की स्त्री थी, स्कूबा डाइविंग सीख कर उसने पानी के भीतर के कोरल जीवन पर फ़ोटोग्राफ़ी की और 'कोरल गार्डेन' नाम से प्रकाशित किया। ग़ज़ब की थी यह स्त्री, जब 100 साल की हुई तो उसने गहरे समुद्र में गोताखोरी पर 'अण्डरवाटर इम्प्रेशंस' फ़िल्म प्रदर्शित की। 101 वर्ष की उम्र में इस जुझारू और कर्मठ फ़िल्म निर्देशक का सोते हुए 8 सितम्बर, 2003 को निधन हो गया। 1993 में एक जर्मन निर्देशक रे म्यूलर ने इस फ़िल्म बनाने वाली के जीवन पर एक फ़िल्म 'द वण्डरफुल, हॉरीबल लाइफ़ ऑफ़ लेनी रिफ़ेंस्थाल' बनायी। उसी साल उसकी आत्मकथा, 'लेनी रिफ़ेंस्थाल : ए बायोग्राफ़ी' भी प्रकाशित हुई।

लेनी विवादास्पद रही हो लेकिन उसने फ़िल्म निर्माण में बहुत सारे प्रयोग किये। वह बहुत कुशल निर्देशक थी। उसने कैमरे की कई नयी तकनीकें विकसित कीं। कैमरे को रेल पर रखा ताकि वह दौड़ने वाले की गति के अनुसार शूट कर सके। उस समय ज़ूम लैंस नहीं होते थे और कैमरे की आवाज़ या रेल की आवाज़ फ़िल्म में नहीं आनी चाहिए इसलिए ऐसे कैमरे का उसने विकास करवाया ताकि क्लोजअप में भी कैमरे का शोर रिकॉर्ड न हो। घुड़सवारी को फ़िल्माने के लिए ऑटोमैटिक कैमरे को एक बैग में रखा और कैमरे के चारों ओर की जगह को पंखों से भर दिया। इस बैग को उसने एक दूसरे घोड़े की काठी पर रखा और इस तरह घुड़सवारी को कैमरे में क़ैद किया। इसी तरह ऑटोमैटिक कैमरों को गुब्बारों से जोड़ कर हवा में स्टेडियम के ऊपर उड़ा दिया ताकि होने वाले कार्यक्रमों की बारीकी से फ़ोटोग्राफ़ी हो सके। उद्घाटन समारोह के समय उसने सिर के ऊपर से जहाज़ से शॉट्स लेने की योजना बनायी लेकिन उस दिन वर्षा हो जाने के फलस्वरूप यह प्रयोग सफल न हो सका। पानी के नीचे की शूटिंग के लिए विशेष प्रकार के कैमरा का प्रयोग

किया। तैराकी के लिए छोटे कैमरे को रबर राफ़्ट में जोड़ कर तैराक के साथ–साथ घुमाया–तैराया। नये प्रयोगों के लिए फ़िल्म इतिहास में लेनी रिफ़ेंस्थाल को सदा–सदा याद किया जायेगा।

आइए फिर से होलोकास्ट फ़िल्मों पर लौटते हैं। होलोकास्ट पर बनने वाली तमाम फ़िल्मों में फ़िल्म 'सनशाइन' का स्थान अप्रतिम है। एक परिवार की तीन पीढ़ियों की यह गाथा एक यहूदी परिवार की कहानी है। यहूदी होने के नाते उन्हें न केवल नाज़ी शासन में यातना भोगनी पड़ती है वरन जारशाही, कम्युनिस्ट प्रशासन भी उन्हें हर तरह से परेशान करता है। उनकी वफ़ादारी पर सदैव शक किया जाता है यहाँ तक कि अपना पारिवारिक नाम बदल देने के बाद भी। बर्लिन का वाइस परिवार अपना खानदानी नाम नहीं बदलता है लेकिन मिनी सिरीज़ 'होलोकास्ट : द स्टोरी ऑफ़ द फ़ैमिली वाइस' भी यहूदी होने के कारण वाइस परिवार को मृत्यु शिविर में नष्ट होते हुए दिखाती है। यह भी एक परिवार की तीन पीढ़ियों को ले कर चलती है। एक और बात इन दोनों फ़िल्मों में साझी है, दोनों में रोजमेरी हैरिस ने महत्त्वपूर्ण भूमिका निभायी है।

इतिहास में हिटलर क्रूरतम व्यक्ति होते हुए भी खासा आकर्षक व्यक्तित्व रहा है, भले ही नकारात्मक। हिटलर को ले कर तमाम फ़िल्में बनी हैं। हिटलर के जीवित रहते ही चार्ली चैपलिन ने 'द ग्रेट डिक्टेटर' तथा डेरेक जैकोबी ने 'इनसाइड द थर्ड राइक' बनायी और उसमें उसने हिटलर की भूमिका भी की। हिटलर का किरदार निभाना किसी भी अभिनेता के लिए चुनौती और डरावना अनुभव रहा है। एलेक गिनिस ने 'हिटलरः द लास्ट टेन डेज' तथा एन्थनी होप्किन्स ने 'द बंकर' हिटलर के अन्तिम दिनों पर आधारित की है। हिटलर ने आत्महत्या के कुछ घण्टों पहले बरसों की अपनी प्रेमिका इवा ब्राउन से शादी की थी। हिटलर को ले कर एक फ़िल्म 'द डाउनफ़ॉल : हिटलर एण्ड दि एण्ड ऑफ़ द थर्ड राइक' नाम से बनी है। हिटलर पर ही 'हिटलर : द राइज ऑफ़ इविल' नामक टीवी मिनीसिरीज़ बनी है। यह सिरीज़ हिटलर के प्रारम्भिक दिनों को, उसके निजी विकास को दिखाती है साथ ही नेशनल सोशलिस्ट मूवमेंट को भी प्रदर्शित करती है। यह फ़िल्म इस बात को भी रेखांकित करती है कि जर्मनी के धनिकों–पूँजीपतियों के सहयोग के बिना हिटलर और थर्ड राइक का उदय हो ही नहीं सकता था। आज इस बात को इरादतन भुला दिया जाता है। यह बात भी स्मरण रखनी चाहिए कि हिटलर के छा जाने

में एलाइड देशों के धनिकों का भी पूरा–पूरा सहयोग था। जर्मन समाज ने नाज़ी पार्टी और हिटलर के सर्वसत्तावाद को बाकायदा 'न्यू रोम' की तरह खड़ा किया था। क्रिश्चियन डुगुआए द्वारा निर्देशित इस फ़िल्म में हिटलर क़ी भूमिका रॉबर्ट कार्लाइल ने की है।

1955 में बनी 'नाइट एण्ड फ़ॉग', युद्ध की विभीषिका का भान कराने के लिए 1990 में यह डॉक्यूमेण्ट्री एक बार फिर से दिखाई गयी। 32 मिनट की यह लघु वृत्तचित्र फ़िल्म होलोकास्ट की यातनाओं का, यातना शिविरों का, नाज़ी मशीनरी का सजीव चित्रण है। रिलीज़ होने और बाद में पुनः प्रदर्शन पर इसे ख़ूब सराहना मिली। निर्देशक एलाइन रेसनाइस की यह फ़िल्म बताती है कि कैम्प का पहला प्रभाव होता, लगता–यह एक दूसरा ग्रह है, जहाँ निस्संक्रमण के लिए बाथरूम हैं। आते ही घड़ी, चश्मा, जेवर, अँगूठी, जूते सब उतरवा लिए जाते। स्वच्छता और रोगाणु मुक्ति के नाम पर कपड़े उतार कर अलफ़ नंगा खड़ा कर दिया जाता, इसके साथ ही एक झटके में क़ैदियों का गर्व, उनका अस्तित्व समाप्त हो जाता। फिर उनका न कोई नाम रहता, न पहचान, वे सिर्फ़ एक नम्बर होते। पहनने के लिए धारीदार पाजामा और शर्ट मिलती। सिर मुड़ा कर, दागने और नम्बर मिलने के बाद कुछ को (राजनीतिक) लाल त्रिकोन और कुछ को हरा त्रिकोन मिलता। कुछ को एन. ऐन (जर्मन : **Nacht und Nebel**, इंग्लिश : नाइट एण्ड फ़ॉग) मिलता। इनकी निगरानी के लिए कैपो होते जो छँटे हुए अपराधी होते थे। हट्टे–कट्टे कैपो के ऊपर होते एसएस, आप इनके नज़दीक नहीं जा सकते थे, इनसे दस फ़ीट की दूरी से ही बात की जा सकती थी। और इनके भी ऊपर होते कमाण्डेंट, जिनका काम दूर से पूरे कैम्प की निगरानी करना था। जो ऐसा दिखावा करते मानो यही एक मात्र कैम्प है। दूसरे किसी कैम्प के अस्तित्व से वे सदा अनभिज्ञता प्रकट करते। और अपने शिविर की गतिविधियों के विषय में भी चुप रहते। और फिर कुत्ते तो थे ही कैम्प से भागने का प्रयास करने वालों को नोचने–चींथने के लिए। जिन्होंने इन शिविरों को बनाया था वे भी इसके यथार्थ से अनभिज्ञ थे, जो यहाँ की असह्य यातना सहन करते वे भी। प्रश्न है इस यथार्थ को पकड़ कर हम क्या आशा करते हैं? हम इस भयंकर, बेचैन करने वाली, विरूपित, दहशतभरी, प्रश्नाकुल स्थिति से आँखें मींच लेना चाहते हैं, मगर क्या ऐसा करना उचित है?

अक्सर जो फ़िल्में युद्ध की नारकीयता को दिखाना चाहती हैं वे भी

युद्ध–क्षेत्र के अनुभवों को उत्तेजक, मोहक और भव्य दिखाती हैं मगर 'नाइट एण्ड फ़ॉग' ऐसा कुछ नहीं करती है। यह यथार्थवादी फ़िल्म युद्ध के दौरान होने वाली अमानवीयता को दिखाती है जिसमें न कोई मोहकता है, न ही भव्यता और उत्तेजना। यह युद्ध, यातना, और किसी भी तरह के अत्याचार के विरुद्ध बनायी गयी फ़िल्म है। खोपड़ियाँ, बाल, कंघे, दाढ़ी बनाने के ब्रश, घड़ियाँ, चश्मे, तामचीन के बरतन, जूतों के ढेर कितना कुछ कहते हैं। यही कुछ बचा था, यही जमा किया था नाज़ियों ने द्वितीय महायुद्ध के दौरान। इनसे उन्होंने प्रयोग के तौर पर कपड़ों के थान, साबुन, काग़ज़ बनाये, उन पर पेण्टिंग की, लैम्प शेड्स बनाये। गिलोटिन से कई सिर एक साथ धड़ से अलग किये जा सकते थे और मुंडों को टोकरी में सजाया जाता था। द्वितीय विश्वयुद्ध के बाद जब जर्मन सैनिक–ऑफ़िसरों पर मुक़दमा चला तो उनका एक ही उत्तर था, "मैं उत्तरदायी नहीं हूँ।", "मैं उत्तरदायी नहीं हूँ।" तो कौन है उत्तरदायी? कैमरा कोर्टरूम से कट हो कर कंकालों पर पहुँचता है। वर्तमान में फूलों सहित हिलती झाड़ी दीखती है। आज समूह क़ब्रों के गड्ढे बर्फ़ीले पानी से भरे तालाब हैं। ठण्डी–कीचड पानी जैसी हमारी स्मृति भी है, जो सोयी हुई है लेकिन उसकी एक आँख सदा खुली रहती है। यह फ़िल्म 'शिंडलर्स लिस्ट' की भाँति दर्शक को मानवता के लिए किये गये उपकार की तरह सुखद अनुभव नहीं देती है न ही 'लाइफ़ इज़ ब्यूटीफुल' की ब्लैक कॉमेडी दिखा कर हँसाती–रुलाती है। फ्रेंच नयी धारा के प्रवर्तक एलाइन रेसनाइस की फ़िल्म 'नाइट एण्ड फ़ॉग' दर्शक की आँख में आँख डाल कर प्रश्न पूछती है और दर्शक को बेचैन करती है।

कभी–कभी जाने–अनजाने एक शब्द, एक पद, एक वाक्य हमारे मुँह से अनायास निकलता है और एक साथ न जाने कितनी ज़िन्दगियों को तबाह कर जाता है; खुद हमारी ज़िन्दगी को भी। शब्द–पद–वाक्य बोलते ही हमें अपनी गलती का एहसास होता है मगर धनुष से निकला तीर और मुँह से निकला वाक्य कभी लौटाया नहीं जाता है। इससे हुए नुक़सान की भरपाई कभी नहीं हो सकती है। अक्सर ऐसी घटनाएँ बचपन में होती हैं, जिनका खमियाज़ा हमें ज़िन्दगी भर भुगतना होता है। इस तरह के अपराध–बोध को कुछ कम करने, उसके शमन का एक उपाय है उसको लिखना, उस पर कोई कलात्मक–सृजनात्मक कार्य करना, उस पर फ़िल्म बनाना। और यही किया है फ़िल्म निर्देशक लुई माले ने। लुई माले ने

बचपन की एक स्मृति के आधार पर फ्रेंच भाषा में एक फ़िल्म बनायी 'अउ रिवोइर लेस एनफ़ैंट्स' जिसका इंग्लिश में तर्जुमा होगा 'गुडबाय, चिल्ड्रेन'। इस फ़िल्म में एक पल में चार ज़िन्दगियाँ बदल जाती हैं। पर क्या यह संख्या चार तक सीमित रहेगी? फ़िल्म का अन्तिम दृश्य न केवल बच्चों को अलविदा कहता है वरन बचपन और मासूमियत को भी सदा–सदा के लिए विदा कर देता है। विदा नहीं होता है तो पल भर में किया गया एक कार्य, वह स्मृति में सदा बना रहता है।

यहूदियों को चुन–चुन कर यातना शिविर पहुँचाया गया और लाखों–लाख यहूदी समाप्त कर दिये गये। अक्सर कहा जाता है कि यहूदियों ने प्रतिरोध नहीं किया मगर यह सत्य नहीं है। यहूदियों ने बाहर प्रतिरोध दस्ते कायम किये और यातना शिविरों में भी प्रतिरोध किया। इतिहास बताता है कि ऑश्वित्ज, बिरेनाऊ, ट्रेब्लिंका तथा सोबीबोर यातना शिविरों के यहूदियों ने विद्रोह किया। उन्होंने जान की बाजी लगा कर कैम्प से भागने का प्रयास किया। इसके लिए जर्मन सैनिकों और अधिकारियों की हत्या की। इन विद्रोहों पर लेखन हुआ है और इन पर फ़िल्में भी बनी हैं। 'स्केप फ्रॉम सोबीबोर' एक ऐसी ही फ़िल्म है। नाम से ही ज़ाहिर है कि यह सोबीबोर शिविर से भागने वालों के विषय में है। यह फ़िल्म सोबीबोर यातना शिविर, जर्मन अधिकारियों के चंगुल से बहुत सारे यहूदी क़ैदियों के निकल भागने की कहानी है। यह सत्य घटना है इसकी पुष्टि इस बात से होती है कि फ़िल्म बाकायदा दिन, तिथि और साल दिखाती है। 14 अक्टूबर, 1943 को घटित यह घटना एक दिन में घटित नहीं हुई। इसके लिए यहूदी क़ैदियों ने एक सोची–समझी योजना तैयार की थी।

सोबीबोर यातना शिविर से 600 यहूदी क़ैदी अपनी और दूसरों की जान की परवाह न करते हुए काँटेदार ऊँची बाढ़ को पार करने का प्रयास करते हैं। यूक्रेनियन गार्ड्स मशीनगन के मुँह खोल देते हैं। इस जीवन–मरण के बीच आधे मतलब 300 यहूदी क़ैदी क़ैद से निकल भाग कर जंगल की शरण में पहुँच जाते हैं। खोजी दल इन तीन–सौ में से 60–70 को पकड़ने और समाप्त करने में कामयाब हो जाते हैं। इसके बाद एसएस प्रमुख हेनरिक हिमलर सोबीबोर के मत्यु शिविर को नष्ट कर डालने का हुक्म देता है और बुलडोज़र से इमारतों को जमींदोज़ करके वहाँ की पहचान छिपाने के लिए पेड़ रोप दिये जाते हैं। फ़िल्म की अन्तिम पंक्ति है, "...अगर हम भगवान को माफ़ कर सकते..."

नाज़ियों के चंगुल से पूरे परिवार के निकल भागने को म्यूज़िकल फ़िल्म 'द साउण्ड ऑफ़ म्यूज़िक' में जिस तरह से प्रस्तुत किया गया है वह ग़ज़ब का है। एक समय–1965–66 में इस फ़िल्म ने सफलता के सारे रिकॉर्ड तोड़ डाले थे। रॉबर्ट वाइज की यह फ़िल्म प्रसन्नता प्रदान करने वाली, चित्त को ऊपर उठाने वाली और सकारात्मक प्रभाव डालने वाली है। तीन घण्टे लम्बी इस फ़िल्म का मूल मारिया वोन ट्राप की 1949 में लिखी आत्मकथा, 'द वोन ट्राप फ़ैमिली सिंगर्स' है। इस आत्मकथा को हॉवर्ड लिंडसे तथा रसल कोर्स ने पुस्तक का रूप दिया। इस पुस्तक के आधार पर अर्नेस्ट लेहमैन ने स्क्रीनप्ले तैयार किया। लेकिन इसके पहले यह 1959 में ही ब्रॉडवे पर नाटक के रूप में तहलका मचा चुका था। रिचर्ड रोड्गर तथा ऑस्कर हैमरस्टेन ने इसे म्यूज़िकल नाटक के रूप में प्रस्तुत किया था। फ़िल्म का निर्देशक और प्रोड्यूसर दोनों ही रॉबर्ट वाइज हैं।

कहानी बहुत सामान्य है लेकिन इसकी सफलता का राज मारिया के रूप में जूली एण्ड्रूज, बच्चों की एक्टिंग, इसके गाने और सब से बढ़ कर इसकी फ़ोटोग्राफ़ी है। मारिया एक कैप्टन के बच्चों की देख–रेख के लिए रखी गयी युवा स्त्री है। वह न केवल कड़क मिज़ाज कैप्टन का दिल जीतती है, बच्चों को भी अपना बना लेती है। इतना ही नहीं उसकी होशियारी से पूरा परिवार ऑस्ट्रिया के नाज़ी चंगुल से बच निकलने में भी सफल रहता है। 70 एमएम की इस फ़िल्म का मज़ा बड़े स्क्रीन पर देखने में है। फ़िल्म कहीं भी नाज़ी अत्याचार नहीं दिखाती है, मगर उनकी दहशत से दर्शक को परिचित कराती है।

युद्धबन्दी शिविर से भाग निकलने के प्रयास सदैव होते रहे हैं। कभी ये सफल होते हैं अक्सर असफल। द्वितीय विश्वयुद्ध में भी ब्रिटिश और अमेरिकन युद्धबन्दियों ने ऐसा प्रयास किया था। 1963 में बनी 'द ग्रेट इस्केप' एक ऐसी ही फ़िल्म है। इस मृत्यु शिविर में कमाण्डेंट को ऊपर से आदेश मिलता है कि उन सारे एलाइड कैदियों को एक साथ रखा जाये जिनका दिमाग खुराफ़ाती है। कमाण्डेंट बहुत खुश होता है, वह इसे 'पुटिंग ऑल द रोटेन एग्स इन बास्केट' की संज्ञा देता है। पॉल ब्रिकहिल भी एक युद्धबन्दी था। बाद में उसने अपने अनुभवों के आधार पर एक उपन्यास लिखा। इसी उपन्यास को सामने रख कर थोड़े हेर–फ़ेर के साथ जेम्स क्लावेल, डब्ल्यू आर बर्नेट तथा वॉल्टर न्यूमैन ने 'द ग्रेट एस्केप' फ़िल्म की पटकथा तैयार की। एक अन्य वास्तविक युद्धबन्दी जिसने इस

वास्तविक घटना में भाग लिया था, वैली फ़्लडी ने इस फ़िल्म में अभिनय किया, साथ ही फ़िल्म के टेक्निकल सलाहकार के रूप में भी सहयोग दिया। मुख्य भूमिका में स्टीव मैक्क्वीन ने अधिकतर स्टंट स्वयं किये हैं। युद्धबन्दियों को कैसे गिफ़्ट पैकेट के भीतर रख कर टूल्स पहुँचाये जाते थे इस बात को बहुत कम दिखाया गया है क्योंकि पूर्व युद्धबन्दी नहीं चाहते थे कि आने वाले समय में इन बातों से युद्धबन्दियों को घाटा हो। फ़िल्म बनाने वालों ने इस बात को मान लिया और इस हिस्से को बहुत संक्षेप में दिखाया है। 'द ग्रेट एस्केप' यातना शिविर को नहीं दिखाती है मगर होलोकास्ट से इसका गहरा सम्बन्ध है। इतने सारे स्टार को एक साथ रख कर जर्मन अवश्य आग से खेल रहे थे। मैच के दौरान क़ैदी स्वतन्त्रता के लिए अपनी जान की बाजी लगा कर भागने का प्रयास करते हैं और सफल रहते हैं। यह फ़िल्म मनुष्य की जिजीविषा और उसके भीतर स्वतन्त्रता की लालसा का जीता–जागता उदाहरण है, फ़िल्म में कई अविस्मरणीय दृश्य हैं। होलोकास्ट पर बनी यह एक बेहतरीन फ़िल्म है। लेकिन यहाँ भी दर्शक फ़िल्म समाप्त होने पर मन में उत्साह और जोश का अनुभव करता है। मुझे लगता है, होलोकास्ट फ़िल्म के लिए यह उचित नहीं है।

अपने आसपास के लोगों की आसुरी प्रवृत्तियों तथा परिस्थितियों की विसंगति, भयावहता, बीभत्स विभीषिका को बच्चे असहायता के साथ देखते–भोगते हैं, मगर सब नहीं। गुंटर ग्रास का तीन साल का ऑस्कर अपने परिवेश के वयस्कों का दोहरा व्यवहार सहन नहीं कर पाता है और विद्रोह स्वरूप शारीरिक रूप से बढ़ने से इनकार कर देता है। उसकी मानसिक उम्र बढ़ती जाती है। बचपन में उसे उपहार स्वरूप एक टिन ड्रम मिला था। इसी ड्रम को वह सदैव गले में लटकाये रहता है और इसी की सहायता से वह ख़ुद को अभिव्यक्त करता है। अप्रसन्न होने पर वह इतनी ज़ोर से चीखता है कि आसपास के शीशे चटक जाते हैं। ग्रास की इसी किताब 'द टिन ड्रम' के पहले भाग पर इसी नाम से 1979 में फ़िल्म निर्देशक वोल्कर स्लोनडोर्फ़ ने फ़िल्म बनायी है। एक समय इस फ़िल्म को प्रतिबन्धित कर दिया गया था।

डायरी, लेखन की एक बड़ी निजी विधा है। हालाँकि आजकल प्रकाशित करने के लिए बहुत सोच–समझकर भी डायरी लिखी जा रही है। हिटलर काल में घेटो में रहते हुए बहुत सारे यहूदियों ने डायरी लिखी। कुछ लोग यह काम यातना शिविर की अमानुषता के बीच भी कर रहे थे।

यह उनके ज़िन्दा बचे रहने का एक साधन था। आज इनमें से बहुत सारी डायरियाँ नष्ट हो गयी हैं। केवल कुछ ही डायरियाँ बच पायी हैं, उनमें से कुछ प्रकाशित भी हुई हैं। डायरी लिखने वाले समाप्त हो गये लेकिन ये डायरियाँ उनकी जीने की ललक को दिखाती हैं, भयंकर परिस्थितियों में भी उनकी जिजीविषा की साक्षी हैं ये डायरियाँ। प्रकाशन के बाद सर्वाधिक पढ़ी जाने वाली ऐसी ही एक डायरी है, 'ऐन फ्रैंक की डायरी'। ऐन फ्रैंक किशोरावस्था में मर गयी लेकिन अपनी डायरी के कारण वह सदा–सदा के लिए अमर हो गयी।

ऐन फ्रैंक उसकी बड़ी बहन मार्गोट, माता–पिता, पेल्स पति–पत्नी, उनका बेटा, एक दन्त चिकित्सक कुल आठ प्राणी नाज़ियों से छिप कर दो साल तक ज़िन्दा रहते हैं। मगर बकरे की माँ कब तक खैर मनायेगी, और जयचन्द कहाँ नहीं होते हैं। यातना शिविर में पहले बड़ी बहन फिर ऐन भी मरती है, माँ तो पहले ही समाप्त हो चुकी है। बाकी लोग भी नहीं बचते हैं। बचता है केवल ऐन का पिता ओटो फ़्रैंक। वही ऐन की डायरी को सम्पादित करके प्रकाशित करवाता है, बाद में सम्पूर्ण डायरी भी प्रकाशित हुई। इस जीवन्त, शर्मीली, ज़िद्दी लड़की की डायरी सृजन का उत्तम उदाहरण है, एक किशोरी के जीवन, उसके अनुभवों का प्रामाणिक दस्तावेज़ है, साथ ही यह अमानवीय अनुभवों को भी बयाँ करता है। जीवन और लोगों के प्रति ऐन का नज़रिया बहुत सकारात्मक था। 1952 में प्रकाशित इसी डायरी पर पहले 1954 में नाटक बना फिर 1959 में जॉर्ज स्टीवेन्स ने बीबीसी के लिए फ़िल्म बनायी। अब तक इस पर सात–आठ फ़िल्में बन चुकी हैं। अभी हाल में, 2009 में ज़ोन जोन्स ने फिर बीबीसी के लिए इसे बनाया है।

निर्देशक मार्टिन रिट ने बनायी है 'फ़ाइव ब्राण्डेड वीमेन', जिसे डीनि डे लौरेंटिस ने प्रोड्यूस किया है। होलोकास्ट पर इस तरह की फ़िल्में शायद ही बनी हैं। यह इस काले अध्याय में कुछ स्त्रियों के साहस और जिजीविषा की दास्तान है। युगोस्लाविया में स्थित इस फ़िल्म में अन्तरराष्ट्रीय अभिनेताओं ने भूमिका की है। फ़िल्म की शूटिंग भी यहीं, युगोस्लाविया में की गयी। यह युगोस्लाविया का एक छोटा–सा गाँव है जिसे नाज़ियों ने अधिकृत कर लिया है। जर्मन सार्जेण्ट की आँख वहाँ की लड़कियों पर है। कुछ लड़कियाँ ख़ुशी से राजी हो जाती हैं, कुछ को धमकी देनी होती है। एक लड़की को वह धमकी देता है यदि वह उसके साथ नहीं सोएगी तो उसके भाई को गिरफ़्तार कर लिया जायेगा। अत्याचारी सदैव

कमज़ोर नस दबाता है। वह जोवान्का के साथ दैहिक सम्बन्ध बनाता है, लेकिन तभी उस पर आक्रमण होता है। पाँच लड़कियों को देशद्रोह की सज़ा के तौर पर उनके बाल काट कर समाज से बहिष्कृत कर दिया जाता है। फ़िल्म में युद्ध विरोधी सन्देश देने का प्रयास किया गया है। फ़िल्म के कथानक के अनुकूल यह फ़िल्म श्वेत–श्याम रंग में बनायी गयी है। फ़िल्म दिखाती है कि युगोस्लाव लोग जर्मन लोगों से कम क्रूर नहीं हैं। यूगो पिरो के अप्रकाशित उपन्यास को आईवो पेरिली ने इस फ़िल्म के लिए अपने स्क्रीनप्ले का आधार बनाया है।

होलोकास्ट पर बनी फ़िल्मों में कुछ फ़िल्में बच्चों पर केन्द्रित हैं जैसे 'लाइफ़ इज़ ब्यूटीफुल' यह त्रासद फ़िल्म हल्की–फुल्की बनी रहने का प्रयास करती है। 'द ब्वॉय इन द स्ट्राइप्ड पैजामाज' एक त्रासद फ़िल्म है। होलोकास्ट पर त्रासद फ़िल्म ही बन सकती है। लाखों–लाख लोगों की ज़िन्दगी समाप्त करने वाली घटना त्रासद नहीं तो और क्या होगी। 'द ब्वॉय इन द स्ट्राइप्ड पैजामाज' मुख्य रूप से एक या यूँ कहें दो आठ साल के बालकों पर केन्द्रित है। साथ ही इसमें पारिवारिक तनाव को भी चित्रित किया गया है। आठ साल का ब्रूनो एक नाज़ी ऑफ़िसर राल्फ़ का बेटा है, बारह साल की उसकी एक बहन ग्रेटल (एम्बर बिट्टे) है। 2008 में मार्क हरमन द्वारा निर्देशित यह फ़िल्म बच्चों की नज़र से होलोकास्ट को देखती–दिखाती है, जैसे 'फ़ेटलेस' का कोव्स देखता है। फ़िल्म दृश्य माध्यम है। इस चाक्षुष माध्यम में चित्र बोलते हैं। कथानक के अलावा कैमरे का एंगल, रंग–संयोजन, अभिनय, दृश्यावलियाँ, गीत–संगीत फ़िल्म के महत्त्वपूर्ण बिन्दु होते हैं। इस दृष्टि से देखें तो 'द ब्वॉय इन द स्ट्राइप्ड पैजामाज' फ़िल्म में कई विशेषताएँ हैं। कैमरे ने घर के भीतर चल रहे क्रिया–कलापों तथा यातना शिविर के कार्य–व्यापार को बड़ी कुशलता से प्रस्तुत किया है। कैमरा बड़ी ख़ूबसूरती से बच्चों और वयस्कों के व्यवहार, चेहरे के हाव–भाव को पकड़ता है। ब्रूनो के एकाकीपन, साथी की उसकी तलाश को बड़ी शिद्दत के साथ दिखाता है।

किसी व्यक्ति के व्यवहार को तब तक पूरी तरह नहीं समझा जा सकता है जब तक अतीत में उसके अनुभवों की जानकारी न हो। 1947 में अमेरिका के दक्षिणी हिस्से से एक युवा स्टिन्गो (पीटर मैक्निकोल) लेखक बनने की अभिलाषा लिए ब्रूकलिन आता है। वह एक बोर्डिंग हाउस में ठहरता है। वहीं केमिस्ट्री में शोध कर रहा एक यहूदी नेथन लैन्डाऊ (केबिन क्लीन)

और उसकी पोलिश ईसाई शरणार्थी गर्लफ्रैंड सोफ़ी जाविस्टोवस्का (मेरिल स्ट्रीप) रह रही है। स्टिन्गो उनसे दोस्ती करता है। अनुभवहीन स्टिन्गो के मन में प्रेम, मृत्यु, भय इत्यादि को ले कर तरह–तरह के काल्पनिक और बचकाने भाव–विचार हैं। वह लेखक के रूप में आत्ममुग्ध है। नेथन और सोफ़ी के आपसी प्रेम–सम्बन्ध को ले कर वह चकित और उत्साहित है। इसके साथ ही वह सोफ़ी की ओर आकर्षित भी है। जल्द ही वह देखता है कि सोफ़ी और नेथन के सम्बन्ध में कुछ भी सामान्य नहीं है। नेथन का मूड पल में माशा, पल में तोला होता रहता है। नेथन को शक है कि सोफ़ी उसके प्रति वफ़दार नहीं है और वह इस बात को ले कर जब–तब आक्रामक हो उठता है। स्टिन्गो यह भी अनुभव करता है कि सोफ़ी कोई रहस्य छिपाए हुए है। एक दिन उसे सोफ़ी की 'च्वाइस' का पता चलता है। इसी कारण फ़िल्म का नाम पड़ा है 'सोफ़ीज च्वाइस'। मेरी एक अन्य पुस्तक (साहित्य और विश्व सिनेमा) में विस्तार से इस फ़िल्म पर लेख है। फ़िल्म समाप्त होने के बाद भी मृत्यु शिविर से उठता धुआँ दर्शक का पीछा करता है। सोफ़ी की जिजीविषा उससे क्या कुछ नहीं करवाती है। युद्ध के फलस्वरूप नेथन भी असन्तुलित मस्तिष्क का व्यक्ति है। फ़्लैशबैक में बनी इस फ़िल्म के अन्त में स्टिन्गो एक उपन्यासकार बनता है। फ़िल्म का आधार विलियम स्टीरॉन का इसी नाम का उपन्यास है। फ़िल्म निर्देशक एलान जे. पाकुला के हाथ पड़ कर इस जटिल कथानक के साथ न्याय हुआ है।

अभी हाल में, 2017 में होलोकास्ट पर एक और फ़िल्म आयी है। फ़िल्म का नाम है, 'ज़ू कीपर्स वाइफ़'। इस फ़िल्म का निर्देशन निकी कारो ने किया है और इसी नाम की डाइने एकमैन की किताब को एन्जेला वर्कमैन ने फ़िल्म में ढाला है। इसके साथ फ़िल्म में अंटोनिया ज़ाबिन्स्की की डायरी से काफ़ी कुछ लिया गया है इसीलिए आधिकारिक फ़िल्म बन सकी है। इसमें 'शिंडलर्स लिस्ट' की भाँति यहूदियों को यातना शिविर से बचाने की कहानी दिखाई गयी है। बात 1939 की है, इस समय पोलैण्ड में अंटोनिया ज़ाबिन्स्की (जेसिका चैस्टैन) और उसका पति डॉक्टर जान ज़ाबिन्स्की (जोहान हेल्डेनबर्ग) रह रहे हैं। डॉक्टर की देख–रेख में चिड़ियाघर चलता है। अंटोनिया भी उसकी सहायता करती है। लेकिन जब नाज़ी उनके देश को अधिकृत कर लेते हैं तो चिड़ियाघर बन्द कर दिया जाता है और चिड़ियाघर के विशिष्ट जीव–जन्तु प्रयोग करने के

लिए नाज़ी उठा कर ले जाते हैं। बाकी बचे जानवरों को हलाल करने और जू को सूअर बाड़े में बदलने का आदेश दिया जाता है। लेकिन दम्पति प्रतिकार दस्ते में काम करते हुए, अपनी जान की बाजी लगा कर सैकड़ों यहूदियों को वार्सा घेटो से निकाल कर सुरक्षित रखते हैं, यातना शिविर से बचाते हैं। ये लोग इस अत्यन्त कठिन समय में क़रीब 300 यहूदियों की जान बचा पाये।

'द ब्वॉयज फ्रॉम ब्राज़ील' फ़िल्म डॉक्टर मेन्गोल (ग्रेगरी पैक) के विचार का प्रदर्शन है। डॉ. मेन्गोल नाज़ी साम्राज्य की पुनर्स्थापना की योजना बनाता है इसके लिए उसने अपने लीडर अडोल्फ़ हिटलर के 94 क्लोन तैयार कर सारी दुनिया में बिखेर दिये हैं। दुष्ट अपनी दुष्टता से बाज नहीं आता है तो कुछ लोग उसे उसके काम में कामयाब न होने देने उसके रास्ते में चट्टान की तरह खड़े हो जाते हैं। यहाँ भी डॉ. के पागलपन भरे मंसूबों पर पानी फेरने के लिए एज़रा लिबरमैन (लॉरेंस ओलिविएर) कमर कसे खड़ा है। एज़रा लिबरमैन के जीवन का लक्ष्य नाज़ियों को पकड़ना है। फ़िल्म का अन्त दोनों के आमने–सामने पड़ने से होता है। इस फ़िल्म को हेवुड गाउल्ड ने लिखा है। 1979 की फ़िल्म वास्तव में इरा लेविन के इसी नाम के बेस्टसेलर उपन्यास पर आधारित है। डॉक्टर मेन्गोल हिटलर के जीवन को दोहराना चाहता है। हिटलर के पिता की भी 65 वर्ष की आयु में मृत्यु हुई थी। यहाँ भी ये सारे सिविल सर्वेण्ट की पत्नियाँ उनसे 23 साल छोटी हैं। इनका एक–दूसरे से कोई सम्बन्ध नहीं है। ये एक–दूसरे से अनजान हैं और दुनिया के विभिन्न देशों–ऑस्ट्रिया, जर्मनी, डेनमार्क, नॉर्वे, द नीदरलैंड्स, स्वीडन, कनाडा, ग्रेट ब्रिटेन तथा द यूनाइटेड स्टेट्स मे रह रही हैं। मेन्गोल के पास इन बूढ़ों की बाकायदा सूची है। ऐसा वह इसलिए करवा रहा है क्योंकि जब हिटलर 14 साल का था तो उसके पिता की मौत हुई थी। फ़िल्म निर्देशक फ्रैंकलिन जे. सफ़नर ने किताब को परदे पर उतारते समय बहुत कम परिवर्तन किया है। तेज़ी से आगे बढ़ती, तनाव उत्पन्न करती यह फ़िल्म दर्शक को बुरी तरह विचलित करती है। क्योंकि ज्ञान–विज्ञान की उन्नति के बावजूद ऐसी दुष्ट सम्भावनाएँ मनुष्य के दिमाग़ में उपजती रहती हैं।

होलोकास्ट पर और बहुत सारी फ़िल्में बनी हैं। भविष्य में और बहुत सारी फ़िल्में बनने की सम्भावना है। हमारे युग की इस भयंकर त्रासदी पर फ़िल्मों के बनने का सिलसिला जारी रहेगा। ये फ़िल्में यह भी दिखाती

रहेंगी कि अगर आदमी को जीने का कोई मकसद मिल जाता है, अगर वह अपनी ज़िन्दगी का अर्थ खोज लेता है, तो उसकी जिजीविषा उसे क्रूरतम परिस्थितियों में भी जिलाए रखती है, बचाये रखती है। जो लोग यातना शिविरों में रहे और वहाँ से बच निकले उनके लिए लेफ़्ट–राइट, लपटें, धुआँ, चिमनी, सर्दी, भूख, भट्ठी, कुत्ते, आदमी, ईश्वर, अच्छाई–बुराई के अर्थ वही नहीं होते हैं जो हमारे–आपके लिए (जिन्हें यातना शिविर से नहीं गुज़रना पड़ा है।) होते हैं। उन लोगों के लिए इन शब्दों के अर्थ चिथड़े हो चुके हैं। होलोकास्ट से जुड़ा साहित्य और उस पर बनी फ़िल्में फ़्रेड एल्फ़ोर्ड के शब्दों में चीख–चीख कर पूछती रहेंगी, क्यों? क्यों? दहशत क्यों? अत्याचार क्यों? सताना क्यों? विध्वंस में मज़ा क्यों?

जुलाई–सितम्बर 2010 के लमही में प्रकाशित
लेख का परिवर्तित–परिवर्धित संस्करण।

'द पियानिस्ट' : होलोकास्ट, संगीत और जिजीविषा

स्पीयलबर्ग की मंशा थी कि रोमन पोलांस्की 'शिंडलर्स लिस्ट' का निर्देशन करें। होलोकास्ट के भुक्तभोगी पोलांस्की ने इस प्रस्ताव को नकार दिया। उनका तर्क था कि होलोकास्ट से जो बच रहे हैं वे भाग्य और संयोग से बच रहे हैं न कि किसी ऑस्कर के हृदय परिवर्तन से। पोलांस्की ऑस्कर जैसे एकाध लोगों की भूमिका को बहुत महत्त्व नहीं देते हैं। कारण है उन्होंने खुद इस पीड़ा को भोगा है, एक बार नहीं कई बार। उनकी माँ यातना शिविर के गैस–चैम्बर में भून कर धुआँ बनाकर उड़ा दी गयी थीं। इस हादसे से वे कभी नहीं उबर पायेंगे। उनके अनुसार यह कष्ट उनकी मृत्यु के साथ ही समाप्त होगा। यह तो उनके पिता की होशियारी के फलस्वरूप रोमन पोलांस्की का जीवन बचा। जब यह सब चल रहा था वे निरे बालक थे और यहूदी होने के कारण अपने माता–पिता के साथ नाज़ियों द्वारा धर लिए गये थे; पिता ने नाज़ी सैनिकों की आँख बचा कर बालक को कँटीले तारों के पार धकेल दिया था। भयभीत, निरीह, एकाकी बालक काफ़ी समय तक क्रोकावा और वार्सा में भटकता रहा था। भाग्य और कुछ अनजान, मानवीय गुणों से युक्त संवेदनशील लोगों की कृपा के कारण वह जीवित बचा रहा।

'शिंडलर्स लिस्ट' बनाने से उन्होंने इनकार किया परन्तु जब उन्हें अपने जैसे ही बचे हुए एक आदमी की कहानी मिली तो उन्होंने 'द पियानिस्ट' फ़िल्म बनायी। 'द पियानिस्ट' कहने से इस फ़िल्म का वास्तविक महत्त्व, इसकी असल गहराई का भान नहीं होता है। यह फ़िल्म सच के जीवनानुभव पर आधारित है और इतिहास के इस काले अध्याय का कच्चा चिट्ठा है। इस फ़िल्म का मुख्य पात्र, 1939 में पोलैण्ड का एक महान पियानोवादक जर्मनी द्वारा अधिकृत वार्सा में सारे समय अकेला भटकता रहा था। कुछ लोगों की कृपा से उसका जीवन बचता है। वह एक संयमी, निर्लिप्त व्यक्ति है, जिसका

जीवन इस दुर्द्धर्ष समय में भाग्य से बचा रहता है। यह फ़िल्म इसी महान पियानोवादक ब्लैडीस्लाव स्पीलमैन के लिखित संस्मरण पर आधारित है।

वार्सा पर जब पहली बार 1939 में बम वर्षा होती है स्पीलमैन पोल रेडियो स्टेशन कर लाइव संगीत प्रस्तुत कर रहा था। वह प्रसिद्ध गैर–परम्परागत संगीतकार शॉपिन का संगीत बजा रहा है। खिड़की के शीशे, छत का पलस्तर सब बम से उड़ रहे हैं, लोग स्टूडियो छोड़कर जान बचाने के लिए भाग रहे हैं। वह संगीत बजाता रहता है। अन्ततः पूरा रेडियो स्टेशन उड़ जाता है। इसी समय एक सेलोवादक से उसकी क्षणिक मुलाक़ात होती है। उसे किसी स्त्री को सेलो बजाते देखना बहुत अच्छा लगता है। इस इच्छा की पूर्ति फ़िल्म में बहुत बाद में एक त्रासद स्थिति में होती है। कला और युद्ध का रिश्ता शायद ही जुड़ता है। स्पीलमैन का समृद्ध, सुशिक्षित परिवार, भाई–बहन, माता–पिता सब सुरक्षा की दृष्टि से समय रहते वार्सा से निकल जाना चाहता है। भारतीयों की तरह ही उसका परिवार बहसबाज़ी में कुशल है, उसमें काफ़ी समय उलझा रहता है। ब्लैडीस्लाव स्पीलमैन का कहना है कि वह कहीं नहीं जा रहा है। उसे विश्वास है कि शीघ्र यह नाज़ी अत्याचार समाप्त हो जायेगा और सब कुछ पहले की तरह सामान्य हो जायेगा। क्या ऐसा होता है? काश ऐसा होता। नहीं, ऐसा कुछ नहीं होता है।

दर्शक देखता रहता है कैसे यहूदियों पर नाज़ी शिकंजा कसता जाता है। रोज़ एक नया फ़रमान जारी करके उनका, वहाँ के सारे यहूदियों का सब कुछ छीन लिया जाता है। यहाँ तक कि उनकी अस्मिता भी। वार्सा के यहूदी पीछे धकेले जा कर घेटो में सिमटते जाते हैं, अमानवीय जीवन जीने को लाचार हो जाते हैं। दीवार चिन कर उन्हें दुनिया से काट दिया जाता है। अल्पकाल के लिए दिखाये ईंटों की चिनाई के दृश्य भुलाए नहीं भूलते हैं। जैसे अंग्रेज़ भारतीयों से ही भारतीयों पर अत्याचार करवाते थे वैसे ही नाज़ी ऑफ़िसर यहूदियों से यहूदियों पर अत्याचार करवाते हैं। नाज़ी नियमों को लागू करने के लिए यहूदी पुलिस को बाध्य किया जाता है। ब्लैडीस्लाव और उसके परिवार को गिरफ़्तार करके यातना शिविर जाने वाली ट्रेन पर चढ़ने का आदेश दिया जाता है। भाग्य से एक मित्र उसकी सहायता करता है और ट्रेन पर चढ़ने और मृत्यु के मुँह में जाने के स्थान पर वह बच निकलता है। मगर बच निकलना क्या इतना आसान है। इस बच निकलने के बाद का जीवन कैसा है इसके लिए फ़िल्म 'द पियानिस्ट' देखनी होगी। परिवार मृत्यु के मुँह में जा चुका है और वह

बच रहा है, उसके भीतर की अपराध–ग्रन्थि उसका लगातार पीछा करती है। जीवित रहने के लिए उसे तरह–तरह की कठिनाइयों से गुज़रना होता है, भय–दहशत, भूख–प्यास–बीमारी का लगातार सामना करना पड़ता है।

एक ओर नाज़ी अत्याचार चल रहा था वहीं दूसरी ओर कुछ पोल प्रतिरोध दस्ते भी सक्रिय थे। लम्बे, ख़ूबसूरत, शान्त आशावादी ब्लैडीस्लाव स्पीलमैन की भूमिका में एड्रियन ब्रोडी का चुनाव बहुत सटीक है। पियानोवादक के रूप में उसकी लम्बी–लम्बी अँगुलियाँ ख़ास ध्यान खींचती हैं। वह प्रतिरोध दस्ते की सहायता से जीवित रहता है मगर जीवन आसान न था। उसके इस जीवन को यह फ़िल्म विस्तार से दिखाती है। चाक्षुष रूप से यह फ़िल्म दर्शक को स्तम्भित करती है। नायक एक सहज विश्वास के तहत जीता है। उसका विश्वास है कि जैसा पियानो वह बजाता है वैसा जो भी बजायेगा, उस व्यक्ति के साथ सब ठीक होगा। उसे पूरा विश्वास है कि जल्द ही सब ठीक हो जायेगा, सामान्य हो जायेगा। यही विश्वास वह दूसरों को भी दिलाता है। उसका यह विश्वास किसी ख़बर, किसी तथ्य पर आधारित नहीं है। बस वह स्वभाव से आशावादी है, यह उसका सहज विश्वास है। फ़िल्म के अन्त की ओर आते हुए शॉपिन का संगीत उसके बचे रहने का बायस बनता है। एक जर्मन ऑफ़िसर उसकी जान बचने का कारण बनता है। किसी समूह के सारे लोग दुष्ट हों यह आवश्यक नहीं है, क्रूर–से–क्रूर दल में कोई मानवीय अनुभूति से पूर्ण हो सकता है। यह जर्मन ऑफ़िसर कैप्टन विल्म होसेनफ़ेल्ड भी न केवल संगीत प्रेमी है वरन मनुष्यता के गुणों से भी पूर्ण है। वह सही मायनों में धार्मिक व्यक्ति है। थॉमस क्रेसचमान ने यह भूमिका बहुत आधिकारिक तरीक़े से की है। वास्तविक आत्मकथा में भी ऐसा ही हुआ है। बाद में यह ऑफ़िसर युद्धबन्दी है और स्पीलमैन उसकी सहायता करना चाहता है। समय ऐसा था कि वह क़ैदी की सहायता नहीं कर पाता है। होसेनफ़ेल्ड की मौत रूस के यातना शिविर में होती है। वास्तविक स्पीलमैन सदा उसके परिवार के सम्पर्क में रहता है।

इस फ़िल्म की सेट डिजाइनिंग उजाड़ वार्सा में एकाकी पियानोवादक को एक ऐसे स्थान पर स्थापित करती है जहाँ से वह पियानो पर बैठा अपनी ऊँची खिड़की से बाहर के सारे कार्य–व्यापार देख सकता है, देखता है मगर वह खुद इन सबसे दूर है। वह सुरक्षित है, भूखा–बीमार है, एकाकी और बुरी तरह से भयभीत है। उसकी आँखों के सामने लोगों को लाइन से खड़ा करके गोलियों से भून दिया जाता है। वक़्त–बेवक़्त बम से इमारतें,

दीवाल उड़ती रहती हैं, जलती रहती हैं। यहाँ तक कि अस्पताल भी इस कहर से नहीं बचता है। स्पीलमैन के प्राण पियानो में बसते हैं, विडम्बना है उसने ऐसे स्थान में शरण ली हुई है जहाँ पियानो है मगर वह उसे बजा नहीं सकता है। कैसे बजाये, कैसे बजाने का साहस करे। पियानो बजाते ही न केवल उसके प्राण ख़तरे में पड़ जायेंगे वरन और कई जीवन नष्ट हो जायेंगे। वह काल्पनिक रूप से पियानो बजाता है उसके मन–मस्तिष्क में पियानो की ध्वनि गूँजती रहती है। उसकी अँगुलियाँ थिरकती रहती हैं। जिसमें कला की तनिक–सी भी समझ है वह उसकी बेबसी से द्रवित हुए बिना नहीं रह सकता है। एक बार जब वह अपनी जान बचाने के लिए किसी तरह दीवार फाँद कर दूसरी ओर कूदता है और अपना पैर तोड़ बैठता है, उस समय उजाड़ घेटो और एकाकी स्पीलमैन का दृश्य दुनिया से उसके कटे होने और नाज़ी द्वारा तहस–नहस दुनिया को फ़िल्म बड़ी ख़ूबसूरती (!) से दिखाती है। नाज़ी अमानवीय काल में कई लोगों ने अपने दिन परछत्ती पर छिप कर गुज़ारे, एन फ्रैंक की डायरी इसकी गवाह है। बाद में टूटी एड़ी के साथ स्पीलमैन भी एक परछत्ती पर अपने दिन गुज़ारता है। फ़िल्म के अन्त तक स्पीलमैन कैसे बचा रहता है, कौन उसकी सहायता करता है, उसके बचे रहने में पियानो की क्या भूमिका है, ये सारी बातें लिखकर बताने की नहीं हैं और न ही पढ़कर समझने की हैं। इन्हें तो देखकर ही जाना–समझा–महसूसा जाना चाहिए। पोलांस्की ने फ़िल्म के अन्तिम हिस्से को जैसे फ़िल्माया है वह फ़िल्म इतिहास में सँजोने लायक है।

अधिकतर होलोकास्ट की फ़िल्में प्रदर्शित करती हैं कि जो इस अमानवीय काल से बचे रहे वे अपने साहस और बहादुरी से बचे। वे लोग बहादुर थे। पोलांस्की के अनुसार जो बच निकले वे सब–के–सब बहादुर नहीं थे। सब लोग बहादुर हो भी नहीं सकते हैं मगर फिर भी कुछ व्यक्ति बहादुर न होते हुए भी बचे रहे। कई फ़िल्म समीक्षक उनके इस नज़रिए से सहमत नहीं हैं। क्या सबको सहमत किया जा सकता है, क्या फ़िल्म निर्देशक का उद्देश्य सबको सहमत करना होता है? समीक्षकों को लगता है कि फ़िल्म बहुत अधिक उदासीन है। उसमें उकसाने, आग्रह करने का अभाव है। पियानोवादक प्रचलित अर्थ में हीरो नहीं है, वह एक कलाकार है, जुझारू या लड़ाकू नहीं है। फिर भी वह बच निकलता है। वह कायर नहीं है, जीवन बचाने के लिए जो वह कर सकता था उसने किया। वह कभी नहीं बच सकता था यदि उसका भाग्य साथ नहीं देता। वह बच नहीं सकता था यदि संयोग से उसे कुछ

गैर–यहूदी लोग न मिलते, जो उस पर दया न करते, जो उसकी सहायता न करते। ये लोग अपनी जान जोखिम में डालकर उसकी रक्षा करते हैं, उसका जीवन बचाते हैं, उसे यथासम्भव सहायता देते हैं। मानवीयता किसी धर्म या नस्ल की बपौती नहीं होती है। इन्हीं में ऐसे लोग भी हैं जो उसके नाम पर चंदा जमा करके खुद हड़प जाते हैं।

पूरी फ़िल्म में पियानोवादक मात्र एक दर्शक, एक साक्षी रहता है, वो वहाँ था जहाँ यहूदियों पर नाज़ी शिकंजा कसता जा रहा था। असल स्पीलमैन ने सब कुछ अपनी आँखों से देखा था, उसे स्मरण रखा। बाद में शब्दों में पिरोया। पोलांस्की वास्तविक व्यक्ति स्पीलमैन से तीन बार मिले थे। फ़िल्म के विषय में उसने कोई विशेष सुझाव नहीं दिये पर वह खुश था कि उसके जीवन पर फ़िल्म बनायी जा रही है। फ़िल्म बनकर समाप्त होने के कुछ पूर्व 80 वर्ष की उम्र में उसकी मृत्यु हुई। उसकी आत्मकथा नाज़ी अत्याचार समाप्ति के तत्काल बाद प्रकाशित हुई थी। इस आत्मकथा में कुछ यहूदियों को गलत और एक जर्मन को दयालु दिखाया गया है इसलिए अधिकारियों ने इसे उस समय प्रतिबन्धित कर दिया था। 90 के दशक में यह पुनः प्रकाशित हुई इसी समय पोलांस्की ने इसे देखा और इसे अपनी फ़िल्म का विषय बनाया।

यह एक गम्भीर फ़िल्म है, होलोकास्ट पर बनी फ़िल्म 'लाइफ़ इज़ ब्यूटीफुल' की तरह हास्य और त्रासदी का मिश्रण नहीं है, न ही 'शिंडलर्स लिस्ट' की तरह होलोकास्ट को डायल्यूट करके प्रस्तुत करती है। इसका अप्रोच 'शिंडलर्स लिस्ट' से बिल्कुल भिन्न है। 'शिंडलर्स लिस्ट' ऑस्कर के जटिल व्यक्तित्व में आये परिवर्तन पर ध्यान केन्द्रित करती है जबकि 'द पियानिस्ट' का नायक अपने भीतर अपराध–बोध से लड़ते हुए जीवित रहता है। उसके भीतर अपराध–बोध है क्योंकि वह जीवित है और उसके परिवार के लोग मारे जा चुके हैं। अपनों को मरते देख जीवित रहना बहुत त्रासद होता है। लेकिन व्यक्ति की जिजीविषा उसे बुरी–से–बुरी परिस्थिति में जीवित रखती है। पियानोवादक बहुत कुछ देख–सुनकर, सह कर भी जीवित रहता है।

चूँकि स्पीलमैन नाज़ी शिविर नहीं जाता है अतः वहाँ के मौत गृहों को फ़िल्म में नहीं दिखाया गया है। वहाँ की हैवानियत का चित्रण फ़िल्म नहीं करती है। मगर नाज़ी का सिस्टेमेटिक दमन–शोषण शिविरों के बाहर भी जारी था। उस दमन का बड़ी बारीकी, कुशलता और विस्तार से चित्रण इस

फ़िल्म में मिलता है। दमन इतना भयंकर है कि दर्शक के रोंगटे खड़े हो जाते हैं। वार्सा के यहूदियों से उनकी सारी सम्पत्ति छीन ली जाती है और उन्हें घेटो में डालकर उनके चारों ओर दीवार चुन दी जाती है। यहूदी पुलिस ऑफ़िसर से ही नाज़ी नियम–क़ायदे उन पर लागू करवाए जाते हैं। कितना दर्दनाक दृश्य है जब एक बच्चा खाने की चीज़ें ले कर नाली से आते हुए उसमें फँस जाता है। स्पीलमैन उसे सँकरी नाली से खींचकर निकालने का प्रयास करता है। नतीजतन बच्चा जब नाली से निकलता है उसकी मौत हो चुकी है। फ़िल्म में यह दृश्य बीच में आता है जबकि किताब में यह एक शुरुआती दृश्य है। प्रतिरोधी दस्ते की सहायता से नायक बचता है, मगर प्रतिरोधी दस्ते की कार्यवाहियों को भी फ़िल्म नहीं दिखाती है। बस उनके कारनामों की एकाध झलक फ़िल्म में मिलती है। फ़िल्म के अन्त में स्पीलमैन पुनः पियानो बजाता है और दर्शक–श्रोता खड़े होकर उसका सम्मान करते हैं। वास्तविक स्पीलमैन भी युद्धोपरान्त पियानो बजाता रहा था।

दर्शक वही देखता है जो नायक को दीखता है, जो निर्देशक दिखाना चाहता है, दर्शक उन ध्वनियों को सुनता है जो नायक के दिमाग़ में सुनाई देती हैं। उसकी लाचारी, उसकी बेबसी दिल में कचोट उत्पन्न करती है। उसकी ख़ूबसूरत अँगुलियाँ पियानो बजाने को तरसती हैं, उसका यह दुःख दर्शक को बेचैन करता है। उसके चेहरे और उसकी आँखों का भाव सब मिल कर फ़िल्म को दर्शक के लिए अनुभव नहीं, अनुभूति बना देते हैं। निर्देशक नायक से मौखिक (वर्बल) से अधिक भावात्मक (नॉनवर्बल) तरीक़े से अपना कथ्य सम्प्रेषित करवाने में सफल रहा है। शारीरिक मुद्राओं, चेहरे की भाव–भंगिमा और आँखों की अभिव्यक्ति से पूरी फ़िल्म सम्प्रेषित होती है। नायक बहुत कम बोलता है। वह एक कलाकार है, पियानो बजाने में जितना कुशल है अन्य कामों में उतना ही अकुशल (क्लमसी)। यह असावधानी, बेढंगापन उसकी मुसीबतों को बढ़ाता है या इससे उसे कुछ फ़ायदा होता है यह निर्णय फ़िल्म देखकर ख़ुद करना होगा।

फ़िल्म की समाप्ति के बाद भी दर्शक फ़िल्म के साथ रहता है। भूखे, प्यासे, बीमार और भयभीत व्यक्ति का इतना सटीक और आधिकारिक अभिनय देखना अपने आप में एक उपलब्धि है। हद तो तब हो जाती है जब नलके में पानी भी ख़त्म हो जाता है, एक प्यासे व्यक्ति की हताशा का अन्दाज़ा लगाना कठिन नहीं है। इसी तरह कई अन्य दृश्य बहुत त्रासद और भयंकर हैं। नाज़ी ऑफ़िसर का स्पीलमैन के पिता को थप्पड़ मारना, एक अन्य

ऑफ़िसर का व्हीलचेयर में बैठे एक बूढ़े को बालकनी से गिराना, गार्ड्स का यहूदियों को सड़क पर नचवाना। भूखे आदमी का बुसे हुए, ज़मीन पर गिरे सूप को पाने के लिए लपकना। कुत्ते से भी बदतर स्थिति में उसे चाटना। जीवन में सामान्य बातों जैसे खाना—पानी, परिवार, स्वतन्त्रता का मूल्य इस फ़िल्म को देखकर पता चलता है, अन्यथा हम इन बातों को कभी महत्त्व नहीं देते हैं। हमें अनुगृहीत होना चाहिए कि हम स्वतन्त्र हैं। फ़िल्म स्वतन्त्रता के मूल्य को स्थापित करती है, मानवीयता को जाग्रत करती है।

रोनाल्ड हारवुड ने स्पीलमैन की आत्मकथा से फ़िल्म का इतना सटीक स्क्रीनप्ले तैयार किया जिसने उन्हें पुरस्कार के मंच तक पहुँचाया। पोलांस्की पुस्तक के प्रति ईमानदार हैं, साथ ही उन्होंने अपने अनुभव इसमें पिरोए हैं। पोलांस्की का कहना है कि वे सदा जानते थे कि एक दिन वे पोलिश इतिहास के इस दर्दनाक दौर पर अवश्य फ़िल्म बनाएँगे मगर वे इसे अपने जीवन पर आधारित करके नहीं बनाना चाहते थे। अतः जब उन्हें 1946 में लिखी यह आत्मकथा पुनःप्रकाशन पर मिली, पहला अध्याय पढ़ते ही उन्होंने तय किया कि वे इस पर फ़िल्म बनाएँगे। यह भयंकर होते हुए भी आशा का संचार करने वाली फ़िल्म है। इस आत्मकथा में अच्छे—बुरे पोल लोग हैं, अच्छे—बुरे यहूदी हैं, अच्छे—बुरे जर्मन हैं। निर्देशक हॉलीवुड स्टाइल की फ़िल्म नहीं बनाना चाहता था। जब वे लोकेशन के लिए क्राकाऊ गये तो उनकी स्मृति पुनः जीवित हो गयी।

फ़िल्म की शूटिंग प्रारम्भ करने से पहले उन्होंने इतिहासकारों और घेटो के बचे लोगों से सम्पर्क साधा और उनकी सलाह ली। उन्होंने अपनी टीम को वार्सा घेटो के फुटेज भी दिखाए। नायक के रूप में उनका ध्यान अभिनेता की शारीरिक साम्यता पर उतना नहीं था। वे अपनी कल्पना के अनुसार चरित्र चाहते थे। उन्हें एक युवा की तलाश थी भले ही वह प्रोफ़ेशनल और नामी एक्टर न हो। चूँकि वे फ़िल्म इंग्लिश में बना रहे थे अतः ऐसा व्यक्ति चाहते थे जो यह भाषा भलीभाँति जानता—बोलता हो। अभिनेता ब्रोडी की सम्भावनाओं और प्रतिभा का फ़िल्म में पूरा—पूरा उपयोग निर्देशक ने किया है। उसके चुनाव के पहले नायक की खोज के लिए पोलांस्की ने कई हज़ार लोगों का साक्षात्कार किया। पहले उन्होंने लन्दन में खोज की, 1400 लोग ऑडीशन के लिए आये पर कोई पोलांस्की के मानदण्ड पर खरा नहीं उतरा। इस खोज में वे ब्रिटेन से अमेरिका जा पहुँचे। जब उन्होंने अनुभवी एड्रियन ब्रोडी का काम देखा तो उन्हें मनलायक नायक मिल गया, यही अमेरिकी

अभिनेता उनका पियानिस्ट बना। फ़िल्म में कई नॉन प्रोफ़ेशनल लोगों ने भी अभिनय किया है। अधिकांश कलाकार जर्मन और पोलिश हैं।

अभिनेता ने भी किरदार निभाने के लिए ख़ूब परिश्रम किया। अपने खाने–पीने पर नियन्त्रण करके कमज़ोर होने–दीखने का काम किया। पहले भी ब्रोडी को संगीत से लगाव था मगर उसने पियानो बजाने का प्रशिक्षण लिया, अभ्यास किया, शॉपिन बजाना सीखा, संगीत के उन हिस्सों को बजाना सीखा जो फ़िल्माए जाने थे। वह अभी भी संगीत पढ़ नहीं सकता है परन्तु फ़िल्म के लिए जब उसने संगीत बजाया तो वे उसके मनपसन्द पल बन गये। उसके मन में इच्छा है कि वह संगीत कलाकारों से जुड़े और संगीत की दिशा में कुछ महत्त्वपूर्ण कार्य करे। उसने पोलिश भाषा को सीखने का अभ्यास किया। बीबीसी की लौरा बुशेल के अनुसार यह फ़िल्म ब्रोडी की प्रतिभा को प्रदर्शित करने के लिए सबसे अधिक स्मरणीय है। दर्जनों फ़िल्मों में काम कर चुके ब्रोडी का कहना है कि पियानिस्ट का अभिनय करने के लिए वे खुद को 12 से 17 घण्टे एकाकी रखते, किसी से मिलते–जुलते नहीं थे। ज़िन्दगी में जो भी आरामदायक, सुकून भरा है, उससे दूर रहते थे। लोगों, भोजन, कला–संगीत सबसे दूर एक ऐसे व्यक्ति का अनुभव करते जिसका सब कुछ छिन गया है, जिसे अपने प्यारे लोगों, अपनी लगन आदि से वंचित कर दिया गया है। उन्होंने स्पीलमैन के अनुभवों को आत्मसात करने के लिए यह सब किया। उसकी सच्चाई को अपना यथार्थ बनाया। प्रोडक्शन शुरू होने के छह सप्ताह पूर्व उन्होंने अपना वज़न 30 पौण्ड कम कर लिया था, मित्रों–रिश्तेदारों से मिलना छोड़ दिया था, अपना घर और अपनी कार, भौतिक सुख–साधन त्याग दिये थे। अभिनय की ऊँचाई तपस्या माँगती है, ब्रोडी ने यह किया। उनका कहना है कि जिन परिस्थितियों से स्पीलमैन या उन जैसे लोग होलोकास्ट के दौरान गुज़रे, उन्होंने जो अनुभव किया, जो कष्ट उठाये इससे उनके अनुभवों की कोई तुलना नहीं हो सकती है । लेकिन उनका कहना है कि अपने अनुभव से उन्होंने गहन बोध पाया है। उन्होंने ऐसा किया क्योंकि वे अपने काम को बहुत गम्भीरता से लेते हैं।

निर्देशक के रूप में रोमन पोलांस्की अपने अभिनेताओं को कोई रियायत नहीं देते हैं। एक बार उन्होंने ब्रोडी से कहा कि तुम्हें बिल्डिंग पर चढ़ना है, छत तक जाना है और खिड़की से चढ़ना है, वहाँ लटके रहना है ताकि शूटिंग की जा सके। फिर बिल्डिंग से सरकते हुए उतरना है, गटर पर लटके रहना है और फिर गिरना है। ब्रोडी ने पोलांस्की से

कहा, ''क्या पहले किसी ने यह किया है?'' पोलांस्की ने कहा, ''हॉलीवुड एक्टर्स आओ मैं तुम्हें दिखाता हूँ।'' और 68 साल के पोलांस्की दौड़ कर बिल्डिंग तक गये, खिड़की से चढ़े, वहाँ लटके रहे, छत पर गये, वहाँ से सरकते हुए गटर पर झूलते रहे और फिर वहाँ से नीचे ज़मीन पर कूद पड़े, उनके अंग छिल गये। पोलांस्की ने ब्रोडी से कहा, ''लो किसी ने यह किया है, अब तुम करो।'' फ़िल्म में ब्रोडी भावना की विभिन्न छटाओं की अभिव्यक्ति में कुशल हैं। उनका अभिनय स्तम्भित करता है।

फ़िल्म की शूटिंग वार्सा, प्राग तथा स्टूडियो में हुई है। पॉवेल एडलमैन की फ़ोटोग्राफ़ी स्तम्भित करती है। फ़िल्म के अधिकांश भाग में धूसर–भूरे रंग का प्रयोग मनचाहा प्रभाव डालता है। शुरू में कुछ रंगीन दृश्य हैं, जब फ़िल्म आगे बढ़ती है तो भूरा प्रमुख बन बैठता है। जब नाज़ी वार्सा छोड़ने लगते हैं तब फिर से सूर्य की रौशनी नज़र आती है। जब स्पीलमैन जर्मन कमाण्डर के लिए पियानो बजाता है तब पियानो पर रौशनी पड़ती है, इस समय रौशनी नायक पर भी पड़ती है और जीवन की थोड़ी उम्मीद बँधती है। पोलांस्की ने एक सैनिक स्थल पर सेट का निर्माण कर उसे डायनामाइट से उड़ा कर भग्न घेटो का दृश्य तैयार किया था।

कोई आश्चर्य नहीं कि इस फ़िल्म को सारे उत्तम पुरस्कार और सम्मान प्राप्त हुए। सर्वोत्तम निर्देशक, सर्वोत्तम अभिनेता, सर्वोत्तम स्क्रीनप्ले, सर्वोत्तम सेट डिजाइनिंग...लिस्ट बड़ी लम्बी है। गर्व की बात है कि स्पीलमैन के पुत्र एण्ड्रेज स्पीलमैन पुरस्कार समारोह में उपस्थित थे। अभिनेता ब्रोडी के माता–पिता भी समारोह में आये थे और सब खुशी से रो रहे थे। ये सम्मान द्वितीय विश्वयुद्ध के शिकार हुए लोगों के लिए समर्पित थे। सर्वोत्तम फ़िल्म सूची में इसका नाम सदा के लिए दर्ज है। स्पीलमैन के बेटे ने पत्रकारों को बताया कि हमारा परिवार मेरे पिता की कहानी को अकादमी द्वारा सपोर्ट करने से बहुत सम्मानित और गद्‌गद है। हम लोग यह सम्मान रोमन पोलांस्की और फ़िल्म की असामान्य कास्ट और क्रू के साथ साझा करने में गर्वित हैं। आगे उन्होंने कहा कि यह पोलिश यहूदियों के साहस और मानवता को स्मरण करना है जिसे हमने द्वितीय विश्व युद्ध में खो दिया था। उन्होंने बताया कि साठ साल बीत चुके हैं मगर हम कुछ भूले नहीं हैं।

समीक्षकों ने फ़िल्म प्रदर्शन के तत्काल बाद सर्वोत्तम शब्दों में इसकी प्रशंसा की। एक समीक्षक ने तो यहाँ तक कहा कि फ़िल्म का अन्त इन्द्रियातीत (ट्रांसिडेण्टल) के निकट है। लोग खुश थे कि पोलांस्की दोबारा फ़िल्म जगत

में स्थापित हो गये हैं, इसके पहले उनकी कुछ फ़िल्में असफल रही थीं। उनके लिए यह फ़िल्म बनाना आसान नहीं था। वार्सा जा कर उनकी स्मृतियाँ पुनः जाग्रत हो गयी थीं। फ़िल्म की शूटिंग के दौरान वे कई बार अपसेट हो जाते थे। इस पूरे समय उन्होंने खुद को बहुत लो–प्रोफ़ाइल में रखा। मीडिया में बढ़–चढ़कर कोई बयान नहीं दिया। कला की जड़ें अक्सर बहुत दुःख में गड़ी होती हैं। पोलांस्की 1961 में कम्युनिस्ट शासन के दमन से निकल भागे थे। दुःख उनका पीछा बचपन से कर रहा है बाद में भी उसने उनका पीछा नहीं छोड़ा। 1969 में उनकी पत्नी अभिनेत्री शरोन टेटे और उनके अजन्मे बच्चे की हत्या कर दी गयी। इसके बाद उन्होंने 'मैकबेथ' बनायी, इसके पहले वे 'रिपल्सन' और 'कल–डे–सेक' बना चुके थे। उनकी अन्य फ़िल्मों की तरह इस फ़िल्म के प्रोड्यूसर उनके पुराने मित्र जेने गटोवस्की हैं जो खुद जर्मनी द्वारा अधिकृत वार्सा से बचे हुओं में से एक हैं।

फ़िल्म के वार्सा प्रीमियर के समय पोलांस्की खुद अभिनेता के साथ उपस्थित थे। वहाँ के राष्ट्रपति और तमाम बड़े लोग इस अवसर पर फ़िल्म देखने जमा थे। दर्शकों ने बीस मिनट तक खड़े हो कर तालियाँ बजाते हुए फ़िल्म, निर्देशक और अन्य तकनीशियन्स और कलाकारों को सम्मान दिया था। भले ही यह फ़िल्म एक व्यक्ति के नज़रिए से बनी है मगर इसमें युद्ध की भयावहता, एक व्यक्ति की असहायता पूरी तरह से उभरी है। यह बहुत प्यारी–सुन्दर फ़िल्म नहीं है, अधिकतर दृश्य उजाड़ परिदृश्य और वीराने तथा जनहीन कमरे के हैं। फिर भी एक बार इसे अवश्य देखा जाना चाहिए। एक बार देखकर दोबारा देखने की तलब यह फ़िल्म खुद ही जगाती है। फ़िल्म देखने के बाद प्रतिकार की भावना नहीं जगती है, वरन् मानवता पर विश्वास जमता है। संगीत की शक्ति और जिजीविषा को सलाम करने का मन करता है। यह फ़िल्म संगीत की शक्ति, जिजीविषा और दुष्टता–बुराई के समक्ष डट कर खड़े रहने का दस्तावेज़ है।

पोलांस्की ने एक साक्षात्कार में बताया कि वे फ़िल्म को बहुत तड़क–भड़क वाला नहीं बनाना चाहते थे मगर दूसरी ओर वे उस काल की डॉक्यूमेण्ट्री भी नहीं बनाना चाहते थे। उनके अनुसार यह उनके जीवन की सबसे महत्त्वपूर्ण फ़िल्म है। भावात्मक रूप से यह ऐसा काम है जिसकी तुलना उनके किसी अन्य कार्य से नहीं की जा सकती है। यह उन्हें उस काल में ले जाता है जिसे वे आज भी स्मरण करते हैं। देखने के पश्चात् फ़िल्म 'द पियानिस्ट' सदा–सदा के लिए दर्शकों की स्मृति का हिस्सा बन जाती है।

'द काउण्टरफ़िएटर्स' : नैतिकता और अपराधबोध

नाज़ी जर्मन केवल यहूदियों के ख़िलाफ़ नहीं थे, उनकी दृष्टि में जिप्सी, समलैंगिक और मार्क्सवादी भी जीने योग्य न थे। उनकी योजना पूरे विश्व पर अपनी सत्ता कायम करने की थी। सत्ता हथियाने के लिए दूसरे देशों को आर्थिक रूप से नष्ट करना आवश्यक है। नाज़ियों ने इसका प्रबन्ध बख़ूबी किया हुआ था। वे यातना शिविर, गैस–चैम्बर चला रहे थे, इसके साथ उन्होंने एक और अपने मतलब का महत्त्वपूर्ण ऑपरेशन चालू किया हुआ था। यह था 'ऑपरेशन बर्नहार्ड'। यह द्वितीय विश्वयुद्ध के दौरान नाज़ी जर्मनी के द्वारा चलाया जा रहा सीक्रेट प्लान था। इस योजना का उद्देश्य गुप्त रूप से इंग्लैण्ड की नकली करंसी छापना और नकली बैंक चलाना था। नकली नोटों की इतनी भरमार कर देना ताकि इंग्लैण्ड की अर्थ–व्यवस्था पूरी तौर पर ढह जाये। सत्ताधारी गन्दे काम खुद नहीं करके अपने अधीनों से करवाते हैं। नाज़ी भी यह काम खुद न करके यहूदियों से करवा रहे थे। यहूदी कलाओं में माहिर समुदाय है। वे घड़ीसाज, कुशल सुनार, कुशल दर्ज़ी, कुशल लोहार तो होते ही थे अन्य कलाओं में भी पारंगत होते थे। नाज़ी उनके इन्हीं गुणों का फ़ायदा उठाया करते थे। ऐसे लोगों को वे यातना कैम्प में भी विशेष सुविधाएँ दे कर अपने मतलब का काम करवाया करते थे। हालाँकि इन प्रतिभावान लोगों पर भी मौत की तलवार लटकती रहती थी और इनके साथ बदसलूकी की जाती थी। इन यहूदी बन्दियों पर पेशाब कर देना, उन्हें लात–घूँसों से मारना, उनका खाना उलट देना जैसे व्यवहार सामान्य बात थी।

अधिकांश यहूदी प्रतिभावान होते हैं, ऐसा ही एक यहूदी अडोल्फ़ बर्गर टाइपोग्राफ़र था। उसका काम बप्तिस्मा के नकली सर्टीफ़िकेट बनाना

था। इस तरह वह यहूदियों को यातना कैम्प में जाने से बचाने का प्रयास करता था। वह स्लोवाक यहूदी था मगर 1942 में नाज़ियों के हत्थे चढ़ गया। उसे सच्सेनहाउसेन यातना शिविर में भेज दिया गया और उसकी कुशलता का फ़ायदा उठाते हुए उसे 'ऑपरेशन बर्नहार्ड' से जोड़ दिया गया। युद्ध समाप्ति के बाद इस बर्गर ने 'द डेविल्स वर्कशॉप' नाम से अपना संस्मरण लिखा। इसी संस्मरण को आधार बना कर 2007 में फ़िल्म निर्देशक स्टेफ़न रुज़ोविट्ज़्की ने द 'काउण्टरफ़िएटर्स' नाम से फ़िल्म बनायी। फ़िल्म की कहानी स्वयं निर्देशक ने तैयार की। फ़िल्म दिखाती है कि नाज़ियों के बुरे–गलत कामों में सहायक होने पर व्यक्ति के भीतर कैसा नैतिक क्षरण होता है। इस ऑस्ट्रियन–जर्मन ड्रामा श्रेणी की फ़िल्म को बनाते समय पूरे वक़्त निर्देशक स्टेफ़न रुज़ोविट्ज़्की ने हर स्टेज पर बर्गर से सलाह–मशविरा किया।

यह फ़िल्म एक यहूदी जालसाज़ सालोमन 'सैली' सोरोविट्स्च के नैतिक क्षरण पर केन्द्रित है। सैली एक जालसाज़ है लेकिन वह एक कलाकार भी है। फ़िल्म बीच–बीच में सैली के अन्तर में चल रहे विचारों से दर्शकों को परिचित कराती चलती है। फ़िल्म का प्रारम्भ द्वितीय विश्वयुद्ध की समाप्ति के तत्काल बाद होता है। एक जर्मन व्यक्ति मांटे कार्लो पहुँचता है और एक बहुत महँगे होटल में ठहरता है। वहाँ वह एक बहुत उच्च वर्ग का जीवन व्यतीत करता है। कैसिनो जाता है, जूआ खेलता है। वह हर समय नगद भुगतान करता है। इन सबके बीच वह एक ख़ूबसूरत फ्रेंच स्त्री का ध्यान आकर्षित कर लेता है। वह स्त्री कुछ समय बाद सैली के हाथ पर गोदे हुए नम्बर को देख लेती है और उसे ज्ञात होता है कि यह व्यक्ति यातना शिविर में रह चुका है।

2007 में 80 वें अकादेमी पुरस्कार में विदेशी भाषा की सर्वोत्तम फ़िल्म का ऑस्कर पुरस्कार पाने वाली इस 'द काउण्टरफ़िएटर्स' फ़िल्म की आगे की कहानी 1936 के बर्लिन में चलती है, जहाँ सालोमन को नकली नोट और पासपोर्ट बनाते हुए दिखाया गया है। तेज़ी से आगे बढ़ती फ़िल्म में कुछ समय बाद वह नाज़ी सेना की निगाह में आता है और उसे गिरफ़्तार करके पहले यातना शिविर में डाल दिया जाता है। बाद में उसे लिंज़ के नज़दीक मौथाअसेन यातना शिविर में रखा जाता है। अपनी सुरक्षा और थोड़ी–सी सुविधाएँ पाने के लिए वह जालसाजी की अपनी प्रतिभा का उपयोग सन्तरियों का ध्यान खींचने के लिए करता है। वह गार्ड्स और

उनके परिवार की चित्रकारी करके उनकी कृपा से थोड़ा अधिक भोजन पाने लगता है। उसकी कला की बात फैलती है और वह बड़े अधिकारियों की निगाह में आता है। इसमें शक नहीं कि सालोमान एक कुशल कलाकार था लेकिन धनी बनने के लालच में वह अपनी सृजनात्मक ऊर्जा का गलत उपयोग करता है।

इन यहूदी क़ैदियों का जीवन अन्य क़ैदियों की तुलना में बेहतर था। इन्हें अच्छा खाना मिलता, सोने के लिए मुलायम बिस्तर और नहाने के लिए पानी के साथ साबुन भी उपलब्ध कराया जाता था। जब ये नकली नोट बनाने में कामयाब हो जाते हैं तो तोहफ़े के रूप में इन्हें टेबल–टेनिस खेलने की लक्जरी प्रदान की जाती है। सैली उसी पुलिस ऑफ़िसर हेरज़ोग (डेविड स्ट्रीसॉव) के सामने पहुँचता है जिसने उसे गिरफ़्तार किया था अब प्रमोशन पा कर वह नाज़ी बड़ा ऑफ़िसर है, वह कैम्प–कमाण्डर बन गया है। हेरज़ोग एक बहुत महत्वाकांक्षी ऑफ़िसर है। वह न नैतिक है न अनैतिक एक तरह से उसका व्यवहार अ–नैतिक तथा अवसरवादिता का है। वह काम के समय नाज़ी चिह्न स्वस्तिक धारण करता है मगर अवकाश के समय आराम से कॉर्डीगन पहन कर रहता है। उसका एक संवाद दर्शकों को सोच–विचार के लिए प्रेरित करता है। एक स्थान पर वह कहता है कि युद्धोपरान्त उसकी रुचि लोगों को मैनेज करने में है। क्योंकि भविष्य वहीं है। क्या आज के ब्यूरोक्रेट ने उसी से प्रेरणा ग्रहण की हुई है? कम्पनियों–उद्योगों के मैनेजर्स खासकर मिडिल लेबल के मैनेजर यही करते नज़र आते हैं। ये सपाट ढंग से क्रूरता करना अपना दायित्व समझते–मानते हैं और अपने अधीनस्थ लोगों पर मानसिक–भावात्मक अत्याचार करना अपना धर्म मानते हैं।

इस शिविर में बहुत सारे प्रतिभावान क़ैदियों को जमा करके नकली नोट बनवाने का काम लिया जाता है। लाखों नकली नोट छाप कर देशों की अर्थ–व्यवस्था चरमराने की योजना है। इन सारे कुशल यहूदी क़ैदियों का अतीत भिन्न–भिन्न है। कोई बैंक मैनेजर था तो कोई राजनीतिक प्रतिरोधी। ये क़ैदी ख़ुद को शिविर के अन्य क़ैदियों से बेहतर मानते हैं। दूसरों के प्रति इनके मन में अवज्ञा का भाव है। अपने जैसे दूसरे यहूदी क़ैदियों से तनिक अधिक सुविधा के कारण वे ख़ुद को उच्च मानने लगते हैं, जबकि इनकी नियति भी तय है। इन क़ैदियों को देखकर एक अन्य होलोकास्ट फ़िल्म (एस्केप फ़्रॉम सोबीबोर) की याद आती है जहाँ नाज़ी

खरगोश पालते हैं, उन्हें मुलायम घास खिलाते हैं, उनकी ख़ूब अच्छी देखभाल करते हैं। किसलिए? ताकि जब कुछ स्वादिष्ट खाने का मन हो तो इन खरगोशों को पकाया जा सके। पार्टी में अँगुलियाँ चाट–चाट कर खाने का मज़ा लिया जा सके। बेचारे खरगोशों को नहीं मालूम है, मगर क्या ये यहूदी क़ैदी भी यह बात नहीं जान–समझ रहे थे?

सस्पेन्स थ्रिलर की तरह चलती फ़िल्म कई बातें बताती है। ब्रिटेन में प्रदर्शित फ़िल्म में एक टैगलाइन दिखाई देती है, 'रकम बनाने के लिए आदमी को चालाक होना चाहिए। ज़िन्दा रहने के लिए जीनियस होना चाहिए।' वास्तविक ऑपरेशन बर्नहार्ड अपने ढंग का अनोखा प्रोजेक्ट था। दुनिया का सबसे बड़ा जालसाजी का प्रोजेक्ट। इतने बड़े पैमाने पर न पहले कभी जालसाजी हुई थी और न उसके बाद अब तक हुई है। ब्रिटिश पाउण्ड और अमेरिकी डॉलर के करोड़ों नोट बनाने की योजना नाज़ी जैसे शातिर दिमाग़ की उपज थी। वे एलाइड अर्थ–व्यवस्था को छिन्न–भिन्न कर डालना चाहते थे। अगर उन्हें थोड़ा और समय मिल गया होता तो आज दुनिया का नक्शा कुछ और होता। यह नाज़ियों की एक अमानवीय, राक्षसी महत्वाकांक्षी योजना थी।

जब जालसाजी का काम शुरू होता है तो सैली देखता है कि एडोल्फ़ बर्गर (अगस्ट डेह्ल) निरन्तर उनके काम में खामी निकालता है और काम में देरी करने की कोशिश करता है। इन सबके पीछे खास कारण है। बर्गर कम्युनिस्ट है, उग्र स्वभाव का बर्गर शिविर के क़ैदियों की चेतना जाग्रत करने का प्रयास करता है। असल में फ़िल्म दिखाती है कि वह नाज़ियों के विरुद्ध अभियान चलाया करता था। नाज़ी विरोधी प्रोपेगंडा के लिए पर्चे छापा करता था और उसे इसीलिए गिरफ़्तार किया गया था। वह नाज़ियों का साथ देने और उसके परिणाम को ले कर चिन्तित है और दूसरों को इस बात के लिए सचेत करता है। अन्य क़ैदियों को वह बताता है कि जालसाजी करके असल में जर्मन लोगों की सहायता कर रहे हैं, जिसका नुक़सान यहूदियों को होगा। वह अन्य क़ैदियों को प्रतिरोध के लिए राजी करता है।

उसके विपरीत सैली कहता है कि जिसे जो काम मालूम है, जो जिस काम को करने के योग्य है उसे वह करना चाहिए। जीवित रहने के लिए जो ज़रूरी है वह किया जाना चाहिए। द्वितीय विश्वयुद्ध के बाद बर्गर बचा रहता है और वास्तविक व्यक्ति के रूप में ज़िन्दा रह कर अपने

संस्मरण 'डेविल्स वर्कशॉप' लिखता है, जिस पर यह फ़िल्म आधारित है। बर्गर उनके प्रयास को विफल करने का प्रयत्न करता है जबकि सैली ख़ुद को और क़ैदियों को जीवित रखने के लिए जालसाजी को बचाये–चलाये रखना चाहता है। बर्गर की भूमिका के लिए घनी भौंहों वाले सतर शरीर के अभिनेता को चुनना फ़िल्म निर्देशक की बुद्धिमत्ता को प्रदर्शित करता है। उसके विपरीत बनावट वाले सैली की शारीरिक संरचना एक कॉन्ट्रास्ट उपस्थित करती है। दोनों चरित्र दो तरह के विचारों की प्रस्तुति करते हैं। एक आदर्शवादी दृढ़ विचारों वाला है, दूसरा अवसरवादी है, उसके भी अपने विचार हैं और वह उन पर अड़ा रहता है। एक वामपन्थी है, दूसरा अपराधी। जालसाजी के काम को धीमा करने से बर्गर न केवल अपने साथियों का जीवन ख़तरे में डालता है वरन सैली से दुश्मनाई भी लेता है। सैली के लिए जालसाजी पेशेवर कुशलता से जुड़ी है, वह ख़ुद को हर हाल में इसमें सिद्ध करना चाहता है। एक का ध्यान श्रेयस पर है दूसरा प्रेयस पर रुका हुआ है।

कुछ लोग नाज़ियों के लिए नकली नोट बना कर ख़ुश हैं क्योंकि बदले में कुछ सुविधाएँ मिलती हैं, उन्हें उम्मीद है कि अपने अच्छे काम के कारण उन्हें छोड़ दिया जायेगा, उनके परिवार वालों को अन्य यातना शिविरों से रिहाई मिल जायेगी। मगर कुछ यहूदी यह काम करते हुए बेचैन हैं उन्हें लगता है कि वे नाज़ियों की सहायता कर अपने भाई–बन्धुओं, अन्य यहूदियों के साथ विश्वासघात कर रहे हैं। अन्ततः नाज़ी यहूदियों का सर्वनाश करेंगे और ये लोग इसमें किसी–न–किसी तरह उनकी सहायता कर रहे हैं। थोड़ी–सी सुविधा के एवज़ में उनकी मेहनत उनके लोगों का नुक़सान कर रही है। ये लोग आराम की ज़िन्दगी बसर कर रहे हैं लेकिन इनकी आँखों के सामने दूसरे यहूदियों के साथ बर्बरता का व्यवहार किया जा रहा है। फ़िल्म निर्देशक कहीं भी इन क़ैदियों के काम की विवेचना नहीं करता है कोई निर्णय नहीं देता है। हालात को देखते हुए निर्देशक ऐसा नहीं कर सकता है। दर्शक को भी कोई हक नहीं बनता है कि इन लोगों की नुक्ताचीनी करे और कोई निर्णय दे।

नाज़ी शिविरों में जैसी स्थितियों में यहूदी रह रहे थे वहाँ नैतिकता कोई मायने नहीं रखती है। जीवित रह पाना ही सबसे बड़ा प्रश्न है। मगर यह प्रश्न बड़ा मानीखेज है कि जीवित बचे रहने के लिए दुष्ट के साथ कितनी मात्रा में सहयोग करना न्यायसंगत है? जिजीविषा और दूसरों को

जीवत रहने के लिए सहायता करने की इच्छा तथा इसके लिए अन्याय का विरोध करना क्या दो विपरीत और संघर्षपूर्ण बातें नहीं हैं? मगर ये सब दार्शनिक बातें हैं। सैली जैसे आपराधिक प्रवृत्ति के व्यक्ति की सोच अलग ढंग की है। उसकी चिन्ता और मानसिक संघर्ष भिन्न हैं। वह अपनी सुरक्षा को ले कर चिन्तित है। उसकी आपराधिक चेतना हर नयी स्थिति में उससे भिन्न कार्य करवाती है। वह बेकार का ख़तरा नहीं उठाना चाहता है, हर परिस्थिति का ख़तरे और लाभ की दृष्टि से अध्ययन करता है। दूसरों का साथ देने को तब तैयार होता है जब उसे इसमें कम–से–कम ख़तरा और अधिक–से–अधिक लाभ नज़र आता है।

सैली (कार्ल मार्कोविक्स) ख़ुद को दो पाटों के बीच पाता है। एक ओर उसका जालसाजी में माहिर होने का अहं है तो दूसरी ओर वह अपने साथियों की असहजता अनुभव करता है। वह अपनी राह दो विपरीत लोगों के बीच से निकालता है। एक ओर वह हेरज़ोग जैसे सनकी ओवरसीयर को पटा कर रखता है तो दूसरी ओर आदर्शवादी क़ैदी बर्गर से भी बना कर रखता है। अपने साथियों के प्रति वफ़ादारी का भाव उसके मन में पूरे ऑपरेशन को उड़ा देने का विचार लाता है। क़ैदी सफलतापूर्वक ब्रिटिश पाउण्ड बना लेते हैं लेकिन अमेरिकी डॉलर बनाने में जानबूझ कर देरी करते हैं। एक दिन अचानक शिविर के चौकीदार जालसाजी की मशीनों को खोल कर दूसरे स्थान पर ले जाने की घोषणा करते हैं। इस घोषणा से ये यहूदी क़ैदी सोचते हैं कि उनके मरने का दिन आ गया है। मगर लाल सेना के आगमन की आशंका से नाज़ी शिविर छोड़कर भाग जाते हैं। शिविर के अन्य क़ैदी जालसाज़ क़ैदियों को नाज़ी जान कर उन्हें मार डालना चाहते हैं। जालसाज़ क़ैदी उन्हें अपने हाथ पर खुदे नम्बर दिखा कर विश्वास दिलाते हैं कि वे भी उन्हीं की तरह के क़ैदी हैं। जालसाज़ क़ैदी दूसरे क़ैदियों की सहायता करते हैं, उन्हें अपनी आरामदायक बैरक में ले आते हैं।

होलोकास्ट से जीवित बचे लोगों की कहानी 'द काउण्टरफ़िएटर्स' फ़िल्म एक बार फिर कट हो कर मोंटे कार्लो पहुँचती है जहाँ सैली जानबूझ कर अपना सब कुछ जूए में गँवा कर समुद्र तट पर बैठा हुआ है। कैम्प में उसकी शर्ट की बाजू पर पीले स्टार के साथ हरा त्रिकोण भी चिपका हुआ दिखाया जाता है जिसका मतलब होता है वह अपराधी है। असल में क़ैद में आने के पहले भी वह जालसाजी के साथ अण्डरवर्ल्ड से जुड़ा हुआ

था। फ़िल्म में उसका अन्तिम वाक्य भी उसकी प्रवृत्ति को इंगित करता है। फ़िल्म के इस अन्तिम हिस्से में वह ज़िन्दगी से बेजार है। फ्रेंच औरत उसके पास आती है और दोनों मिलकर नृत्य करते हैं। स्त्री उसे सारी रकम नष्ट हो जाने के लिए ढाढ़स देना चाहती है जिस पर हँसते हुए वह कहता है कि चिन्ता की कोई बात नहीं है, वह और नोट बना लेगा। फ़िल्म 2007 में बनी है लेकिन इसमें 1930–40 के संगीत का उपयोग किया गया है। इसका संगीत मारियुस रुहलैण्ड ने दिया है। सिनेमेटोग्राफ़र हैं बेनेडिक्ट नियोनेअफ़ेल्स। ब्रिटा नाह्लेर ने फ़िल्म की एडिटिंग की है। जर्मन भाषा और इंग्लिश सबटाइटिल्स के साथ बनी इस फ़िल्म ने प्रदर्शित होने पर समीक्षकों की वाहवाही लूटी। बर्लिन अन्तरराष्ट्रीय फ़िल्म समारोह में इसे गोल्डेन ग्लोब अवार्ड के लिए नामांकित किया गया। जर्मन फ़िल्म समारोह में कई नामांकन मिले। सहायक भूमिका के लिए डेविड को जर्मन फ़िल्म का सर्वोत्तम पुरस्कार मिला। आज यह डीवीडी पर उपलब्ध है, आज इसका ब्लू–रे संस्करण भी उपलब्ध है। डेढ़ घण्टे से थोड़ी ऊपर की यह फ़िल्म दर्शक के मन में कई प्रश्न छोड़ जाती है।

'सनशाइन' : यहूदी होने का मूल्य

'सनशाइन' अपने नाम के अनुरूप एक चमकती हुई फ़िल्म है। यह एक त्रासद फ़िल्म है फिर भी चमकती हुई फ़िल्म है। होलोकास्ट फ़िल्म है फिर भी चमकती हुई है। इसका एक–एक दृश्य निर्देशक ने बड़े मनोयोग से सँजोया है। इसका 'लव मेकिंग' का दृश्य हो अथवा एक आदमी को भीड़ के सामने बर्फ़ बनाकर मार डालने का रोंगटे खड़े करने वाला दृश्य हो अथवा तलवारबाज़ी का सीन हो या फिर पति–पत्नी की सैद्धान्तिक और शारीरिक लड़ाई का सीन हो सब बहुत ख़ूबसूरती से, सोच–समझ कर रचा गया है और सारे दृश्य बड़ी ख़ूबसूरती से फ़िल्माए गये हैं। हम बहुत सारी फ़िल्मों में 'लव मेकिंग' के दृश्य देखते हैं, पर कितने याद रह जाते हैं? पोर्नोग्राफ़िक फ़िल्म की बात छोड़ दें। 'लव मेकिंग' ऐसे दृश्य जो अपनी संवेदनशीलता, गहन मस्ती, ख़ूबसूरती और विहंगम दृश्यावलि के कारण सदा–सदा के लिए दर्शक के मन पर अंकित हो जाता है। अगर आपने देखे हैं तो निःसन्देह 'सनशाइन' इसके शीर्ष पर आयेगा। चारों ओर की सर्वोत्तम प्रकृति, वर्जित सम्बन्ध, दो युवा शरीर और यौवन का उद्दाम विस्फ़ोट कैमरे की निगाह से नाज़ुक, ख़ूबसूरत फ़िल्मांकन। अगर इसे सर्वोत्तम फ़ोटोग्राफ़ी का पुरस्कार मिला तो कोई आश्चर्य नहीं होना चाहिए। लाजोस कोल्टाई को यह पुरस्कार प्राप्त हुआ।

इस ऐतिहासिक गाथा फ़िल्म 'सनशाइन' में इसके अलावा और बहुत कुछ है। जीवन की समस्त क्रियाएँ–भावनाएँ यहाँ खुल कर प्रस्तुत हुई हैं। प्रेम, घृणा, ईर्ष्या, द्वेष, उत्साह, निराशा, हताशा, पराजय, युद्ध, उत्सव, मृत्यु क्या नहीं है यहाँ। यह एक परिवार के साथ, एक देश, एक जाति, एक धर्म, एक पूरे काल की गाथा है। व्यष्टि में समष्टि को समाती हुई। यह फ़िल्म है एक परिवार की तीन बल्कि यूँ कहें चार (परबाबा को अतीत में, फ़्लैशबैक के रूप में दिखाया गया है।) पीढ़ियों की कहानी। लम्बे सौ साल की कहानी है

यह फ़िल्म। दुर्योग यह है कि यह परिवार इतिहास के उस दौर से गुज़रता है जो मानवता के इतिहास का सर्वाधिक काला समय, होलोकास्ट का समय है। कैसा रहा होगा इस काल में लोगों का जीवन। कोढ़ में खाज यह परिवार हंगरी का एक यहूदी परिवार है। यहूदियों का जीवन कई सदियों से त्रासदी भोग रहा है मगर यह उनका सर्वाधिक त्रासद काल रहा है। तीनों पीढ़ियों में ये लोग समय, राजनीति और युद्ध का शिकार होते हैं, त्रासदी को भोगते हैं। इस काल में यहूदियों पर जो बीती है उसकी सही कल्पना भी हम नहीं कर सकते हैं। इस क्रूर काल में क्रूरता ने कल्पना की सारी हदें पार कर डालीं। जो इस त्रासदी से बचे रहे उनका जीवन यातना शिविर से भी बदतर हो गया क्योंकि इन्होंने जो अपनी आँखों के सामने होते देखा था उसके बाद जीवित रहना आसान न था। चेतना पर इतना बड़ा प्रहार झेलना आसान न था, बचे हुए लोगों का जीवन भावात्मक उजाड़ हो गया था।

चूँकि फ़िल्म तीन पीढ़ियों की बात करती/दिखाती है अतः होलोकास्ट के पहले का समय भी और इसके बाद का समय भी यहाँ दिखाया गया है। सौ साल के लम्बे काल खण्ड में यह तमाम तरह के शासन को देखता–भोगता है। यह परिवार राजतन्त्र, हिटलर का फ़ासिस्ट काल, और कम्युनिस्ट राज तीनों युगों से गुज़रता है। और तीनों युगों का साक्षी यह परिवार बदलता रहता है मगर इनका भाग्य कभी नहीं बदलता है। हर युग में इन्हें दारुण यातना भोगनी होती है वह भी बिना अपनी किसी गलती के। एक बात स्पष्ट है कि सत्ता और शक्ति किसी के भी हाथ में रहे, चाहे राजा के अथवा तानाशाह हिटलर के या फिर कम्युनिस्टों के, अगर आप उनके अनुयायी नहीं हैं, टहलुआ नहीं हैं, जी–हजूरी नहीं बजाते हैं तो आपकी ख़ैर नहीं है। व्यक्ति कितना भी झुके, कितना भी घुले–मिले, बदले, निष्कपटता–सच्चाई का व्यवहार करे, निष्कपटता–सच्चाई का प्रमाण दे मगर यदि सत्ता–शक्तिमान लोग उसे नहीं चाहते हैं तो उसे समाप्त करने का कोई अवसर नहीं छोड़ा जाता है, उसका नाश अवश्यम्भावी है। यहूदी ऐसी नस्ल है जो सदैव सताई गयी है। यहूदियों की त्रासद कथा, उनके प्रति घृणा की कथा एक–दो दिन की नहीं, युगों–युगों की कहानी है। फ़िल्म का एक पात्र जिसने तीनों शासन में परिवार की त्रासद दशा देखी है, की टिप्पणी इसे बहुत अच्छी तरह व्यक्त करती है, 'एक गैंग उतना ही बुरा था जितना दूसरा'। सत्ता और शक्ति के मद में डूबे लोगों के लिए बड़ा सटीक शब्द, 'गैंग' शब्द का प्रयोग यहाँ किया गया है। अपनी

सत्ता–शक्ति को बचाये रखने के लिए ये राजनीतिक लोग सदा एकजुट रहते हैं। मिल कर सारे अपराध करते हैं, एक–दूसरे का अपराध छिपाते हैं।

इतिहास के इस दौर, होलोकास्ट पर बहुत सारी डॉक्यूमेण्ट्रीज़ और फ़िल्में बनी हैं और निःसन्देह आगे भी बनेंगी। इसकी लिस्ट बहुत लम्बी है। कोई इस त्रासदी को हास्य बना कर प्रस्तुत करता है, जैसे, 'लाइफ़ इज़ ब्यूटीफुल' किसी ने इस भयंकर समय में कुछ अच्छे जर्मन लोगों और यहूदियों को बचाने के उनके प्रयास कार्यों को फ़िल्म में प्रधानता दी है, जैसे, 'शिंडलर्स लिस्ट' तथा 'ज़ू कीपर्स वाइफ़', कुछ लोगों ने यातना शिविर से बचे लोगों को केन्द्र में रखा है, जैसे, 'पॉन ब्रोकर', 'सोफ़ीज़ च्वाइस', 'फ़ेटलेस', जीवन की विडम्बना पर 'द ब्वॉय इन स्ट्राइप्ड पाजामाज़', 'द रीडर', 'द पियानिस्ट', 'द लास्ट मैट्रो', 'नाइट एण्ड फ़ॉग', 'कॉन्सपिरेसी', 'डिफ़ायंस', 'होलोकास्ट', 'द नाइट पोर्टर' आदि एक–से–एक फ़िल्में बनी हैं। कोई फ़िल्म किसी से कम नहीं है। 'सनशाइन' इसी श्रृंखला की एक कड़ी है अपने नाम के अनुकूल इस श्रृंखला में सबसे अधिक चमकती हुई, सबसे त्रासद, महाकाव्यात्मक शैली में प्रस्तुत की गयी। इसमें इतिहास को मनुष्य का चेहरा बनाकर चित्रित किया गया है। इसे बड़े परदे पर देखना चाहिए तभी इसका सौन्दर्य, इसकी भयावहता दर्शक की चेतना पर पूरा असर कर पायेगी।

अच्छी फ़िल्म की एक विशेषता होती है वह प्रश्न खड़े करती है। 'सनशाइन' फ़िल्म का कथानक भी कई मानीखेज प्रश्न खड़े करता है, साथ ही यह कई उत्तर भी प्रस्तुत करता है। यह एक संश्लिष्ट फ़िल्म है, जटिल समय के जटिल लोगों की जटिल फ़िल्म। इस जटिल फ़िल्म के निर्देशक इस सदी के एक महान निर्देशक हैं। निर्देशक इस्टवान सज़ाबो स्वयं भी हंगेरियन हैं। इन्होंने 'मेफ़िस्टो', 'कर्नल रेल्ड' तथा 'हनुसेन' जैसी फ़िल्में बनायी हैं, मगर 'सनशाइन' इनकी बेहतरीन फ़िल्म है, जिसका लेखन भी इन्होंने स्वयं किया है। 'सनशाइन' को इतनी प्रशंसा न मिली जिसकी यह हकदार है। जब इस्टवान ने तीनों पीढ़ियों के किरदारों के लिए एक ही अभिनेता का चुनाव किया तो कुछ लोगों ने इनकी आलोचना की। लेकिन इन्होंने अपनी तीव्र बुद्धि और अनुभव से जिस अभिनेता का चुनाव किया वह क़ाबिले तारीफ़ है। इतनी प्रतिभा विरले अभिनेता में होती है। रॉल्फ़ फ़िंस ने इन तीन जटिल चरित्रों को इस सरलता से अंजाम दिया है कि अभिनय देखने के बाद चुनाव की प्रशंसा करनी पड़ती है। रॉल्फ़ बाबा,

पिता, पोते की भूमिका में इस तरह डूब कर समाहित होते हैं कि देखकर ताज्जुब होता है। तीनों किरदार एक–दूसरे से सोच–विचार, मूल्य–विश्वास और व्यवहार में बिल्कुल भिन्न हैं। सबकी भिन्न संवाद अदायगी है और व्यवहार–अभिव्यक्ति भी भिन्न है। हर पीढ़ी में समय उसे प्रभावित करता है और उसकी सोच और नज़रिए को निर्मित करता है। न तो ऐसे चरित्र रोज़–रोज़ लिखे जाते हैं, न ही ऐसे अभिनेता रोज़–रोज़ पैदा होते हैं। रॉल्फ़ फ़िंस का पूरा नाम रॉल्फ़ नथैनियल ट्विसलेटोन–वाइकेहम–फ़िंस है। 'सनशाइन' के पहले उन्होंने 'वदरिंग हाइट्स', 'शिंडलर्स लिस्ट', 'क्विज़ शो', 'स्ट्रेंज डेज', 'दि इंग्लिश पेशेंट', 'ऑस्कर एण्ड लुमिण्डा' जैसी फ़िल्मों में काम किया है। इसके बाद फ़िंस ने 'द रीडर', 'ग्रेट एक्सपेक्टेशन्स', 'दि एवेंजर', 'द प्रिंस ऑफ़ इजिप्ट', 'दि इनविजिबल वूमन', 'हैरी पोटर' आदि बहुत सारी फ़िल्मों में अभिनय किया है। 2018 उनकी फ़िल्म 'होम्स एण्ड वॉट्सन' है जिसमें उन्होंने प्रोफ़ेसर मोरयार्टी की भूमिका की है।

वैसे तो फ़िल्म टीम वर्क होती है लेकिन असल में फ़िल्म निर्देशक की कृति होती है, वह जो चाहता है, जैसा चाहता है, दर्शक वही देख पाता है। अभिनय की उत्कृष्टता का नमूना यहाँ रॉल्फ़ ने प्रस्तुत किया है मगर यह निर्देशक इस्टवान का कमाल है कि वह एक अभिनेता से इतने भिन्न चरित्रों को इतने उत्तम तरीक़े से प्रस्तुत करवा पाया। इसी तरह माँ–बेटी के किरदार के लिए वास्तविक माँ–बेटी को चुनना भी प्रभावशाली रहा। युवा वैलरी के रूप में जेनिफ़र एह्ले का जीवन्त अभिनय पूरी फ़िल्म में जान डाल देता है, यही मज़बूत चरित्र तीनों पीढ़ियों में कड़ी का काम भी करता है, अतीत, वर्तमान और भविष्य को जोड़ता है। वृद्ध वैलरी की भूमिका जेनिफ़र की वास्तविक माँ रोजमेरी हैरिस ने उसी कुशलता के साथ निभाई है। दोनों चरित्रों के रूप–रंग की साम्यता चरित्रों को आधिकारिकता प्रदान करती है। आश्चर्य नहीं कि दोनों ने इस फ़िल्म के लिए सर्वोत्तम अभिनय के कई–कई पुरस्कार जीते।

इस फ़िल्म का स्क्रीनप्ले इस्टवान ने इज़रियल होरोविट्ज़ के साथ मिल कर तैयार किया है, जिसके लिए इन दोनों को सर्वोत्तम पुरस्कार भी मिला। अक्सर हम सोचते हैं कि यदि हम सर्वोत्तम हैं तो कोई हमारा बाल बाँका नहीं कर सकता है, हम पूरी तरह सुरक्षित हैं। यही ख़ुशफ़हमी इस फ़िल्म के यहूदी परिवार ज़ोननशाइन को भी थी। वे देशभक्त हैं, इनकी समृद्धि का राज इनके पास एक ऐसे टॉनिक की कीमियागिरी का रहस्यमय

फ़ॉर्मूला है जिससे खुशहाली आती है। दुःख की बात है कि यह फ़ॉर्मूला खो चुका है। यह खो चुकना सांकेतिक भी है जिसे हम इक्कीसवीं सदी में भी देख रहे हैं। फ़िल्म में उन्नीसवीं सदी का अन्त होते दिखाया गया है। लोग एक–दूसरे को नये साल की बधाइयाँ दे रहे हैं और कामना कर रहे हैं कि बीसवीं सदी सुख–शान्ति और खुशियाँ लाये। पर बीसवीं सदी लोगों के लिए दो–दो महायुद्ध ले कर आयी। यहूदियों के लिए कयामत बन कर आयी बीसवीं शताब्दी। कौन–सा जुल्म इस कौम पर नहीं ढाया हिटलर और उसके लोगों ने।

अपने आप में मस्त ज़ोननशाइन समाज में अपनी स्थिति से बहुत सन्तुष्ट थे। इन्होंने कभी सोचा ही नहीं कि इन पर भी कभी विपत्ति आ सकती है। इमानुअल ज़ोननशाइन का पिता एक सराय चलाता था और अपनी डिस्टलरी में एक ऐसी दवा बनाता था जिससे लोगों को कष्ट से राहत और खुशी मिलती थी। एक दिन वह अपनी डिस्टलरी में काम कर रहा था कि वहाँ विस्फ़ोट होता है और उसके चिथड़े उड़ जाते हैं। बचे रहते हैं उसके दो बेटे, पत्नी तथा एक अधजली डायरी में इस टॉनिक का फ़ॉर्मूला और एक पॉकेट घड़ी। बारह साल का इमानुअल ज़ोननशाइन अपनी माँ और छोटे भाई सैमी के पालन–पोषण के लिए अपना स्थान छोड़ कर काम की खोज में निकलता है।

इमानुअल ज़ोननशाइन की एकमात्र पूँजी है पिता की जली हुई डायरी जिसमें इस मैजिक टॉनिक का फ़ॉर्मूला है। वह बुदापेस्ट में एक डिस्टलरी में काम शुरू करता है और जल्द ही फिर से अपने पारिवारिक नाम के आधार पर 'टेस्ट ऑफ़ सनशाइन' नाम से टॉनिक बनाने लगता है, अपना घर बनाता है और समाज में पुनः अपना स्थान बनाता है। 'ज़ोननशाइन' का अर्थ सनशाइन होता है। इमानुअल ज़ोननशाइन से कहानी प्रारम्भ होती है एक सामान्य व्यक्ति अपनी प्रतिभा से ऊपर उठता है समाज में अपना और अपने परिवार का एक सम्मानपूर्ण स्थान बनाता है। उसे सदैव अपने पूर्वजों के मूल्य और विश्वास स्मरण रहते हैं मगर वह अगली पीढ़ी की खुशियों के लिए बदलाव से नहीं हिचकता है। छोटे भाई की मृत्यु के बाद वह उसकी बच्ची वैलरी को अपने दो बेटों इग्नाट्ज़ और गुस्ताव के साथ पालता है।

तीनों बच्चे इग्नाट्ज़, गुस्तॉव और वैलरी बचपन से साथ हैं, आगे चलकर वैलरी और इग्नाट्ज़ में लगाव उत्पन्न होता है जो माता–पिता के विरोध के बावजूद विवाह में परिणत होता है। इमानुअल ने भी अपनी

कज़िन से प्रेम किया था मगर अपने माता–पिता के ख़िलाफ़ न जा पाया था मगर जब उसका बेटा ऐसा करता है तो वह पहले बेटे को इसके लिए मना करता है पर बाद में राजी हो जाता है। हालाँकि उसके मन में भय है क्योंकि उसका विश्वास है कि इस तरह के सम्बन्ध पूर्वजों और ईश्वर के अनुसार वर्जित और शापग्रस्त होते हैं। उसकी पत्नी भी ऐसे सम्बन्ध के ख़िलाफ़ है मगर नयी पीढ़ी जब ज़िद पकड़ लेती है तो माता–पिता भी अपने विश्वास को किनारे कर उनकी ख़ुशी में ख़ुशी से शामिल हो जाते हैं। गुस्ताव भी वैलरी की ओर आकर्षित है।

परिवार का एक बेटा इग्नाट्ज़ ज़ोननशाइन एक सफल वकील है और पार्लियामेण्ट में खड़े होने का विचार कर रहा है। उसके पूर्वज सदा से राजकाज में भागीदारी को उत्सुक रहे थे। उसके और छोटे भाई गुस्तॉव के विचार नहीं मिलते हैं। दूसरे बेटे गुस्तॉव ने मेडिकल की पढ़ाई की है, वह राजतन्त्र के पक्ष में नहीं है जबकि बड़ा भाई आशावादी है और उसे लगता है कि सम्राट खुले विचारों का है और परिवर्तन सम्भव है। उसके सत्ता में जाने से पूरा परिवार गर्वित है। गुस्तॉव के रूप में जेम्स फ़ाइन का अभिनय बहुत अच्छा है बाद में इस किरदार को जॉन नेविले ने भी इसी ख़ूबसूरती से निभाया है। बेटी वैलरी नयी–नयी आयी तकनीकी फ़ोटोग्राफ़ी की दिशा को अपनाती है।

इग्नाट्ज़ को शासन की ओर से सलाह दी जाती है कि अगर हो सके तो वह अपना नाम बदल कर कुछ ऐसा कर ले जो हंगेरियन लगता हो। कितनी अजीब बात है व्यक्ति अपने काम से नहीं अपने नाम से महत्त्व पायेगा। मगर क्या नाम बदलने से इनकी मुसीबतें कम हो जायेंगी? मगर तीनों भाई–बहन तय करते हैं कि अगर इसी से उच्च पद पर जाया जा सकता है, क़ाबिलियत का महत्त्व उतना नहीं है तो वे 'ज़ोननशाइन' से बदल कर अपना टाइटिल 'सोर्स' कर लेते हैं। इग्नाट्ज़ ख़ुद को देशभक्त हंगेरियन मानता था और देश के लिए कुछ भी कर गुज़रने को तैयार था। वह एक ईमानदार जज है। मगर इसके बाद भी क्या होता है?

हिटलर का समय बुरा था लेकिन उसके बाद का समय भी कौन–सा अच्छा रहा। एक समय ऐसा आता है जब युद्ध के बाद हंगरी में कम्युनिस्ट शासन करने लगते हैं और गुस्तॉव उनमें शामिल होता है। मगर स्थिति ऐसी बनती है या बना दी जाती है कि वह देश छोड़ कर भागने के लिए बाध्य होता है और फ्रांस के लिए निकल जाता है। इग्नाट्ज़ को उसके घर

में क़ैद कर दिया जाता है। इग्नाट्ज़ के दो बेटे होते हैं। वैलरी को पता चलता है कि उसका पति केवल देश को प्रेम करता है उसके लिए उसकी भावनाओं का कोई महत्त्व नहीं है तो वह उसे छोड़ देती है। जब ज़रूरत होती है वह सदैव पति के साथ खड़ी होने के लिए उपस्थित रहती है।

त्रासदी इस परिवार की नियति है। पीढ़ी–दर–पीढ़ी यह इनके साथ रहती है। ऊपर हुई पिछली पीढ़ी की बात। अगली पीढ़ी का छोटा बेटा एडम सोर्स कुशल तलवारबाज़ है मगर क्लब में प्रवेश लेने और प्रतियोगिता में भाग लेने का एक यहूदी के लिए कोई उपाय नहीं है। वह ईसाई बनता है क्योंकि उसके लिए धर्म का उतना महत्त्व नहीं है जितना तलवारबाज़ी का। मगर ईसाई बनने से क्या होगा? क्या तुम्हें ईसाइयों का विश्वास प्राप्त हो जायेगा? क्या तुम्हें यहूदी मानना छोड़ दिया जायेगा? मगर सब व्यर्थ रहता है इन्हें अन्त तक यहूदी ही माना जाता है और यहूदी होने का दण्ड भुगतने को ये अभिशप्त हैं। एडम एक बहुत बड़ी रकम के लिए भी आर्मी क्लब छोड़कर यहूदी क्लब के लिए खेलने को राजी नहीं है। उसे बाद में कहा जाता है कि वह अपने लोगों के क्लब में लौट जाये। एडम अपने बेटे के सामने ही नाज़ी द्वारा मार दिया जाता है वह अन्त तक कहता रहता है कि वह एक देशभक्त हंगेरियन है जिसने देश के लिए ओलम्पिक में स्वर्ण पदक जीता है। नाज़ी उससे अन्त तक नहीं कहलवा पाते हैं कि वह एक यहूदी है। यहूदियों का मुस्कराता चेहरा अत्याचारियों को सहन नहीं होता है। इन्हें अपने मुस्कराने की कीमत चुकानी पड़ती है। यहूदियों की ख़ुशी, उनकी सम्पन्नता नाज़ियों को गड़ती थी।

समस्या यहीं नहीं समाप्त होती है। अगली पीढ़ी का बेटा इवान युद्ध के बाद कम्युनिस्ट राज में एक पुलिस ऑफ़िसर बनता है मगर वह भी कहाँ कुछ मन का कर पाता है। उसका अच्छा काम करने का सपना सरकार के लिए ख़तरा है और सत्ता क्यों ख़तरा उठाये? भ्रष्ट राजनेता बार–बार जनता को छलते हैं। बुढ़ापे में गुस्तॉव फ्रांस से लौटता है वह इवान से पूछता है कि थोड़े से नाज़ी ऑफ़िसर से इतने सारे यहूदी मिल कर क्यों नहीं लड़े? क्यों उन लोगों ने मुक़ाबला नहीं किया? इवान इस बोझ को बहुत दिन तक नहीं ढो पाता है। वैलरी के सान्निध्य में गुस्ताव मरता है उसकी मृत्यु बहुत शान्तिपूर्ण है। इसी तरह वैलरी का अन्त बहुत शान्त है। वह मानती थी कि जीवन में सुन्दरता और प्रेम का बहुत महत्त्व है। वह अपने पोते को अपना जीवन मूल्य थमाती है।

फ़िल्म के प्रेम के दृश्य जितने प्रभावशाली हैं वैसे ही कई अन्य दृश्य। मन में प्रश्न उठता है कि भला यहूदियों ने प्रतिरोध क्यों नहीं किया? फ़िल्म इसका उत्तर देती है एक दृश्य के माध्यम से। यहूदियों का नाश बहुत सोची–समझी रणनीति के तहत हुआ। फ़िल्म के एक दृश्य में यातना शिविर में यहूदी लाइन से खड़े हैं, थोड़े से नाज़ी सैनिक भी वहाँ हैं। एडम जिसने देश के लिए मैडल जीता है उसे भला कैसे हानि हो सकती है। वह एक नाज़ी ऑफ़िसर से कहता है कि वह देशभक्त है और हंगरी की सेना का ऑफ़िसर है साथ ही उसे ओलम्पिक में स्वर्ण पदक मिला है। उत्तर में उसे एक ही आदेश मिलता है, "कपड़े उतारो"। उसे नंगी अवस्था में लटका दिया जाता है और उस पर निरन्तर पानी की धार डाली जाती है जो कड़ाके की सर्दी में जमती जाती है और बहुत जल्द वहाँ बर्फ़ का एक पुतला बचता है। अन्य लोग उसे देख रहे हैं जिसमें एडम का बेटा भी है। इसी तरह सदा से ऐसा होता आया है, पहले व्यक्ति की पहचान छीनी जाती है, उसका नाम मिटाया जाता है, उसका आत्मविश्वास तोड़ कर उसे नष्ट किया जाता है। अफ़्रीका से पकड़ कर लाये गये लोगों के साथ अमेरिकन ने यही किया, हमारे देश में ज़मींदार और सामन्तों ने यही किया। एक बार आत्मविश्वास तोड़ दिया जाये फिर सब कुछ आसान हो जाता है सत्ता और शक्ति के लिए। आत्मविश्वास से भरा व्यक्ति, जाति सत्ता–शक्ति की आँख की किरकिरी होता है। फ़िल्म यह सन्देश बहुत पुरज़ोर तरीक़े से देती है कि आप कौन हैं और क्या हैं, इसके लिए जब आप खड़े होते हैं तभी आप सच में मनुष्य हैं, इसकी भले ही कोई कीमत आपको चुकानी पड़े। यही जीवन की सार्थकता की 'रेसिपी' है। यही जीवन के सनशाइन की रेसिपी है।

यह फ़िल्म वास्तविक इतिहास नहीं है, मगर इतिहास पर आधारित है। पीरियड फ़िल्म बनाना ज़्यादा कठिन है क्योंकि यहाँ कल्पना की उड़ान के लिए उतनी स्वतन्त्रता नहीं होती है। भाषा, वेशभूषा, मूल्य–व्यवहार काल से बँधा होने के कारण निर्देशक चाह कर भी कई बातों के लिए नियन्त्रित होता है। 'सनशाइन' एक ऐतिहासिक फ़िल्म है, इसमें इतिहास का पुनराख्यान बड़ी सूक्ष्मता और कुशलता से किया गया है। चाहे पोशाक–केश विन्यास हो या घर की सजावट अथवा अन्य स्थानों का चयन, छोटी–छोटी बातों में देश–काल–पात्र का ध्यान रखा गया है। हालाँकि तीन घण्टों में इतने लम्बे काल के साथ न्याय करना कठिन है। तीन घण्टे फ़िल्म के लिए बहुत लम्बे हैं पर एक पल के लिए भी परदे से आँख हटाना सम्भव नहीं

है। साथ ही फ़िल्म भावनात्मक रूप से दर्शक को इतना निचोड़ देती है कि एक साँस में तीन घण्टे बैठना बहुत कठिन भी है। कम्प्यूटर पर देखते हुए इसे बीच में रोक कर साँस ली जा सकती है, लेकिन एक साँस में देखने का मज़ा कुछ और होता है। इस फ़िल्म का पूरा आनन्द बड़े परदे पर, अच्छे हॉल में ही उठाया जा सकता है। इसी तरह इस फ़िल्म को एक बार में पूरा देखना उतना ही ज़रूरी है।

स्त्री सशक्तीकरण का नायाब नमूना है यह फ़िल्म। इस फ़िल्म में स्त्री मुक्ति बहुत शिद्दत से चित्रित की गयी है। वैलरी टूट कर प्रेम करती है, विवाह करती है, माँ बनती है लेकिन जब उसे लगता है कि पति–प्रेमी अब केवल पति रह गया है तो वह उसे छोड़ने में तनिक भी नहीं हिचकती है। सनशाइन टॉनिक की अन्तिम बूँद वही बचा कर रखती है। युवा वैलरी (बेटी) और वृद्धा वैलरी (माँ) दोनों को देखना एक जीवन्त और खुशनुमा अनुभव है। इसी तरह अगली पीढ़ी की एडम के छोटे बड़े भाई इस्टान की पत्नी ग्रेटा एडम के प्रति आकर्षित है और उसे पाकर रहती है। वह जितनी एडवेंचरस है इस्टान वैसा नहीं है। एडम में बदलाव की जो क्षमता है उससे वह प्रभावित है। उसमें भरपूर उद्दाम यौवन और महत्वाकांक्षा है। वैलरी की ताई–माँ–सास (वैलरी का उससे यह तीनों तरह का रिश्ता है) का चरित्र बहुत मज़बूत है। वह पति से बराबर का तर्क करती है। समय के अनुसार वह विश्वास करती है कि वर्जित सम्बन्ध विपत्ति लाते हैं। मगर वह बच्चों की खुशी में बराबर की शामिल होती है। इस परिवार की ये स्त्रियाँ किसी नारीवाद के सिद्धान्त के चलते इतना स्वतन्त्र और उन्मुक्त व्यवहार नहीं करती हैं। यह तो इनके व्यक्तित्व की विशेषता है। साथ ही है यहूदी समाज–परिवार का वातावरण, जहाँ स्त्रियों को सम्मान और स्वतन्त्रता दी जाती है। 'सनशाइन' फ़िल्म राजशाही को दिखाती है। नाज़ी अत्याचार दिखाती है। हिटलर की तानाशाही को दिखाती है। यह कम्युनिस्ट शासन की पोल–पट्टी खोलती है। यह फ़िल्म परिवार के भीतरी संघर्ष को भी चित्रित करती है। साथ ही यह फ़िल्म स्त्री–पुरुष के जटिल सम्बन्धों को प्रस्तुत करती है। राजनीति के खेल को परदे पर उतारती है। जीवन के विभिन्न पहलुओं को उजागर करती है। मनुष्य की जिजीविषा को दिखाती है। उसके उदात्त और श्याम पक्ष को उभारती है। यह यहूदी जीवन के मूल्य और उस मूल्य के एवज़ में दी जाने वाली कीमत की बात करती है। 'सनशाइन' एक विलक्षण फ़िल्म है। इसकी जितनी प्रशंसा की जाये कम है। इसे बार–बार देखा जाना चाहिए।

'द ब्वॉय इन द स्ट्राइप्ड पैजामाज़' : राजनीति की विडम्बना

कहते हैं जो दूसरों के लिए गड्ढा खोदता है वह उसमें खुद गिरता है। पता नहीं यह बात कहाँ तक सच है। हाँ साहित्य में अवश्य पोयटिक जस्टिस की बात कही जाती है, वास्तविक जीवन में ऐसा होते कम ही देखा जाता है। नाज़ी लोगों ने लाखों यहूदियों के लिए गड्ढे खोदे पर उनमें तो यहूदी ही गिरे। इसे कुछ यूँ भी न्यायोचित ठहराया जा सकता है कि नाज़ी गड्ढे खुद कहाँ खोदते थे वो तो यहूदियों के लिए यहूदियों से ही गड्ढे खुदवाते थे। मगर एक लेखक ने ऐसा लिखा कि एक नाज़ी ऑफ़िसर का बच्चा यातना कैम्प में प्रवेश करता है और यहूदियों के साथ गैस–चैम्बर तक की यात्रा करता है। अगली सम्भावनाशील पीढ़ी, मानवता को शर्मनाक करती हुई मौत के घाट उतार दी गयी। पता नहीं ऐसा वास्तव में हुआ अथवा नहीं मगर एक भावुकतापूर्ण, ग्रिपिंग कहानी लिखी गयी। आइरिश लेखक जॉन ब्यॉन के उपन्यास 'द ब्वॉय इन द स्ट्राइप्ड पैजामाज़' पर इसी नाम से मार्क हेरमन ने स्क्रीनप्ले तैयार किया। फ़िल्म अपनी सीमाओं के बावजूद महत्त्वपूर्ण बन पड़ी है।

होलोकास्ट पर बनी फ़िल्मों में कुछ फ़िल्में बच्चों पर केन्द्रित हैं जैसे 'लाइफ़ इज़ ब्यूटीफुल'। यह त्रासद फ़िल्म हल्की–फुल्की बनी रहने का प्रयास करती है। 'द ब्वॉय इन द स्ट्राइप्ड पैजामाज़' एक त्रासद फ़िल्म है। होलोकास्ट पर त्रासद फ़िल्म ही बन सकती है। लाखों–लाख लोगों की ज़िन्दगी समाप्त करने वाली घटना त्रासद नहीं तो और क्या होगी। 'द ब्वॉय इन द स्ट्राइप्ड पैजामाज़' मुख्य रूप से एक या यूँ कहें दो आठ साल के बालकों पर केन्द्रित है। साथ ही इसमें पारिवारिक तनाव को भी चित्रित किया गया है। आठ साल का ब्रूनो एक नाज़ी ऑफ़िसर

राल्फ़ का बेटा है, बारह साल की उसकी एक बहन ग्रेटल (एम्बर बिट्टे) है। माँ–पिता बर्लिन में अपने घर पर आये दिन पार्टियाँ करते हैं, ज़िन्दगी मज़े में गुज़र रही थी। पिता (डेविड दविलीज) राल्फ़ का प्रमोशन होता है और उसे एक यातना शिविर का इंचार्ज बना दिया जाता है नतीजतन परिवार यातना कैम्प से कुछ दूर वीराने में बड़े से घर में रहने लगता है। आसपास कोई और बच्चा नहीं है और इन बच्चों को घर से बाहर जाने की मनाही कर दी जाती है। माता–पिता बच्चों की सुरक्षा को ले कर चिन्तित हैं। पहले पत्नी (वेरा फ़ार्मिगा) एल्सा को भी पति के असली काम का अता–पता न था। लेकिन बाद में उस पर भेद खुलता है तो दोनों के रिश्तों में और दरार आ जाती है। वह सोचती थी कि उसका पति लेबर कैम्प का इंचार्ज है। एक दिन जब कर्ट कोटलर चिरायंध गन्ध की बात करता है तब एल्सा को असलियत पता चलती है। वह पति को राक्षस करार देती है। ब्रूनो को समझ में नहीं आता है कि कँटीले तार से घिरे फ़ार्म में क्यों नहीं जाना है।

यहाँ बच्चों को इतिहास पढ़ाने के नाम पर, असल में नाज़ी प्रोपेगंडा से परिचित कराने एक टीचर हर लिस्ज़्ट (जिम नोर्टन) आता है। बच्ची ग्रेटल उसकी बातों को आँख मूँद कर मान लेती है। गुड़ियों से खेलती रहने वाली ग्रेटल गुड़ियों को तहखाने में डाल मन–प्राण से जर्मन बनने लगती है। अपने कमरे की दीवारों को नाज़ी पोस्टरों से भर देती है। उसकी निगाह में नाज़ी सैनिक हीरो बन जाते हैं। वह अपने पिता के एक जूनियर लेफ़्टिनेंट कर्ट कोटलर (रुपर्ट फ्रैंड) से आँखें लड़ाने का प्रयास करती है। कर्ट कोटलर बहुत क्रूर व्यक्ति है। मगर ब्रूनो का मन नाज़ी प्रोपेगैंडा में नहीं है। टीचर यहूदियों को जैसा बताता है वैसा घर में काम करने वाले यहूदी नौकर नहीं हैं। वह श्मूल और पावेल (डेविड हेमैन) को वैसा नहीं देखता–पाता है। वह अपने लोगों की क्रूरता भी देखता है। एक रात जब गलती से कर्ट कोटलर के ऊपर पावेल के हाथ से शराब गिर जाती है तो कर्ट कोटलर पावेल को घसीटता हुआ किचन में ले जाता है। ब्रूनो दरवाज़े की दरार से देखता है कि कर्ट कोटलर बूट से पावेल को मार रहा है। फ़िल्म इंगित करती है कि इस मार का नतीजा पावेल की मौत में होता है। पावेल के बाद कैम्प से श्मूल घर के काम में सहायता देने के लिए लाया जाता है। एक दिन ब्रूनो श्मूल को खाने के लिए केक देता है। केक का चूरा होठों पर लगा देखकर कर्ट कोटलर श्मूल को चोर

समझता है। श्मूल कहता है कि ब्रूनो ने उसे केक दिया था, मगर ब्रूनो डर जाता है और कहता है कि उसने केक नहीं दिया श्मूल झूठ बोल रहा है। श्मूल ब्रूनो को अपना दोस्त कहता है लेकिन ब्रूनो कहता है कि उसने इस लड़के को कभी देखा ही नहीं है। भय कितना नुक़सान कर सकता है इससे हम सब परिचित हैं।

ब्रूनो साथी की तलाश में है, आसपास के इलाके को खोजना–पाना चाहता है। मौक़ा मिलते घर के पिछवाड़े की एक खिड़की से कूद कर चल देता है। मासूम ब्रूनो (अस बटरफ़ील्ड) अपने इस अभियान में घूमते–घामते यातना कैम्प तक जा पहुँचता है। पहले वह उसे एक फ़ार्म समझता है, जिसके कँटीले तारों वाले किनारे के पास उसे श्मूल मिला था। उससे उसने दोस्ती की थी। मगर अपनी दोस्ती की रक्षा वह न कर सका। वह बहुत दुःखी होता है। कई दिन फ़ेंस के पास श्मूल से मिलने की आस में जाता है मगर निराश लौटता है। कई दिन के बाद उसे भूखा–प्यासा, चोट के निशान से भरा हुआ श्मूल मिलता है। श्मूल उसे माफ़ कर देता है। दोनों फ़ेंस के आर–पार से हाथ मिलाते हैं। अपने हमउम्र को पा कर ब्रूनो बहुत ख़ुश है लेकिन उसे समझ में नहीं आता है कि श्मूल (जैक स्कैनलोन) बाहर क्यों नहीं आ सकता है। कोई बात नहीं वह बाहर नहीं आ सकता है लेकिन ब्रूनो भीतर जा सकता है। फ़ेंस के आर–पार बैठ कर दोनों तरह–तरह के खेल खेलते हैं। ब्रूनो श्मूल के लिए खाने–पीने की चीज़ें लाता है। श्मूल ब्रूनो को बताता है कि यह फ़ार्म नहीं है यहाँ वह और उसके पिता क़ैद हैं। क्योंकि वे लोग यहूदी हैं अतः उन्हें जबरदस्ती यह स्ट्राइप्ड पैजामाज़ पहनना पड़ता है।

2008 में मार्क हरमन द्वारा निर्देशित यह फ़िल्म बच्चों की नज़र से होलोकास्ट को देखती–दिखाती है। कुल 94 मिनट में होलोकास्ट की भयावहता को मूर्तिमान कर देती है। राल्फ़ और एल्सा बच्चों को यातना शिविर से दूर रखना चाहते हैं। तय होता है कि एल्ला बच्चों को ले कर अपनी आण्टी लोटिस के पास हाइडेलबर्ग जायेगी। लेकिन नियति की ओर से कुछ और ही तय था। ब्रूनो श्मूल से मिलने जाता है, उस दिन श्मूल बताता है कि उसका पिता खो गया है। ब्रूनो पहले से कैम्प के भीतर जाने को लालायित था उसे मौक़ा मिल जाता है वह फ़ेंस के नीचे से एक गड्ढा खोदता है और फ़ेंस के भीतर पहुँच जाता है। वह श्मूल द्वारा लायी क़ैदियों की ड्रेस, धारीदार पैजामाज़ पहन लेता है और दोनों

मिल कर श्मूल के पिता की खोज में शिविर छानना शुरू करते हैं। ब्रूनो यातना शिविर की अमानवीय स्थिति, भूख–बीमारी देखता है। ब्रूनो के साथ–साथ दर्शक भी यातना शिविर की भयावहता को देखकर सिहरता है। तभी बादलों की तेज़ गड़गड़ाहट के साथ बारिश शुरू हो जाती है। दोनों बच्चे जाने–अनजाने उस क़तार में लग जाते हैं जिसे गैस–चैम्बर ले जाया जा रहा है।

फ़िल्म बार–बार कट हो कर यातना शिविर और राल्फ़ के घर का दृश्य दिखाती है। एल्सा पाती है कि ब्रूनो घर के आँगन में पड़े झूले पर नहीं है। एल्सा, ग्रेटल, और नौकरानी मारिया सब ब्रूनो को खोजने लगते हैं। यहाँ क़तार गैस–चैम्बर की ओर बढ़ती जा रही है। एल्सा हताश हो कर पति के ऑफ़िस (घर का ही एक हिस्सा) जा पहुँचती है। मीटिंग की परवाह न करते हुए वह ब्रूनो के लापता होने की बात कहती है। फ़िल्म की एडिटिंग माइकेल एलिस ने की है और कैमरा सँभाला है बेनोइट डेल्होम ने। राल्फ़ अपने लोगों को पिछवाड़े का दरवाज़ा तोड़ने का आदेश देता है, नाज़ी क़ैदियों को बताते हैं कि उन्हें नहलाने ले जाया जा रहा है अतः कपड़े उतार दें। ग्रेटल देखती है कि पिछली खिड़की खुली हुई है। एल्सा और ग्रेटल जंगल की ओर दौड़ती हैं। लड़के एक–दूसरे का हाथ पकड़ लेते हैं। गैस बनाने के लिए नाज़ी ऊपर से पाउडर डालते हैं। राल्फ़ शिविर में पहुँचकर ब्रूनो को खोज रहा है। एल्सा और ग्रेटल को फ़ेंस के पास गड्ढा और ब्रूनो के कपड़े मिलते हैं। गैस–चैम्बर में लोग बाहर निकलने के लिए दरवाज़ा पीट रहे हैं। धीरे–धीरे सब शान्त हो जाता है। राल्फ़ गैस–चैम्बर के पास जा कर ब्रूनो को हताश स्वर में पुकारता है। एल्सा घुटनों के बल गिर कर ब्रूनो का स्वेटर सीने से चिपकाये चीखती और सुबकती है। माँ–बेटी रोती हैं। गैस–चैम्बर संकेत में दिखाता है कि सब समाप्त हो चुका है। फ़िल्म का संगीत जेम्स होर्नर ने दिया है जो फ़िल्म के मूड के अनुरूप है।

रिलीज़ होने पर फ़िल्म को मिली–जुली प्रतिक्रिया मिली। यूरोप और अमेरिका में इसकी सराहना हुई। 'द टाइम्स' ने इसे एक महत्त्वपूर्ण फ़िल्म बताया मगर 'द न्यूयॉर्क टाइम्स' को यह उतनी जँची नहीं, उनके अनुसार नाज़ी परिवार की त्रासदी को भुनाया गया है। जो भी हो 'द ब्वॉय इन द स्ट्राइप्ड पैजामाज़' को कई पुरस्कार–सम्मान प्राप्त हुए। ब्रिटिश इण्डिपेण्डेण्ट फ़िल्म अवार्ड की ओर से वेरा फ़ार्मिगा को सर्वोत्तम अभिनेत्री

का पुरस्कार दिया गया। इसी संस्था ने सर्वोत्तम निर्देशक का पुरस्कार मार्क हारमैन को तथा सर्वाधिक सम्भावनाशील नये आने वाले कलाकार का पुरस्कार असा बटरफ़ील्ड को दिया। शिकागो इण्टरनेशनल फ़िल्म फ़ेस्टिवल में मार्क हरमैन को ऑडियंस च्वाइस अवार्ड मिला। उस वर्ष का बेस्ट यूरोपियन फ़िल्म का सम्मान भी इसे प्राप्त हुआ।

इतने पुरस्कार–सम्मान के बावजूद यह फ़िल्म कुछ सवाल खड़े करती है। एक आलोचक के अनुसार यातना शिविर में आठ साल के बच्चों को ज़िन्दा नहीं रखा जाता था क्योंकि वे काम के योग्य नहीं होते थे। यह सच नहीं है दस्तावेज़ों के अनुसार एक महीने से ले कर पन्द्रह वर्ष तक के सैकड़ों बच्चे इन कैम्पों में थे। हाँ, यह भी सच है कि रोज़ कई बच्चे गैस–चैम्बर में धुआँ बन जाते थे। नोबेल पुरस्कृत साहित्यकार इमरे कर्टीज स्वयं इसका जीता–जागता उदाहरण थे। उन्हें एक बालक के रूप में यातना कैम्प में ले जाया गया था। उन्होंने बाद में नाज़ी अनुभवों पर आधारित अपना काफ़ी साहित्य एक बच्चे के नज़रिए से ही लिखा है। फ़िल्म के विषय में कुछ लोगों को आपत्ति है कि जब ब्रूनो और श्मूल मिलते–खेलते हैं तब यातना शिविर के गार्ड कहाँ थे? क्या यह सम्भव है कि दो बच्चे कई दिन मिले–खेले और गार्ड की नज़र न पड़े, जब कि ये गार्ड चप्पे–चप्पे की ख़बर रखते थे। इसी तरह कुछ लोगों को यह बात गले नहीं उतरती है कि आठ साल का जर्मन बच्चा बर्लिन में रहते–पढ़ते हुए यहूदियों के प्रति उनकी घृणा से कैसे अपरिचित है?

यह एक फ़िल्म है, कोई डॉक्यूमेण्ट्री नहीं है। फ़िल्म में कल्पना का पुट होता है, होना चाहिए। फ़िल्म को फ़िल्म की कसौटी पर कसना चाहिए। फ़िल्म दृश्य माध्यम है। इस चाक्षुष माध्यम में चित्र बोलते हैं। कथानक के अलावा कैमरे का एंगल, रंग संयोजन, अभिनय, दृश्यावलियाँ, गीत–संगीत फ़िल्म के महत्त्वपूर्ण बिन्दु होते हैं। इस दृष्टि से देखें तो 'द ब्वॉय इन द स्ट्राइप्ड पैजामाज़' फ़िल्म में कई विशेषताएँ हैं। कैमरे ने घर के भीतर चल रहे क्रिया–कलापों तथा यातना शिविर के कार्य–व्यापार को बड़ी कुशलता से प्रस्तुत किया है। कैमरा बड़ी ख़ूबसूरती से बच्चों और वयस्कों के व्यवहार, चेहरे के हाव–भाव को पकड़ता है। ब्रूनो के एकाकीपन, साथी की उसकी तलाश को बड़ी शिद्दत के साथ दिखाता है। सभी चरित्रों ने सटीक अभिनय किया है। एल्सा का ठण्डा लेकिन कठोर व्यवहार, ब्रूनो की जीवन्तता, राल्फ़ का एसएस ऑफ़िसर के रूप में व्यवहार, ग्रेटल का

किशोरी के रूप में बातों को अपने तरीक़े से ग्रहण करना, कर्ट कोटलर का क्रूर व्यवहार, श्मूल का उदास, भूखे–कमज़ोर मगर दिल से अच्छा होना, नौकरानी के रूप में मारिया का मालिक और उसके बच्चों के प्रति व्यवहार, सब अभिनय क्षमता के कारण आधिकारिक बन पड़ा है। जहाँ बच्चे खेलते हैं, यातना कैम्प के इस हिस्से का आकाश स्वच्छ नीला है जबकि दूसरी ओर जहाँ चिमनी से निरन्तर धुआँ निकलता रहता है यह आकाश धूसर है। यह रंग संयोजना दो अलग दुनिया की बात कहती है जबकि स्थान एक ही है। एक ओर बच्चों की निर्मल दुनिया है तो दूसरी ओर वयस्कों की, नाज़ियों की काली, अमानुषिक दुनिया है।

इस फ़िल्म में एक बात और रेखांकित करने योग्य है। मुझे नहीं मालूम है कितनी जर्मन औरतें फाइनल सॉल्यूशन के ख़िलाफ़ थीं मगर फ़िल्म दिखाती है कि ब्रूनो की दादी को यह नहीं रुचता है अतः राल्फ़ अपनी माँ को बोलने से रोकता है, बाद में वह नहीं चाहता है कि उसकी माँ उसके घर आये। माँ बेटे और उसके परिवार के पास आने की चाहत लिए हुए बीमार पड़कर मर जाती है। उसके फ्यूनरल में ब्रूनो परिवार के साथ बर्लिन जाता है। फ्यूनरल के समय एल्सा को सास के शव पर रखा जो दिखता है वह जानती है कि यह सास को नागवार लगता। वह उसे हटाना चाहती है मगर राल्फ़ उसे कठोरता से रोक देता है, बच्चों की निगाह से यह छुपा नहीं रहता है। एल्सा को नरम दिल दिखाया गया है। ब्रूनो की मरहम–पट्टी करने पर वह यहूदी पावेल को 'थैंक यू' कहती है। पति के काम की सच्चाई से रू–ब–रू होने पर उससे लड़ती है, रोती है। परेशान होकर बेटे के झूले पर गोल–गोल घूमती है। यह झूला ब्रूनो के लिए पावेल ने बनाया था। एल्सा के अलावा नौकरानी मारिया भी नरम दिल है। पुरुष कठोर हैं, वे हिटलर के गुलाम हैं। गुलाम कहना ठीक नहीं क्योंकि वे मन से उसके साथ हैं। यहूदियों को मनुष्य नहीं मानते हैं। राल्फ़ ब्रूनो से कहता है यहूदी आदमी नहीं हैं। उसका पिता ब्रूनो से कहता है कि यदि उसने एक भी अच्छा यहूदी खोज लिया तो वह दुनिया का सबसे बड़ा महान एक्सप्लोरर होगा। बच्चा अपने बाबा को जवाब नहीं दे पाता है मगर उसने एक नहीं दो–दो अच्छे यहूदी पा लिए हैं।

यह विडम्बना है कि प्रैक्टिस करता डॉक्टर पावेल मात्र यहूदी होने के नाते आज जर्मन ऑफ़िसर की रसोई में सिर झुका कर आलू छील रहा है। जूतों की ठोकर से मार–मार कर उसकी हत्या होती है। श्मूल

ब्रूनो को बताता है कि कैम्प में आने के पहले उसके पापा घड़ीसाज़ थे आज वे जूते गाँठते हैं। मनुष्य जीवन का ऐसा अवमूल्यन! और श्मूल ने यहूदी होने के अलावा कौन–सा गुनाह किया है जो वह यातना कैम्प में है? हँसता–खेलता ब्रूनो फ़िल्म की शुरुआत में हवाई जहाज़ की भाँति हाथ फैलाए उड़ता दिखता है, वही बाद में घर में क़ैद है। कमरे की जिस खिड़की से वह फ़ार्म देखता है उसे भी बन्द कर दिया जाता है। घर के भीतर वह बुझा–बुझा रहता है। मौक़ा मिलते ही जब बाहर जा पाता है तो फिर से जहाज़ की तरह हाथ फैलाए उछलता–कूदता–दौड़ता है। मगर एक और बात नोटिस करने की है जब बर्लिन में बच्चे खेल रहे हैं तो वे बन्दूक़ और मशीनगन चलाने और मारने–मरने का खेल खेलते हैं। एक–एक कर सब मर कर गिरने का नाटक करते हैं। जब ब्रूनो जंगल में जा रहा है तो छड़ी से घास काटता हुआ 'मरो', 'मरो' कहता जाता है। किस दुनिया में बड़े हो रहे थे यहूदी और जर्मन बच्चे? आज भी हम किस दुनिया में बड़ा कर रहे हैं अपने बच्चों को? खमियाजा बड़ों को भी भुगतना पड़ता है। राल्फ़ अपना बच्चा गँवाता है। कर्ट कोटलर का पिता साहित्य का प्रोफ़ेसर था। जब नाज़ी उभार होता है तो वह जर्मनी छोड़ कर स्विट्ज़रलैण्ड चला जाता है। यह बात कर्ट कोटलर ने पहले अपने अधिकारियों को क्यों न बताई? वह क्यों देश को छोड़कर गया जबकि देश को अपनी लड़ाई के लिए सबकी ज़रूरत है। इस बात से वह भी शक के घेरे में आ जाता है और उसका ट्रांसफ़र कर दिया जाता है। पिता के विचारों का खमियाजा बेटे को भुगतना पड़ता है। साहित्य और सत्ता का सदा से छत्तीस का आँकड़ा रहा है। सैनिक का कर्तव्य है वह आँख मूँद कर आज्ञा का पालन करे। किसी को कुछ न बताने की, पत्नी से भी न बताने की कसम खाये। राल्फ़ अपनी पत्नी एल्सा से कहता है कि यह उसका भी कर्तव्य है कि वह देश के काम में सहायक हो। फ़िल्म में एक बात और रेखांकित करने योग्य है। ब्रूनो की बालों की स्टाइल हिटलर जैसी है। उसकी आठ साल की मासूम–निर्मल आँखें बहुत कुछ देखती हैं, कुछ समझती हैं, ज़्यादातर बातें नहीं समझ पाती हैं। लेकिन यह संवेदनशील फ़िल्म दर्शक के लिए सोचने–समझने को काफ़ी कुछ छोड़ जाती है।

'नाइट एण्ड फ़ॉग' : भविष्य के लिए चेतावनी

फ्रेंच टीवी पर लोगों को युद्ध की विभीषिका का भान कराने के लिए 1990 में डॉक्यूमेण्ट्री फ़िल्म 'नाइट एण्ड फॉग' एक बार फिर से दिखाई गयी। 32 मिनट की यह लघु वृत्तचित्र फ़िल्म होलोकास्ट की यातनाओं का, यातना शिविरों का, नाज़ी मशीनरी का सजीव चित्रण है। 1955 में बन कर रिलीज़ होने और बाद में पुनःप्रदर्शन पर इसे ख़ूब सराहना मिली। निर्देशक एलाइन रेसनाइस ने पहले तो इसे बनाने को ले कर हाथ खड़े कर दिये क्योंकि उन्हें लगता था कि वे इसके लिए पूरी तरह से उपयुक्त व्यक्ति नहीं हैं। इसे तो किसी भुक्तभोगी को ही बनाना चाहिए। लेकिन बाद में उन्होंने इस फ़िल्म को बनाना स्वीकारा। उन्होंने इसे बनाया क्योंकि यातना शिविर, माउथाउसेन–गुसेन यातना शिविर से बचे हुए एक व्यक्ति ने उनका साथ देना स्वीकार किया था। जीन कैयरोल यातना शिविर से ज़िन्दा बचे हुए थोड़े से लोगों में से थे। उन्होंने एलाइन के साथ मिल कर इस फ़िल्म की स्क्रिप्ट लिखना स्वीकार कर लिया। यातना शिविरों के मुक्त होने के दस साल के बाद इस वृत्तचित्र में मज्डानेक तथा ऑश्विज़ के उजाड़ पड़े यातना शिविर को तथा इन यातना शिविरों में क़ैदियों के जीवन को दिखाया गया है। जीन कैयरोल यातना शिविर से बचे रहे और उन्होंने इमरे कर्टीज, एली विसेल आदि की तरह बाद का जीवन उपन्यास तथा कविताएँ लिखते हुए गुज़ारना तय किया। रेसनाइस ने यह फ़िल्म चेतावनी के तौर पर भी बनायी क्योंकि उन्हें डर था, अल्जीरियन युद्ध में नाज़ी भयंकरता के दोहराए जाने का ख़तरा मँडरा रहा था।

यह फ़िल्म बनाना आसान न था। बनाने वालों को इसने भावात्मक रूप से निचोड़ कर रख दिया। प्रोड्यूसर एनाटोले डाउमैन स्वयं वार्सा से थे, उन्होंने पोलिश स्टेट प्रोडक्शन कम्पनी 'फ़िल्म्स पोल्स्की' को भी इसमें भागीदार बनाया। डाउमैन ने ही रेसनाइस से सम्पर्क साधा। पुरानी फ्रेंच,

सोवियत और पोलिश न्यूजरील से फ़िल्म ने काफ़ी कुछ ग्रहण किया। कई अन्य स्थानों से उन्होंने अपने फुटेज लिए, लेकिन फ़िल्म बनाने में निर्देशक को इंग्लिश, जर्मन या फ्रेंच सैनिक स्रोतों से कोई सहायता न मिली। रेसनाइस ने फ़िल्म एग्फ़ाकलर में न बना कर ईस्टमैनकलर में बनायी। फ़िल्म के लिए शोध करते हुए और फ़िल्म बनाते, एडिटिंग करते समय निर्देशक भावात्मक रूप से बहुत विचलित रहे, रात को चीखते हुए उठ बैठते। इसी तरह पार्श्व–संगीत बनाने वाले हंस एइस्लेर भी इस दौरान बहुत असहज अनुभव करते रहे।

फ़िल्म 'नाइट एण्ड फ़ॉग' समाप्त होने के बाद भी फ़िल्म की बातें कान में गूँजती रहती हैं। पूरी फ़िल्म में पार्श्व–संगीत का महत्त्वपूर्ण योगदान है। साउण्डट्रैक हंस एइस्लेर ने बनाया है। कथा–वाचक माइकेल बुके की सधी आवाज़ फ़िल्म को इसकी गम्भीरता प्रदान करती है। 1954 से 1955 एक साल तक फ्रांस की मुक्ति और यातना शिविरों की दसवीं सालगिरह के उपलक्ष्य में बहुत सारे कार्यक्रम हुए। इसी कार्यक्रम में ओल्गा वोर्म्सेर तथा हेनरी माइकेल ने 'प्रतिरोध, लिबरेशन तथा डिपोर्टेशन' नाम से एक प्रदर्शनी लगाई। प्रदर्शनी इन दोनों के मोनोग्राफ़ पर आधारित थी। प्रदर्शनी के उद्घाटन वाले दिन–10 नवम्बर 1954 को रेडियो से एक फ़िल्म प्रोजेक्ट की घोषणा की गयी। ओर्गनाइजर्स माइकेल से फ्रेंच रेजिस्टेंस फ़ाइटर्स के सम्मान में फ़िल्म बनवाना चाहते थे। शुरू में माइकेल सोच रहे थे कि न्यूज़ रिपोर्ट की तर्ज पर कुछ बनाएँगे। लेकिन प्रदर्शनी के दौरान पूर्व क़ैदियों ने उन्हें अपनी काफ़ी सामग्री मुहैया कराई। फ्रांस की स्मृति में यहूदी नर–संहार हाशिए की बात थी, जिसका लेना–देना यहूदियों से था, समाज के बृहत्तर हिस्से से नहीं। माइकेल ने यह काम इस निर्देशक को सौंपा।

जीन कैयरोल ने यातना शिविर के अपने अनुभवों को 1946 में 'पोयम्स ऑफ़ नाइट एण्ड फ़ॉग' नामक कविताओं में पिरोया है। इस डॉक्यूमेण्ट्री का शीर्षक भी यहीं से आया है। शुरू में फ़िल्म का शीर्षक 'रेजिस्टेंस एण्ड डिपोर्टेशन' रखा गया था। वैसे हिमलर ने एक नियम निकाला था कि जो भी नाज़ी शासन का प्रतिरोध करेगा उसे उसी के देश में गिरफ़्तार कर लिया जायेगा लेकिन तुरन्त मारा नहीं जायेगा। उन्हें शिविरों में इस तरह भेजा जायेगा कि वे बिना किसी शिनाख़्त के 'रात और कोहरे में' समाप्त कर दिये जायेंगे। फ़िल्म क़ैदियों (बहुत से मर चुके हैं) को लिए हुई ट्रेन को रात और कोहरे में शिविर पहुँचते दिखाती भी है। पूरी फ़िल्म

की शूटिंग वर्तमान यातना शिविरों पर की गयी साथ ही इनके फुटेज का भी उपयोग किया गया है। विषय की जटिलता और वास्तविक स्थानों पर शूटिंग के कारण यह फ़िल्म बनाना उनके लिए आसान न था। सेंसरशिप से भी उन्हें काफ़ी परेशानी उठानी पड़ी। फ्रेंच सेंसरशिप और जर्मन एम्बेसी दोनों इस फ़िल्म के पक्ष में न थीं। फ्रेंच सेंसर इसमें दिखाए फ्रेंच पुलिस ऑफ़िसर को ले कर नाखुश था तो जर्मन एम्बेसी इसे कान समारोह में नहीं जाने देना चाहती थी। कुछ लेखक, जैसे जीन डुटौर्ड नहीं चाहते थे कि इसे दिखाया जाये। वे मानते थे कि यातना शिविरों को भुला दिया जाना चाहिए। वहीं दूसरी ओर कुछ पूर्व क़ैदियों ने धमकी दी कि यदि कान समारोह में फ़िल्म नहीं दिखाई गयी तो वे यातना शिविर की यूनीफ़ॉर्म में समारोह में आ बैठेंगे। जब फ़िल्म प्रदर्शित हुई तो दर्शकों और आलोचकों ने इसे सराहा। यह समारोह में तथा फ्रांस के कमर्शियल थियेटर में दिखाई गयी। फ़िल्म को फ्रांस का युवा फ़िल्ममेकर्स सम्मान मिला। वक़्त के साथ बहुत कुछ बदला, लोगों की सोच में भी परिवर्तन आया, इसीलिए 2003 में जब इस फ़िल्म का डीवीडी संस्करण आया तो उसमें प्रतिबन्धित दृश्य भी शामिल किये गये।

फ़िल्म की शुरुआत में कैमरा एक्सट्रीम लॉन्ग शॉट में घूमता हुआ पैनोरमिक विज़न दिखाता है। पहले एक सपाट मैदान पर घूमता है और फिर धीरे–धीरे कँटीले तारों पर केन्द्रित होता है। सारे समय वॉयज ओवर से दर्शक इसकी जानकारी पाता चलता है। बेल्सेन, डचाऊ, रावेन्सब्रक नक्शे और गाइड बुक्स में दूसरे स्थानों के नाम की भाँति हैं। आज वहाँ गिरा ख़ून सूख चुका है और ज़बानें चुप हो चुकी हैं। एक समय जिस रास्ते पर क़ैदी चलते थे आज उसे अजनबी घास ढँके हुए है। कैमरा घूमता रहता है, घूमते हुए कँटीले तार की बाढ़ तक पहुँचता है और आवाज़ आती है, इन तारों में अब करण्ट नहीं दौड़ता है। अब यहाँ फ़िल्म बनाने वालों के अलावा किसी और के क़दमों की आवाज़ नहीं है। इसी समय कैमरा कट हो कर 1933 की एक नाज़ी परेड दिखाता है, जब 'मशीन' सक्रिय हुई थी। स्वस्तिक और साउण्ड ट्रैक की ध्वनि दर्शक को एक अन्य लोक में ले जाती है। और तब आता है हिटलर, हाथ उठाये, मुट्ठी लहराते, भाषण देते हुए। इस परेड में बच्चे ड्रम बजा रहे हैं, जिन्हें देखकर गुंटर ग्रास के 'टिन ड्रम' की याद ताज़ा हो आती है। और फिर हिटलर के कहे अनुसार राष्ट्र काम पर लग जाता है।

काम है होटेल और स्टेडियम की तर्ज़ पर यातना शिविर बनाना। इस काम के लिए बाकायदा व्यापारियों से सलाह की गयी, बजट का अनुमान लगाया, ठेकों की नीलामी हुई और कोई शक नहीं कि घूस भी दी गयी। कल्पना के लिए फिर कोई शैली नहीं छोड़ी गयी। इसी समय जर्मन कार्यकर्ता, यहूदी छात्र, एम्सटर्डैम का व्यापारी, क्राकॉउ की एक स्कूल छात्रा अपने–अपने रोज़मर्रा के काम में लगे हुए थे। उन्हें जानकारी न थी कि मीलों दूर उनके लिए जगह तैयार हो रही है। एक दिन उनके क्वार्टर बन कर तैयार थे, वहाँ केवल उनकी कमी थी। फिर शुरू हुआ धर–पकड़ का सिलसिला। यहूदी सब जगहों से डिपोर्ट किये जा रहे थे। पूरे यूरोप से लाये जा रहे थे। वार्सा, प्राग से वे लाये गये, ब्रूसेल्स से, एथेंस से वे पकड़े गये। ऑडेसा, ज़ेगरेब, रोम से उन्हें पकड़ा गया। प्रतिरोध दस्ते के सदस्यों को गिरफ़्तार किया गया। कभी किसी गलती के एवज़ में, कभी अचानक बिना किसी गलती के। शिविरों की ओर उनकी यात्रा प्रारम्भ हुई। लोग अपना–अपना सामान उठा कर लाये थे जो वहीं धरवा लिया गया।

समय चक्र घूमता रहा, लोग ट्रेन के डिब्बों में ठूँसे जाते रहे। लोगों को डिब्बे में चढ़ाना, फिर डिब्बे का फाटक बन्द करना, उसका बोल्ट बन्द किया जाना। सब कितने करीने से, मशीनी कुशलता के साथ होता। आज यह सब फ़िल्म में देखकर भी दिल काँप जाता है। जर्मन सैनिक और उनके कुत्तों की तत्परता, सैनिकों का अनुशासन देखते बनता है। कितनी मुस्तैदी से काम करते थे। एक–एक डिब्बे में सौ से ऊपर लोगों को ठूँस कर ट्रेन चल पड़ती। अन्दर न दिन था, न रात थी, थी तो केवल भूख–प्यास, गर्मी–उमस, दहशत, गलीच, बदहाली, दमघोंटू वातावरण, पागलपन और थी मौत। ट्रेन गन्तव्य पर रात और कोहरे (नाइट एण्ड फ़ॉग) में पहुँचती है। यहीं से फ़िल्म अतीत से वर्तमान में प्रवेश कर जाती है। श्वेत–श्याम से रंगीन हो जाती है। पटरी के किनारे एक फूलों भरी झाड़ी नज़र आती है। कैसी विडम्बना है, कैसा विरोधाभास है। आज उस ट्रैक पर धूप चमक रही है। कथा वाचक वॉयज ओवर द्वारा प्रश्न पूछता है, आज उसी पर धीमी गति से चलते हुए हम क्या खोज रहे हैं? क्या ट्रेन के रुकने पर डिब्बे के खोले जाने पर उससे गिरते मृत शरीर? या फिर बन्दूक़ों की नोंक पर ले जाये जाते लोग? चौंधियाती सर्चलाइट और भौंकते कुत्तों के बीच दूर दाह–गृह से उठती लौ? रात्रि के वो दृश्य जो नाज़ियों के दिलों को प्यारे थे?

क्राइटीरियन कलेक्शन में उपलब्ध यह फ़िल्म 'नाइट एण्ड फ़ॉग' बताती है कि कैम्प का पहला प्रभाव होता, लगता कि यह एक दूसरा ग्रह है, जहाँ निस्संक्रमण के लिए बाथरूम्स हैं। आते ही घड़ी, चश्मा, ज़ेवर, अँगूठी, जूते सब उतरवा लिए जाते। स्वच्छता और रोगाणु मुक्ति के नाम पर कपड़े उतार कर अलफ़ नंगा खड़ा कर दिया जाता, इसके साथ ही एक झटके में उनका गर्व, उनका अस्तित्त्व समाप्त हो जाता। फिर उनका कोई नाम न रहता वे सिर्फ़ एक नम्बर होते। पहनने के लिए धारीदार पैजामा और शर्ट मिलती। सिर मुड़ा कर, दागने और नम्बर मिलने के बाद कुछ को (राजनीतिक) लाल त्रिकोन और कुछ को हरा त्रिकोन मिलता। कुछ को एन. एन. (जर्मन : Nacht und Nebel, इंग्लिश : नाइट एण्ड फ़ॉग) मिलता। इनकी निगरानी के लिए कैपो होते जो छँटे हुए अपराधी होते। हट्टे–कट्टे कैपो के ऊपर होते एसएस, आप इनके नज़दीक नहीं जा सकते थे, इनसे दस फ़ीट की दूरी से ही बात की जा सकती थी। और इनके भी ऊपर होते कमाण्डेंट, जिनका काम दूर से पूरे कैम्प की निगरानी करना था। जो ऐसा दिखावा करते मानो यही एक मात्र कैम्प है। दूसरे किसी कैम्प के अस्तित्त्व से वे सदा अनभिज्ञता प्रकट करते। और अपने शिविर की गतिविधियों के विषय में भी चुप रहते। और फिर कुत्ते तो थे ही कैम्प से भागने का प्रयास करने वालों को नोचने–चींथने के लिए। जिन्होंने इन शिविरों को बनाया था वे भी इसके यथार्थ से अनभिज्ञ थे, जो यहाँ की असह्य यातना सहन करते वे भी। प्रश्न है इस यथार्थ को पकड़ कर हम क्या आशा करते हैं? हम इस भयंकर, बेचैन करने वाली, विरूपित, दहशत भरी, प्रश्नाकुल स्थिति से आँखें मींच लेना चाहते हैं, मगर क्या ऐसा करना उचित है?

बेहतरीन एडिटिंग अतीत और भविष्य, श्वेत–श्याम और रंगीन, फुटेज, स्थिर तथा ऑन द स्पॉट कैमरावर्क को बिना किसी फाँक के मिश्रित करती है। इस समय परदे पर दीखता है धूसर रंग का एक बन्द स्ट्रक्चर और हवा में हिलता आग से दहकते पत्तों वाला एकाकी पेड़। फ़िल्म में दिखाया यह कॉन्ट्रास्ट फ़िल्म के बाद भी स्मृति में चिपका रहता है। यहाँ से कट हो कर कैमरा बैरकों के भीतर के दृश्य दिखाता है जहाँ एक–एक बिस्तर पर तीन–तीन क़ैदी रात काटते थे हर समय डरे हुए। ये लोग खाते–पीते, सोते–जागते सदा भयभीत रहते। इस दहशत को कभी भी कोई चित्रण, कोई आकृति इसके पूरे आयाम में नहीं दिखा सकती है। अन्तहीन, निरन्तर दहशत। कब अचानक एसएस मौत बन आ खड़ा हो, कब मौत की भट्ठी

में झोंक दिया जाये, कुछ भी निश्चित नहीं। इस यथार्थ को कदापि नहीं दिखाया जा सकता केवल बाह्य खोल दिखाया जा सकता है। इसीलिए नाज़ी यातना शिविर से जीवित बच निकले लोग इसके विषय में चुप रहना पसन्द करते हैं। क्योंकि यदि वे बताएँगे तो बाहर रहने वाले इसे समझेंगे नहीं और जो अन्दर रह आये हैं उन्हें क्या बताना।

आज उजाड़ पड़ी बिल्डिंग्स देखने में अस्तबल, गैराज या वर्कशॉप जैसी लगती है, आकाश निर्लिप्त है। चीखती रातों की कल्पना के लिए आज केवल यही बचा है। शरीर से पिस्सुओं को बीनते, सर्दी से दाँत किटकिटाते, सोने का प्रयास करते, भोर में उठते, रात को चोरी हुए सामान के लिए एक–दूसरे पर गिरते–पड़ते क़ैदी सुबह पाँच बजे निरीक्षण के लिए मैदान में जमा हो जाते। मरे हुओं को खाते से हटा दिया जाता। ऑपेरा के लिए ऑर्केस्ट्रा बजता और क़ैदी फैक्ट्री या खदान के लिए चल पड़ते। बर्फ़ में, बर्फ़ पिघलने से बनी कीचड़ में, अगस्त की उमस–गर्मी में प्यास और पेचिश से बहुत सारे मर जाते। कोई बात नहीं कमी थोड़े न है क़ैदियों की। कैमरा उन सीढ़ियों पर पहुँचता है जिन्हें बनाते हुए तीन हज़ार स्पैनियार्ड मरे थे, सीढ़ियाँ जो खदान की ओर जाती हैं। भूगर्भ में बनी हुई फैक्ट्रिरियों, खदानों में काम करने वाले इन क़ैदियों पर नाज़ी विश्वास नहीं करते थे अतः इन पर एसएस लगातार आँख रखते। खदान–फ़ैक्ट्री से लौटते हुए इनकी नंगा झोरी ली जाती।

यातना शिविरों में एक–एक चम्मच सूप का महत्त्व था। एक चम्मच कम का मतलब था एक चम्मच कम ज़िन्दगी। दो–तीन सिगरेट के लिए एक कटोरा सूप का विनिमय आम बात थी। चोरों से अपने भोजन की रक्षा करने में कई दुर्बल असमर्थ होते। दुर्बल कीचड़, बर्फ़ में अपनी ज़िन्दगी समाप्त होने का इन्तज़ार करते। जहाँ मौक़ा मिलता लेट जाते और एकाकी मर जाते। कैमरा बर्फ़ भरे स्थानों पर चलता जाता है। इसके बाद जो दृश्य आता है उससे मन गनगना जाता है। घिनौना दृश्य जुगुप्सा जगाता है। कैम्प की टट्टियों और उसके आसपास का वातावरण देखकर उबकाई आती है, क़ैदियों का क्या हाल होता होगा, इन बजबजाती–उपलाती टट्टियों को देखकर, इस्तेमाल करके। ख़राब सूप पी कर पेट ख़राब नर–कंकालों को रात में सात–आठ बार यहाँ आने के लिए मजबूर होना पड़ता। क़ैदी मनाता रहता कि नशे में धुत्त चाँदनी रात में घूमता कोई कैपो उससे न टकरा जाये। जब पैखाने में ख़ून आने लगता तो उन्हें अपनी मौत का

पक्का पता मिल जाता। इस स्थिति में पहुँच कर शायद क़ैदी राहत की साँस लेता होगा। लेकिन इन्हीं अमानवीय स्थितियों में प्रतिरोध–समूह तैयार होते रहते।

हर वॉच टावर अलग शैली में बनाया गया। कोई जापानी स्टाइल में था तो कोई अल्पाइन शैली का तो कोई गैराज की शैली में बनाया गया। कोई–कोई बिना किसी खास शैली के बने। और वास्तुकारों ने आराम से ऐसे फाटक डिजाइन किये जिनसे केवल एक बार भीतर जाना होता था। चारों ओर जगह–जगह सूत्र लिखे हुए थे जैसे 'वर्क इज़ फ़्रीडम', 'टू ईच हिज ड्यू', 'ए लाउस मीन्स डेथ' 'क्लीनलीनेस इज़ हैल्थ'। कितने विडम्बनापूर्ण हैं ये सूत्र। हर कैम्प की अपनी विशेषता होती। कहीं का ऑर्केस्ट्रा प्रसिद्ध था तो कहीं का चिड़ियाघर। कहीं हिमलर का हॉटहाउस जहाँ वह विरल पौधों की खेती करवाता। बुचनवॉल्ड का गोथे का ओक का पेड़ प्रसिद्ध था, उसके चारों ओर यातना शिविर बनाया गया था लेकिन पेड़ को सुरक्षित छोड़ दिया गया था। अनाथों को लगातार इधर–से–उधर किया जाता, विकलांगों के लिए बैरक थी। इससे कुछ दूरी पर शान्त लैण्डस्केप था। क्या यह केवल क़ैदियों का भ्रम था? उसकी दुनिया बस यही बन्द दुनिया थी। लेकिन, अपने आरामदायक ठिकानों से ऑफ़िसर क़ैदियों पर नज़र रखते। अपनी बोरियत–उदासी दूर करने के लिए अक्सर क़ैदियों का शिकार करते। भागने की कोशिश करने वाले अक्सर कँटीले तारों में दौड़ते करण्ट की चपेट में आ कर उन्हीं तारों पर झूल जाते, सारी यातनाओं से छुटकारा पा जाते, देखने वाले अन्य क़ैदियों के दिल दहल जाते। फिर भी वे स्वतन्त्रता का, भागने का प्रयास करते। ज़रा–ज़रा–सी बात पर कठोर सज़ा का प्रावधान था। अपमान तो पग–पग पर था ही।

हाजिरी की प्रक्रिया घण्टों चलती। कैसी विडम्बना थी एक ओर हट्टे–कट्टे, कद्दावर मुट्ठी भर ऑफ़िसर और दूसरी ओर ढेर सारे कंकाल जैसे क़ैदी। बिस्तर ठीक से नहीं बनाया, बीस डण्डे। अपनी ओर कोई ध्यान नहीं देना था, ईश्वर को कोई संकेत नहीं करना है। 11 नम्बर ब्लॉक–हत्या का विशिष्ट स्थान आँखों से छिपा रहता। यह फाँसी और बलि का स्थान था, कैमरा ऐसा ही एक फन्दा दिखाता है। इसकी दीवार ऐसी थी जो गोली को टप्पा खा कर उछलने नहीं देती थी। हार्थियम, जहाँ से रात को खिड़की से धुआँ निकालती ट्रेन निकलती थी, ऐसे यात्रियों को लिए हुए जिन्हें फिर कभी नहीं देखा जाता था। 'ब्लैक ट्रान्सपोर्ट्स' में जो जाता उसके बारे में दोबारा कभी

नहीं सुना जाता। फ़िल्म दूर क्षितिज पर काला धुआँ निकलता दिखाती है।

लेकिन आदमी प्रकृति से लचीला होता है, शरीर थकान से चूर हो लेकिन दिमाग़ काम करता रहता है। हाथ पर पट्टियाँ बँधी हों पर हाथ छिप कर चम्मच, पुतली बनाते, बॉक्स बनाते, लिखते, नोट्स बनाते। अपना दिमाग़ तेज़ रखते और अपने स्वप्नों को सजीव रखते। अपने विचारों को ईश्वर की ओर मोड़ते, राजनीतिक संगठन बनाते। अपराधियों को चुनौती देते, कैम्प की रुटीन को नियन्त्रित करते। अपने असहाय दोस्तों की देखभाल करते, एक–दूसरे से खाना साझा करते, एक–दूसरे की सहायता करते और अन्त में भरे दिल से मरते हुओं को अस्पताल पहुँचाते।

कट हो कर कैमरा ऐसी बिल्डिंग दिखाता जो अस्पताल होने का भ्रम देती, जहाँ मरीजों के लिए बिस्तर की आशा की जाती। लेकिन अस्पताल में मिलती उन्हें मौत की सूई, झूठमूठ की दवा और मलहम–पट्टी के नाम पर काग़ज़ की पट्टियाँ। हर बीमारी, हर घाव के लिए एक ही मलहम–दवा। कभी–कभी भूखा क़ैदी अपनी ड्रेसिंग ही खा–चबा लेता। अन्त में सारे रोगी क़ैदी एक जैसे कंकाल दिखने लगते। आँखें खुली रहतीं और आदमी के प्राण–पखेरू उड़ जाते। सर्जिकल ब्लॉक देखें तो लगता आप सच के क्लिनिक में हैं। मगर भयंकर नर्सें और एसएस के डॉक्टर ऑपरेशन के नाम पर अंग–भंग करते, हाथ–पैर काट डालते। मरणान्तक सूइयाँ लगाते, प्रयोग के नाम पर बधिया करते, फ़ोसफ़ोरस मांस कैसे जलाता है देखते, ज़िन्दगी भर मांस पर जले का दाग लिए लोग जीवित रहे। कई कैमिकल कम्पनियाँ अपने टॉक्सिक उत्पाद को नमूने के तौर पर परीक्षण के लिए इन यातना शिविरों में भेजती, जिनका क़ैदियों पर परीक्षण किया जाता। इसके लिए ये कम्पनियाँ बाकायदा क़ैदियों के बैच खरीदते। चूहों की तरह मनुष्यों पर प्रयोग किये जाते। कैपो, एसएस सब क़ैदियों पर अपने हाथ आजमाते।

अक्सर जो फ़िल्में युद्ध की नारकीयता को दिखाना चाहती हैं वे भी युद्ध–क्षेत्र के अनुभवों को उत्तेजक, मोहक और भव्य दिखाती हैं मगर 'नाइट एण्ड फ़ॉग' ऐसा कुछ नहीं करती है। यह यथार्थवादी फ़िल्म युद्ध के दौरान होने वाली अमानवीयता को दिखाती है जिसमें न कोई मोहकता है, न ही भव्यता और उत्तेजना। यह युद्ध, यातना, और किसी भी तरह के अत्याचार के विरुद्ध बनायी गयी फ़िल्म है। यातना शिविर में आते ही क़ैदियों के फ़ोटो लिए जाते, रजिस्टर में 20 देशों से आये लोगों के नाम दर्ज मिले हैं। हज़ारों फ़ाइलों में दर्ज नाम का कोई मरता तो उसका नाम

लाल रोशनाई से काट दिया जाता। इन फ़ाइलों का रख–रखाव कैपो की निगरानी में क़ैदी ही किया करते। ये एलीट कैपो बॉस होते। इनके अपने कमरे होते जहाँ ये खाने–पीने की भरपूर सामग्री रखते, शाम को अपनी मनपसन्द क़ैदी के साथ रंग–रेलियाँ मनाते। कमाण्डो की अपनी विला हुआ करती जहाँ वे अपनी सम्मानित पारिवारिक ज़िन्दगी बिताते, उनकी पत्नी अपनी भूमिका अदा करती, कुत्ते को बगल में बिठाकर किताबें पढ़ी जातीं, शतरंज खेली जाती, पार्टियाँ–नाच–गाना होता। गोष्ठियाँ होतीं, युद्ध पर विचार–विमर्श होता। इनके लिए वेश्यालय थे, इन क़ैदी स्त्रियों को अच्छा खाना–कपड़ा मिलता। लेकिन अन्त वही दूसरों की तरह मौत होती। कभी–कभी ये अपने साथियों के लिए खिड़की के रास्ते कुछ भोजन सामग्री फेंकने में कामयाब हो जातीं। एसएस एक शहर बसाने में सफल हुए थे। शहर जहाँ अस्पताल, रेड–लाइट एरिया, रेजीडेंसियल ज़िले और हाँ, जेल भी थीं। और इन जेल कोठरियों में क्या चलता था, उसे न बताना ही बेहतर है। यहाँ आदमी–औरतों के लिए पिंजड़े थे जिसमें क़ैदी न तो लेट सकता था न ही खड़ा हो सकता था। कई–कई दिन चलने वाली यातना की नाज़ी विधियाँ थीं। रोशनदान ध्वनि प्रूफ़ न थे। वहाँ से निकलती चीखें–कराह दूसरों के लिए सबक का काम करतीं। एक को सज़ा दे कर समूह को वश में, दहशत में रखना अत्याचारी जानते हैं।

1942 में हिमलर शिविर विजिट को आया। उसका उद्देश्य प्रोडक्शन के अलावा सब नष्ट करना था। प्रोडक्शन उसने टेक्नीशियन्स पर छोड़ा और अपना ध्यान नष्ट करने पर लगाया। सारे समय निरीक्षण करते हुए उसकी चिन्तित–गम्भीर मुद्रा दिखाई पड़ती है। उसने योजनाओं का अध्ययन किया, मॉडल देखे, विचार–विमर्श किया। योजना को मूर्त रूप देने के लिए ख़ुद क़ैदियों ने सहायता की। ये क्रिमेटोरियम देखने में पिक्चर पोस्टकार्ड की तरह लगते हैं, आज पर्यटक इनके सामने खड़े हो कर फ़ोटो खिंचवाते हैं। एक समय यहाँ सारे यूरोप से लोग लाये गये। कुछ के भाग्य ट्रेन में ही तय हो गये, बाकी के शीघ्र तय हुए। बायीं तरफ़ वाले काम पर और दायीं तरफ़ वाले... मास किलिंग के पहले फ़ोटो लिया जाता। हाथ से मारने में बहुत समय लगता अतः ज़ाइकलोन गैस के सिलिण्डर ऑर्डर किये गये। बाहर से देखने पर सामान्य ब्लॉक और गैस–चैम्बर में कोई फ़र्क़ नज़र न आता। भीतर से देखने पर वे नये आने वालों का स्वागत करते शॉवर रूम लगते। दरवाज़े बन्द होते, नज़र रखी जाती। आज वहाँ केवल

छत की कॉन्क्रीट पर नाखूनों से खुरचने के निशान बचे हैं। क्रिमेटोरियम अपर्याप्त लगे तो ढेरों–ढेर कंकालों की सामूहिक चिता जला दी। पहले खुले में जला रहे थे मगर यह ठीक नहीं लगा तो गैस–भट्ठियाँ तैयार की गयीं। अब वे हर दिन हज़ारों की संख्या में यह काम कर सकते थे। फ़िल्म गैस भट्ठियों को विस्तार से दिखाती है। कैमरा चलता चला जाता है। खोपड़ियाँ, बाल, कन्घे, दाढ़ी बनाने के ब्रश, घड़ियाँ, चश्मे, तामचीन के बरतन, जूतों के ढेर कितना कुछ कहते हैं। यही कुछ बचा था, यही जमा किया था नाज़ियों ने द्वितीय महायुद्ध के दौरान। इनसे उन्होंने प्रयोग के तौर पर कपड़ों के थान, साबुन, काग़ज़ बनाये, उन पर पेण्टिंग की, लैम्प शेड्स बनाए। गिलोटिन से कई सिर एक साथ धड़ से अलग किये जा सकते थे और मुण्डों को टोकरी में सजाया जाता था।

कैमरा कट हो कर 1945 में पहुँचता है जब भरे हुए कैम्पों का विस्तार हो रहा था। यातना शिविरों में दस लाख की आबादी थी। कई फैक्टरी यहाँ से अपने मज़दूर पातीं। Steyer, Krupp, Heinkel, IG Farben, Siemens, Hermann, Goering आदि कम्पनियाँ अपने मज़दूर इन यातना शिविरों से लेती थीं। ये नये शहर उनकी आर्थिक बुनियाद थे, वे युद्ध जीत सकते थे। मगर वे युद्ध हार रहे थे। भट्ठियों के लिए कोयला नहीं मिल रहा था, क़ैदियों के लिए ब्रेड का ठिकाना न था। शिविरों की गलियाँ कंकाल शवों से पटी पड़ी थीं। टाइफ़स की मार थी। जब मित्र राष्ट्रों ने इन यातना शिविरों के दरवाज़े खोले तो शवों को अर्थ मूवर्स, बुलडोज़र्स से घसीट कर फेंकना पड़ा। अनगिनत शव गड्ढों में फेंके गये, दफ़न किये गये। बचे हुए क़ैदी बिना कुछ जाने–समझे इस कार्यवाही को देख रहे थे। क्या उन्हें मुक्त किया जा रहा है? क्या वे फिर से सामान्य जीवन व्यतीत करेंगे?

द्वितीय विश्वयुद्ध के बाद जब जर्मन सैनिक–ऑफ़िसरों पर मुक़दमा चला तो उनका एक ही उत्तर था, "मैं उत्तरदायी नहीं हूँ।", "मैं उत्तरदायी नहीं हूँ।" तो कौन है उत्तरदायी? कैमरा कोर्टरूम से कट हो कर कंकालों पर पहुँचता है। वर्तमान में फूलों सहित हिलती झाड़ी दीखती है। आज समूह क़ब्रों के गड्ढे बर्फ़ीले पानी से भरे तालाब हैं। ठण्डा–कीचड़ पानी जैसी हमारी स्मृति भी है, जो सोयी हुई है लेकिन उसकी एक आँख सदा खुली रहती है। निरीक्षण मैदान में फिर से घास उग आयी है। एक उजाड़ गाँव आज भी आपदा से भारी है। शव भट्ठियाँ आज प्रयोग में नहीं हैं। नाज़ी लोगों की दुष्टता आज केवल बच्चों का खेल मानी जाती है। फ़िल्म

बताती है कि नौ मिलियन ज़िन्दा जला दिये गये। (इस संख्या को लेकर फ़िल्म की आलोचना भी होती है, क्योंकि अन्य आँकड़ों के अनुसार कुल छह मिलियन यहूदी मरे थे।)

क्या वे चेहरे हमारे चेहरों से वास्तव में भिन्न थे? भाग्यशाली कैपो, ऑफ़िसर, अनाम ख़बरिए अभी भी बचे हुए हैं। ऐसे लोग हैं जो इन बातों पर विश्वास नहीं करते हैं, विश्वास करते भी हैं तो पल भर को। हम देख सकते हैं कि ये दानव आज भी इन खँडहरों में दबे पड़े हैं। हम झूठ–मूठ की आशा का दिखावा करते हैं। आकृतियाँ अतीत में विलीन होती जाती हैं। हम दिखावा करते हैं मानो यह सब किसी ज़माने में हुआ और अब सब ठीक है। हम दिखावा करते हैं और हमारे आसपास जो चल रहा है उससे आँखें मींचे रहते हैं, मानवता की कराह से जानबूझ कर अपने कान बन्द किये रहते हैं। फ्रेंच फ़िल्म आलोचक तथा निर्देशक फ़्राँस्वा त्रूफ़ो इस फ़िल्म को कभी भी बनने वाली फ़िल्मों में महान का दर्जा देते हैं। वे इसे रोसिलिनी की फ़िल्म 'जर्मनी ईयर ज़ीरो' से भी ऊपर रखते हैं। 2014 में 'साइट एण्ड साउण्ड' के एक सर्वे में 'नाइट एण्ड फ़ॉग' फ़िल्म को सब समय बनने वाली चौथी सर्वोत्तम डॉक्यूमेण्ट्री का दर्जा दिया है। एलन पाकुला जब अपनी फ़िल्म 'सोफ़ीज च्वाइस' बना रहे थे तो उन्होंने इस फ़िल्म का अध्ययन किया।

'नाइट एण्ड फ़ॉग' फ़िल्म देखने के बाद दर्शक हताशा से घिर जाता है, बेचैन हो जाता है। नाज़ी यातना शिविर की भयंकरता देखने के बाद और क्या हो सकता है? क्या होना चाहिए? यह फ़िल्म 'शिंडलर्स लिस्ट' की भाँति दर्शक को मानवता के लिए किये गये उपकार की तरह सुखद अनुभव नहीं देती है न ही 'लाइफ़ इज़ ब्यूटीफुल' की ब्लैक कॉमेडी दिखा कर हँसाती–रुलाती है। फ्रेंच नयी धारा के प्रवर्त्तक एलाइन रेसनाइस की फ़िल्म 'नाइट एण्ड फ़ॉग' दर्शक की आँख में आँख डालकर प्रश्न पूछती है और दर्शक को बेचैन करती है। स्मृति पर आधारित यह फ़िल्म यातना शिविर में हुए दिल दहला देने वाले संत्रास से दर्शक का आमना–सामना करा देती है। फ़िल्म भविष्य के लिए चेतावनी देती है। क्या वास्तव में होलोकास्ट समाप्त हो गया है? नहीं, कहीं–न–कहीं यह आज भी जारी है। हम इतिहास को इसलिए याद करते हैं कि भविष्य में पिछली गलतियों को न दोहराएँ। लेकिन हम अभिशप्त हैं, अपनी गलती बार–बार दोहराने को। मनुष्यता को शर्मसार करने को।

'गुडबाय चिल्ड्रेन' : अलविदा बचपन

कई बार ज़िन्दगी में ऐसे हादसे हो जाते हैं जिन्हें हम ताज़िन्दगी भुला नहीं पाते हैं। ज़िन्दगी भर शर्म, अपमान, अपराध हमारा पीछा नहीं छोड़ता है। कभी–कभी जाने–अनजाने एक शब्द, एक पद, एक वाक्य हमारे मुँह से अनायास निकलता है और एक भंगिमा एक साथ न जाने कितनी ज़िन्दगियों को तबाह कर जाता है ख़ुद हमारी ज़िन्दगी को भी। शब्द–पद–वाक्य बोलते ही हमें अपनी गलती का एहसास होता है मगर धनुष से निकला तीर और मुँह से निकला वाक्य कभी लौटाया नहीं जाता है। इससे हुए नुक़सान की भरपाई कभी नहीं हो सकती है। इस अपराध का बोझ हमारी उम्र के साथ बढ़ता जाता है। हम इसके बोझ तले दबते चले जाते हैं। अक्सर ऐसी घटनाएँ बचपन में होती हैं जिनका ख़ामियाजा ज़िन्दगी भर भुगतना होता है। इस तरह के अपराध–बोध को कुछ कम करने, उसके शमन का एक उपाय है उसको लिखना, उस पर कोई कलात्मक–सृजनात्मक कार्य करना, उस पर फ़िल्म बनाना। और यही किया है फ़िल्म निर्देशक लुई माले ने। लुई माले ने बचपन की एक स्मृति के आधार पर फ्रेंच भाषा में एक फ़िल्म बनायी 'अउ रिवोइर लेस एनफ़ैंट्स' जिसका इंग्लिश में तर्जुमा होगा 'गुडबाय, चिल्ड्रेन'। इस फ़िल्म में एक पल में चार ज़िन्दगियाँ बदल जाती हैं। पर क्या यह संख्या चार तक सीमित रहेगी?

लुई माले ने 'गुडबाय चिल्ड्रेन' को न केवल निर्देशित किया वरन इसे उन्होंने लिखा भी है। इस तरह की स्मृति कितनी दुखदारी होती है इसका अन्दाज़ा इस बात से लगाया जा सकता है कि फ़िल्म का प्रीमियर देखते हुए लुई माले रो रहे थे। वे रो रहे थे यह बात फ़िल्म समीक्षक रोजर एबर्ट ने लिखी है जो ख़ुद भी इस फ़िल्म शो में उपस्थित थे। लुई माले के हृदय में बरसों से जमा दुःख पिघल रहा था। फ़िल्म का यह दुःस्वप्न दर्शक का एक लम्बे समय तक पीछा करता है। इस हादसे को भूल पाना सम्भव नहीं है।

30 अक्टूबर, 1932 को जन्में लुई माले ने फ्रेंच सिनेमा और हॉलीवुड दोनों में काम किया और दोनों जगहों के साथ–साथ पूरी दुनिया के फ़िल्म प्रेमियों के बीच नाम कमाया। उनकी फ़िल्में फ्रेंच तथा इंग्लिश दोनों भाषाओं में उपलब्ध हैं। उनकी हर फ़िल्म भिन्न होती है। उन्होंने क्राइम फ़िल्म बनायी तो रोमाण्टिक फ़िल्म 'एटलांटा सिटी' भी बनायी। द्वितीय विश्वयुद्ध पर ड्रामा फ़िल्म 'लकोम्बे लुसिएन' बनायी तो कॉमेडी–ड्रामा 'माई डिनर विथ एंड्रे' भी बनायी। उन्होंने मात्र 24 साल की उम्र में अपनी पहली फ़िल्म बनायी जो यूके में 'लिफ़्ट टू द स्कफ़ोल्ड' तथा अमेरिका में पहले 'फ़्रैंटिक' और बाद में 'एलेवेटर टू द गैलोज' नाम से रिलीज़ हुई। पैट्रिक मोदिआनो के साथ मिल कर माले ने 'लकोम्बे लुसिएन' लिखी और खुद निर्देशित की। यह फ़िल्म द्वितीय विश्वयुद्ध के समय नाज़ी लोगों से सहयोग करने वालों का खुलासा करती है। उनकी कई फ़िल्में वर्जित सम्बन्धों को परदे पर उतार लाती हैं, 'द फ़ायर विदइन' तथा 'मर्मर इन द हार्ट' ऐसी ही फ़िल्में हैं। 'द फ़ायर विदइन' आत्महत्या को चित्रित करती है तो 'मर्मर इन द हार्ट' माँ–बेटे के वर्जित सम्बन्ध पर आधारित है। इस फ़िल्म ने उन्हें फ़िल्म निर्देशक के रूप में स्थापित कर दिया। उनकी 1987 की फ़िल्म 'गुडबाय चिल्ड्रेन' आत्मकथात्मक फ़िल्म है। उन्होंने स्कूली दिनों में स्वयं नाज़ी सैनिकों का अत्याचार देखा था। फ़िल्म की घटना उनकी आँखों के सामने स्कूल में घटी थी।

इस फ़िल्म को देखते हुए एक वास्तविक पादरी मैक्सीमिलिअन कोल्बे की याद आती है। जर्मन पिता और पोलिश माँ की सन्तान मैक्सीमिलिअन बहुत कम उम्र में पादरी बन गये और उन्होंने पोलैण्ड, जापान तथा भारत में मोनास्ट्री कायम की। नाज़ी अधिग्रहण के समय उन्होंने अपनी मोनास्ट्री में क़रीब 3,000 लोगों को शरण दी जिनमें से बहुत सारे यहूदी भी थे। बात खुलने पर उन्हें गिरफ़्तार करके ऑश्वित्ज भेज दिया गया। वहाँ भी वे प्रेयर करते रहते, दूसरों को प्रवचन देते। दूसरों की सहायता करते। अन्त में उन्हें विषैला इंजेक्शन दे कर मार डाला गया। इस फ़िल्म 'गुडबाय चिल्ड्रेन' की कहानी 1944 में प्रारम्भ होती है। नाज़ी अधिकृत फ्रांस में लड़कों के एक कैथोलिक बोर्डिंग स्कूल सेमिस्टर शुरू होने पर उसमें तीन नये लड़के प्रवेश करते हैं। तत्काल दर्शक को पता चलता है कि ये नये लड़के यहूदी हैं। लेकिन स्कूल में उनकी पहचान छिपाने के लिए उन्हें नये नाम के साथ रखा गया है ताकि वे नाज़ियों की नज़रों से बच सकें।

लेकिन एक बच्चे जुलियन क्वेंटीन (गैस्पार्ड मैनेसे) को यह सब कुछ नहीं पता है, वह यहूदी–जर्मन के जटिल सम्बन्धों को नहीं जानता है। जीन की बुद्धिमत्ता के कारण पहले जूलियन को अपना पद ख़तरे में लगता है। उसे यह भी विचित्र लगता है कि जीन को जब दूसरे लड़के चिढ़ाते हैं, तंग करते हैं तब भी वह बहुत शान्त रहता है, लड़कों की तरह उत्तेजित हो कर मार–पीट नहीं करता है। क्लास में भी वह बड़ी सहजता से प्रश्नों के उत्तर देता है। उसे नये आये लड़कों में अपनी उम्र का लड़का जीन बोनेट (राफ़ेल फ़ेजटो) अच्छा लगने लगता है और दोनों दोस्त बन जाते हैं। दोनों बच्चे स्कूल में बहुत लोकप्रिय नहीं हैं, शायद यह भी उनके एक–दूसरे के निकट आने का एक कारण है। एक दूसरा कारण उनका साहित्य से लगाव और पढ़ने की आदत भी है। दोनों ख़्वाब देखने वाले और अपने आप में खोए रहने वाले तीव्र बुद्धि के युवा हैं मगर अभी उन्हें दुनियादारी नहीं मालूम है।

इस कैथोलिक स्कूल में छोटे लड़कों और बड़े लड़कों के अलग–अलग समूह हैं। नये आये लड़कों को तंग करना सब स्कूलों में होता है, यहाँ भी होता है। बड़ी क्लास के लड़के सिगरेट पीते हैं। लड़कियों की बातें करते हैं। फ़िल्म में बहुत नाटकीय घटनाएँ नहीं हैं। स्कूल की रसोई के नौकर जोसेफ़ (फ़्राँस्वा निग्रेट) को घूस दे कर रसोई से खाने–पीने की चीज़ लेते हैं, बाहर से सामान मँगाते हैं। जोसेफ़ लड़कों के घर से आयी खाने–पीने की सामग्री और नगद रकम के एवज़ में यह सब करता है। एक दिन जोसेफ़ और लड़कों की चोरी पकड़ी जाती है। लड़कों को सज़ा मिलती है और जोसेफ़ को स्कूल के काम से अलग कर दिया जाता है। फ़िल्म में स्कूल का दैनन्दिन का जीवन चलता रहता है। क्लास, बम गिरने के समय बरती जाने वाली सावधानियों का अभ्यास, शिक्षकों का छात्रों के प्रति व्यवहार। ज़ाहिर–सी बात है, हर शिक्षक का बर्ताव बिल्कुल भिन्न है। फ़िल्म का यह हिस्सा देखते हुए दर्शक अपने स्कूली दिन याद करता है।

इस अति सुन्दर फ़िल्म में 12 साल का जूलियन लुई माले का प्रतिरूप है। माले ने स्कूल में जो सीखा वह उनके व्यक्तित्व का हिस्सा बन गया। हालाँकि बरसों बाद जब वे अपना स्कूल देखने गये तो इमारत नष्ट हो चुकी थी, स्कूल का नामोनिशान न था। स्कूली बच्चा कभी नहीं समझ पाता है कि कैसे अत्याचार और दुष्टता अचानक सब कुछ बदल कर रख देती है। और जब तक वह यह सब कुछ समझ पाता है तब तक बहुत

देर हो चुकी होती है। जीन और जूलियन साथ–साथ कई काम करते हैं, वे साथ–साथ किताबें पढ़ते हैं, पढ़ाई करते हैं, खेलते हैं और हाँ, जवानी के पोस्टकार्ड्स भी साथ–साथ देखते हैं। स्कूल के एक प्रोग्राम में वे स्कूल के बाहर जंगल–वीराने में खो जाते हैं। सब साथियों से बिछुड़ जाते हैं, कुछ देर के लिए वे एक–दूसरे से भी दूर चले जाते हैं लेकिन फिर मिलते हैं। शाम घिर कर रात में बदल रही है और दोनों डरे हुए हैं। यह डर, यह साथ उन्हें और क़रीब ला देता है।

और एक दिन जूलियन को पता चलता है कि उसके दोस्त का वास्तविक नाम जीन बोनेट नहीं है, बल्कि जीन किपेलस्टीन है। उसका भ्रम टूटता है। जब वह अपनी माँ के साथ होटल जाता है और अपने साथ जीन को भी खाने पर ले जाता है। वहाँ वह पहली बार यहूदियों के साथ होने वाले अभद्र व्यवहार का साक्षी बनता है। हालाँकि फ़िल्म दिखाती है कि होटल में बैठे जर्मन सैनिक यहूदी के पक्ष में खड़े हो जाते हैं, भले ही वे यह नशे में धुत्त रहते हुए करते हैं और फ्रेंच ग्राहक अपने बीच एक यहूदी को पा कर नाक–भौं सिकोड़ते हैं। फिर भी जूलियन नस्लभेद की जटिलता से पूरी तरह से वाक़िफ़ नहीं है। शायद अन्तिम घटना के पहले तक वह मासूम है, उसे इस बात का पूरा–पूरा इल्म नहीं है। वह अनजाने में ऐसा काम करता है जिसका परिणाम वह नहीं जानता था।

फ़िल्म 'कमिंग ऑफ़ एज' से जुड़ी है। निर्देशक इस होटल वाले दृश्य में जूलियन, उसकी माँ, उसके बड़े भाई फ्रॉस्वा, खुद जूलियन के और जीन के चेहरे पर आते–जाते भावों को बड़ी सूक्ष्मता से पकड़ता है। इसी तरह जब स्कूल से यहूदी बच्चों को पकड़ कर नाज़ी सैनिक ले जा रहे हैं तब चेहरे के भावों को और पूरी फ़िल्म में स्वाभाविक अभिनय को कैमरे ने बड़ी कुशलता से पकड़ा है। 103 मिनट की इस फ़िल्म में कैमरे का यह कमाल है सिनेमैटोग्राफ़र रेनाटो बेर्टा का। फ़िल्म का संगीत दिया है शूबर्ट तथा सेण्ट–सीन ने। पूरी फ़िल्म की हरेक लाइन, हरेक दृश्य, हर शॉट इस तरह बना है कि फ़िल्म खुद–ब–खुद क्लासिक की श्रेणी में आ जाती है। पढ़ कर नहीं फ़िल्म को देखकर इसका पूरा आनन्द लिया जा सकता है।

फ़िल्म का अन्तिम दृश्य न केवल बच्चों को अलविदा कहता है वरन् बचपन और मासूमियत को भी सदा–सदा के लिए विदा कर देता है। विदा नहीं होता है तो पल भर में किया गया एक कार्य, वह स्मृति में सदा बना

रहता है। अक्सर फ़िल्मों में बच्चों को बच्चों की तरह न दिखा कर बहुत बुद्धिमान और प्रौढ़ की तरह व्यवहार करते दिखाया जाता है। वे ऐसा बर्ताव करते हैं जैसा वयस्क निर्देशक सोचता है कि उन्हें करना चाहिए। मगर इस फ़िल्म में ऐसा नहीं है। बच्चे बच्चों की तरह ही व्यवहार और बातचीत करते हैं। फ़िल्म 'गुडबाय, चिल्ड्रेन' द्वितीय विश्व युद्ध की पृष्ठभूमि में बनी है लेकिन युद्ध की मार–काट नहीं दिखाती है, यह भावनाओं की, संवेदनाओं की, स्मृति की फ़िल्म है। यह भावात्मक सदमे को सृजित करती है। नाज़ियों को जोसेफ़ जीन और पादरी के विषय में सूचना देता है और नाज़ी उन्हें ले जाते हैं। जूलियन की विस्फ़ारित आँखें इस हादसे को पूरी तरह पचा नहीं पाती हैं, कैमरा उसकी आँखों पर केन्द्रित हो जाता है। एक प्रीस्ट कहता है, "वास्तविक शिक्षा तुम्हें तुम्हारी स्वतन्त्रता का अच्छा उपयोग करना सिखाती है।" लेकिन यह फ़िल्म अपराध–बोध और नैतिकता का पाठ मात्र नहीं है।

1987 की यह फ़िल्म होलोकास्ट मेमोरियल डे के उपलक्ष्य में पुनः रिलीज़ की गयी। और दर्शकों ने इस ख़ूबसूरत फ़िल्म का एक बार फिर से स्वागत किया। अभी हाल में क्रिटेरियन ने 'गुडबाय, चिल्ड्रेन' का ब्लू–रे संस्करण प्रस्तुत किया है। फ़िल्म में नीले, काले और भूरे रंग की विभिन्न छटाओं का प्रयोग हुआ है। नये संस्करण में साउण्डट्रैक को और सुधारा गया है। लुई माले अपनी फ़िल्मों में संगीत पर काफ़ी ध्यान देते थे। उनकी पत्नी कैन्डिस बर्जेन के अनुसार फ़िल्म निर्माण के समय वे आँखें बन्द करके सुनते थे और तय करते थे कि संगीत सटीक हुआ है अथवा नहीं।

ब्लू–रे संस्करण में दो साक्षात्कार भी समाहित किये गये हैं, एक माले के जीवनीकार पिएरे बलार्ड का है और दूसरा कैन्डिस का है। बलार्ड विस्तार से माले के जीवन की उन घटनाओ का वर्णन करते हैं जिन्होंने माले को 'गुडबाय, चिल्ड्रेन' फ़िल्म बनाने के लिए प्रेरित किया। कैन्डिस अपने पति के बारे में बहुत निजी बातें साझा करती है। इस संस्करण में फ्रेंच फ़िल्म मेकर गाए मेगन द्वारा किया गया चरित्र विश्लेषण है, पाँच मिनट में वे फ़िल्म के एण्टी हीरो जोसेफ़ के चरित्र का विश्लेषण प्रस्तुत करते हैं। इस संस्करण में 1988 के माले के एक साक्षात्कार के ओडियो को भी शामिल किया गया है। साथ में मिलती है एक पुस्तिका जिसमें फ़िल्म समीक्षक फ़िलिप केम्प तथा इतिहासकार फ़्रांसिस जे. मर्फ़ी ने लुई माले की उपलब्धियों पर बात की है।

इस फ़िल्म 'गुडबाय, चिल्ड्रेन' के सन्दर्भ में मुझे चिलियन फ़िल्म 'मचूगा' याद आ रही है। दोनों का तुलनात्मक अध्ययन मनोरंजक होगा। शायद यह काम मैं ही करूँ, अथवा इस आलेख का कोई पाठक करे। या कोई और करे। दोनों में बच्चे अपने टीचर की तरह प्रीस्ट बनने की इच्छा रखते हैं। टीचर का हमारे जीवन पर गहन असर होता है। फ़्राँस्वा त्रूफ़ो ने 'द 400 ब्लोज' इसी थीम पर बनायी है। लुई माले की यह फ़िल्म मात्र कुछ सप्ताह की घटनाओं को दिखाती है लेकिन देखते हुए अनुभव होता है मानो पूरी ज़िन्दगी दिखाई जा रही हो। फ़िल्म कहीं भी भावुकता का सहारा ले कर दर्शकों का भावात्मक दोहन नहीं करती है। चालीस साल के चिन्तन–मनन के बाद बनायी फ़िल्म में प्रौढ़ता तो होनी ही चाहिए। और यह प्रौढ़ता इस फ़िल्म 'गुडबाय, चिल्ड्रेन' में है।

'द ब्वॉयज फ्रॉम ब्राज़ील' : सोचा हुआ सदैव नहीं होता है

दूर की कौड़ी होते हुए भी 'द ब्वॉयज फ्रॉम ब्राज़ील' असम्भव कथानक पर आधारित नहीं है। होलोकास्ट के समय अथवा जब फ़िल्म बनी तब भले ही यह सम्भव न था मगर आज यह एक सच्चाई है। किसी व्यक्ति के एक अणु से उसको फिर से खड़ा किया जा सकता है। विज्ञान की भाषा में इसे क्लोनिंग कहते हैं और आज बच्चा–बच्चा इस तकनीक से परिचित है भले ही वह ख़ुद क्लोनिंग न कर सके मगर यह हो सकता है, इसे सब जानते हैं। ऐसी ही दूर की कौड़ी लाये हैं फ़िल्म निर्देशक फ्रैन्कलिन जे. सफ़्नर अपनी फ़िल्म 'द ब्वॉयज फ्रॉम ब्राज़ील' में। नाज़ी गुट में एक डॉक्टर था डॉ. मेन्गेल, जब वह किसी शिविर में जाता तो लोग भय से काँप उठते। वह मानव शरीर के साथ तरह–तरह के प्रयोग किया करता था। द्वितीय विश्व युद्ध समाप्त होने के बाद नाज़ियों पर मुक़दमा चला और सज़ा से बचने के लिए मेन्गेल दक्षिण अमेरिका में जा छिपा। उसे 'एंजेल ऑफ़ डेथ' कहा जाता है।

'द ब्वॉयज फ्रॉम ब्राज़ील' फ़िल्म इसी डॉक्टर मेन्गेल (ग्रेगरी पैक) के विचार का प्रदर्शन है। डॉ. मेन्गेल नाज़ी साम्राज्य की पुनर्स्थापना की योजना बनाता है। इसके लिए उसने अपने लीडर अडोल्फ़ हिटलर के 94 क्लोन तैयार सारी दुनिया में बिखेर दिये हैं। दुष्ट अपनी दुष्टता से बाज नहीं आता है तो कुछ लोग उसे उसके काम में कामयाब न होने देने उसके रास्ते में चट्टान की तरह खड़े हो जाते हैं। यहाँ भी डॉ. के पागलपन भरे मंसूबों पर पानी फेरने के लिए एज़रा लिबरमैन (लॉरेंस ओलिवियर) कमर कसे खड़ा है। एज़रा लिबरमैन के जीवन का लक्ष्य नाज़ियों को पकड़ना है। फ़िल्म का अन्त दोनों के आमने–सामने पड़ने से होता है। जब फ़िल्म की शूटिंग हो रही थी लॉरेंस ओलिवियर की तबीयत काफ़ी ख़राब चल रही थी।

2 घण्टे 10 मिनट की इस फ़िल्म को हेवुड गाउल्ड ने लिखा है। 1979 की फ़िल्म वास्तव में इरा लेविन के इसी नाम के बेस्टसेलर उपन्यास पर आधारित है। इरा ने कई बेस्टसेलर लिखे हैं जिनमें 'रोजमेरीज बेबी', 'ए किस बिफ़ोर डाइंग' तथा 'द ब्वॉयज फ्रॉम ब्राज़ील' शामिल हैं। इरा न केवल उपन्यासकार हैं वरन एक नाटककार, स्क्रीनप्ले राइटर तथा म्यूजिक कम्पोज़र भी हैं। 'द ब्वॉयज फ्रॉम ब्राज़ील' का कथानक ख़ूब कसा हुआ है और यह विज्ञान–कथा की तरह रचा गया है। फ़िल्म रहस्य–रोमांच का आनन्द देती है। फ़िल्म की शुरुआत में सफ़ेद कपड़ों में लैस डॉ. जोसेफ़ मेन्गेल अपने छह पूर्व सहयोगियों को आदेश दे रहा है कि वे दुनिया में जायें और 65 वर्ष की उम्र के 94 बूढ़ों की खास तारीख़ को हत्या करें। ये सारे बूढ़े सिविल सर्वेण्ट हैं। डॉक्टर मेन्गेल हिटलर के जीवन को दोहराना चाहता है। हिटलर के पिता की भी 65 वर्ष की आयु में मृत्यु हुई थी। यहाँ भी सारे सिविल सर्वेण्ट की पत्नियाँ उनसे 23 साल छोटी हैं। इनका एक–दूसरे से कोई सम्बन्ध नहीं है। ये एक–दूसरे से अनजान हैं और दुनिया के विभिन्न देशों–ऑस्ट्रिया, जर्मनी, डेनमार्क, नॉर्वे, द नीदरलैण्ड्स, स्वीडन, कनाडा, ग्रेट ब्रिटेन तथा द यूनाइटेड स्टेट्स में रह रही हैं। मेन्गेल के पास इन बूढ़ों की बाकायदा सूची है। ऐसा वह इसलिए करवा रहा है क्योंकि जब हिटलर 14 साल का था तो उसके पिता की मौत हुई थी। वह घटनाओं की आवृत्ति करना चाहता है।

डॉ. मेन्गेल के रूप में ग्रेगरी पेक को देखना एक भिन्न अनुभव है। कहाँ 'टू किल ए मॉकिंग बर्ड' का शान्त, सुशील, ईमानदार, अश्वेतों का मसीहा वकील एटीकस फ़िंच और कहाँ 'द ब्वॉयज फ्रॉम ब्राज़ील' का दुष्ट, क्रूर, षड्यन्त्रकारी, मानवता का दुश्मन, 'एंजेल ऑफ़ डेथ' नाम से जाना जाने वाला डॉ. मेन्गेल! इससे ग्रेगरी पेक की अभिनय क्षमता की रेंज पता चलती है। डॉ. जोसेफ़ मेन्गेल ने कौन–सा क्रूर प्रयोग नहीं किया था नाज़ी यातना शिविर में।

डॉ. मेन्गेल के आदेश पर उसके अधीनस्थ पूर्व नाज़ी 65 वर्ष के बूढ़ों को मारने के अभियान पर निकल पड़ते हैं। फ़िल्म काफ़ी देर उनके कारनामों को दिखाती है। दर्शक का ध्यान फ़िल्म से भटके इसके पहले ही फ़िल्म अचानक उत्तेजक और आक्रामक हो उठती है। दर्शक पूरी तरह से सजग हो कर अपनी कुर्सी पर बैठ जाता है। पहली बार डॉ. मेन्गेल और एज़रा लिबरमैन आमने–सामने हैं।

इरा लेविन की ख्याति गम्भीर साहित्य के लिए न हो कर विचित्र साहित्य के लिए है। अब इरा लेविन की यह किताब 'द ब्वॉयज फ्रॉम ब्राज़ील' पढ़ें तो शायद उतना असर न डाले लेकिन जब यह प्रकाशित हुई थी तब काफ़ी हलचल मची थी। किताब के काल्पनिक चरित्रों को पाठकों ने पहचान लिया था। लेकिन तब पाठक काँप गया था लेखक की इस अमानवीय और विचित्र कल्पना से। यदि ग्रेगरी पेक, लॉरेंस ओलिवियर और जेम्स मेसन जैसे अभिनेता न होते तो शायद यह फ़िल्म एक तीसरे दर्जे की क्राइम थ्रिलर फ़िल्म बनकर रह गयी होती। मगर इन अभिनेताओं ने इसे एक ख़ास ऊँचाई दी है। अगर किताब की बात करें तो कहानी फ़िल्म में तक़रीबन पूरी-की-पूरी ली गयी है। किताब में बूढ़ा होने के बावजूद लिबरमैन नाज़ियों को खोजने में जुटा हुआ है, फ़िल्म का ऑस्ट्रिया के वियना में रहने वाला लिबरमैन भी। एक दिन उसे एक युवा लड़के बेरी कोहलर (स्टीव गुटनबर्ग) का फ़ोन मिलता है कि उसने नाज़ी भगोड़े का पता कर लिया है और उसकी एक मीटिंग की बातें टेप कर ली हैं। यह नाज़ी लीडर फिर से थर्ड राइक को खड़ा करना चाहता है। लेकिन बात पूरी होने से पहले लाइन कट जाती है। अब यह लिबरमैन पर है कि वह कैसे इस नाज़ी का पता पाये और उसकी योजना को नेस्तनाबूद करे।

उपन्यास और फ़िल्म दोनों प्रश्न उठाते हैं, क्या फिर से हिटलर युग आने दिया जाये? क्या इसे रोकने के लिए मासूम बच्चों की हत्या की जानी चाहिए? मगर पता नहीं है कि इस दुष्ट विचार को कैसे रोका जाये क्योंकि कोई स्पष्ट संकेत नहीं है और दुष्ट और उसके लोग पूरी दुनिया में फैले हुए हैं। अच्छे और बुरे के बीच सदा से संघर्ष रहा है, यहाँ भी है। एक महत्त्वपूर्ण बात है जितने भी लोग लिबरमैन की सहायता के लिए आगे आते हैं वे सब पूर्व नाज़ियों की सन्तान हैं। और इस तरह लेखक हमारा विश्वास लौटाता है। कहानी की थीम भले नयी न हो परन्तु उसके चित्रण की शैली अवश्य नयी और बाँधने वाली है। किताब बहुत कुशलता से लिखी गयी है और पढ़ने का आनन्द देती है। लेविन ने नाज़ी शिकारी याकोव लिबरमैन का चरित्र वास्तविक नाज़ी शिकारी सिमोन विसेनथाल के आधार पर गढ़ा है। और किताब में जैसे बीभत्स तरीक़े से डॉक्टर मेन्गेल का अन्त होता है उसी ख़ूनी तरीक़े से फ़िल्म भी उसका अन्त दिखाती है। डॉबरमैन नस्ल के कुत्ते उसे चीथ डालते हैं।

फ़िल्म निर्देशक फ्रैंकलिन जे. सफ़्नर ने किताब को परदे पर उतारते

समय बहुत कम परिवर्तन किया है। उन्होंने 'प्लेनेट ऑफ़ एप' जैसी प्रसिद्ध फ़िल्म निर्देशित की है। इसी तरह लेखक लेविन ने 'ए किस बिफ़ोर डेथ', 'रोजमेरीज बेबी', 'द स्टेपफ़ोर्ड वाइफ़्स' तथा 'स्लीवर' जैसी लोकप्रिय किताबें लिखी हैं जिन पर लोकप्रिय फ़िल्में भी बनी हैं। 'ब्वॉयज फ्रॉम ब्राज़ील' को तीन अकादमी सम्मान के लिए नामित किया गया था।

पहली बार जब कोहलर लिबरमैन को फ़ोन करता है तो वह उसे पतियाता नहीं है मगर दूसरी बार उसने माइक्रोफ़ोन छिपा कर मीटिंग की बातों को रिकॉर्ड कर लिया है और मरने के पूर्व वह यह सन्देश लिबरमैन को देने में कामयाब हो जाता है। लिबरमैन फोन पर डॉक्टर मेन्गेल को आदेश देते हुए सुनता है। वह इस योजना को विफल करने के लिए कमर कस लेता है। हालाँकि लिबरमैन उम्रदराज़ और दुबला-पतला है लेकिन वह यूरोप और अमेरिका की यात्रा करता है। उसके पहुँचने के पूर्व कुछ लोगों की हत्या हो चुकी है, वह उनकी विधवाओं से मिलता है और हर इस तरह के घर में उनके गोद लिए एक जैसे बेटों को देखता है। ये सारे लड़के देखने में हिटलर की कॉपी दिखते हैं। इन सारे लड़कों के बाल काले और आँखें नीली हैं। मगर इनका स्वभाव भिन्न है। मारे गये इनके पिताओं की उम्र 65 वर्ष के आसपास थी। ये पिता अपने दत्तक पुत्रों के प्रति बहुत बुरा व्यवहार करते थे, उन पर कठोर शासन करते थे। इन विधवाओं की उम्र 42 साल के आसपास थी और वे अपने बेटों पर जान छिड़कती हैं। बेटों की उम्र क़रीब 13 साल की है।

लिबरमैन एक पूर्व नाज़ी गार्ड फ़्रिएडा मैलोनी (उटा हैगेन) से मिलता है जो दत्तक देने वाली संस्था में काम करता था। इसके पहले वह क्लोनिंग के विशेषज्ञ प्रोफ़ेसर ब्रुकनेर (ब्रूनो गैन्ज़) से मिल चुका है। उसे इस भयंकर नाज़ी योजना की सच्चाई ज्ञात होती है। नाज़ी या यूँ कहें डॉक्टर मेन्गेल ने अपनी योजनानुसार बीसवीं सदी के साठ के दशक में ब्राज़ील के एक क्लिनिक में कई सेरोगेट माताओं को इकट्ठा किया और उन्हें हिटलर के स्पर्म से गर्भित किया। हिटलर का अण्ड सँभाल कर रखा गया था। इस तरह वह हिटलर के 94 क्लोन तैयार करता है और दुनिया के विभिन्न कोनों में गोद लेने के लिए दिलवा देता है।

लिबरमैन योजना को विफ़ल करने निकला है, यह जान कर डॉक्टर मेन्गेल के ऊपर के अधिकारी परेशान हो जाते हैं और वे योजना को रोकना चाहते हैं। डॉक्टर मेन्गेल का आदमी, एडुअर्ड सेबर्ट (जेम्स मेसन) उसे

बताता है कि लिबरमैन के पता करने के कारण योजना रोक दी गयी है। भला डॉक्टर इसे कैसे सहन करता, कैसे मानता। वह प्रण करता है कि योजना पूरी की जायेगी। यहाँ यह जानना रोचक होगा कि जेम्स मेसन ने एक साक्षात्कार में बताया है कि वह लिबरमैन अथवा डॉक्टर मेन्गेल की भूमिका करने के लिए उत्सुक था।

इस फ़िल्म के पात्र विभिन्न भाषाएँ बोलते हैं। फ़िल्म में विभिन्न स्थानों का चित्रण है। लेकिन मज़े की बात है कि फ़िल्म के नाम में ब्राज़ील नाम आता है और फ़िल्म की शूटिंग ब्राज़ील में नहीं हुई है। इस गाथा फ़िल्म की शूटिंग पुर्तगाल, लन्दन, विएना तथा लैंकास्टर में हुई। यहाँ तक कि जिन दृश्यों को मैसाचुशेट्स में होता दिखाया गया है वे भी लन्दन में फ़िल्माए गये हैं। सेबर्ट और उसके लोग मेन्गेल के जंगल इस्टेट को नष्ट कर देते हैं, उसके रखवालों और नौकरों को मार डालते हैं। डॉक्टर मेन्गेल वहाँ से पहले ही सुरक्षित निकल चुका है। वह अपनी योजना चालू रखता है। वह पेंसिलवानिया के ग्रामीण लैंकास्टर इलाके में पहुँचता है जहाँ हिटलर का एक क्लोन बॉबी वीलॉक (जेरेमी ब्लैक) अपने माता–पिता के साथ रह रहा है। वहाँ पहुँच कर डॉक्टर मेन्गेल बॉबी के पिता (जॉन डेहनेर) को मार डालता है। बॉबी का पिता डोबरमैन नस्ल के कुत्तों का फ़ार्म चलाता था। डॉक्टर मेन्गेल को पता है कि बॉबी के पिता को सावधान करने के लिए लिबरमैन यहाँ आने वाला है अतः वह वीलॉक को मार कर लिबरमैन का इन्तज़ार करता है ताकि उसे भी मार सके।

स्थिति से अनजान जब लिबरमैन वहाँ पहुँचता है और डॉक्टर मेन्गेल को वहाँ देखता है तो बिना सोचे–समझे गुस्से में आ कर उस पर आक्रमण कर देता है। मगर डॉक्टर मेन्गेल पहले से तैयार था और शारीरिक बल में भी वह लिबरमैन से बीस था अतः वह लिबरमैन को गोली मारता है। लेकिन घायल होते हुए भी मौक़ा मिलते ही लिबरमैन डोबरमैन कुत्तों वाले कमरे की कुण्डी खोल देता है। कुत्ते घर के दुश्मनों, हानि पहुँचाने वालों पर आक्रमण के लिए प्रशिक्षित हैं अतः डॉक्टर मेन्गेल को दीवार से सटा देते हैं। इसी समय बॉबी स्कूल से लौटता है, वह जानना चाहता है कि घर में क्या हुआ है। घायल डॉक्टर मेन्गेल पहली बार अपनी बनायी कृति के आमने–सामने है। वह उत्साह के साथ बॉबी को बताता है कि वह हिटलर का क्लोन है। लेकिन बॉबी कुत्तों के व्यवहार के कारण उसकी बात पर विश्वास नहीं करता है। इसी समय लिबरमैन बॉबी को बताता है कि उसके पिता के साथ

क्या हुआ है। बॉबी बेसमेंट में अपने पिता की लाश देखता है और कुत्तों को डॉक्टर मेन्गेल के ऊपर छोड़ देता है, कुत्ते उसे चीथ डालते हैं।

बॉबी लिबरमैन की सहायता करता है लेकिन उससे प्रण करवाता है कि वह पुलिस को कुछ नहीं बताएगा। जब लिबरमैन स्वास्थ्य लाभ कर रहा है उससे एक अन्य नाज़ी शिकारी मिलता है। यह अमेरिकन डेविड बेनेट (जॉन रुबिन्स्टेन) चाहता है कि दुनिया के सामने डॉक्टर मेन्गेल का कच्चा चिट्ठा खोल दिया जाये, इसके लिए वह लिबरमैन से मारे लोगों की सूची माँगता है। जब बॉबी एम्बुलेंस बुला रहा था उस समय लिबरमैन ने यह सूची मृत डॉक्टर मेन्गेल के पास से निकाल ली थी। लेकिन वह यह सूची डेविड को नहीं देता है, वह नहीं चाहता है कि मासूम बच्चों को इस बिना पर मार दिया जाये कि वे हिटलर के क्लोन हैं। इस सूची में उन सब बच्चों के नाम और पते थे जो क्लोनिंग द्वारा तैयार किये गये थे। वह किसी को इस सूची को नहीं देता है और सूची आग के हवाले कर देता है। लेकिन तब तक हिटलर के 18 क्लोन के पिता मारे जा चुके थे।

फ़िल्म की सफलता के पीछे इसके अभिनेताओं की कड़ी मेहनत और तैयारी भी है। जेरमी ब्लैक ने इंग्लिश तथा जर्मन लहजे में बोलने के लिए न्यू यॉर्क के एक स्पीच स्टूडियो में प्रशिक्षण लिया था। ग्रेगरी पेक और लॉरेंस ओलिवियर ने अपनी उम्र के बावजूद गुत्थमगुत्था होने के सीन किये। इस फ़िल्म 'ब्वॉयज फ्रॉम ब्राज़ील' का संगीत जेरी गोल्डस्मिथ ने तैयार किया है। ग़ज़ब का साउण्डट्रैक है इस फ़िल्म का। आज इस फ़िल्म का डीवीडी तथा ब्लू रे संस्करण उपलब्ध है। 2015 में 'शाउट! फ़ैक्ट्री' ने ब्लू रे एचडी संस्करण तैयार किया लेकिन चलन के अनुसार इसमें कोई सप्लीमेंट नहीं जोड़ा गया है। जैसा कि अक्सर ब्लू रे संस्करण में जोड़ा जाता है वैसा कोई साक्षात्कार या कोई विश्लेषण इस संस्करण में नहीं जोड़ा गया है। किसी–किसी देश में यह फ़िल्म कुछ कट के साथ रिलीज़ हुई थी लेकिन बाद में यह उन देशों में भी अनकट रिलीज़ हुई। तेज़ी से आगे बढ़ती, तनाव उत्पन्न करती यह फ़िल्म दर्शक को बुरी तरह विचलित करती है, क्योंकि ज्ञान–विज्ञान की उन्नति के बावजूद ऐसी दुष्ट सम्भावनाएँ मनुष्य के दिमाग़ में उपजती रहती हैं। और आज यह असम्भव भी नहीं रह गयी है।

'फ़ेटलेस' : बच्चे की आँख से होलोकास्ट

"अब तक होलोकास्ट पर बनी नॉन–डॉक्यूमेण्ट्री फ़िल्मों में सिनेमा के लिहाज़ से लाजोस कोल्टाई की फिल्म सर्वोत्तम है।"

—न्यू यॉर्क टाइम्स

हंगरी के इमरे कर्टीज कुछ उन यहूदियों में से थे (अभी कुछ दिन पहले 31 मार्च 2016 को उनकी मृत्यु हुई है) जो मौत के कई शिविरों में रहने के बावजूद बच रहे। यातना शिविर से निकलने के बाद उन्हें अजनबीपन का सामना करना पड़ा। वे बाहर किसी से रिलेट नहीं कर पा रहे थे। विचित्र बात है कि उन्हें शिविर की याद सताती थी और वहाँ रात के खाने और नाइट रोलकॉल के बीच का समय याद आता। वे नहीं जानते थे कि अब उन्हें क्या करना चाहिए। होलोकास्ट के बाद वे स्टालिन युग में रह रहे थे जो किसी हाल में पहले के होलोकास्ट से कम भयंकर न था। बाद में वे जीवन, स्वतन्त्रता और संस्कृति के लिए बर्लिन में जा बसे। वे लिख रहे थे लेकिन कुछ साल बाद 24 साल की उम्र में उन्हें अपने लेखक बनने का भान हुआ। लिखने के पहले उन्होंने ख़ूब पढ़ा। फिर जब उन्होंने लिखना शुरू किया तो ख़ूब लिखा और लिख कर नोबेल के मंच तक पहुँचे। 2002 का साहित्य का नोबेल पुरस्कार उनके नाम रहा। होलोकास्ट के उनके अनुभव बहुत सघन और बहुत सारे थे अगर वे चाहते तो इन पर घण्टों बात कर सकते थे। लेकिन वे अपने अनुभवों पर बोलने–बात करने के बजाए एकान्त में बैठ कर इस पर लिखना पसन्द करते थे। उनका कहना था कि लिखने से उनकी ज़िन्दगी बदल गयी।

चूँकि हंगरी जर्मन का साथी था अतः 1944 तक वहाँ से यहूदियों को गिरफ़्तार नहीं किया गया। लेकिन मेमने की माँ कब तक ख़ैर मनाती। कुछ समय बाद वहाँ भी धर–पकड़ शुरू हो गयी। वहाँ रहने वाले यहूदियों

को यक़ीन था कि वे सुरक्षित हैं और जब उन्हें भी शिविर में भेजा जाने लगा तो वे विश्वास न कर सके। वे गफ़लत में रहे और नाज़ी मशीनरी ने अपना काम कर दिया। इसीलिए जब बुदापेस्ट में 14 साल के इमरे कर्टीज को उसके साथी लड़कों के साथ चलती बस रोक कर उतार लिया गया तो पहले उन्हें लगा कि कोई गलतफ़हमी हो गयी है। उन्हें बताया गया कि उन्हें काम कराने के लिए ले जाया जा रहा है। उन लोगों को पता भी न चला और वे ऑश्वित्ज जाने वाली ट्रेन में ठूँस दिये गये। फिर तो इस शिविर से उस शिविर में मार्च करने का सिलसिला चल निकला। ऑश्वित्ज से बुचनवाल्ड फिर वहाँ से चूँकि वे बालक थे अतः शिविर की कार्यवाही को मासूम नज़रों से देखते और नाज़ी अनुशासन तथा उनकी तत्परता को मन–ही–मन सराहते। मगर बालक की आँखों से नाज़ियों की क्रूरता छिपी न थी। इमरे कहते हैं कि वे अपने जीवन के इस एक साल से यातना शिविर से कुछ ले कर नहीं लौटे। इस दौरान के महज कुछ मज़ाक़ उनके साथ थे। यह सोच कर उन्हें शर्म आती थी।

वे ऐसा लिखना चाहते थे जिसे लोग पढ़ना चाहें। इमरे कर्टीज ने जब लिखना शुरू किया तो उनका पहला उपन्यास 'फ़ेटलेस' (हंगरी में **'Sorstalansag'** या 'फ़ेटलेसनेस') नाम से आया। इस उपन्यास को लिखने में उन्हें 13 साल लगे। आसान नहीं था उनके लिए इस उपन्यास को लिखना। उनके जीवन का यह काल बहुत कठिन था। उनके पास कोई काम न था और मालूम भी न था कि क्या करना है। यह यातना शिविर के बाद कम्युनिस्ट शासन का काल था। तानाशाही में सब छिपा कर करना होता है। तानाशाही के दौरान लिखना आसान न था। अपने नोबेल भाषण में इमरे कर्टीज बताते हैं कि इन दिनों रोज़ सुबह वे अवसाद और मितली के साथ उठते। इसी अवसाद और उलटी ने उन्हें उस दुनिया तक फिर से पहुँचाया जिसे उन्होंने अपने लेखन में वर्णित किया। लिख कर उन्हें ख़ुशी मिली यह कहना ठीक नहीं होगा। हाँ लेखन से उन्हें जीने का एक मक़सद ज़रूर मिला। वे स्टालिन युग और नाज़ी काल की तुलना करते हुए कहते हैं कि स्टालिनवाद में अगर आप कर सकते हो तो आप बस चलते चले जाते हैं। दूसरी ओर नाज़ी शासन एक मैकेनिज़्म था जो बहुत क्रूरता और बहुत गति के साथ काम करता था। ये निरन्तर चलने वाला सिस्टम था। जहाँ मात्र जीवित बचे रहना चलते जाना था। नाज़ी सिस्टम सब कुछ निगल गया। यह बहुत कुशल मशीन की भाँति काम करता था

जिसे अधिकतर लोग उसमें रहते हुए भी समझने का अवसर तक नहीं पाते थे। इस दौरान बहुत सारे लोगों ने आत्महत्या की, इमरे कर्टीज के पास भी यह विकल्प था लेकिन वे जीवित रहे उन्होंने आत्महत्या नहीं की।

एक साक्षात्कार में इमरे कर्टीज बताते हैं कि उन्होंने कुछ विशिष्ट अनुभव किया है, क्योंकि न केवल वे उन हॉरर्स से गुज़रे वरन् उसे वर्णित भी कर सके। वे उन गिने–चुने बहादुर लोगों में से थे जिन्होंने इस अन्ध बेपेंदी के पाताल में झाँकने का साहस किया। वे स्वयं को इस दृष्टि से बोरोव्स्की, शालामोव तथा एमरी की भाँति साहसी मानते थे। उनके अनुसार उनके तथा इन जैसे लेखकों के लिए लिखना आत्महत्या की भूमिका था। जीन एमरी के लेखन और जीवन में बन्दूक सदा उसकी बगल में रही।

आगे साक्षात्कार में वे कहते हैं कि वे ऐसे व्यक्ति हैं जो इन सबके बावजूद बचे रहे जिसने 'गोर्गोन का सिर' देखा और फिर भी जिसके पास इतनी शक्ति थी कि वह काम समाप्त कर सका। काम जो मानवीय भाषा में लोगों तक पहुँच सका। वे मानते हैं कि साहित्य का उद्देश्य लोगों को शिक्षित करना और उनका मनोरंजन करना है। अतः उन्होंने ऐसा साहित्य रचा जो होलोकास्ट को भी कुरूप नहीं दिखाता है, भयंकर साहित्य के रूप में प्रस्तुत नहीं करता है। उन्होंने न कहने योग्य बातों को कहने का साहस किया है।

उपन्यास के पहले उन्होंने एक दोस्त के कहने पर ऑपरेटा लिखे। जीवित रहने के लिए, खाने–पीने के लिए उन्होंने ऑपरेटा लिखा मगर यह उनकी विधा न थी। जब उन्होंने नाटक लिखना चाहा तो उन्हें लगा यह उनकी विधा नहीं है और उन्होंने अपना लिखा नाटक नष्ट कर दिया और उसे उपन्यास की शैली में फिर से लिखा। 1929 में जन्मे इमरे कर्टीज ने 'फ़ेटलेस' के अलावा 'फ़ियास्को', 'खदीस फ़ॉर एन अनबोर्न चाइल्ड' तथा 'लिक्वीडेशन' उपन्यास तथा 'डोसीयर के.' नाम से अपने स्मरण लिखे। उनके सारे काम का केन्द्र होलोकास्ट है। वहाँ से बचकर लौटा व्यक्ति और क्या लिखेगा। नोबेल समिति ने उनके काम की प्रशंसा करते हुए कहा कि यह इतिहास के क्रूर एकतरफ़ापन के सन्दर्भ में व्यक्ति के नाज़ुक अनुभव का लेखन है। होलोकास्ट के विषय में लिखते हुए वे निजी कहानी न लिखकर, निजी अनुभवों के पार जा पूरी सभ्यता पर लिखते हैं। उनका मानना था कि होलोकास्ट समाप्त नहीं हुआ है वह सब जगहों पर अब भी है।

'फ़ेटलेस' आत्मकथात्मक उपन्यास नायक यूरी कोव्स (इमरे कर्टीज का ऑल्टर ईगो) की नज़र से देखा गया है। होलोकास्ट की भयंकरता पर लिखी किताब को सुन्दर कहना क्रूरता है मगर यह उपन्यास सुन्दर है। उन्होंने बिना भावुक हुए, सधे शब्दों में पूरा उपन्यास लिखा है जिसे पाठकों और समीक्षकों ने हाथों–हाथ लिया। इसी उपन्यास पर 2005 में इसी नाम से फ़िल्म बनी।

फ़िल्म के लिए निर्देशक लाजोस कोल्टाई ने पहले जो स्क्रीनप्ले तैयार करवाया उससे इमरे कर्टीज ख़ुश न थे। उस स्क्रीनप्ले में पूरे कथानक को फ़्लैशबैक में दिखाया गया था। इससे फ़िल्म भावुकतापूर्ण हो रही थी मगर इमरे की बात को सही तरह से नहीं कह पा रही थी। उन्हें जैसा हो रहा था वैसा दिखाना चाहिए था, बिना संवेगात्मक रूप से भुनाते हुए। अतः उन्होंने स्वयं इसकी पटकथा लिखी। हालाँकि लाजोस कोल्टाई की यह पहली फ़िल्म है लेकिन बतौर सिनेमाटोग्राफ़र वे 'मेफ़िस्टो', 'कर्नल रेड' तथा 'सनशाइन' जैसी फ़िल्मों की लम्बी पारी खेल चुके थे। सिनेमाटोग्राफ़र जब फ़िल्म बनाता है तो ज़ाहिर है उसके काम में ख़ूबसूरती नज़र आती है। उसे लाइट के सही–गलत प्रभाव की जानकारी होती है और फ़िल्म प्रकाश–छाया का खेल है। इसीलिए 'फ़ेटलेस' फ़िल्म भयंकर विषय पर होने के बावजूद ख़ूबसूरत फ़िल्म है। जितनी सघनता से इमरे ने उपन्यास लिखा है, उतनी ही लगन से कोल्टाई ने फ़िल्म बनायी है। इमरे कर्टीज का गद्य लयात्मक शैली में है और इसकी स्पष्टता (मैं इंग्लिश अनुवाद की बात कर रही हूँ और मानती हूँ कि हंगरी भाषा में यह और भी अधिक ख़ूबसूरत होगा।) प्रभावित करती है। चूँकि लेखक ने ख़ुद ही पटकथा लिखी है अतः फ़िल्म में भी सौन्दर्य आया है। सब कुछ सुन्दर होते हुए भी इस बात से इनकार नहीं किया जा सकता है कि इतिहास का यह पन्ना बेहद बद्सूरत और भयावह है। इसे देखकर स्वयं इमरे कर्टीज ने कहा था कि मैं पूरी तरह से निहाल हूँ।

बहुत कम पात्रों के साथ बनी फ़िल्म 'फ़ेटलेस' में नायक कोव्स के रूप में मार्सेल नेजी को उसकी आँखों के लिए लिया जाना बहुत उपयुक्त सिद्ध हुआ है। उसकी बड़ी–बड़ी भावहीन आँखें होलोकास्ट की वीरानी के साम्य में हैं। मौत, कीचड़, दारुण कष्ट–क्रूरता और इन्हीं सब के बीच कुछ लोगों की मानवीयता, सब कोव्स की नज़रों के सामने से गुज़रता है। निर्देशक ने फ़िल्म में रंगों का ऐसा चुनाव किया है जो आकृतियों को

निचोड़कर रख देता है। इसी तरह मेकअप का कमाल है, लगता है मानो अभिनेता वास्तव में कोव्स है और होलोकास्ट से गुज़रा है। हर फ्रेम बहुत सोच–समझकर, प्रकाश का सही उपयोग करते हुए तय किया गया है। फ़िल्म की सफलता का एक राज एनिओ मोरीकोन का उपयुक्त संगीत भी है।

तुलना करना उचित न होते हुए भी तुलना होना सामान्य बात है। होलोकास्ट कथानक पर अब तक कई फ़िल्में बन चुकी हैं मगर सबका स्तर एक जैसा नहीं है। श्रेष्ठता की दृष्टि से मैं 'फ़ेटलेस' को काफ़ी ऊँचा दर्जा देना चाहूँगी हालाँकि मेरी नज़र में अब भी 'द पियानिस्ट', 'सनशाइन' तथा 'सोफ़ीज च्वाइस' ही शीर्ष पर हैं। वैसे अक्सर जब होलोकास्ट पर बनी फ़िल्मों की बात होती है तो सबसे पहले लोग स्टीफ़न स्पीयलबर्ग की फ़िल्म 'शिंडलर लिस्ट' का नाम लेते हैं। होलोकास्ट पर बनी यह एक अच्छी फ़िल्म है। मुझे वह क्यों शीर्ष पर नज़र नहीं आती है इसके विषय में मैं अन्यत्र लिख चुकी हूँ। वैसे सिनेमा के मापदण्ड पर 'शिंडलर लिस्ट' को परखें तो यह फ़िल्म कई ख़ूबियाँ रखती है मगर कथानक की दृष्टि से मेरी नज़र में इसका उतना ऊँचा स्थान नहीं है। सिनेमा की भाषा में भी कई अन्य फ़िल्में इससे बीस पड़ती हैं।

विभाजन बहुत दुखदायी होता है यह पीढ़ियों में समा जाता है और लोगों को एक लम्बे समय के लिए दिशाहीन और असहनशील बना देता है। ज़मीन से उखड़े हुए लोग कैसे जीते हैं यह वे लोग नहीं जान–समझ सकते हैं जिन्होंने इस त्रासद स्थिति को नहीं भोगा है। हंगरी में रहने वालों और हंगरी को बहुत सहना पड़ा है। इसके विभाजन से कई परिवार उखड़–बिछड़ गये। क्या ऐसे लोगों का दुख–दर्द कभी समाप्त हो सकता है। हंगरी और उसके निवासियों का दारुण दर्द हम भारतवासी भलीभाँति समझ सकते हैं। हमने भी विभाजन की त्रासदी भोगी है। 'फ़ेटलेस' का नायक कोव्स स्वयं को यहूदी और हंगेरियन दोनों मानता–जानता है। उसका पिता एक फ़ैक्ट्री में काम करता है जहाँ से उसे मैनुअल लेबर के लिए उठा लिया गया है। ये लोग सपने में भी नहीं सोच सकते थे कि इन्हें कभी मृत्यु शिविर भेजा जायेगा। चूँकि हंगरी में धर–पकड़ बहुत देर से शुरू हुई इसलिए भी यहाँ के यहूदी निश्चिन्त थे, उन्हें राज्य की ओर से सुरक्षा का भरोसा था। इसी कारण कोव्स के पड़ोसी और रिश्तेदार औचक पकड़े गये। वे झूठे भरोसे के चलते मारे गये। जब कोव्स और

उसके संग के लड़कों को बस में गिरफ़्तार किया गया तब भी वे सोच रहे थे कि अनजाने में कोई भूल हुई है। उनके साथ पकड़े गये वयस्क इस काम से झुँझलाते हैं, चिढ़ते हैं। लेकिन किसी को सही जानकारी न थी अतः वे शुरू में जरा भी भयभीत न थे। भय–दहशत धीरे–धीरे उनके भीतर पैठती है।

कैसी विडम्बना है कि फ़िल्म देख रहा दर्शक होलोकास्ट की सच्चाई जानता है और पात्र जिनके जीवन में यह घट रहा है इससे अनजान होता है। हम लोगों के लिए होलोकास्ट का अनुभव निजी न होते हुए भी किताबों और फ़िल्मों के कारण जाना हुआ है। लेकिन कोव्स के लिए सब कुछ पहली बार हो रहा है। मासूम बालक होने के कारण उसे यह सब अनोखा लगता है। यातना शिविर की कार्य पद्धति भले ही उसे अनोखी लगे लेकिन उसका प्रभाव कोव्स पर पड़ता है। धीरे–धीरे वह शारीरिक रूप से कमज़ोर होता हुआ अन्ततः मात्र हड्डियों का ढाँचा रह जाता है। इस शारीरिक दुर्बलता से उसकी आँखें ढेढर के बाहर निकली पड़ती लगती हैं। कुछ समय बाद उसकी आँखों में आश्चर्य के साथ–साथ दहशत भी नज़र आने लगती है। उसके अनुभव को साझा करने के लिए निर्देशक ने इस फ़िल्म की कहानी छोटे–छोटे दृश्यों में रुक–रुक कर दिखाई है। कई अन्य होलोकास्ट फ़िल्म जैसे दृश्य भी इस फ़िल्म में आये हैं, इसके बावजूद यह एक टटकी फ़िल्म है।

ट्रेन से उतरने और यहूदी क़ैदियों के भाग्य का निर्णय होने में केवल 20 मिनट लगते थे लेकिन इन बीस मिनटों में क्या कुछ नहीं हो जाता था। मगर इसी दहशत भरे वातावरण में कोव्स को दयालुता भी दीखती है, दया–माया, सहानुभूति से भी उसका परिचय होता है। उसके साथ एक अन्य हंगेरियन व्यक्ति बैंडी सिट्रोन (एरॉन डिमेनी, यह अभिनेता रोमानिया में एक विश्वविद्यालय में थियेटर तथा टेलीविज़न का प्रशिक्षक है।) बहुत अच्छा व्यवहार करता है। यूरी कोव्स शिविर की रोज़मर्रा की ज़िन्दगी में खुशियाँ भी खोज लेता है। वॉइज ओवर द्वारा दर्शक जानता है कि काम और रात की हाजिरी के बीच उसे कुछ घण्टे ऐसे भी मिल जाते थे जो मृत्यु शिविर में भी ज़िन्दगी को राहत देते थे। वे खाने को जो भी मिलता उसे स्वाद ले कर खाते और कहीं एकाध टुकड़ा आलू या गोश्त मिल गया तो क्या कहने। ऐसी दारुण परिस्थिति में भी मानवता जीवित थी। क़ैदी बुरी–से–बुरी हालत में भी एक–दूसरे की सहायता किया करते थे।

यूरी कोव्स के पास यातना शिविर में आने के पूर्व जीवनानुभव बहुत सीमित थे, अतः वह 'फ़ेटलेसनेस' अनुभव करता है। उसे मालूम है कि उसका जीवन किसी भी पल समाप्त हो सकता है, और यह एक तरह की स्वतन्त्रता होगी भले ही यह कुत्सित क्यों न हो। फिर आती है स्वतन्त्रता। लेकिन स्वतन्त्रता के साथ दुख समाप्त नहीं होता है। और जब वह यातना शिविर से बच कर बुदापेस्ट लौटता है, अपने घर पहुँचता है तो पाता है कि उसके घर में अजनबी लोग रह रहे हैं। उसे मालूम होता है कि कौन चला गया और कौन बच गया। जो लोग पीछे छूट गये थे, जो नाज़ी शिविर में नहीं गये थे वे लोग उसे समझ नहीं सकते हैं। वह भी उनसे जुड़ नहीं पाता है। इसीलिए उसे बुचनवॉल्ड की बार–बार याद आती है। कम–से–कम वहाँ लोग एक–दूसरे को जानते–समझते थे क्योंकि उन सब के अनुभव एक जैसे थे। वे साझा जीवन जी रहे थे। सुनने–देखने–पढ़ने में यह विचित्र लग सकता है लेकिन इसे एक भुक्तभोगी ने लिखा है इसलिए इसकी सच्चाई से इनकार नहीं किया जा सकता है। इसी कटु अनुभव, बाहरी लोगों की समझ के बाहर की बात पर 'फ़ेटलेस' उपन्यास समाप्त होता है, फ़िल्म भी इसी पर रुकती है।

फ़िल्म देखने के बाद दर्शक के मन में कुछ प्रश्न आते हैं। अगर मैं कोव्स के स्थान पर होता/होती तो मुझे क्या अनुभव होता? मैं कैसा व्यवहार करता/करती? हालाँकि यह वायवी प्रश्न है। बिना यातना शिविर में जाये ऐसा सोचना एक तरह की बेवकूफ़ी ही है, एक तरह की क्रूर लग्ज़री है। हम लोग जिन्होंने यातना शिविर को केवल किताबों और फ़िल्मों द्वारा ही जाना है, भला इसे कितना जाना है, अनुभव तो दूर की बात है। बाहरी व्यक्ति के लिए यह समझ के बाहर की बात है। एक बात और जो मन में आती है, वह है बचे रहने के बाद अपने अत्याचार कर्ताओं नाज़ियों के प्रति विद्रोह अथवा प्रतिकार की भावना का न होना। यह कैसे सम्भव है? मगर यहूदियों की यही सच्चाई रही है।

यह हंगरी में उस समय तक बनने वाली सर्वाधिक महँगी फ़िल्म है। हंगेरियन तथा जर्मन भाषा में बनी, 134 मिनट की फ़िल्म 'फ़ेटलेस' इंग्लिश सबटाइटिल्स के साथ उपलब्ध है। सिनेमाटोग्राफ़ी यूला पड़ोस ने की है और संगीत निर्देशन एनिओ मोरीकोन ने किया है। एडीटर का नाम भी जानना ज़रूरी है क्योंकि फ़िल्म की एडिटिंग इसे अलग लुक देती है। एडिटिंग हजनल सेलो ने की है। इसमें बहुत सूक्ष्म तरीक़े से यातना शिविर जीवन

को दिखाया गया है। फ़िल्म बताती है कि मासूम होने से ही आप बच नहीं सकते हैं। नाज़ी युग में तो यह कतई सम्भव न था। फ़िल्म एक बात और बताती है, जो लोग कानून का पालन करने वाले होते हैं वे भी कानून के चंगुल में फँस कर ही नष्ट होते हैं। यदि यहूदी कानून को मानने वाले नागरिक न होते तो शायद और अधिक संख्या में बच सकते थे। नाज़ी जानते थे कि यहूदी कानून से चलने वाले लोग हैं इसीलिए उन लोगों ने कानून के शिकंजे में फँसा कर यहूदियों को समाप्त किया। कानून के द्वारा ही यहूदियों के जीवन को मृत्यु में परिवर्तित कर दिया गया। कानून पालन की इसी आदत के कारण यूरी कोव्स पुलिस हिरासत से निकल भागने की बात सोचता भी नहीं है। उसे कानून और न्याय पर पूरा–पूरा भरोसा है। दर्शक फ़िल्म में न तो लोगों पर अत्याचार होता देखता है न ही उनकी हत्या होती देखता है। हाँ रोज़मर्रा के अस्तित्त्व को अवश्य देखता है। प्रतिदिन का होने वाला रोलकॉल, काम पर जाना, बंकर में लौटना, खाना पाने के लिए क़तार में खड़े होना, जीवित रहने के लिए एक–दूसरे का संग–साथ, इसी बंजर जीवन में मित्रता का पनपना, विरल मगर ख़ुशी के पल। पात्रों का सहज–स्वाभाविक उत्कृष्ट अभिनय, यहाँ–वहाँ थोड़े से रंगों के साथ मुख्य रूप से बीज ओवरटोन रंग का प्रयोग, विषयानुकूल सूझ–बूझ पूर्ण कथावाचन, कथानक के अनुरूप अवसाद की सृष्टि करता वातावरण। सब मिलकर फ़िल्म को एक ख़ास ऊँचाई प्रदान करते हैं।

यह होलोकास्ट पर बनी एक बहुत सन्तुलित फ़िल्म है। मुझे लगता है कि इस फ़िल्म को किशोरों, युवाओं और वयस्कों सबको कम–से–कम एक बार अवश्य देखना चाहिए।

'एस्केप फ़्रॉम सोबीबोर' : जिजीविषा की उत्कण्ठा

"मैं सोलह साल से ऊपर जेल में था और मेरे पास सही–गलत सोचने के लिए ख़ूब सारा समय था और मैं इस नतीजे पर पहुँचा कि उस समय में यहूदियों के साथ जो हुआ वह गलत था।" सोबीबोर के एक कमाण्डेंट का यह कथन कितना क्रूर और अमानवीय है। भला किसी व्यक्ति को ऐसी बात सोचने के लिए इतना समय लगता है? कोई भी मानसिक रूप से स्वस्थ व्यक्ति ऐसे नतीजे पर आने में पल भर नहीं लेगा। मगर यदि किसी का ब्रेन वाश कर दिया जाये। उसके दिमाग़ में ठूँस–ठूँस कर भर दिया जाए कि वह श्रेष्ठ है, उसकी नस्ल श्रेष्ठ है, केवल उसे ही जीवित रहने का अधिकार है; बाकी सब लोगों को समाप्त कर दिया जाना चाहिए। तब अवश्य ही किसी को दूसरे आदमी को मारने में परहेज नहीं होगा। और यही हुआ था द्वितीय विश्वयुद्ध के पहले और उस दौरान। हिटलर और उसकी मशीनरी ने जर्मन लोगों के दिमाग़ में यह ठोंक–पीट कर बैठा दिया था कि जर्मन नस्ल सर्वश्रेष्ठ है और केवल उन्हें ही जीवित रहने और राज्य करने का अधिकार है, वे इसीलिए बने हैं। यहूदी नस्ल जीवित रहने योग्य नहीं है उसे समाप्त कर दिया जाना चाहिए। यहूदी समस्या का फाइनल सॉल्यूशन निकाला गया। नाज़ियों ने यहूदियों का सफाया करने का बीड़ा उठा लिया। नाज़ियों ने घृणा का ऐसा नंगा खेल खेला कि मानवता शर्मसार हुई।

यहूदियों को चुन–चुनकर यातना शिविर पहुँचाया गया और लाखों–लाख यहूदी समाप्त कर दिये गये। अक्सर कहा जाता है कि यहूदियों ने प्रतिरोध नहीं किया मगर यह सत्य नहीं है। यहूदियों ने बाहर प्रतिरोध दस्ते कायम किये और यातना शिविरों में भी प्रतिरोध किया। इतिहास बताता है कि ऑश्वित्ज, बिरेनाऊ, ट्रेब्लिंका तथा सोबीबोर यातना शिविरों

में यहूदियों ने विद्रोह किया। उन्होंने जान की बाज़ी लगा कर कैम्प से भागने का प्रयास किया। इसके लिए जर्मन सैनिकों और अधिकारियों की हत्या की। इन विद्रोहों पर लेखन हुआ है और इन पर फ़िल्में भी बनी हैं। 'स्केप फ़्रॉम सोबीबोर' एक ऐसी ही फ़िल्म है। नाम से ही ज़ाहिर है कि यह सोबीबोर शिविर से भागने वालों के विषय में है। 1987 में यह फ़िल्म ब्रिटिश टीवी के लिए बनायी गयी थी। जैक गोल्ड के निर्देशन में बनी यह फ़िल्म सोबीबोर यातना शिविर, जर्मन अधिकारियों के चंगुल से बहुत सारे यहूदी क़ैदियों के निकल भागने की कहानी है।

यह सत्य घटना है इसकी पुष्टि इस बात से होती है कि फ़िल्म बाकायदा दिन, तिथि और साल दिखाती है। 14 अक्टूबर, 1943 को घटित यह घटना एक दिन में घटित नहीं हुई। इसके लिए यहूदी क़ैदियों ने एक सोची–समझी योजना तैयार की थी। हालाँकि फ़िल्म एक किताब पर आधारित है। 'स्केप फ़्रॉम सोबीबोर' नाम से अमेरिकन लेखक रिचर्ड रास्के ने एक किताब लिखी थी। यातना कैम्प से बचे एक यहूदी एस्थर राब ने इस किताब को लिखने में रिचर्ड की सहायता की थी। अभी हाल में 15 अप्रैल, 2015 को एस्थर राब की मृत्यु हुई है। उसने फ़िल्म के लिए टैक्निकल कन्सल्टेंट के रूप में भी सहायता की थी। इसी किताब पर लेखक रिचर्ड रास्के के साथ मिल कर थॉमस ब्लाट, रेजीनॉल्ड रोज़ तथा स्टैनीस्ला स्ज़माज्ज़नेर ने स्क्रीनप्ले तैयार किया। असल में इस निकल भागने से बचे येहुदा लेनर ने 1979 में एक साक्षात्कार में इस पूरी घटना का वर्णन किया था। उसी के आधार पर क्लाउड लान्ज़मान ने उसी साल एक डॉक्यूमेण्ट्री बनायी थी। कह सकते हैं कि यह फ़िल्म उसी का विस्तार है। हालाँकि फ़िल्म डॉक्यूमेण्ट्री की भाँति न्यूज़रील, फुटेज आदि का प्रयोग नहीं करती है। फ़िल्म सीधे–सीधे कहानी दिखाती है। बीच में कथावाचन का काम हॉवर्ड के. स्मिथ ने किया है। 176 मिनट की इस फ़िल्म की सिनेमाटोग्राफ़ी का श्रेय एर्नेस्ट विन्ज़ को जाता है। इसकी शूटिंग योगोस्लाविया (आज के सर्बिया) में हुई है।

चूँकि फ़िल्म किसी विशिष्ट शैली का सहारा न ले कर सीधे–सीधे कहानी दिखाती है अतः फ़िल्म की शुरुआत सोबीबोर में एक ट्रेन भर कर पोलिश यहूदियों के लाये जाने के साथ होती है। ट्रेन से उतारने के बाद जर्मन कमाण्डेंट उनके लिए स्वागत भाषण करता है। उन्हें विश्वास दिलाता है कि यह शिविर वर्क कैम्प है। दर्शक ऑश्वित्ज के फाटक के ऊपर चाप

में रॉट आयरन से लिखा, "वर्क विल सेट यू फ्री" से अवश्य परिचित होगा। कैसा काम और कैसी स्वतन्त्रता! आने वालों को एसएस ऑफ़िसर तत्काल दो समूहों में विभाजित कर देते हैं। थोड़े से लोग जो किसी काम, जैसे बढ़ईगीरी, दर्ज़ीगीरी, सुनारगीरी, मोचीगीरी आदि में कुशल हैं, उन्हें छाँट कर अलग कर लिया जाता है। बाकी को वहाँ भेज दिया जाता है जहाँ की चिमनी से दिन–रात धुआँ निकलता रहता है। नये आने वाले यहूदी क़ैदियों को यह जानने–समझने में वक़्त लगता है कि यह मृत्यु–शिविर है। जिन्हें गैस–चैम्बर में नष्ट कर दिया जाता है, उनके शवों को भट्ठियों में जलाया जाता है। ज़िन्दा क़ैदी इन मरे हुए लोगों की चीज़ों की देखभाल करते हैं। उन्हें जूते, चश्मे, कपड़े, सोने–चाँदी के आभूषणों को छाँट कर अलग करना होता है। कपड़ों की मरम्मत, जूतों को गाँठना, सोने–चाँदी को गला कर नये आभूषण बनाना इनका काम है। ये सारा कुछ वे अपने लिए नहीं बना रहे हैं इनका उपयोग जर्मन अधिकारी करेंगे। काम करने वाले इन यहूदी क़ैदियों का जीवन नरक है, बात–बात पर अपमान और अन्ततः इन्हें भी अपने अन्य लोगों की तरह मौत ही पानी है। कभी भी मार डाला जा सकता है। जर्मन अधिकारी अत्यन्त क्रूर और परपीड़क हैं।

सोबीबोर का एक जर्मन अधिकारी वैग्नर अत्यन्त दुष्ट प्रवृत्ति का चालाक और क्रूर व्यक्ति है। वह दिन–रात अत्याचार के नये–नये तरीक़े ईजाद करता रहता है। एक बार वह देखता है कि दो क़ैदी काम से बच कर जंगल की ओर निकल गये हैं। वैग्नर तुरन्त युक्ति निकालता है। वह बचे हुए क़ैदियों को साथ मरने के लिए अपना साथी चुनने के लिए कहता है और इस तरह 13 के जोड़ों में पूरे 26 यहूदियों को मार डालता है।

सोबीबोर पूर्वी पोलैण्ड में लोगों की नज़रों से बचा हुआ यातना कैम्प था। क़ैदियों को भरमाने के लिए लाउडस्पीकर पर तरह–तरह के सन्देश दिये जाते। नाचने–गाने का प्रबन्ध भी था। सब होते हुए भी यह था तो मृत्यु शिविर ही। यहूदी क़ैदियों को कहा जाता कि वे यहाँ काम करने के लिए लाये गये हैं। काम स्वतन्त्रता देगा। कोई पूछे इनसे कैसी स्वतन्त्रता? किसकी स्वतन्त्रता? किससे स्वतन्त्रता? क़ैदियों से कहा जाता कि उन्हें नहलाने ले जाया जा रहा है। इसमें क्या विशेष बात है? नहाने के नाम पर जीवन समाप्त किया जा सकता है, कौन ऐसी अमानवीय बात सोच सकता है। मगर यह सत्य था। नहाने के बहाने उन्हें बन्द स्थान में ले जाकर गैस से समाप्त कर दिया जाता था। शॉवर से पानी नहीं ज़हरीली

गैस निकलती थी। इतनी बड़ी और भयंकर योजना नाज़ी ख़ुद नहीं चला सकते थे उन्हें यातना शिविर संचालन के लिए क़ैदियों की सहायता लेनी होती थी। कभी लालच में, कभी सज़ा–यातना और मत्यु के भय से यहूदी क़ैदी अपने ही भाई–बन्धुओं पर अत्याचार करते। उन्हें मारते–पीटते, फाँसी पर चढ़ाते। अपना जीवन बचाने के लिए वे ये अमानुषिक काम करते पर क्या उनका जीवन बचता था? वॉचटॉवर, गार्ड, मशीनगन संचालन सबमें यहूदी क़ैदी साथ देते। इन क़ैदियों को उसी तरह थोड़ी–बहुत सुविधाएँ मिला करतीं, थोड़ा अच्छा खाना, कोड़े की मार से राहत, मौत से कुछ दिनों के लिए छुटकारा वैसे ही जैसे कुत्तों को टुकड़े डाले जाते हैं। कुछ क़ैदी बेमन से मजबूरी में जर्मन अधिकारियों का आदेश मान कर अपने लोगों को सज़ा देते, उन पर अत्याचार करते।

'स्केप फ़्रॉम सोबीबोर' में यहूदी क़ैदियों का नायक है लिओन फ़ेडहैंडलर (एलान एर्किन)। वह शिविर चलाने में सहायता भी करता है। जिसके लिए यह कार्य प्रतिदिन उसकी आत्मा पर यन्त्रणा है। वह जर्मन अधिकारियों की क्रूरता रोक पाने में असमर्थ है। वह शिविर से निकल भागने और ज़िन्दा रहने का इरादा रखता है। लेकिन यह काम अकेले सम्भव नहीं है। अकेले वह भागना भी नहीं चाहता है। वह अपने साथ–साथ दूसरों की मुक्ति की भी कामना करता है। और उसे एक और ऐसा साथी मिल जाता है। क़ैदियों की एक नयी खेप आती है। ये रूसी यहूदी हैं। रूसी सेना का लेफ़्टिनेण्ट एलेक्जेण्डर 'साशा' पेचेर्स्की (रुटगर हौएर) भी क़ैदी के रूप में शिविर में लाया जाता है। इसके और इसके आदमियों के पास सेना की दक्षता है। ये लोग भी विद्रोह की भावना रखते हैं। एक से भले दो। लिओन और साशा मिल कर प्रतिकार की योजना बनाते हैं। साशा कैटेलिस्ट का काम करता है। उसकी शारीरिक बनावट बहुत मज़बूत है लेकिन उसका चेहरा बड़ा भोला–भाला लगता है, साथ ही उसके चेहरे पर कुछ तो है जो रहस्यमय है जो आकर्षित करता है। उसकी मुद्रा बताती है कि वह चुपचाप बैठने वाला आदमी नहीं है। एक बात जानना रोचक होगा। साशा का चरित्र जिस व्यक्ति को ले कर गढ़ा गया है फ़िल्म बनने के समय तक वह जीवित था। यह भी कोई आश्चर्य नहीं कि रुटगर हौएर को सहायक अभिनेता के रूप में गोल्डन ग्लोब पुरस्कार मिला।

लेकिन इसके पहले फ़िल्म में दिखाया गया एक क्रूरतम दृश्य देख लें। नाओमी (सारा शुगरमान) किसी तरह अपने नवजात को शिविर में छिपा

कर रखती है। जहाँ वह कपड़े सीती है, वहीं उसने शिशु को छिपा रखा है। एक दिन जब निरीक्षण चल रहा था बच्चे ने रोना शुरू कर दिया। बच्चे को कहाँ पता था कि यह यातना शिविर है और यहाँ बच्चे स्वीकृत नहीं हैं। बच्चा क्या जाने कब रोना चाहिए और कब नहीं। एसएस के लोगों को इससे कोई मतलब नहीं कि बच्चे ने कोई अपराध किया है अथवा नहीं। उनके लिए यही काफ़ी है कि वह यहूदी है और उसकी माँ ने हुक्म उदूली की है। नतीजा वही होता है जो हो सकता था। माँ–शिशु दोनों को वही सज़ा मिलती है जो तय थी। फ़िल्म का यह हिस्सा देखते हुए 'सोफ़ीज च्वाइस' का स्मरण हो आना स्वाभाविक है। और भी कई क्रूर दृश्य हैं इस फ़िल्म में। कई बातें जो दर्शक जानता–देखता है उसे पात्र बहुत देर से जान पाते हैं। जैसे एक क़ैदी अपने परिवार के अन्य लोगों को हाथ हिला कर विदा करता है, उसे नहीं मालूम है कि वे कहाँ जा रहे हैं। दर्शक देखता–जानता है उन्हें मृत्यु के मुँह में जाना है। इस क़ैदी को कई दिन के बाद असलियत पता चलती है, सुन कर उस समय वह जिस तरह फूट पड़ता है वह अनुभव दिल दहला देने वाला है। जर्मन नाज़ी सेना अपने साथ भयंकर कुत्ते रखती थी। ये कुत्ते आदमी को नोच–चीथ कर समाप्त करने के लिए प्रशिक्षित होते थे। यह दृश्य फ़िल्म का बहुत भयानक दृश्य है। यह भी सत्य है कि वास्तविकता इस फ़िल्मी सीन से कई गुणा अधिक भयावह रही होगी। हमारी कल्पना से बहुत अधिक भयावह।

नायक लिओन देखता है कि अब ट्रेनों की आवक रुक गयी है इसका मतलब है कि कैम्प की उपयोगिता समाप्त हो चुकी है। अर्थात शिविर में जो यहूदी क़ैदी हैं उनके जीवन के दिन भी पूरे हो चुके हैं। जल्द ही उन सबको समाप्त कर दिया जायेगा। उन्हें समाप्त कर दिया जाये इसके पहले वह हर क़ैदी को वहाँ से निकाल लेना चाहता है। उसकी योजना है कि किसी तरह एसएस ऑफ़िसर को अलग–थलग कर के, एक–एक कर सुनसान स्थान, क़ैदियों की बैरक और वर्कस्थान पर लाकर समाप्त कर डाला जाये। यह काम जितना गुपचुप तरीक़े से हो उतना अच्छा। एक बार जर्मन ऑफ़िसर ख़त्म हो जायें फिर सारे क़ैदी क़तार में जमा हो कर सीधे कैम्प से बाहर की ओर मार्च कर जायेंगे। यूक्रेनियन गार्ड्स को लगेगा कि क़ैदियों को ऐसा करने का आदेश दिया गया है और वे उन्हें शिविर से बाहर जाने से नहीं रोकेंगे। वे इसे ऑर्डर समझकर अलार्म

भी नहीं बजाएँगे और सब को आसानी से, बिना किसी बाधा के क़ैद से छुटकारा मिल जायेगा।

बिल्ली के भागों झींका टूटा। किसी काम से शिविर का कमाण्डेंट कई दिनों के लिए शिविर से बाहर जाता है। एक और अच्छी बात होती है वह अपने साथ दुष्ट वैग्नर को भी ले गया है। इससे अच्छा मौका क्या हो सकता था। दो–दो ऑफ़िसर शिविर से नदारत हैं। लिओन और साशा को अपनी योजना को कार्य रूप में परिणत करने का यह सही वक़्त लगता है। 14 अक्टूबर 1943 का दिन उनकी योजना का सुनहरा दिन था। वे एक–एक कर एसएस ऑफ़िसर को बहाने से समूह से अलग ले जाते हैं और चाकू, कुल्हाड़ी, से समाप्त कर डालते हैं। इस तरह ये लोग 11 ऑफ़िसर को ख़त्म करने में कामयाब हो जाते हैं। सारे समय दर्शक साँस रोके, बुत बना बैठा रहता है। क्या मुक्ति इतनी आसानी से मिलती है? ग्यारह ऑफ़िसर मारे जा चुके हैं लेकिन एक अन्य ऑफ़िसर कार्ल फ़्रेंजेल को जब ये मारने के इरादे से ले जा रहे थे उसे अपने साथी की लाश दीख जाती है उसके कान खड़े हो जाते हैं और वह इनके इरादों को भाँप कर अलार्म बजा देता है। बस फिर क्या था। दर्शक की ऊपर की साँस ऊपर और नीचे की नीचे रह जाती है। लेकिन तब तक...आगे का रोमहर्षक दृश्य खुद देखें। सारे समय स्वतन्त्रता की इस पागल, मर्मान्तक दौड़ का साथ देता है जॉर्जस डेलेरु का संगीत।

मैं पहली और दूसरी बार भी फ़िल्म की कुछ त्रुटियाँ देखने से चूक गयी। फिर एक समीक्षा में पढ़ने के बाद तीसरी बार फ़िल्म देखी। वैसे इसको नज़रअन्दाज़ किया जा सकता है। त्रुटि है कि जब भागने के दौरान गार्ड्स की गोलियों का निशाना बनकर क़ैदी मरे पड़े हैं तो उनमें से कुछ लाश होते हुए भी साँस ले रहे थे। दूसरी गलती भी ऐसी ही है। क़ैदी भागने के लिए जब काँटेदार तार काट रहे हैं तो उन पर काटने के निशान पहले से बने हुए हैं।

600 यहूदी क़ैदी अपनी और दूसरों की जान की परवाह न करते हुए काँटेदार ऊँची बाढ़ को पार करने का प्रयास करते हैं। यूक्रेनियन गार्ड्स मशीनगन के मुँह खोल देते हैं। इस जीवन–मरण के बीच आधे मतलब 300 यहूदी क़ैदी क़ैद से निकल भाग कर जंगल की शरण में पहुँच जाते हैं। खोजी दल इन तीन–सौ में से 60–70 को पकड़ने और समाप्त करने में कामयाब हो जाते हैं। इसके बाद एसएस प्रमुख हेनरिक

हिमलर सोबीबोर के मत्यु शिविर को नष्ट कर डालने का हुक्म देता है और बुलडोजर से इमारतों को जमींदोज़ करके वहाँ की पहचान छिपाने के लिए पेड़ रोप दिये जाते हैं। दर्शक यह सारी जानकारी वॉइज ओवर के द्वारा फ़िल्म की समाप्ति की ओर पाता है। इनमें से क़रीब 50 लोग 1945 में युद्ध की समाप्ति तक बच रहे। साशा ने वापस सोवियत सेना की राह पकड़ी और रेड आर्मी का अंग बना। लिओन फ़ेडहैंडलर युद्ध के बाद एण्टी–सेमिटिक दंगों के बीच मारा गया।

होलोकास्ट पर बनी इस फ़िल्म 'स्केप फ़्रॉम सोबीबोर' को अवश्य देखें और इसकी अन्तिम पंक्ति पर गौर करें। पंक्ति है, "...अगर हम भगवान को माफ़ कर सकते..."

'डिफ़ायंस' : नाज़ियों को चुनौती

अक्सर कहा जाता है कि होलोकास्ट के समय यहूदियों ने प्रतिकार नहीं किया। लोग कहते थे कि यहूदी लड़ना नहीं जानते हैं। कहते हैं कि वे शान्तिप्रिय प्रजाति के लोग हैं। कहते कि उन्होंने बिना प्रतिरोध के नाज़ियों के सामने समर्पण कर दिया। वरना ऐसा कैसे सम्भव था कि कुछ नाज़ी पूरी यहूदी कौम को समाप्त करने की मुहिम चलाते। वास्तविकता है कि थोड़े–से यहूदियों ने नाज़ियों का विरोध किया। हाँ, वे नाज़ियों की भाँति संगठित न थे, न ही उतने षड्यन्त्रकारी थे। नाज़ियों ने योजना बना कर धोखे से घेर कर यहूदियों को शिकंजे में कसा। छल–कपट से उन्हें घेरा और अपनी कुटिल रणनीति के तहत उन्हें समाप्त करने का काम किया। असल कारण आर्थिक था। यहूदियों की अपनी मेहनत–लगन से पायी समृद्धि लोगों की आँख में खटक रही थी। सदियों से उन्हें घृणा की दृष्टि से देखा जा रहा था (आज भी स्थिति बहुत बदली नहीं है)। हिटलर ने इस पूरी जाति को ख़त्म करने का बीड़ा उठाया और वह इसमें काफ़ी हद तक सफल रहा। लाखों–लाख यहूदी भट्ठी में जल कर चिमनी से धुआँ बन कर समाप्त हो गये। लेकिन यहूदी चुप नहीं थे। वहाँ भी गर्म ख़ून था जिसने इस भयंकर चुनौती का सामना किया। आसान नहीं था यह काम क्योंकि सत्ता और शक्ति जर्मनों के हाथ में थी, शक्ति दुष्टता के पक्ष में खड़ी थी। दुनिया उनका साथ दे रही थी। यूरोप के प्रायः सब देश चुन–चुनकर अपने यहूदी नाज़ियों को सौंप रहे थे। यह सब हो रहा था ईसाई धर्माबलम्बियों के द्वारा। ईसाई धर्म जो दया की बात करता है, जो क्षमा करने पर आधारित है। जिसके मसीहा ने अपने हत्यारों तक को माफ़ कर दिया था। इन्हीं ईसाइयों द्वारा यहूदियों को यातना शिविर में डाल कर अमानवीय यातनाएँ दी गयीं, इन्हीं ईसाइयों ने अपने–अपने देश से चुन–चुन कर यहूदियों को निकाल बाहर किया। अब साक्ष्य बाहर

आ चुके हैं कि किस तरह इंग्लैण्ड और अमेरिका को शुरू से सारी बातें ज्ञात थीं मगर वे आँख मूँदे रहे। बाद में मसीहाई संज्ञा के तहत बचे–खुचे यहूदियों का उद्धार करने का ढोंग किया।

सो यह कहना ठीक नहीं है कि यहूदियों ने चुपचाप समर्पण कर दिया। कुछ यहूदियों ने तरह–तरह से प्रतिरोध किया। जिन यहूदियों ने नाज़ियों को ललकारा, उन्हीं को ले कर नेचामा टेक ने एक किताब लिखी है। किताब का नाम है, 'डिफ़ायंस : द बिलेस्की पार्टीशन्स'। 1993 की इसी किताब को आधार बना कर एडवर्ड स्वाइग ने 2009 में 'डिफ़ायंस' फ़िल्म बनायी है। इसमें डैनियल क्रैग ने मुख्य भूमिका की है। वह एक साथ संगठनकर्ता, योजना बनाने वाला, आदेश देने वाला, और न्याय करने वाला के रूप में बेहतरीन अभिनय करता है। खुद अनुशासन में रहता है और दूसरों को अनुशासन में रखता है। जंगल में रहते हुए नाज़ियों को चुनौती देता यहूदियों का एक संगठन किसी तरह यातना कैम्प जाने से बचा रहता है। इस साल बेलारूस की स्वेतलाना को नोबेल पुरस्कार मिला तो लोगों को इस देश के बारे में जानकारी हुई। इसी बेलारूस के जंगल में 'डिफ़ायंस' की कहानी घटित होती है। उस समय यह सोवियत रूस का अंग था।

फ़िल्म में टुविआ बिलेस्की और ज़ुस बिलेस्की दो भाई, अन्य दो भाइयों–एसिल बिलेस्की (जेमी बेल) तथा अरोन बिलेस्की (जॉर्ज मैके)–से जंगल में मिलते हैं। अरोन अभी बच्चा ही है। इनके माता–पिता को स्थानीय अधिकारियों ने मार डाला है, अधिकारियों ने ऐसा जर्मन आक्रमणकारियों के सहयोग के लिए किया है। टुविआ बिलेस्की जैसे लोगों का जीवन इतिहास के कारण कलंकित है। ये लोग चोरी, तस्करी और लूट के लिए बदनाम रहे हैं। जैसे हमारे देश में उत्तर भारत में ठगों और लुटेरों के नाम पर विद्रोहियों को बदनाम किया जाता रहा है, ठीक वैसे ही। भारत में इन लोगों ने अपने तरीक़े से ब्रिटिश शासन से लोहा लिया था और ब्रिटिश लोगों ने इनके ख़िलाफ़ तरह–तरह के कानून बना कर इन्हें तबाह किया और जो सिलसिला आज भी जारी है। कुछ उसी तर्ज पर बेलारूस के ये लोग केवल और केवल बुरे लोगों के रूप में ही प्रचारित किये गये। इन लोगों की नाज़ियों से मुठभेड़ की यह बात शायद ही कभी बताई जाती है। मगर फ़िल्म 'डिफ़ायंस' इस बात को दिखाती है और विस्तार से दिखाती है।

ये सामान्य लोग थे। लेकिन परिस्थितियों की चुनौती को स्वीकार कर

सामान्य से ऊपर उठ कर हीरो बन गये। इन्होंने साहस दिखाया, खुद के साथ–साथ औरों के जीवन की रक्षा की और नायक बन गये। बिलेस्की जैसे लोगों के बारे में कहा जाता है कि ये अपनी वोदका पकड़ना जानते हैं और जानते हैं कि कैसे शूट किया जाता है, ये अपराधी हैं और जानते हैं कैसे चोरी करनी है, कैसे घने जंगल में घुसना है और बिना निशान छोड़े जंगल से पार हो जाना है। बचपन से जंगल में पले–बढ़े होने के कारण ये जंगल के चप्पे–चप्पे से परिचित हैं यह इनके लिए लाभदायक है। बिलेस्की जंगल में रहते हुए न केवल खुद को नाज़ियों से बचाते हैं बल्कि तमाम अन्य यहूदियों को भी अपने संरक्षण में सुरक्षित रखते हैं। यह 1941 का काल है जब टुविआ अपने घोड़े पर सवार बहुत सारे नये यहूदियों को अभयदान देता है। ये यहूदी आसपास के कई गाँव–शहर से आये हैं। ये जर्मन सेना के अत्याचार से बचकर, भागकर यहाँ पहुँचे हैं। बेलारूस के यहूदियों की कठिनाई कई गुणा है, एक ओर वे पोल और जर्मन लोगों द्वारा सताये जा रहे हैं, दूसरी ओर रूसी लोग भी उन्हें नापसन्द करते हैं।

नवागन्तुकों और पहले से उसके साथ रह रहे लोगों को सम्बोधित करता हुआ टुविआ वहाँ रहने के नियम बताता है। अन्य बातों के साथ–साथ वह यह भी कहता है कि यहाँ कोई स्त्री गर्भवती नहीं होगी, क्योंकि हम बच्चों को नहीं रख सकते हैं। अजीब बात है वह प्रकृति के ख़िलाफ़ नियम का ऐलान कर रहा है। टुविआ दो प्रमुख बातें भूल जाता है एक, जन्म–मरण मनुष्य के हाथ में नहीं है, दूसरा यदि बच्चे नहीं होंगे, अगली पीढ़ी नहीं होगी तो उसका आन्दोलन आगे कैसे बढ़ेगा? विरासत का क्या होगा? नस्ल की सततता कैसे जारी रहेगी? वैसे वह जिस शान्त टोन और आधिकारिक लहजे में यह आदेश देता है वह क़ाबिले तारीफ़ है। उसके आत्मविश्वास से चकित हो कर एक बच्चा अपनी माँ से पूछता है, "क्या यह यहूदी है?" टुविआ के रूप में डैनियल क्रेग ने यह भूमिका इतनी कुशलता से निभाई है, लगता है वह इसी के लिए बना है। उसके संरक्षण में ये लोग स्वतन्त्र भी हैं और सुरक्षित भी। आगे चलकर फ़िल्म दिखाती है कि स्त्रियाँ गर्भवती भी होती हैं और बच्चे भी जन्मते हैं। टुविआ को अपने आदेश की व्यर्थता का भान भी होता है।

फ़िल्म 'डिफ़ायंस' प्रारम्भ में बता देती है कि यह सत्य घटना पर आधारित है। हालाँकि कुछ स्थानों पर फ़िल्म फ़िल्मी हो जाती है। फिर भी

यह होलोकास्ट पर बनी फ़िल्म में इसलिए ख़ास है क्योंकि यह होलोकास्ट की प्रचलित धारणा (यहूदियों ने प्रतिरोध नहीं किया) का खण्डन करती है। एक रूसी ऑफ़िसर टुविआ और उसके छोटे भाई ज़ुस से मिलने पर कहता है कि यहूदी लड़ते नहीं हैं। जिसके उत्तर में उसे कहा जाता है कि ये यहूदी लड़ते हैं। फ़िल्म में ज़ुस (लीएव श्राइवर) का गुस्सा देखते बनता है। कहा जाता है कि जायज गुस्सा पालना चाहिए। गुस्सा पालना चाहिए ताकि अन्याय के ख़िलाफ़ इसका प्रयोग किया जा सके। इसी गुस्से का नतीजा है कि ये लोग युद्ध और होलोकास्ट से सैकड़ों लोगों का जीवन बचा सके। ज़ुस इनमें से बहुत सारे लोगों को बेकार के आदमी मानता था क्योंकि वे कपड़ों की तरह हैं, कुछ भी करने में असमर्थ। ज़ुस का मानना है कि इन्हें बचाने से ज़्यादा ज़रूरी है जर्मन सेना को समाप्त करना तब ये लोग अपने आप ही बच जाएँगे। मगर बड़ा भाई इसके पक्ष में नहीं है वह यहूदियों को बचाना अपना फ़र्ज़ मानता है। यह सही है कि इनमें से अधिकांश लोग केवल खाने और सोने में रुचि रखते हैं, कोई काम करना इन्हें गँवारा नहीं है। ये लोग सक्रिय नहीं हैं फिर भी इन्हें बचाया जाना ज़रूरी है। इन्हें बचाया जाना आवश्यक है क्योंकि ये मनुष्य हैं। इन्हें दिशा–निर्देश की ज़रूरत है। ये नेता बनने के योग्य न हों लेकिन इनमें नेता का अनुगमन करने का गुण है। इसी कारण जब टुविआ इन्हें पानी और दलदल में चलने के लिए कहता है तो वे उसकी आज्ञा का पालन करते हैं। बीमारी, कठिनाइयों को झेलते हुए इस भयंकर बाधा को पार करते हैं। फ़िल्म का यह विशिष्ट और लम्बा दृश्य मोसेस की याद दिलाता है। मिथक के अनुसार मोसेस अपने लोगों को पानी के रास्ते निकाल कर सुरक्षित स्थान पर ले गये थे। टुविआ अपने लोगों के लिए यही करता है।

जंगल में यहूदियों के बचे रहने की यह कहानी बहुत अच्छी तरह कही गयी है और अभिनय इसे एक ऊँचाई पर ले जाता है। जीवन की अस्थिरता और परेशानियों के बीच भी नायक और उसका भाई अपने मूल्यों पर कायम रहते हैं। एक अन्य होलोकास्ट फ़िल्म देखी थी जिसमें यहूदी जो हो रहा है उसे होने देते हैं और सारे समय पात्र कहते रहते हैं कि ईश्वर उनके साथ है, वह जो भी करेगा अच्छा ही करेगा। इस फ़िल्म को देखने के बाद इस पर लिखने का मेरा मन न किया। वैसे भी यह फ़िल्म 'द हाइडिंग प्लेस' चर्च के प्रोपैगण्डा का हिस्सा है। लेकिन इस कहानी 'डिफ़ायंस' में ऐसी निष्क्रियता नहीं है। ये लोग जीवित रहने के लिए प्रयास और संघर्ष करते

हैं। अपने साहस के बल पर खुद भी जीवित रहते हैं और 1200 लोगों को भी युद्ध के अन्त तक बचाये रहने में सफल रहते हैं। ये न तो ईश्वर के भरोसे हाथ–पर–हाथ धरे बैठे रहते हैं, न ही समय के बदलने का इन्तज़ार करते हैं। इन्हीं बचे हुए लोगों में से एक की अगली पीढ़ी के एक व्यक्ति ने इस फ़िल्म को देखकर टिप्पणी की है कि 'डिफ़ायंस' बचे रहने की सत्य–कथा है और द्वितीय विश्व युद्ध के सबसे बड़े यहूदी प्रतिरोध की कहानी है। हालाँकि बिलेस्की भाई त्रुटिरहित नहीं थे उन्होंने वही किया जो बचे रहने और दूसरों को बचाने के लिए ज़रूरी था। उन्होंने खुद को कभी हीरो नहीं सोचा। बहुत सारे यहूदियों ने इन लोगों के साथ जाना उचित न समझा और नतीजन वे मारे गये। लोग प्रतिरोध कर सकते थे लेकिन सब के पास साहस नहीं होता है। यह टिप्पणीकार कहता है कि मुझे गर्व है कि मैं इस साहसी समूह का हिस्सा हूँ। वह इस कहानी को ऑथेंटिक बताता है।

फ़िल्म का एक महत्त्वपूर्ण तत्त्व होता है पात्रों की पोशाक। पोशाक पात्र के व्यक्तित्व और कहानी के समय को निर्धारित करती है। इस फ़िल्म की एक अन्य विशेषता है इसके पात्रों की पोशाक। टुविआ चमड़े की भूरे रंग की जैकेट पहनता है जिसके कारण वह नायक नज़र आता है। एक उम्रदराज स्कूल टीचर फ़ेडोरा और स्कार्फ़ पहने आता है। उसकी तराशी हुई दाढ़ी और लगातार चलने वाले खाँसी के ठनके उसकी पहचान हैं। टीचर आइजक मैलबिन (मार्क फ़ियोरस्टेन) है सो निरन्तर तालमुड (यहूदी धार्मिक पुस्तक) से उद्धरण देता चलता है। एक बुद्धिजीवी भी है, शिमोन हरेट्ज़ (एलान कोर्डुनेर) गोल फ़्रेम का मोटा चश्मा लगाये, जिसे हथौड़ा चलाना नहीं आता है। इससे जुस पूछता है कि वह क्या करता था? उसका उत्तर है, कह सकते हो कि मैं एक इण्टेलैक्चुअल हूँ। हँसी उड़ाता हुआ फ़ायरब्राण्ड जुस (लीएव श्राइबर) कहता है कि क्या यह जॉब है? मेरा मानना है कि समाज में ऐसे लोगों की भी महत्त्वपूर्ण भूमिका होती है। स्कूल टीचर और बुद्धिजीवियों की समाज को ज़रूरत है क्योंकि ये नैतिक निर्देशन करते हैं, राजनीति को सही रास्ते पर रखने का प्रयास करते हैं। फ़िल्म में बाद में आइजक शारीरिक श्रम करता है और फ़िलॉसोफ़िकल बातें भी करता है। वह कम्यूनिटी की आवश्यकता पर बल देता है।

फ़िल्म केवल बचे रहने और नाज़ी प्रतिरोध की ही बात नहीं करती है बल्कि मानवता पर बल देती है। सारे समय नायक उन लोगों की सहायता कर रहा है जो न तो उसके परिवार के सदस्य हैं और न ही उसकी तरह

योद्धा हैं। लेकिन मानवता के नाते वह निःस्वार्थ भाव से उनकी सुरक्षा करता है। ज्यों–ज्यों यहूदियों को उसके बारे में पता चलता है वे उसके पास आते जाते हैं और इस तरह जंगल में एक बड़ा कुनबा बन जाता है। इस कुनबे में कोई किसान है, कोई कलाकार तो कोई मज़दूर। यह कुनबा खाना बनाना, कपड़े धोना, रोगियों की देखभाल करना, रहने के लिए लकड़ी की संरचना तैयार करना, ज़रूरत पड़ने पर चोरी करना, आदि तरह–तरह के काम करता है। जब इतने लोग संग हैं तो तकरार भी होती है, लड़ाई भी होती है और प्यार–प्रेम भी होता है। और तो और शादी भी होती है। टुविआ के छोटे भाई एसिल की शादी होती है। बाकायदा रबाई के द्वारा पूरे रीति–रिवाज के साथ शादी होती है। बाहर आसमान से बर्फ़ गिर रही है और शादी के बाद नाचना–गाना भी होता है। फ़िडेल के सुर–ताल–लय पर एक ओर नाच–गान चल रहा है और दूसरी ओर रूसी गुरिल्ला सेना की सहायता से जर्मनों के साथ युद्ध भी हो रहा है, जिसमें जुस का योगदान भी है। जब दुल्हा अपनी शराब का काँच का गिलास रिवाज के अनुसार अपने पैर से तोड़ता है, ठीक उसी समय जुस दुश्मन जर्मन सेना! पर आक्रमण करता है। एडिटिंग के द्वारा कैमरा बार–बार कट हो कर ये दोनों विपरीत सीन दिखाता चलता है। दर्शक दो भिन्न संवेदनाओं का अनुभव करता है।

रूसी लोगों का साथ देना इन लोगों की मजबूरी है। जुस इनका साथ देने चला गया है। वह रूसी गुरिल्लाओं के साथ बराबरी में लड़ता है मगर वे उसे फिर भी इज़्ज़त नहीं देते हैं। कुछ दिनों के बाद जैसा कि दर्शक अपेक्षा कर रहा था जुस वापस अपने लोगों में लौट आता है। फ़िल्म है, तो उसमें प्यार–प्रेम आना ही है। इस फ़िल्म में भी ख़ूबसूरत लड़कियाँ–स्त्रियाँ हैं। तीन ख़ासतौर पर दीखती हैं। उनकी बड़ी–बड़ी आँखें इन भाइयों पर गड़ी हुई हैं। ये हैं भी जानी–मानी अभिनेत्रियाँ। टुविआ के पल्ले आती है लिल्का (एलेक्सा डावालोस), जुस को मिलती है बेला (इबेन हजेल) और छाया (मिआ वासिकोवास्का) एसिल को मिलती है। ''तुमने मेरा जीवन बचाया।'' लिल्का टुविआ से कहती है। टुविआ कहता है, ''नहीं, तुमने मेरा जीवन बचाया।'' दोनों का लव मेकिंग सीन रोंयेदार कम्बल में लिपटा है और सूर्य की सुनहरी रोशनी उन्हें नहला रही है। यह प्रेम के लिए कोमलता और ऊष्मा भरी परफ़ेक्ट सेटिंग है।

निर्देशक एडवर्ड स्वाइग ने 'ग्लोरी', 'द सीज', 'ब्लड डायमण्ड', 'द

लास्ट समुराई' जैसी कई यादगार फ़िल्में बनायी हैं। लेकिन उनकी यह फ़िल्म 'डिफ़ायंस' इन सबसे हट कर है। भयंकर खून–ख़राबा, हत्या से भरपूर सवा दो घण्टे से कुछ ऊपर चलने वाली इस फ़िल्म का लेखन स्वयं निर्देशक एडवर्ड स्वाइग ने क्लेटोन फ्रीहमैन के साथ मिल कर किया है। उन्होंने टुविआ के रूप में क्रैग से बेहतरीन अभिनय करवाया है, इसी तरह ज़ुस के रूप में लीएव श्राइवर से भी उम्दा काम करवाया है। ज़ुस का गुस्सा और भाई से विचार–भिन्नता देखते ही बनती है। टुविआ सिद्धान्तों की बात करता है, तो ज़ुस एक्शन में विश्वास करता है। इसीलिए वह रूसी गुरिल्लाओं का साथ देने चला जाता है। उसका गुस्सा रूसी गुरिल्लाओं द्वारा किये भेदभाव के समय भी दर्शक को आकर्षित करता है। उसके विचार, उसके आदर्श बड़े भाई से अलग हैं। दोनों भाई मिलकर न्याय, उचित–अनुचित, समाज की आवश्यकता आदि पर अच्छी बहस करते हैं और फ़िल्म को एक दिशा तथा गहराई देते हैं।

विडम्बना देखिए कि जब ये लोग शूटिंग के लिए रिसर्च कर रहे थे तो पता चला कि वर्तमान में बेलारूस में लोगों को इन हीरोज के बारे में कोई जानकारी नहीं है, न ही अब वहाँ कोई यहूदी रहता है। ये इतिहास के गुमनाम, 'अनसंग हीरोज' हैं। एक तरह से देखा जाये तो ये लोग अपना और अपने जैसों का जीवन बचा रहे थे इसी सिलसिले में जर्मन सेना से लड़ते हैं अन्यथा इनका उद्देश्य सीधे–सीधे नाज़ियों से लड़ना न था। लेकिन वे अपने बचाव के लिए लड़ते हैं। लेखिका के अनुसार हिटलर ने जंगल में इनकी खोज में दो बार अपनी सेना भेजी थी और दोनों बार सेना इन्हें खोजने में नाकामयाब रही थी। किताब की लेखिका ने जब पहली बार फ़िल्म देखी तो उसे थोड़ी निराशा हुई क्योंकि किताब में नाज़ियों के टैंक से इन लोगों के लड़ने की बात न थी। बाद में जब उसने कई बार फिर से फ़िल्म देखी तो उसे लगा कि किताब और फ़िल्म दो अलग विधाएँ हैं और फ़िल्म में कई ऐसी बातें दिखाना ज़रूरी हैं जिसकी किताब में आवश्यकता नहीं है और इस समझ के साथ उसे यह फ़िल्म ख़ूब अच्छी लगने लगी। उसने इसकी ख़ूब प्रशंसा की।

कठिनाइयाँ आदमी के आन्तरिक गुणों को उभार देती हैं। जीवन बचाने के लिए इस फ़िल्म में सब मिल कर मेहनत करते हैं। जंगल में बचना कितना कठिन है, ख़ासकर जब सर्दियों का मौसम आ रहा हो, सब कुछ बर्फ़ से ढँक जाने वाला हो। एडवर्डो सेरा की फ़ोटोग्राफ़ी जंगल की

ख़ूबसूरती और भयंकरता को पकड़ने में सफल रही है। साथ ही फ़िल्म के मूड को बनाता जेम्स न्यूटन हॉवर्ड का संगीत और जोशुआ बेल का एकल वायलिन वादन है। शूटिंग लुथियाना के जंगलों में हुई है। लुथियाना बेलारूस के क़रीब है, मात्र 200 किलोमीटर दूर, अतः दोनों की प्रकृति में बहुत समानता है। इससे फ़िल्म में ऑथेंसिटी आयी है।

लोगों के लिए यह समझ पाना बहुत कठिन है कि यहूदियों की वास्तविकता क्या थी। लोग यह नहीं समझ पाते हैं कि यहूदियों के पास बहुत कम विकल्प थे, उनके पास पर्याप्त संसाधन और स्रोत भी नहीं थे। प्रतिरोध दस्ते के एक लीडर ने एक बार टिप्पणी की कि जैसे भेड़ कसाईबाड़े की ओर बिना किसी प्रतिरोध के चलती जाती हैं वैसे ही यहूदी यातना शिविरों की ओर चले गये। बाद में उसे अपनी कही बात पर बड़ा अफ़सोस हुआ। उसकी माँ भी नाज़ी शिविर में समाप्त हुई थीं, खुद उसने अपनी माँ का साथ न दे कर प्रतिरोध दस्ते को चुना था। जिन्होंने प्रतिरोध नहीं किया, लड़े बिना समाप्त हो गये उनका अपमान करने की ज़रूरत नहीं है, वे भी सम्मान के अधिकारी हैं। विशुद्ध भय–दहशत, विशुद्ध क्रोध, विशुद्ध दुःख, विशुद्ध घृणा की अवस्था में मनुष्य कैसी प्रतिक्रिया करेगा कहना कठिन है। फ़िल्म में अच्छे लोगों को अच्छाई की प्रतिमूर्ति न दिखा कर मानवीय कमज़ोरियों से पूर्ण दिखाया गया है। फ़िल्म के हीरो, दोनों भाई बहादुर हैं लेकिन उनमें मानवीय अवगुण भी हैं, वे गलतियाँ भी करते हैं। जैसी स्थितियों का उन्हें सामना करना पड़ा उनकी तो कभी उन्होंने कल्पना भी न की होगी। फिर भी वे अपनी बहादुरी का परिचय देते हैं। वे अक्सर ह्रदय से संचालित होते हैं। इसी कारण टुविआ अपने माता–पिता के हत्यारे पुलिस वाले की निर्मम हत्या करता है। यही कारण है कि ज़ुस अपने भाई टुविआ को कहता है कि आने वालों को उसका संरक्षण देना उन्हें ही नष्ट कर सकता है। लेकिन बाद में वह टुविआ की तरह ही आने वालों को अपनाता है।

निर्देशक एडवर्ड स्वाइग ने एक आलोचना का उत्तर देते हुए कहा है कि यह फ़िल्म सम्मान और भाग्य को ट्रिब्यूट देने के लिए बनायी गयी है। आलोचना में कहा गया था कि फ़िल्म अन्ततः यहूदियों की निष्क्रियता का पोषण करती है। निर्देशक का कहना है कि यदि आप बच नहीं सके तो यह आपके सम्मान में नकारात्मक फ़ैसला नहीं है। यह सत्य है कि फ़िल्म यह सन्देश देती है कि यदि नाज़ी अधिकृत यूरोप के यहूदी इन यहूदियों

की भाँति साहसी होते तो बच सकते थे। यह सत्य है कि सब लोग साहसी नहीं होते हैं और यह कोई असम्मान की बात नहीं है। और यह भी सत्य है कि अधिकांश यहूदियों को नाज़ियों ने कुटिलता से गिरफ़्तार किया और नष्ट किया था।

अब इस फ़िल्म का डीवीडी तथा ब्लू–रे संस्करण भी उपलब्ध है। ब्लू–रे संस्करण में रिवाज के अनुसार निर्देशक एडवर्ड स्वाइग द्वारा दी गयी फ़िल्म पर एक कमेण्ट्री और फ़िल्म निर्माण से सम्बन्धित चार फ़ीचर भी हैं। यह विचित्र है भी और नहीं भी कि बेलारूस के फ़िल्म आलोचकों ने फ़िल्म में कमियाँ निकालीं। उनके अनुसार फ़िल्म की सबसे बड़ी कमी है इसमें बेलारूसियन भाषा का अभाव। दूसरी त्रुटि है सोवियत गुरिल्लाओं द्वारा बेलारूसियन लोकगीत गाना, जबकि कायदे से उन्हें सोवियत लोकगीत गाना चाहिए। 'बेलारूस' शब्द भी पूरी फ़िल्म में केवल तीन बार आया है। कुछ लोगों को शिकायत है कि बिलेस्की गुरिल्लाओं ने स्थानीय लोगों पर जो अत्याचार किया फ़िल्म में उसे नहीं दिखाया गया है। अब सोचने वाली बात यह है कि फ़िल्म इन गोरिल्लाओं को हीरो दिखा रही है तो फ़िल्म में उनके द्वारा किया गया अत्याचार दिखाना कितना सम्भव है और कितना उचित। यह भी सही है कि फ़िल्म सत्य घटना पर आधारित है लेकिन यह नहीं भूलना चाहिए कि सत्य घटना पर आधारित होते हुए भी यह यथार्थवादी फ़िल्म नहीं है। अफ़वाह यह भी थी कि पोलैण्ड में इस फ़िल्म को ले कर हंगामा हुआ और इसका विरोध हुआ लेकिन पोलिश एम्बेसी के अनुसार यह सत्य नहीं है। उनके अनुसार 'डिफ़ायंस' पोलैण्ड में प्रतिबन्धित नहीं की गयी। और यह भी सत्य है कि सबको ख़ुश करना न तो सम्भव है और न ही आवश्यक।

चूँकि फ़िल्म सत्य घटना पर आधारित है अतः यह जानना आवश्यक है कि ये लोग युद्ध के दौरान दो साल तक छिपकर भूख–प्यास, भयंकर ठण्ड, बीमारी, कुछ लोगों की बेवफ़ाई, आक्रमण के भय से जूझते रहे। युद्ध समाप्ति पर भाई, टुविआ, जुस तथा एरॉन बच रहे, न्यूयॉर्क जा बसे जहाँ उन्होंने ट्रक ड्राइवर का काम किया और 'न्यूयॉर्क सिटी ट्रक' फ़र्म स्थापित की। काफ़ी समय तक उन्होंने जीवन के अपने इस हिस्से के बारे में किसी से कुछ नहीं कहा। मगर इनके द्वारा बचाये गये लोगों के वंशज आज हज़ारों की संख्या में जीवित हैं। फ़िल्म के परदे पर उन वास्तविक लोगों की तस्वीर दिखाई जाती है जो इस भयंकर युद्ध की छाया में

प्रतिरोध करते हुए छिप कर रहते हुए बच रहे थे। टुविआ पोलिश सेना की यूनिफ़ार्म में नज़र आता है। एसिल ने सोवियत सेना में प्रवेश लिया और मारा गया। वह अपने बच्चे का मुँह न देख सका। जंगल में छिपकर रहते हुए इन लोगों ने अस्पताल, स्कूल, नर्सरी आदि का निर्माण किया था।

फ़िल्म में ख़ूब यादगार संवाद भी हैं जैसे, ''हमें उनकी तरह नहीं होना चाहिए, तब भी जब कि हम उनकी तरह मारने के लिए विवश हैं।'', ''हमारा प्रतिकार जीवित रहने के लिए है।'', ''तुमने मेरी जान बचाई।'', ''नहीं तुमने मेरा जीवन बचाया।'', ''हम यहूदी केवल मरने के लिए हैं।'' हालाँकि वे बिना किसी हिचकिचाहट के जर्मन लोगों की हत्या करते हैं और उनके मुँह पर कोई शिकन नहीं आती है।

जब 'फाइनल सॉल्यूशन' अपने चरम पर था और यहूदी मेमनों की तरह बिना किसी प्रतिरोध के नष्ट हो रहे थे तो ऐसे समय कुछ यहूदियों का प्रतिरोध करने वाली सत्य कहानी को परदे पर देखना सुकून और सन्तोष देता है। सारे यहूदी लाचार और शिकार नहीं थे। यह फ़िल्म मज़बूत लोगों का उत्सव मनाती है। ऐसे मज़बूत लोग जो कमज़ोर लोगों की रक्षा करते हैं और सम्मान के साथ जीना चाहते हैं। इसी कारण इस फ़िल्म को देखा जाना चाहिए। एडवर्ड स्वाइग ने इतिहास और संस्कृति की इस भूल को सुधार कर एक बड़ा काम किया है इसीलिए 'डिफ़ायंस' फ़िल्म होलोकास्ट पर बनने वाली अन्य फ़िल्मों से भिन्न है।

'टिन ड्रम' : यथार्थ का विद्रूप

बहुत सारी फ़िल्में साहित्यिक किताबों पर आधारित होती हैं। कल्पना की उड़ान से भरपूर 'टिन ड्रम' किताब और इसी नाम से बनी फ़िल्म एक पारिवारिक और राजनीतिक त्रासद–कथा है। यह पूरी तरह से जर्मनी के उस अन्धकाल को साकार करती कहानी है जब मानवता शर्मसार हुई थी। हक़ीक़त पर आधारित यह किताब और फ़िल्म पाठक और दर्शक के मन–मस्तिष्क पर काफ़ी समय तक छायी रहती है। होलोकास्ट के समय नाज़ी अधिकारियों के मनोरंजन के लिए बौनों, हिजड़ों तथा समलैंगिक लोगों का उपयोग किया जाता था। यहीं से गुंटर ग्रास ने बौने व्यक्ति को अपनी कथा की विषयवस्तु बनाया है। ज़ाहिर–सी बात है यह कुछ लोगों को नागवार लगा। इस कारण भी इस किताब को प्रतिबन्धित करने की माँग उठी थी। गुंटर ग्रास पर अश्लीलता का इल्जाम भी लगाया गया था। मगर साहित्य के लिए नोबेल सम्मान से पुरस्कृत गुंटर ग्रास इन बातों से विचलित होने वाले व्यक्ति नहीं थे।

1959 में प्रकाशित इस किताब का मूल जर्मन–शीर्षक 'डी ब्लेख्ट्रोमेल' है, लेकिन इसे इसके अंग्रेज़ी नाम 'दि टिन ड्रम' ('टीन का ढोल') से ही साहित्य–जगत में जाना जाता है। विश्व की अनेक भाषाओं में इसका अनुवाद उपलब्ध है। गुंटर ग्रास के 'टिन ड्रम' पर 1979 में निर्देशक वॉल्कर श्लोंडोदोर्फ़ ने इसी नाम से फ़िल्म बनायी। इसके पहले श्लोंडोदोर्फ़ 'यंग टोएर्लेस', 'ए डिग्री ऑफ़ मर्डर', 'मिखाइल कोल्हस', 'दि लॉस्ट ऑनर ऑफ़ कैटरीना ब्लूम' तथा 'कू द ग्रास' जैसी प्रसिद्ध साहित्यिक पुस्तकों पर आधारित फिल्में बना कर प्रसिद्धि प्राप्त कर चुके थे।

'द टिन ड्रम' फ़िल्म में डेविश बेनेट, मारिया एडोर्फ़, एंजला विंकलर तथा डैनियल ऑल्ब्रा ने भूमिकाएँ निभायी। इस फ़िल्म को उस साल का सर्वोत्तम फ़िल्म का अकादेमी पुरस्कार भी मिला। जर्मन भाषा में बनी यह

फ़िल्म इंग्लिश सबटाइटल्स के साथ उपलब्ध है। अनोखी, बेचैन करने वाली यह फ़िल्म एक दुःस्वप्न की भाँति है। इसके दृश्य स्तम्भित और हॉन्ट करते हैं। फ़िल्म की कहानी सीधे–सीधे किताब से उठाई गयी है। लेकिन कुछ हिस्से ही लिए गये हैं पूरी किताब पर फ़िल्म नहीं बनी है।

'टिन ड्रम' उपन्यास–किताब के साथ हमारा एक निजी मजेदार वाक़या जुड़ा हुआ है। हमने यह किताब 'टिन ड्रम' पुरानी किताबों की दुकान से ख़रीदी थी। तब तक गुंटर ग्रास को नोबेल नहीं मिला था। फिर इसे पढ़ने के लिए हमारे एक परिचित–मित्र ले गये। वे अपने साथ इसे कलकत्ता (उस समय इस शहर का यही नाम था) ले गये। शायद पढ़कर उन्होंने इसे किसी के हाथ से जमशेदपुर वापस भेज दिया। पर किताब हम तक न पहुँची और वे सज्जन गुज़र गये। इसी बीच में गुंटर ग्रास को साहित्य का नोबेल पुरस्कार मिल गया। ज़ाहिर–सी बात है उनकी किताबों का महत्त्व बढ़ गया। एक दिन हम फिर पुरानी किताबों की ख़ुशबू से खिंचे पुरानी किताबों की दुकान पर पहुँच गये। और लो! वहाँ हमें मिली गुंटर ग्रास की प्रसिद्ध किताब 'टिन ड्रम'। इसमें कौन–सी आश्चर्य की बात है? आश्चर्य की बात यह थी कि यह वही हमारी प्रति थी जो कलकत्ता घूम कर लौटी थी। इस बार दुकानदार के अनुसार एक महत्त्वपूर्ण किताब थी। मतलब एक महँगी किताब थी। वह दाम कम करने को तैयार न हो और हमें यह लेनी ही थी। हार कर हम अपनी ही किताब दोबारा ज़्यादा दाम दे कर ख़रीद लाये। फिर भी हम ख़ुश थे। इस तरह हमारा 'टिन ड्रम' एक बार फिर से हमारे पास पहुँचा और अब यह हमारी अलमारी की शोभा बढ़ा रहा है। इस लेख के लिए इसे फिर से उलटने–पुलटने का काम हुआ है।

किताब की तरह ही फ़िल्म का समय भी 1925–55 का रखा गया है। इसका नायक ऑस्कर मत्जरेथ अपनी मर्ज़ी से तीन फुट के बाद बढ़ने से इनकार कर देता है और उम्र में तीस वर्ष का होने पर भी बौना बना रहता है। हालाँकि शुरू से उसके पास एक वयस्क दिमाग़ है। ऑस्कर गुंटर ग्रास के शहर डेन्जिग के पागलखाने में बन्द है। उसे बचपन में उसके जन्मदिन पर उसकी माँ ने एक ड्रम ख़रीद कर उपहार दिया था। आज भी वह टिन ड्रम उसके गले में लटक रहा है। अपने इसी ढोल के सहारे वह बाहरी दुनिया से सम्पर्क साधता है। उसने नाज़ी क्रूरता देखी है, उसके चारों ओर भ्रष्टाचार, दुष्टता, बेईमानी का साम्राज्य है। वह इस दुनिया से दूर रह कर इसे समझने का प्रयास करता है और जब–तब इस पर

अपने बयान में इसका विश्लेषण करता रहता है। मनोविज्ञान कहता है कि लोग दुःखद, भयावह बातों को याद नहीं करना चाहते हैं मगर मनोविज्ञान को धता बताता हुआ ऑस्कर अपने बचपन की कोई बात नहीं भूला है। उपन्यास की भाँति पूरी फ़िल्म क्रूर हास्य और गहरे अवसाद से ओत–प्रोत है। काफ़ी समय तक दर्शक के लिए इसे भुला पाना कठिन है। फ़िल्म को 1979 के कान्स फ़िल्म फ़ेस्टिवल में पॉम ड'ओर पुरस्कार मिला था और उस साल का सर्वोत्तम विदेशी भाषा की फ़िल्म का एकेडमी पुरस्कार भी मिला था। यह ऑस्कर पुरस्कार पाने वाली जर्मन भाषा की पहली फ़िल्म थी। बॉक्स ऑफ़िस पर भी इस फ़िल्म ने ख़ूब अच्छी कमाई की।

गुंटर ग्रास के लेखन की जड़ें स्पैनिश या मूरिश स्कूल 'पिकैरस्क उपन्यास' की परम्परा से आती हैं। साहित्य की यह विधा अपनी प्रकृति में अक्सर व्यंग्यात्मक होती है। इसका मुख्य पात्र सिनिकल और अ–मोरल होता है। इस विधा में घटनाओं की शृंखला होती है जिसमें प्रमुख पात्र का जीवन क्रमवार वर्णित होता है लेकिन प्लॉट बहुत संगठित नहीं होता है। 'पिकैरस्क' शब्द की उत्पत्ति 'पिकारो' से हुई है जिसका अर्थ है लफ़ंगा अथवा शरारती। पराजय की कॉमिक प्रकृति से पिकारो का अस्तित्व बनता है। पिकारो अपनी ओर से सत्ता के ढाँचे पर प्रहार करता है। जब कि वह जानता है कि उसके प्रहार से सिंहासन को खरोंच भी नहीं आती है, हाँ, कभी–कभी वह थोड़ा–सा डोल जाता है। उसकी पराजय दर्शक–पाठक को हँसाती है। वह हमारे ऊपर एक त्रासद छाया डालता है। यदि हम उसके दृष्टिकोण से देखें तो वह बौनों और दैत्यों को अपने साथ रखता है। 'टिन ड्रम' लिखते समय भी गुंटर ग्रास के मन में साहित्य की एक प्रमुख लेकिन कठिन विधा व्यंग्य है। व्यंग्य में सब जायज़ होता है, इसमें बीभत्स के साथ भी हँसाने का माद्दा होता है। व्यंग्य में निम्न वर्गीय जन के प्रति आत्मीयता, प्रतिबद्धता होती है और इसमें होती है अपने समय–समाज की समस्याओं, विसंगतियों, विडम्बनाओं से जूझने की उत्कट लालसा। इसमें कटु सच कहने का जीवट होता है, साहस होता है। व्यंग्य भाषा की सर्जनात्मक शक्ति है जिसे कोई अनदेखा नहीं कर सकता है। संवेदनाशून्य काल में भी यह चेतना को झकझोरने में सक्षम होती है। गेटे और थॉमस मान के उत्तराधिकारी के रूप में जाने–माने गुंटर ग्रास का उपन्यास 'द टिन ड्रम' जर्मन साहित्य में एक आन्दोलन प्रारम्भ करता है। आत्मकथात्मक शैली में रचा यह उपन्यास द्वितीय विश्व युद्ध के बाद जर्मनी से आने वाला एक सर्वाधिक महत्त्वपूर्ण उपन्यास है।

बात 1925 की है, डेन्ज़िग के ग्रामीण इलाके में कशुबियन परिवार का सबसे छोटा बेटा ऑस्कर है। फ़िल्म में यह किरदार डेविड बेनेंट ने बड़ी कुशलता से निभाया है। तीन साल की उम्र में माँ से मिला चमकता टिन ड्रम तीस साल की उम्र में भी उसके गले में है। तीन फुट का ऑस्कर जब–तब अपनी अभिव्यक्ति के लिए इसे बजाता है। इसे बजा कर वह नाज़ियों की सभा को भंग करता है, अपनी तीखी चीख से वह शीशे चटका देता है। ऑस्कर अराजकतावादी है और जबरन अपने बचपन को ओढ़े हुए है। उसके चारों ओर झूठ, फ़रेब, भ्रष्टाचार, क्रूरता, दमन–शोषण चल रहा है। अपने ख़ास नज़रिए से यह सब देखता हुआ वह अपने ख़ास लहजे में इन पर टिप्पणी करता है। उसके विचार बहुत विलक्षण, अशिष्ट, मुँहफ़ट्ट, अश्लील तथा परपीड़क हैं। कुल मिलाकर वह अवसाद और हास्य की प्रतिमूर्ति है। ऑस्कर हमारे युग की विडम्बनाओं की साकार प्रतिमा है।

युद्ध के अन्त में ऑस्कर पश्चिम जर्मनी भाग जाता है वहाँ वह कालाबाज़ारी करता है, नाइटक्लब में काम करता है, एक कलाकार के लिए मॉडलिंग करता है और इन सबको करते हुए ख़ूब धन जमा करता है। धनी बन कर वह अपना क़द बढ़ाने का निश्चय करता है लेकिन इस फ़ेर में उसका कूबड़ निकल आता है। उसके परिवार के सारे सदस्य मारे जा चुके हैं। अब वह सफल और धनी तथा प्रसिद्ध है लेकिन इस सब के पीछे अपराध भावना है। अपने माता–पिता की मृत्यु एवं अन्य तमाम अपराध भावना के मोचन के लिए वह हत्या न करके भी स्वेच्छा से हत्या की ज़िम्मेदारी उठा कर जेल जाता है।

न्यू जर्मन सिनेमा जिस तरह से नेताओं पर फ़िल्म बनाता है यह फ़िल्म वैसी निजी फ़िल्म नहीं है। यह गाथा फ़िल्म फ़ेलिनी की शैली में भ्रष्ट दुनिया के प्रति विद्रोह है। इस फ़िल्म के विषय में बहुत कुछ कहा जा सकता है, कहा गया है। लेकिन एक बार देखना शुरू करके आप इसे ख़त्म किये बिना बीच में नहीं छोड़ सकते हैं। इसका कथानक दिखावटी, आडम्बरपूर्ण और महत्वाकांक्षी है लेकिन यह कोई समस्या नहीं है। शरीर से बौना होते हुए भी ऑस्कर आत्म–केन्द्रित और मानसिक रूप से प्रौढ़ है। अगर फ़िल्म को पूरी तरह समझना है तो फ़िल्म देखते समय जर्मनी का इतिहास मन में रखना होगा। उस क्रूर समय पर और कैसी फ़िल्म बनायी जा सकती है। फ़िल्म दुःखद है जिसमें हास्य का पुट है। फ़िल्म की शुरुआत फ़िल्म का मूड सेट कर देती है। ऑस्कर की माँ एग्नेस (एंजेला विंकलर) आलू के

खेत में है। ऑस्कर की दादी एक भागते जलते पुलिस वाले को अपने बड़े से घेरदार स्कर्ट में शरण देती है और पुलिस वाला इस मौक़े का फ़ायदा उठाता है। उससे छेड़छाड़ करता है। मनुष्य प्रकृति की दुष्टता फ़िल्म का टोन स्थापित कर देती है। यहाँ अच्छाई की कोई गुंज़ाइश नहीं है। यह फ़िल्म आज की दुनिया के मद्देनज़र पहले की अपेक्षा अधिक अर्थपूर्ण है।

ऑस्कर की माँ एग्नेस का अपने कजिन जैन ब्रोन्स्की (डैनियल ओल्ब्राइस्की) से अफ़ेयर है लेकिन वह शादी करती है एल्फ़्रेड मत्जरेथ (मारिओ एडोर्फ़) से। ऑस्कर वास्तव में जैन का बेटा है। एल्फ़्रेड को खाना बनाने का शौक़ है और वह जर्मन यहूदी दुकानदार है जबकि जैन एक ख़ूबसूरत युवा पोलिश है। वह ऑस्कर का दोस्त है। ऑस्कर सब देखता है, जन्म से उसका मस्तिष्क वयस्क का है। सीढ़ियों से गिर कर वह अपने बौने रहने को न्यायोचित ठहराता है। चिड़चिड़ी प्रवृत्ति का व्यभिचारी ऑस्कर इतना दुष्ट है कि अपनी नैनी को रास्पुतिन के बारे में पोर्नोग्राफ़िक उपन्यास पढ़ कर सुनाने के लिए ब्लैकमेल करता है और सुनने के बाद कहता है कि उसे गोथे पसन्द है। वैसे इस फ़िल्म के सब पात्र सोचते हैं कि वे सर्वाधिक महत्त्वपूर्ण व्यक्ति हैं जब कि वास्तव में बेतुके और हास्यास्पद हैं। बिना पूर्वधारणा के यदि यह फ़िल्म देखी जाय तो इसके बिम्ब और संकेत बहुत अर्थपूर्ण हैं।

अभिनेता बेनेट शूटिंग के समय 12 साल का था और देखने में बहुत छोटा लगता है। फ़िल्म हमें ऑस्कर की निगाह से दुनिया दिखाती है। गुंटर ग्रास ने स्क्रिप्ट विकसित करने में स्वयं सहायता की है और ऑस्कर स्वयं अपनी कहानी कहता है। प्रथम विश्वयुद्ध के बाद डेज़िंग में जर्मन और पोलिश दोनों रह रहे थे, इसी तरह वहाँ कैथोलिक और प्रोटेस्टेंट दोनों धर्म के लोग भी रह रहे थे। ऑस्कर को दोनों राष्ट्रीयता मिली हैं उसकी नज़रों के सामने डेज़िंग को ले कर लड़ाई चल रही है, लोग दोहरा जीवन जी रहे हैं। उसकी अपनी माँ हर बृहस्पतिवार को विवाहेतर जीवन जीती है। वह अपनी चीख़ से काँच तोड़ कर उसे रोकना चाहता है। असल में पैदा होते ही वह वापस जाना चाहता है मगर कोई उपाय नहीं है क्योंकि उसकी नाल कट चुकी है। अगर आपने उपन्यास पढ़ा हुआ है तो फ़िल्म समझने में आसानी होती है वरना फ़िल्म सिर के ऊपर से गुज़र जाती है। उपन्यास पढ़ने पर यह भी लगता है कि इसे फ़िल्म में ढालना असम्भव नहीं है तो सरल भी नहीं है। 142 मिनट की फ़िल्म में

इस वृहत् उपन्यास को समेटना नहीं हो सकता है। फ़िल्म उपन्यास को पूरा नहीं लेती है। इस कठिन फ़िल्म की फ़ोटोग्राफ़ी के डॉयरेक्टर इगोर लूथर हैं। इसका संगीत मौरिस जारे ने दिया है।

जब उपन्यास प्रकाशित हुआ था तब इस पर ईश–निन्दा एवं पोर्नोग्राफ़िक होने का आरोप लगा था। इसके लिए उपन्यास और गुंटर ग्रास पर केस चला था लेकिन बाद में लोगों की रुचि समय के साथ बदली और इसे एक विशिष्ट उपन्यास का दर्जा तथा गुंटर ग्रास को नोबेल पुरस्कार मिला। अपने समय की कुरूपता को जितनी भलीभाँति यह उपन्यास पकड़ता है ऐसा साहित्य में बहुत कम हुआ है। जब फ़िल्म बनी तो एक बार फिर से हलचल और आलोचना का दौर शुरू हुआ। 2004 में इस फ़िल्म का क्राइटेरिअन संस्करण बाज़ार में आया। इसमें निर्देशक वॉल्कर स्लोंडोर्फ़ की ओर से एक छोटी–सी डॉक्यूमेण्ट्री फ़िल्म जोड़ी गयी है जिसका नाम है, 'बैण्ड इन ओक्लाहोमा'। यह डॉक्यूमेण्ट्री बताती है कि फ़िल्म रिलीज़ होने के 18 साल बाद ओक्लाहोमा शहर में प्रतिबन्धित कर दी गयी थी। कारण था, एक जज रिचर्ड फ़्रीमैन ने इस फ़िल्म के कुछ दृश्यों को बाल यौन शोषण माना। फ़िल्म में एक दृश्य में अभिनेता बेनेट (जो उस समय 12 साल का था) 16 साल के युवा का अभिनय करते हुए एक 16 साल की युवती मारिया (24 साल की कैथरीना टाल्भाख) की नाभि में एक पाउडर डाल कर फ़ेन निकालता है और ओरल सैक्स करता है। 1980 में कनाडा के ओन्टारिओ के सेंसर बोर्ड ने भी इस पर प्रतिबन्ध लगाया था। ख़ूब बहस चली लेकिन अन्त में फ़िल्म को उचित ठहराया गया। इसे न्यायसंगत मान कर निर्दोष कहा गया।

हाल में इसका डीवीडी संस्करण रिलीज़ हुआ है। इस संस्करण में गुंटर ग्रास की आवाज़ में उपन्यास का जर्मन भाषा में छोटा–सा पठन है साथ ही फ़िल्म का वह हिस्सा दिखाया गया है। बाद के डीवीडी संस्करण में प्रतिबन्ध वाली बात को हटा दिया गया है। लेकिन इस संस्करण के साथ रिवाज के अनुसार 16 पेज की सचित्र बुकलेट आती है जिसमें फ़िल्म आलोचक जेफ़री मैक्नेब का लेख और गुंटर ग्रास की उस पर टिप्पणी शामिल है। 'द टिन ड्रम' फ़िल्म की शूटिंग पोलैण्ड, जर्मनी तथा फ्रांस में हुई है। यह फ़िल्म हमारे आज के समाज पर बड़ी महत्त्वपूर्ण टिप्पणी है। इसे अवश्य देखा जाना चाहिए। हिटलर और होलोकास्ट पर ऐसी मारक फ़िल्में कम बनी हैं। इस डिस्टोपियन फ़िल्म को देखकर मन कई दिन तक कसैला रहता है।

'द ग्रे ज़ोन' : जीवन को लम्बा करने का भयावह यथार्थ

बहुत होलोकास्ट साहित्य पढ़ा है, ढेर–सारी होलोकास्ट फ़िल्में देखी हैं। मगर 'द ग्रे ज़ोन' जैसा अब तक न देखा था, न पढ़ा था। क़रीब पौने दो घण्टे की यह फ़िल्म वास्तविकता पर आधारित है। यह जानकारी थी कि यातना शिविरों की वास्तविकता काफ़ी जटिल और भयावह होती थी, लेकिन उसे परदे पर देखना एक भिन्न हिला देने वाला अनुभव है। देखकर बस सन्न रह जाना पड़ता है। मुँह खुला रह जाता है, पलकें झपकना भूल जाती हैं। दर्शक की सारी संवेदनाएँ हिल जाती हैं। निर्देशक टिम ब्लेक नेल्सन ने इस फ़िल्म में दिखाया है कि अमानवीय परिस्थितियों में मृत्यु भी एक राहत है, कहना चाहिए एकमात्र राहत है। और शायद इसीलिए हिटलर के राज में बहुत सारे लोगों ने आत्महत्या कर ली। 2001 में बनी यह फ़िल्म 'द ग्रे ज़ोन' हिटलर के यातना शिविर ऑश्वित्ज–2 की आन्तरिक और यथार्थ तस्वीर दिखाती है। ऑश्वित्ज उसका एक सबसे बड़ा मृत्यु शिविर था। शिविर के सारे गन्दे, जघन्य, कठिन और मेहनत वाले काम जर्मन सैनिक खुद नहीं करते वरन यहूदियों से ही करवाते थे। यहूदी जर्मन कैम्प में अपने ही लोगों पर शासन, दमन–शोषण, अत्याचार, हत्या करते थे बदले में उन्हें कुछ सुविधाएँ मिलती थीं। हालाँकि ये भी क़ैदी ही होते थे, इनका मरना भी तय था। हाँ, उन्हें कुछ और महीनों, क़रीब चार महीनों का जीवन और मिल जाता था। इन्हीं चार महीनों के जीवन के लालच या मोह के एवज़ में ये यहूदी जघन्य कार्य करने को राजी हो जाते थे। शिविर के कामों में जर्मन अधिकारियों की सहायता करने वाले यहूदियों को 'साउण्डरकमाण्डो' कहा जाता था।

फ़िल्म 'द ग्रे ज़ोन' एक बहुत महत्त्वपूर्ण प्रश्न उठाती है, हम अपनी

जान बचाने के लिए किस हद तक नीचे जा सकते हैं? फ़िल्म में उत्तर भी है हम ज़िन्दा रहने के लिए किसी भी हद तक नीचे गिर सकते हैं। कुछ यहूदी चार महीनों की ज़िन्दगी, साफ़–सुथरा बिस्तर, भरपेट अच्छा खाना, दवाई, सिगरेट और शराब के एवज़ में अपने ही लोगों को गैस–चैम्बर में ले जाते हैं, शवों को आग में झोंकते हैं। उन्हें अपना अन्त भी मालूम है मगर जब तक ज़िन्दा रह सकें। रूसी फ़ौज शायद इससे पहले ही आ जाये और वे चार महीने से ज़्यादा आगे भी ज़िन्दा रह सकें। यही आशा उनसे यह जघन्य कार्य करवाती है। एक यहूदी क़ैदी कहता भी है कि जीवित रहने के लिए वह कुछ भी कर सकता है। कहाँ की नैतिकता, कैसी नैतिकता जब जान के लाले पड़े हों। हम–आप, बाहर रहने वाले लोग इन यहूदियों को, इनके निर्णय, इनके कार्य को उचित–अनुचित ठहराने वाले कौन होते हैं? ख़ासकर जब 'द ग्रे ज़ोन' वास्तविक घटना पर आधारित फ़िल्म है। पर क्या सच में नैतिकता समाप्त हो गयी है? फ़िल्म देखकर ही जाना जा सकता है। अक्सर होलोकास्ट पर बनी फ़िल्में भी अपने उपसंहार में कुछ सुकून देने का प्रयास करती हैं, आशा का संकेत देती हैं। लेकिन यह फ़िल्म कहीं राहत नहीं देती है न फ़िल्म देखते हुए और न ही फ़िल्म समाप्त होने के बाद। जीवन को उखाड़ कर, नोच कर गैस–चैम्बर में डाल दिया जाता है, भट्ठी में झोंक दिया जाता है। शैतानी ताकत ने भस्मासुर पैदा किये हैं। ये लोग जानते हैं कि जो काम ये कर रहे हैं, कल उन्हें भी इसी प्रक्रिया का अंग बनना है।

असल में इस ग्राफ़िक फ़िल्म की पटकथा टिम ब्लेक नेल्सन के अपने एक नाटक पर ही आधारित है। साथ ही उन्होंने इसमें मिक्लोस निस्ज़्ली, एक यहूदी डॉक्टर की किताब 'ऑश्वित्ज : ए डॉक्टर्स आईविटनेस एकाउण्ट' का भी काफ़ी हिस्सा लिया है। फ़िल्म का शीर्षक होलोकास्ट से जीवित बचे मनोवैज्ञानिक प्राइमो लिवाई की किताब 'द ड्राउण्ड एण्ड द सेव्ड' के एक अध्याय से लिया गया है। फ़िल्म का यह डॉक्टर मिक्लोस निस्ज़्ली असल में हिटलर के कुख्यात डॉक्टर जोसेफ़ मेन्गेल–जिसे शैतान का अवतार कहा जाता है (फ़िल्म में जोसेफ़ कुछ पलों के लिए आता है यह किरदार हेनरी स्ट्राम ने निभाया है।) –का मातहत था। डॉक्टर जोसेफ़ मेन्गेल ने यातना शिविर में यहूदियों, ख़ासकर बच्चों, जुड़वाँ बच्चों पर जेनिटिक्स रिसर्च के नाम पर बहुत सारे अमानवीय प्रयोग किये थे। वही डॉक्टर मेन्गेल जिसने प्रत्यक्षदर्शियों के अनुसार बच्चों के अंग काटे,

उनकी आँखों का रंग बदलने के लिए आँखों में कैमिकल डाले, जुड़वाँ में से एक को संक्रामक बीमारी की सूई लगाई फिर उसके ख़ून को दूसरे में पहुँचाया और तो और जिसने एक रात में 14 जुड़वाँ बच्चों के दिल में क्लोरोफ़ॉर्म के इंजेक्शन दे कर मार डाला। इसी डॉक्टर की भूमिका 'ब्वॉयज फ्रॉम ब्राज़ील' में ग्रेगरी पैक ने की है। 'द ग्रे ज़ोन' फ़िल्म में मिस्लोस की भूमिका एलान कोर्डुनर ने की है।

ख़ुद निर्देशक टिम ब्लेक नेल्सन ने ही इसका स्क्रीनप्ले भी तैयार किया है। फ़िल्म यातना शिविर के दैनन्दिन के कार्यकलापों को बड़े आराम से दिखाती चलती है। मानो कोई सामान्य कार्य–व्यापार चल रहा हो। रेलगाड़ियों के डिब्बों में जानवरों की तरह ठूँसकर यहूदी लाये जाते हैं। साउण्डरकमाण्डो इन्हें कार्गो कहते हैं। 'आज का कार्गो आ गया?' 'आज बहुत बड़ा कार्गो आया है।' इसी तरह की भाषा का प्रयोग वे करते हैं मानो मनुष्य न हो कोई जिन्स हो। असल में इन क़ैदी यहूदियों को वस्तु से भी बुरी तरह ट्रीट किया जाता है। ट्रेन के शिविर में पहुँचते ही डिब्बा खुलता है, स्वागत के लिए बाहर खड़े रहते हैं, जर्मन सैनिक, भयंकर जर्मन कुत्ते और साउण्डरकमाण्डोज़। लोगों को खींच कर बाहर निकाला जाता है। लाइन लगा कर उन्हें शिविर के भीतर ले जाया जाता है। अरे हाँ, मैं तो बताना ही भूल गयी। जर्मन कितने संगीत प्रिय होते हैं, क़ैदियों के लाइन से कैम्प के भीतर जाते समय क़ैदियों के स्वागत के लिए लगातार बाकायदा ऑर्केस्ट्रा बजता रहता है। ये संगीत बजाने वाले, विभिन्न वाद्ययन्त्र बजाने वाले भी यहूदी क़ैदी ही होते हैं। शुरू का कोलाहल कुत्तों के भौंकने और बन्दूक के साथ आदेश देते जर्मन एसएस के कारण शीघ्र ही अनुशासन के साथ क़तार में लग कर शान्त हो जाता है। साउण्डरकमाण्डो नये आने वालों को कहते हैं कि वे नम्बर लिखी खूँटियों पर अपने कपड़े उतार कर टाँग दें और नहाने के लिए तैयार हो जायें। साथ ही हिदायत देते हैं, अपनी खूँटी का नम्बर याद रखने की। वे सरासर झूठ बोलते हैं क्योंकि ये साउण्डरकमाण्डो भली–भाँति जानते हैं कि ये क़ैदी अब कभी अपने कपड़े लेने न आ पाएँगे। क़ैदियों को बताया जाता है, स्वास्थ के लिए सफ़ाई आवश्यक है, सफाई ही स्वतन्त्रता लाती है, एक जूँआ तुम्हें मार कर समाप्त कर सकता है। जितनी जल्दी हो सके कपड़े उतारकर नहा लो उतनी जल्दी अपने परिवार के साथ पुनः मिल सकोगे। झूठ कितनी आसानी और विश्वास के साथ बोला जा सकता है!

उनके जूते, घड़ियाँ, चश्मे, आभूषण उतरवा कर रख लिए जाते हैं। बाल काट दिये जाते हैं। इन लोगों को कमरे में बन्द करके साउण्डरकमाण्डो खुद गैस मास्क पहन लेते हैं और गैस पाइप खोल दिया जाता है। भीतर से पहले चीत्कार उठती है, लोहे का दरवाज़ा पीटना चलता रहता है, जो धीरे–धीरे कुछ मिनटों में समाप्त हो जाता है। और अन्त में सब शान्त हो जाता है। लाशों को हटा कर साफ़–सफ़ाई कर अगली खेप के लिए स्थान तैयार किया जाता है। यह प्रक्रिया निरन्तर चलती रहती है। कुल बीस मिनट लगते हैं गैस द्वारा जीवित मनुष्य को लाश में बदलने की इस पूरी प्रक्रिया में। फिर इन लाशों को आलू के बोरों की तरह उठा कर एक–पर–एक व्हील बरो पर लाद दिया जाता है। व्हील बरो निरन्तर जलती भट्ठी तक लाये जाते हैं और लाशों को आग के हवाले कर दिया जाता है। यहूदी ख़ुद उठा–उठाकर यहूदियों के शव को जलती भट्ठी के हवाले करते हैं। चिमनी से लगातार लपटें और धुआँ निकलता रहता है। दिन में धुआँ और रात को आग की लपटें निकलती रहती हैं। भट्ठी में कोयला झोंका जाता रहता है और वहाँ से निकली राख को ठिकाने लगाने का काम भी क़ैदी यहूदी ही करते हैं। गाड़ी में शवों की राख पर वे वैसे ही बैठे रहते हैं जैसे कोयले या सामान्य राख के ढेर पर बैठे हों। अन्त में फ़िल्म में लड़की की मृतात्मा वॉयज ओवर में कहती है, मृत लोगों के शरीर गैस और भाप में बदल जाते हैं, एक महीन, अदृश्य धूसर गर्द चारों ओर बैठ जाती है, और राख फेंफड़ों में जाती है। वे इसके इतने आदी हो गये हैं कि उन्हें खाँसी भी नहीं आती है। एक दुनिया जहाँ सब कुछ मरे हुए लोगों की धूसर राख से ढँका हुआ है, और यह इतने लम्बे समय से चल रहा है कि अब वे ध्यान भी नहीं देते हैं। इस तरह जीवित और मरे हुए आपस में मिल जाते हैं। और शायद इसीलिए पूरी फ़िल्म धूसर रंग में बनी है, यहाँ तक कि घास भी हरी नज़र नहीं आती है।

यातना शिविर में जान की कोई कीमत नहीं है, अच्छा है, जितने मरेंगे उतने कम लोगों की देखभाल करनी होगी, उतने कम लोगों को खिलाना–पिलाना पड़ेगा। एक बार की आयी खेप का एक यहूदी मॉरिस (ली विल्कोफ़) कहता है, ये लोग झूठ बोल रहे हैं, उसे विश्वास नहीं होता है कि यहूदी ऐसा कर रहे हैं। वह अपनी कलाई घड़ी नहीं उतारना चाहता है जबकि उसकी पत्नी (जेसिका हेश) कह रही है झगड़ा मत बढ़ाओ, घड़ी

उतार कर दे दो। लेकिन वह मानने को तैयार नहीं है। वह ठहरा सम्मानित सूटेड–बूटेड यहूदी। नतीजा होता है एक साउण्डरकमाण्डो मार–मार कर उसका कचूमर निकाल देता है। सारे समय उसकी पत्नी चीख़ती रहती है। एक गोली उसकी पत्नी के सर में लग कर उसकी चीख़ भी शान्त कर देती है। इसी तरह बारूद कहाँ से और कैसे आया जानने के लिए औरतों को क़तार में खड़ा कर दिया जाता है। उत्तर न मिलने पर सर पर गोली लगती जाती है और एक–एक कर औरतें गिरती जाती हैं। कोई विकल्प नहीं है इस क्रूरता की पराकाष्ठा के सामने। इस तरह रोसा (नताशा लिओन) तथा डीना (मीरा सोरवीनो) दो क़ैदी स्त्रियों को क्रूरता से सताया जाता है। ये दोनों अन्त तक कुछ नहीं बताती हैं। इसके पहले एक स्त्री जिस पर जर्मन अधिकारियों को शक था उसको ख़ूब सताया जाता है। मगर वह टूटती नहीं है। क्रूरता के बावजूद कोई नहीं बताता है कि बारूद कहाँ से और कैसे आया, हथियार कैसे जमा हुए। और विद्रोह को दबाने के लिए सब साउण्डरकमाण्डोज, क़ैदियों को लेटने का आदेश दिया जाता है और सबके सिर पर एक–एक कर गोलियाँ दाग दी जाती हैं। शरीर ज़रा–सी हरकत करता है, तनिक उछलता है और बस सब शान्त, सब ख़त्म। एक क़ैदी ज़िन्दा था, उसे तकिए से दबा कर समाप्त कर दिया जाता है। कितना सस्ता है जीवन!

मनुष्य की जिजीविषा अदम्य होती है। इस धूसर, हताश–निराश वातावरण में भी यहूदियों ने पूरी तरह हथियार नहीं डाल दिये हैं। लोगों को गैस से मारते, शवों को जलाने के बीच वे विद्रोह की योजना बना रहे हैं। मृतकों के साथ छिपा कर बारूद जमा कर रहे हैं ताकि एक दिन विद्रोह कर सकें। जितना सम्भव हो नष्ट कर सकें। प्रतिरोध की भावना मरी नहीं है। चूँकि 'द ग्रे ज़ोन' फ़िल्म सत्य घटना पर आधारित है अतः फ़िल्म में 7 अक्टूबर, 1944 को इस शिविर में प्रतिरोध का दृश्य उपस्थित होता है। मात्र दो बैरल विस्फोटक के बल पर यहूदी जर्मन आततायियों से लोहा लेते हैं और कैम्प की चार में से दो भट्ठियों को नष्ट करने में कामयाब रहते हैं। भट्ठी नष्ट करने से पहले वे उसमें एक ज़िन्दा जर्मन ऑफ़िसर को झोंकने में कामयाब हो जाते हैं। प्रतिकार कभी सकारात्मक नहीं हो सकता है। ये भट्ठियाँ फिर कभी चालू नहीं हुईं, मतलब बहुत सारे लोग भट्ठी में जाने से बच गये। दुष्टता को समाप्त करने के लिए जो भी वश में हो वह किया जाना चाहिए।

साउण्डरकमाण्डोज़–हॉफ़मैन (डेविड अर्केट), शेलरमर (डैनियल बेन्ज़ाली), एब्रामोविक्स (स्टेव बुसेमी), रोसेन्थाल (डेविड शैण्डलर) और डॉक्टर मिस्लोस की निगरानी के लिए एक पियक्कड़ नाज़ी एसएस कमाण्डर मह्टसफ़ील्ड (हरवी कीटेल) है। उसी की कृपा से डॉक्टर की पत्नी और बेटी बची हुई है। वह बराबर डॉक्टर से विद्रोह की सुगबुगाहट का पता लगाने को कहता रहता है। साउण्डरकमाण्डोज़ और डॉक्टर कहीं से अभिनय करते हुए नहीं लगते हैं। ये लोग अपनी भूमिका में पूरी तरह समा गये हैं। अभिनय के साथ–साथ कैमरे की भी सराहना करनी होगी। रसेल ली फ़ाइन ने फ़ोटोग्राफ़ी का निर्देशन किया है। कई बार एक्सट्रीम क्लोज–अप्स और क्लोज–अप्स का प्रयोग भावनाओं को बहुत स्पष्ट कर देता है। कई बार कैम्प का पैनोरमिक शॉट दिखाया जाता है। और सारे समय फ़िल्म में मनहूस साउण्डट्रैक चलता है मानो मृत्यु की चक्की की ध्वनि आ रही हो। कई दृश्य में चिमनी से निकलते धुएँ के साथ बहुत धीमी गर्जन सुनाई देती है। फ़िल्म का संगीत जेफ़ डाना का है, डोलबी डिजिटल ध्वनि का नियन्त्रण पेटुर हिडाल ने किया है जबकि ध्वनि सम्पादन के निरीक्षक का कार्य फ़िल बेनसन ने किया है। लेकिन इस फ़िल्म के संवाद बहुत स्पष्ट नहीं हैं। अधिकांश बातें संकेतों में सांकेतिक भाषा में कही जाती हैं। कैम्प में स्पष्ट बोलना ख़तरनाक है। नामों के उच्चारण समझने में भी बहुत कठिनाई आती है।

इस नरक के बीच में यातना शिविर में रोज़ नये कार्गो आ रहे हैं और धुआँ तथा राख बन कर उड़ जा रहे हैं। लेकिन एक दिन कमाल हो जाता है। साउण्डरकमाण्डो हॉफ़मैन जब लाश उठा रहा था उसे एक जीवित बच्ची (कमेलिया ग्रिगोरोवा) का पता चलता है। नीचे होने के कारण चौदह साल की यह बच्ची पानी के क़रीब थी अतः गैस से बेहोश होती है मगर मरी नहीं है। पूरे समय यह बच्ची एक शब्द नहीं बोलती है और उसका कोई नाम भी नहीं है शायद यह बच्ची मनुष्य की जिजीविषा का प्रतीक है। बच्ची की आँखें ग़ज़ब की सम्प्रेषणीय हैं। जब वह ट्रेन में थी तभी कई बार कैमरा उसका क्लोज–अप लेता है। वह अन्त तक कुछ नहीं बोलती है मगर उसकी आँखें बहुत कुछ बयाँ करती हैं। डॉक्टर और बारहों साउण्डरकमाण्डोज़ हंगेरियन हैं, यह लड़की भी हंगेरियन है। लड़की को स्टोररूम में छिपा कर रखा जाता है। मगर कितने दिन? ये हंगेरियन यहूदी लोग पोल लोगों का विश्वास नहीं करते हैं। भेदभाव

कहाँ नहीं है। लड़की ज़िन्दा होने की बात कैसे छिपाई जाये? फ़िल्म इस बात के संकेत देती है कि नैतिकता पूरी तरह से मरी नहीं है। मगर इस नैतिकता का इस नरक, इस दानवी दुनिया में कोई स्थान नहीं है। यहाँ कुछ भी शुभ, कुछ भी अच्छा नहीं हो सकता है। अन्त में सब नष्ट होता है, सब समाप्त होता है।

डॉक्टर ने लड़की की जान बचाई है मगर वह कई जानों के लिए ख़तरा है। एक ओर लड़की को बचाना–छिपाना है दूसरी ओर इससे होने वाला विद्रोह गड़बड़ा जा सकता है। क्या किया जाये? डॉक्टर तथा साउण्डरकमाण्डोज़ के मन में संघर्ष है। पियक्कड़ नाज़ी कमाण्डर मुँह बन्द रखने को तैयार है यदि उसे बता दिया जाये कि विद्रोह कौन करने जा रहा है, कैसे करने जा रहा है, कब करने जा रहा है, उन लोगों को हथियार और बारूद कहाँ से मिला। उसके हाथ में डॉक्टर की पत्नी–बेटी की जान है। डॉक्टर इस किशोरी की जान बचाने के लिए थोड़ी–सी सूचना देता है। सारी बात शायद उसे भी पता नहीं है। डॉक्टर लड़की को कैम्प से बाहर निकालने की कोशिश में है।

मरने से ठीक पहले दो साउण्डरकमाण्डो की बातचीत त्रासद है। एक कहता है, 'मैं उसे जानता था। हम पड़ोसी थे। बीस मिनट में उसका पूरा परिवार और उन सबका भविष्य इस पृथ्वी से समाप्त हो गया।' और यह सब कुछ उस व्यक्ति को खुद करना पड़ा था। अपने पूरे परिवार के शव को भट्ठी में डाल कर धुआँ–राख बनाना। पूरी फ़िल्म दर्शक को हताशा–निराशा से भर देती है। हृदयहीनता, दया–माया हीनता यही तो थे ये यातना शिविर, यही तो था होलोकास्ट। ऐसी फ़िल्म सुखान्त हो ही नहीं सकती है, यदि इसे सुखान्त दिखा दिया जाता तो फ़िल्म का पूरा उद्देश्य समाप्त हो जाता, फ़िल्म चूँ–चूँ का मुरब्बा बनकर रह जाती। जहाँ अन्धकाल हो, दुष्टता का साम्राज्य हो वहाँ क्या अपेक्षा की जानी चाहिए।

ऐसे राक्षसी–शैतानी माहौल में ज़िन्दा रहने का कोई मतलब नहीं है। यह फ़िल्म भय, दहशत, जुगुप्सा जगाती है। साउण्डरकमाण्डोज़ भी लड़की के जीवन की आशा छोड़ चुके हैं। हॉफ़मैन तथा रोसेंथाल की अन्तिम बातचीत से यह बात बहुत स्पष्ट हो जाती है। यहाँ साहस और आशा का कोई स्थान नहीं है। यहाँ तो मौत सस्ती, आसान और सुकूनदेह है। फ़िल्म यह बात इसी किशोरी के माध्यम से दिखाती है। उसकी आँखों के सामने एक–एक कर तमाम लोगों को गोली मार कर समाप्त कर दिया जाता है।

यह लड़की मारे जाने की पूरी विधि विस्तार और ध्यान से देखती है तो यह बात उसके अन्दर समझ के साथ कौंधती है। वह भागना शुरू कर देती है। वह तत्काल मारी जाती है, यही वह चाहती थी। इसीलिए बिना एक शब्द बोले वह यह क़दम उठाती है।

टिम ब्लेक नेल्सन एक अभिनेता के रूप में जाने–पहचाने जाते हैं। उन्होंने 'ओ ब्रदर, व्हेयर आर्ट दाऊ?', 'माइनोरिटी रिपोर्ट', 'सिरीआना' जैसी फ़िल्मों में अभिनय किया है। फ़िल्म निर्देशक के रूप में 'द ग्रे ज़ोन' टिम की चौथी फ़िल्म है। इसके पहले वे 'आई ऑफ़ गॉड', 'द थिन रेड लाइन', तथा 'ओ' बना चुके थे। 'द ग्रे ज़ोन' के बाद उन्होंने 'दि इनक्रेडिबल हाल', 'लीव्स ऑफ़ ग्रास', 'चाइल्ड ऑफ़ गॉड', 'बिग मिरेकल', 'लिंक' आदि कई फ़िल्में बनायी हैं। इस साल (2017) में उनकी 'डाइड्रा एण्ड लेनी रॉब द ट्रेन' तथा 'दि इंस्टीट्यूट' दो फ़िल्में आयी हैं। उनकी 'द ग्रे ज़ोन' फ़िल्म के विश्वसनीय लगने का एक कारण उसका सेट भी है। हालाँकि फ़िल्म की शूटिंग ब्ल्गेरिया में हुई लेकिन टिम ने पोलैण्ड के बिरकेनाऊ के यातना कैम्प के 90% स्केल का एक मॉडल बुल्गेरिया के सोफ़िया में बनाया था। यह हू–ब–हू मूल आर्किटेक्ट प्लान की नकल है। फ़िल्म की एडिटिंग भी स्वयं टिम ने मिशेल बोटेसेली के साथ मिल कर की है।

'द ग्रे ज़ोन' में जो चल रहा था वह दुनिया के सब लोगों को नहीं पता था लेकिन बहुत सारे लोगों और देशों को सब पता था। कुछ लोगों ने प्रतिरोधी दस्ते कायम किये, कुछ लोगों ने अपनी जान को ख़तरे में डालकर यहूदियों को अपने यहाँ छिपाने, उन्हें सुरक्षित रखने का, बाहर निकालने का जोखिम उठाया। कुछ ने चुन–चुनकर अपने यहाँ के यहूदियों को एसएस को सौंप दिया। लेकिन बहुत सारे लोगों ने कुछ नहीं किया। घृणा सबसे ख़तरनाक भावना है। जब तक घृणा है दुनिया में होलोकास्ट के समाप्त होने में शक है। संवेदनहीनता ग्रे ज़ोन की जननी है। जब तक सब मनुष्य मिल कर ऐसी दानवी शक्तियों के ख़िलाफ़ नहीं खड़े होंगे तब तक दुनिया ग्रे ज़ोन बनी रहेगी। हम भयावह यथार्थ को देखने–भोगने को अभिशप्त रहेंगे।

'होलोकास्ट : द स्टोरी ऑफ़ द फ़ैमिली वाइस'

होलोकास्ट पर बहुत फ़िल्में, नाटक और डॉक्यूमेण्ट्री उपलब्ध हैं। 'होलोकास्ट : द स्टोरी ऑफ़ द फ़ैमिली वाइस' होलोकास्ट पर बनायी हुई एक मिनी टेलीविज़न सिरीज़ है। जर्मनी के दो परिवारों पर आधारित इस काल्पनिक अमेरिकन फ़िल्म को देखते हुए 'सोफ़ीज च्वाइस', 'गुडबाय चिल्ड्रेन', 'सनशाइन', 'एस्केप फ्रॉम सोबीबोर', 'द ग्रे जोन' आदि कई फ़िल्मों की याद आती है। 1978 में निर्देशक मार्विन जे. चॉमस्की ने यह सिरीज़ चार भाग में बनायी। शुरू में लगातार चार दिन इसे टीवी पर दिखाया गया। कुछ समय बाद में यूरोप के तक़रीबन हर देश में इसे प्रदर्शित किया गया। दर्शकों ने इसे टूट कर देखा। मात्र अमेरिका में इसे 12 करोड़ (120 मिलियन) दर्शकों ने देखा। यह पूरे अमेरिका में चर्चा, प्रशंसा तथा आलोचना का बायस बनी। एक सूत्र के अनुसार केवल एलेक्स हेली की किताब पर आधारित 'रूट्स' मिनी सिरीज़ इससे आगे रही। यह इतनी प्रभावशाली फ़िल्म थी कि इससे प्रभावित हो कर तत्कालीन अमेरिकी राष्ट्रपति जिमी कार्टर ने होलोकास्ट पर रिपोर्ट बनाने की घोषणा की जिसके फलस्वरूप आगे चलकर यूनाइटेड स्टेट्स होलोकास्ट मेमोरियल म्यूज़ियम की स्थापना हुई।

आइए फ़िल्म से पहले इसके निर्देशक के बारे में कुछ जान लें। न्यूयॉर्क में 23 मई, 1929 में जन्मे निर्देशक मार्विन जे. चॉमस्की की ख्याति 'अनास्तासिया : द मिस्ट्री ऑफ़ आना' (1986), 'टैंक' (1984), 'मैकेंटोश एण्ड टी जे' (1975) आदि कई फ़िल्मों के लिए है। वे कई बार पुरस्कृत हो चुके हैं। 'होलोकास्ट' सिरीज़ को भी एमी पुरस्कार के लिए 16 श्रेणियों में नामांकित किया गया था। डायरेक्टर के रूप में मार्विन जे. चॉमस्की को एमी प्राप्त हुआ। साथ–ही–साथ मोर्टन गाउल्ड को संगीत तथा पेगी फ़ारेल एवं एडिथ अल्मोसलीनो को कोस्ट्यूम डिजाइनिंग के लिए पुरस्कार मिला।

ड्रामा सिरीज़ की एडिटिंग के लिए स्टीफ़न ए. रोटर, रॉबर्ट एम. रैटानो, क्रैग मैके, एलान हैम, ब्रायन स्मेडली–एस्टॉन को, प्रमुख अभिनेत्री के रूप में मेरिल स्ट्रीप, ड्रामा सिरीज़ लेखन के लिए गेराल्ड ग्रीन को पुरस्कार मिला। माइकेल मोरयार्टी तथा रोजमेरी हैरिस को गोल्डन ग्लोब मिला।

यह फ़िल्म पिछली सदी के तीसरे दशक यानी होलोकास्ट की कहानी बताती है, हालाँकि होलोकास्ट का यह पूरा इतिहास दो परिवारों को केन्द्र में रखकर दिखाया गया है। अक्सर होलोकास्ट पर बनी फ़िल्म एक या दो मृत्यु शिविर पर केन्द्रित होती है जबकि यह सिरीज़ हिटलर के सब प्रमुख यातना केन्द्रों (मृत्यु तथा लेबर केन्द्र) को दिखाती है। वाइस परिवार जर्मनी के बर्लिन में रहने वाला एक मध्यवर्गीय यहूदी परिवार है। पढ़ा–लिखा, सुसंस्कृत। 'सनशाइन' फ़िल्म की भाँति यहाँ भी यहूदी परिवार की तीन पीढ़ियाँ हैं। नाना–नानी समाज के सम्मानित सदस्य हैं। एक समय नाना कैजर की सेना में था और उसे आइयन क्रॉस का तमगा भी मिला था। नाना को किताबों से प्रेम है और घर में उसकी अपनी लाइब्रेरी है। जिसे जलाने में जर्मन लोगों को ज़रा भी वक़्त नहीं लगता है। किताब बचाने के चक्कर में नाना को वे लोग घायल करते हैं। किताबों के नुक़सान, लोगों का अविश्वसनीय और चोट के कारण वह अपना मानसिक सन्तुलन खोने लगता है। भीड़ उसके गले में जूड (जेयूडीई) की तख्ती लटका कर उसे एक ड्रम पकड़ा देती है और बजाने का हुक्म देती है। और वह बजाना शुरू कर देता है। नाज़ी अफ़सर हेन्ज़ मुलर (टोनी हेगर्थ) उसके साथ अत्याचार करता है लेकिन इन्गा का भाई अफ़सर को बताता है कि यह व्यक्ति सम्मानित वाइस परिवार का है अतः इसे छोड़ दो। और इस तरह आना, रूडी अपने नाना को घर ले आते हैं, नानी भी वहीं आ जाती है। लेकिन वे इस सदमे को बरदाश्त नहीं कर पाते हैं और दोनों वृद्ध एक साथ अपना जीवन समाप्त कर लेते हैं। नाज़ी यहूदियों की सज्जनता, भलाई का इनाम उन्हें मौत के रूप में देते हैं।

दस साल के लम्बे समय को समेटे, साढ़े नौ घण्टे की इस सिरीज़ में जर्मनी के बर्लिन शहर के यहूदी वाइस परिवार में डॉक्टर जोसेफ़ वाइस (फ्रिट वीवर), उसकी खूबसूरत, बुद्धिमान, पियानो बजाने में कुशल पत्नी बेर्टा पालित्ज़ वाइस (रोजमेरी हैरिस) है। यह वही रोजमेरी हैरिस है जिसने 'सनशाइन' फ़िल्म में कमाल का अभिनय किया था। यहाँ भी उसका अभिनय बेजोड़ है। जोसेफ़ और बेर्टा के दो बेटे और एक बेटी है। बड़ा बेटा कार्ल

वाइस (जेम्स वुड) एक संवेदनशील युवा कलाकार है जिसने एक ईसाई लड़की इन्गा हेम्स–वाइस (मेरिल स्ट्रीप) से प्रेम और शादी की है। छोटा बेटा रूडी वाइस (जोसेफ़ बॉटम्स) गर्म ख़ून का है। यह स्वतन्त्र स्वभाव का युवा फुटबॉलर है। डॉक्टर जोसेफ़ की बेटी आना वाइस (ब्लैन्च बेकर) माँ के साथ झूम–झूम कर पियानो बजाती है। ब्लैन्च बेकर की यह पहली फ़िल्म है। इस फ़िल्म के लिए उसे एमी अवॉर्ड मिला। डॉक्टर का भाई मोसेस वाइस वार्सा में कैमिस्ट है। दूसरा एक जर्मन परिवार है जिसका मुखिया है एरिक डोर्फ़ (माइकेल मोरिआर्टी), उसकी पत्नी मार्टा (डेबोराह नोर्टन) एक बहुत महत्वाकांक्षी स्त्री है। पीटर और लौरा उनके दो बच्चे हैं। एरिक डोर्फ़ एक सामान्य वकील है जो एसएस में शामिल होता है और अपनी स्वामी भक्ति, मेहनती स्वभाव से ऊपर–ऊपर उठता जाता है और राइनहार्ड हाइड्रिक (डेविड वार्नर) का सहायक बन जाता है। शुरू में उसे थोड़ी झिझक होती है लेकिन बाद में यहूदियों को मारने, उनकी हत्या करने में उसे कोई संकोच नहीं होता है बल्कि यातना शिविर बनाने में वह ख़ूब रुचि लेता है और इसमें योगदान करता है। एसएस में हर सदस्य और दुश्मनों, दोनों की पूरी फ़ाइल रखी जाती है। एरिक का पिता सोशलिस्ट था और उसने आत्महत्या की थी। डोर्फ़ कानून की अपनी जानकारी का ख़ूब उपयोग करता है। शुरू में ही उसे गेस्टापो का चीफ़ बना दिया जाता है। उसके भीतर यहूदियों को ले कर घृणा भरी हुई है वह उनका सफाया अपना कर्तव्य और ऊपर से मिले आदेश को मान कर करता है। लेकिन एक बार उसकी एसएस के अधिकारियों से कुछ कहा–सुनी हो जाती है। नाज़ी सेना के भीतर भी आपस में बहुत स्पर्द्धा, महत्वाकांक्षा, जलन, ईर्ष्या–द्वेष था। एसएस से कहा–सुनी के बाद डोर्फ़ के ख़िलाफ़ एक गुमनाम पत्र उसके ऑफ़िसर हाइड्रिक को मिलता है जिसमें डोर्फ़ के कम्युनिस्टों से सम्बन्ध की बात लिखी हुई है। इससे उसका कैरियर ख़तरे में पड़ जाता है। और जब हाइड्रिक की हत्या हो जाती है तो डोर्फ़ के ऊपर से सरपरस्ती समाप्त हो जाती है। बाद में भी वह ऑर्डर मानता रहता है। एक काम वह और करता है अपने कुकर्मों के निशान मिटाना। उसकी पत्नी सदैव उसे आदेश मानकर आगे बढ़ने के लिए कहती है। युद्ध समाप्ति के बाद उस पर युद्ध अपराधी के तौर पर मुक़दमा चलता है। शायद तभी उसे अपने काम की भयावहता का भान होता है। मगर वह साइनाइड की गोली गटक कर अपना जीवन समाप्त करता है।

'होलोकास्ट' प्रथम भाग में ही 9 नवम्बर, 1938 की घटना को भी दिखाती है। इतिहास बताता है कि इस दिन एक यहूदी ने एक जर्मन डिप्लोमैट की हत्या कर दी थी। रातों–रात पूरी जर्मनी के सारे सिनोगॉग (यहूदी प्रार्थना स्थल) और यहूदियों की दुकानों के शीशे तोड़ डाले गये। यहूदियों को ख़ूब मारा–पीटा गया, उन्हें गिरफ़्तार कर लिया गया और इस तरह यहूदियों के सफ़ाए का काम प्रारम्भ हो गया। इस काली रात की जघन्य घटना इतिहास में 'नाइट ऑफ़ ब्रोकन ग्लास' (क्रिस्टनाक्ट) के नाम से जानी जाती है। यह घटना फ़िल्म में विस्तार से दिखाई गयी है इसी में कार्ल, रूडी और आना के नाना की बेइज़्ज़ती होती दिखाई गयी है। बाद में यहूदी घेटो का निर्माण, उन्हें गिरफ़्तार करके यातना शिविर ले जाना, उन्हें यातना देना, उन्हें धोखे से गैस से मार डालना और आग में झोंकना सब दिखाया गया है।

शुरू में कार्ल और इग्ना के विवाह तथा हँसी–ख़ुशी का वातावरण शीघ्र ही अत्याचार और यातना में बदल जाता है। इस सिरीज़ से पहली बार अमेरिकी जनता को होलोकास्ट के विषय में विस्तार से जानकारी हुई। अमेरिका में तो इसे लाखों लोगों ने देखा ही, पश्चिमी जर्मनी की आधी, आबादी 20 मिलियन लोगों ने भी इसे देखा। हर एपिसोड के बाद इतिहासकारों का एक पैनल दर्शकों के फ़ोन पर पूछे गये प्रश्नों का उत्तर देता। लोग उत्तेजित थे, लोग गुस्से में थे, हज़ारों–हज़ार फ़ोन कॉल आते। अन्त में प्रश्नों की बाढ़ का सामना करने में इतिहासकार नाकामयाब रहे। लोग पूछ रहे थे भला कैसे हुआ। इस सिरीज़ के प्रदर्शन के बाद एक और महत्त्वपूर्ण घटना घटी। होलोकास्ट से बचे हुए लोगों ने भी फ़िल्म की आधिकारिकता पर प्रश्न उठाये। एली विसेल (होलोकास्ट पर प्रसिद्ध 'नाइट' किताब में यातना शिविर के अपने अनुभवों को साझा करने वाले) ने भी फ़िल्म की वैधता पर प्रश्न उठाया। उनके अनुसार इस फ़िल्म में जो दिखाया गया है वह असत्य और अरुचिकर है। उनके अनुसार इस फ़िल्म ने होलोकास्ट की भयंकरता को सोप ऑपेरा में परिवर्तित कर दिया है। इन आलोचनाओं के बाद अमेरिका में होलोकास्ट से बचे हुए तथा इसके साक्षी रहे 75,000 लोगों के साक्षात्कार लिए गये।

'होलोकास्ट : द स्टोरी ऑफ़ द फ़ैमिली वाइस' फ़िल्म की ओर लौटें। यह सिरीज़ चार भाग में बनी है। चारों को अलग–अलग शीर्षक दिये गये हैं। पहले भाग में 'द गैदरिंग डार्कनेस', दूसरे भाग में 'द रोड टू बाबी यार',

तीसरे में 'द फाइनल सोल्यूशन' और चौथे भाग में 'द सेविंग रैमनेंट' को दिखाया गया है। जर्मनी ने 19 सितम्बर, 1941 को यूक्रेन अधिकृत कर लिया था। 29 सितम्बर और 30 सितम्बर मात्र चौबीस घण्टों में 30,000 से अधिक यहूदी आदमी, औरत तथा बच्चों को मौत के घाट उतार दिया। यूक्रेन के किइव शहर के बाहर बाबी यार नामक एक स्थान है, बाबी यार घाटी है। इसी बाबी यार में यहूदियों को क़तार बना कर ले जाया गया, उनके कपड़े उतार कर गोलियों से भून दिया गया फिर लाशों को मिट्टी से ढँक दिया गया। बाबी यार होलोकास्ट में यहूदियों की यन्त्रणा का प्रतीक बन गया। तीसरा भाग यातना कैम्प की यातनाओं का सिलसिला है और चौथा भाग होलोकास्ट से बचे हुए चरित्रों को दिखाता है।

यहूदियों के लिए जर्मनों से अलग नियम हैं। यहूदी सोचते हैं उनके बिना जर्मन लोगों का काम नहीं चल सकता है, उन्हें जर्मन लोगों के साथ सहयोग करना चाहिए। बहुत समय तक यहूदी मुग़ालते में रहते हैं। उन्हें नाज़ियों के षड्यन्त्र का, उनके लिए क़दम–क़दम पर नाज़ियों के द्वारा बिछाए जाल का उन लोगों को पता नहीं चलता है और जब पता चलता है बहुत देर हो चुकी होती है। यहूदी अनुशासित लोग थे और उनकी इसी प्रवृत्ति का फ़ायदा उठाया गया। इसी प्रवृत्ति के कारण वे आदेश मानते गये, उसका पालन करते गये। फ़िल्म की शुरुआत में दर्शक को पता चलता है कि यहूदी होने के कारण बर्लिन के डॉक्टर जोसेफ़ वायस को 'आर्यों' का इलाज नहीं करने का आदेश दे दिया गया है। एक समय उसने अपने जर्मन पड़ोसी एरिक डोर्फ़ की पत्नी का इलाज किया था। एरिक डोर्फ़ शुरू में यहूदियों के प्रति कुछ सहानुभूति रखता था अतः वह एक दिन डॉक्टर के क्लिनिक में आकर उसे सलाह दे जाता है कि वह यह स्थान छोड़ दे। डॉक्टर उसकी बात पर ध्यान नहीं देता है। और उसके घर की खिड़की के शीशे टूटते हैं। बाद में उसे एक विदेशी नागरिक के रूप में पोलैण्ड भेज दिया गया है, जहाँ वह वार्सा घेटो में यहूदी कौंसिल का सदस्य बन जाता है। लेकिन एक दिन ऐसा आता है जब उसे गिरफ़्तार करके यातना कैम्प भेज दिया जाता है। चूँकि वह कुशल डॉक्टर है अतः उसे तुरन्त मारा नहीं जाता है। डॉक्टर के बड़े बेटे कार्ल को भी पूछताछ के बहाने से पुलिस स्टेशन बुला कर बुचनवाल्ड यातना शिविर भेज दिया जाता है। जोसेफ़ की पत्नी बेर्टा छोटे बेटे तथा बेटी, अपनी बहू इन्गा, उसके ईसाई माता–पिता के साथ रह जाती है। लेकिन अधिक दिन नहीं।

इन्गा अपने माता–पिता की बात नहीं मानती है और अपने पति के परिवार के साथ रहती है। रूडी वाइस यह सब सहन नहीं कर पाता है और आधी रात को घर छोड़ कर चला जाता है। माँ और बहन सो रही थीं लेकिन इन्गा उसे विदा करती है। एक भाई के गिरफ़्तार होने, दूसरे भाई के घर छोड़ कर चले जाने से आना बहुत परेशान है, एक दिन वह बाहर जाती है और जर्मन सैनिक उसका बलात्कार करते हैं। इसके बाद वह कभी बोलती नहीं है और अपना मानसिक सन्तुलन खो बैठती है।

इन्गा उसे डॉक्टर को दिखाती है और उसे मानसिक रोगी मान कर अस्पताल भेज दिया जाता है। असल में उसे लँगड़े, लूले, मानसिक रोगियों के साथ एच ए डी ए एम ए आर (यहूदियों, विकलांगों आदि को नाज़ियों द्वारा गैस से मारने के एक केन्द्र) में ले जाकर मार डाला जाता है। यहाँ नर्स, डॉक्टर कितने प्रेम से इन लोगों को लाइन में लगाकर केबिन में भेजते हैं फिर दरवाज़ा बन्द कर दिया जाता है और घड़ी देखकर केबिन में गैस भर दी जाती है। इस तरह एक प्यारी, प्रतिभावान, बेफ़िक्र युवा स्त्री का अन्त होता है। ऐसा सिर्फ़ फ़िल्म में नहीं दिखाया गया है, ऐसा वास्तव में होता था। नाज़ी सेना ने छह ऐसे सेण्टर तैयार किये थे जहाँ 'मर्सी किलिंग' के नाम पर लोगों को समाप्त कर दिया जाता था लेकिन परिवार को बताया जाता कि वे बीमारी से मर गये। इस तरह क़रीब नौ हज़ार से ऊपर लोगों को मार डाला गया। हेलेन लेबेल नामक एक वास्तविक स्त्री के साथ यही किया गया था जबकि वह पूरी यहूदी नहीं बल्कि कैथोलिक ईसाई माँ तथा यहूदी पिता की सन्तान थी। पिता जो प्रथम विश्वयुद्ध में मारा गया था। हेलेन प्यार से हेली पुकारी जाती थी और लॉ की छात्रा थी। अपने कुत्ते लीडी के मरने के बाद उसका मानसिक स्वास्थ्य थोड़ा ख़राब हो गया था। 19 वर्ष की हेली ठीक होने लगी थी, पहले परिवार को बताया गया कि उसे अस्पताल से छुट्टी दे रहे हैं लेकिन उसे जेल भेज दिया गया। वहाँ से उसे 'शॉवर रूम' में भेज दिया गया परन्तु रिकॉर्ड में दिखाया गया कि वह अपने कमरे में 'एक्यूट सिजोफ्रेनिक एक्साइटमेण्ट' से मर गयी।

यहूदियों को कहा जाता है कि वे अपने परिवार के साथ रहें, आगे चल कर यात्रा के अन्त में भी उन्हें अपने परिवार के साथ रहना है। ठीक ही कह रहे हैं, पूरे परिवार को मरना है। सब संग रहेंगे। भला कैसे न हो विश्वास। झूठ को इतनी बार दोहराया जाता है, इतनी ज़ोर और विश्वास

के साथ दोहराया जाता है। इसी तरह जासूस बता कर तमाम स्त्रियों को सिनॉगॉग (यहूदी प्रार्थनागृह) में बन्द कर पेट्रोल डाल कर जला दिया जाता है। सार्जेण्ट हेंज़ मुलर के चेहरे पर दानवी मुस्कान देखकर उसे गोली मार देने का मन करता है। यह टोनी हेगर्थ की अभिनय क्षमता है, दर्शक उसे गोली मारना चाहता है। डोर्फ़ को देखकर भी ऐसा ही मन करता है। टोनी हेगर्थ की संवाद अदायगी भी कमाल की है, वह बिना किसी भावना का प्रदर्शन किये बोलता है। हाँ, वह अपनी पत्नी और बच्चों को ख़ूब प्यार करता है।

बेर्टा इतनी दर्दनाक ज़िन्दगी के बावजूद स्कूल में पियानो पर गाना सिखाती रहती है। एक दिन उसे भी गिरफ़्तार करके वार्सा घेटो में भेज दिया जाता है जहाँ वह अपने पति जोसेफ़ से मिलती है। वहाँ भी उसे एक स्कूल में काम मिल जाता है लेकिन अन्ततः उसे ऑश्वित्ज के गैस–चैम्बर में समाप्त कर दिया जाता है। बेर्टा के रूप में रोजमेरी हैरिस को देखकर बार–बार 'सनशाइन' की वैलरी याद आती है। यहाँ 'होलोकास्ट' में भी वह बहुत ख़ूबसूरत, दयालु तथा प्रतिभावान नज़र आती है। वह अपने पति जोसेफ़ को बहुत प्यार करती है। अपने बच्चों को भी। वह सास की परम्परागत भूमिका से भिन्न अपनी बहू इन्गा को बहुत प्यार करती है, मान देती है। यह ठीक है कि डॉक्टर को यातना शिविर में केबिन मिला हुआ है। लेकिन वहाँ पति–पत्नी का रोमाण्टिक दृश्य खटकता है, क्योंकि चारों ओर जो चल रहा है, आप नहीं कह सकते हैं कि आप उसे नहीं जानते हैं, उससे अनभिज्ञ हैं। और उस दानवी वातावरण में प्रेम–प्रदर्शन भले ही एकान्त में जँचता नहीं है, कम–से–कम मुझे नहीं जँचा। अन्त तो जोसेफ़ का भी गैस–चैम्बर में ही होता है। त्रासद यह है कि जब बेर्टा गैस–चैम्बर की ओर जा रही है कार्ल भी वहीं है मगर वे एक–दूसरे को नहीं देख पाते हैं। फ़िल्म में एक और जोड़ा है, फ़्रैंज़ लोवी (जॉर्ज रोज) तथा उसकी पत्नी फ्राओ लोवी (केट जिनिक)। फ़्रैंज़ एक कुशल प्रिण्टर है और इसी कारण कुछ समय बचा रहता है बाद में वह प्रतिरोध आन्दोलन के पर्चे छापता है। लेकिन पति–पत्नी दोनों यहूदी होने के कारण होलोकास्ट में समाप्त होते हैं।

कार्ल को आर्ट स्टूडियो में रखा जाता है जहाँ उसे हिटलर के प्रचार–प्रशंसा के चित्र बनाने हैं। जर्मन, हिटलर के लोग कला, संगीत प्रेमी थे। ऑश्वित्ज के प्रवेश–द्वार पर सदैव ऑर्केस्ट्रा बजता रहता है। कार्ल अन्य चित्रकारों के साथ मिलकर एसएस तथा अधिकारियों की नज़र बचा कर

यातना शिविर के वास्तविक चित्र बनाता है। एक दिन पकड़े जाने पर उन्हें सोलिटरी सेल में रख कर ख़ूब यातना दी जाती है। कार्ल के हाथ नष्ट कर दिये जाते हैं। मरने के ठीक पहले वह उन्हीं टूटे हाथों से एक और चित्र बनाता है। इस बीच में कार्ल और इन्गा के जीवन का सर्वाधिक त्रासद, बीभत्स पहलू है। इन्गा किसी भी सूरत में अपने पति कार्ल से मिलना चाहती है, कम–से–कम उस तक अपने पत्र पहुँचाना चाहती है। वह जर्मन ईसाई है। इसके लिए वह एक जर्मन अफ़सर सार्जेण्ट हेन्ज़ मुलर (टोनी हेगर्थ) से प्रार्थना करती है और मुलर मौक़े का फ़ायदा उठाते हुए उससे शारीरिक सम्बन्ध बनाता है। इतना ही नहीं वह यह बात शेखी बघारते हुए कार्ल को इन्गा का पत्र देते समय बताता है। शुरू से सार्जेण्ट की आँख इन्गा पर है, उसे समझ नहीं आता है कि इन्गा अपने पति को छोड़ क्यों नहीं देती है। वह स्पष्ट शब्दों में इन्गा को अपने पति को छोड़ देने के लिए कहता है। इस सलाह को इन्गा के माता–पिता बहुत अच्छी सलाह मानते हैं। वह अपने माता–पिता को बता देती है कि अब यहूदी लोग ही उसका परिवार हैं।

कार्ल इन्गा को देखना नहीं चाहता है लेकिन जब दोनों मिलते हैं, दोनों रोते हैं और फिर एक हो जाते हैं जिसका नतीजा होता है उनके बेटे का जन्म। इन्गा बच्चे का नाम अपने ससुर के नाम पर जोसेफ़ रखती है जबकि बच्चे का चाचा रूडी वाइस उसे चर्चिल पुकारता है। कार्ल का स्वास्थ्य गिरता जाता है और ऑश्वित्ज के स्वतन्त्र होने वाले दिन 1945 में उसकी मृत्यु हो जाती है। इन्गा के रूप में मेरिल स्ट्रीप को देखते ही एक अन्य होलोकास्ट फ़िल्म 'सोफ़ीज च्वाइस' की याद आती है। मेरिल स्ट्रीप एक बहुत ही प्रतिभावान मंच और फ़िल्म अभिनेत्री है। उसने 'सोफ़ीज च्वाइस' के अलावा 'डीयर हण्टर', 'डेविल वेयर्स प्रादा', 'जूली एण्ड जूली', 'डेथ बिकम्स हर', 'इनटू द वुड्स', 'क्रैमर वर्सेस क्रैमर', 'द ब्रिज़ ऑफ़ मेडिसन काउण्टी', 'एडॉप्टेशन', 'डिफ़ेंडिंग योर लाइफ़', 'पोस्टकार्ड फ़्रॉम दि एज' जैसी प्रसिद्ध फ़िल्मों में काम किया है। तीन अकादेमी पुरस्कार से नवाज़ी जा चुकी मेरिल को बहुत बार नामांकन मिला है।

जोसेफ़ का भाई वार्सा में है। जब उसे पता चलता है कि जर्मन सेना सारे यहूदियों को नष्ट करने की योजना बना रही है तो वह प्रतिरोध आन्दोलन में सक्रिय हो जाता है। वे घेटो विद्रोह के वक़्त एसएस से बराबरी की लड़ाई लड़ते हैं लेकिन जर्मन मशीनरी और उसकी संख्या के सामने बहुत देर टिक नहीं पाते हैं। इन लोगों को ईसाई पोल लोगों से

हथियार प्राप्त होते हैं, कुछ हथियार ये लोग नाज़ी सेना के एकाध लोगों को मार कर लेते हैं। अन्त में नाज़ी इन लोगों को गैस के बल पर बाहर निकाल कर लाइन से खड़ा करके गोलियों से उड़ा देते हैं।

परिवार का छोटा बेटा रूडी जर्मनी से भाग कर चेकोस्लोवाकिया पहुँचता है। जहाँ उसे हेलेना स्लोमोवा (टोवाह फ़ेल्डशस) मिलती है। वहाँ से ये यूक्रेन जाते हैं और अंकल साशा के साथ मिल कर प्रतिरोध आन्दोलन में भाग लेते हैं। फ़िल्म दिखाती है कि न केवल नाज़ी यहूदियों से घृणा करते थे वरन् आम जर्मन भी यहूदियों से घृणा करता था। एक बार इन्गा के भाई को घायल होने पर रूडी और हेलेना उसकी सहायता करते हैं लेकिन वह इन दोनों को यहूदी बता कर पकड़वाने का प्रयास करता है। यह दीगर है कि वह ख़ुद बम गिरने से मारा जाता है। इसी तरह जोसेफ़ ने जर्मन ईसाई डोर्फ़ की पत्नी मार्टा का इलाज किया था लेकिन वह जोसेफ़ और उसके परिवार के प्रति कोई दया–माया नहीं दिखाती है। बल्कि अपने पति डोर्फ़ से कहती है कि वह इन लोगों से कोई सम्पर्क न रखे। डोर्फ़ तो क्रूरता की पराकाष्ठा तक जाता है। हाँ, अच्छे जर्मन ईसाई भी हैं। चर्च का पादरी लीचेनबर्ग यहूदियों के प्रति सहानुभूति रखता है और अपने प्रवचन में लोगों से यहूदियों के प्रति संवेदनशील रहने की बात कहता है। डोर्फ़ पादरी की इसी बात की शिकायत कर उसे गिरफ़्तार कर डचाऊ कैम्प में डिपोर्ट करवा देता है। यह पादरी बाइबिल के अलावा किसी और के आदेश को मानने से इनकार करता है और जर्मन नाज़ी सेना उसे इसकी सज़ा देती है। पादरी कहता है, वह अपनी चेतना की बात सुनेगा और ईसाइयत की शिक्षा की; न कि नाज़ी तानाशाह की।

बाद में रूडी और हेलेना, दोनों शादी करते हैं। लेकिन हेलेना मारी जाती है और रूडी गिरफ़्तार कर लिया जाता है। उसे सोबीबोर कैम्प में रखा जाता है। यह मिनी सिरीज़ 'इस्केप फ्रॉम सोबीबोर' को भी इनऐक्ट करती है। सोबीबोर के विद्रोह के समय रूडी बच निकलता है और अन्त में इन्गा से मिलता है। मगर वह कहता है कि अब न तो उसका कोई घर है, न ही उसका कोई देश है न ही कोई पहचान। उसे यूनानी यहूदी बच्चों के साथ फुटबॉल खेलते दिखाया जाता है। उसे अनाथ यहूदी बच्चों को पैलेस्टीन ले जाने का ऑफ़र मिलता है। इन्गा कहती है कि वह बच्चे को ले कर बर्लिन जायेगी लेकिन वहाँ रहेगी नहीं। बाद में लिखे गये उपन्यास में दिखाया गया है कि वह अपने बेटे के साथ इंग्लैण्ड में बस

गयी है, लेकिन अन्त तक रूडी के साथ उसका सम्बन्ध बना हुआ है। इजराइल में रहते हुए रूडी अपने परिवार के साथ हुई घटनाओं पर शोध कर रहा है, वह डोर्फ़ की डायरी पढ़ता है। उसने फिर से शादी की है और उसके दो युवा बेटे हैं। उसका सम्बन्ध एरिक डोर्फ़ के अंकल कर्ट डोर्फ़ (रॉबर्ट स्टीफ़न) के साथ पत्राचार है। कर्ट एरिक के परिवार, उसके बच्चों को बताता है कि उनका पिता एक हत्यारा था और उसे अमेरिकन ने पकड़ लिया था लेकिन उसने आत्महत्या कर ली। एरिक की पत्नी मार्टा अंकल कर्ट की बातों का विश्वास नहीं करती है, उसे अपने घर से चले जाने और फिर कभी न आने के लिए कहती है। वह अन्त तक नहीं मानती है कि उसके पति ने कुछ गलत किया है। अंकल कर्ट चूँकि कैम्प में यहूदियों को ज़िन्दा रखने का प्रयास कर रहा था अतः उसे सम्मानित किया जाता है। उपन्यास यह सब भी दिखाता है।

नाज़ी जर्मन यहूदियों पर अमानवीय अत्याचार कर रहे हैं। क़ैदियों को खाने के नाम पर नाममात्र का कुछ पकड़ा दिया जाता है और ख़ुद जर्मन लोग सदा अच्छा खाते–पीते रहते हैं, पार्टियाँ करते हैं। नाचते–गाते हैं। अपने बच्चों को आइसक्रीम खिलाते हैं, पार्क और सर्कस में मनोरंजन के लिए ले जाते हैं। एरिक डोर्फ़ बच्चों के साथ झूले पर बैठ कर बहुत ख़ुश है। एक बार अपने और पराये की विभाजन रेखा खिंच जाये। दूसरों को दुश्मन, बुरा मान लिया जाये फिर आदमी का ज़मीर मर जाता है। वह दुश्मन के साथ कोई भी क्रूरता कर सकता है। आदमी को ज़िन्दा जलाते समय चेहरे पर एक शिकन नहीं आती है। ख़ुद देखते हैं और अन्य क़ैदियों को भी ये अमानवीय, जघन्य घटनाएँ जबरदस्ती दिखाते हैं। मेरे विचार से घृणा सबसे बुरा और ख़तरनाक शब्द है। घृणा अन्य सब मानवीय भावनाओं पर भारी पड़ती है। नाज़ी ऑफ़िसरों को इस फ़िल्म 'होलोकास्ट' में न केवल क्रूरता करते दिखाया गया है वरन् वे अपने कुकर्म का दस्तावेज़ीकरण करने में भी रुचि रखते हैं और उन फ़ोटो, उन स्लाइड को देखते–दिखाते भी हैं।

ढेर सारी क्रूरता, अमानवीयता दिखाने के बावजूद 'होलोकास्ट' सकारात्मक नोट्स पर समाप्त होती है। चूँकि यह कहानी वास्तविक घटना अथवा अनुभव पर आधारित न हो कर कल्पना के आधार पर रची गयी है अतः 'फ़ील गुड' फ़ैक्टर काफ़ी प्रमुख है। इस टेलेप्ले के लेखक जेराल्ड ग्रीन ने आदर्शवाद को भी विशिष्ट रूप से उभारा है, मसलन एक यहूदी

लड़के कार्ल तथा एक जर्मन ईसाई लड़की इन्गा का प्रेम, उनका विवाह तथा वैवाहिक जीवन में भी एक–दूसरे के प्रति समर्पण। पत्नी का पति से मिलने, उस तक अपना पत्र पहुँचाने के लिए किसी भी सीमा को पार करना। पति का पत्नी को इस काम के बावजूद माफ़ कर देना, पति–पत्नी का फिर से एक होना, प्रेम करना आदि इसके उदाहरण हैं। इसी तरह कार्ल और इन्गा के बच्चे को जर्मनी के भविष्य के रूप में प्रोजेक्ट करना, प्रस्तावित करना इसी आदर्शवाद को दिखाता है। एक जर्मन ईसाई और जर्मन यहूदी की सन्तान एक सुनहरे भविष्य की सम्भावना को प्रदर्शित करता है। विशुद्ध रक्त के सिद्धान्त के भयानक परिणाम के बाद मिश्रित रक्त भविष्य में इस तरह की अमानवीय घटनाओं की सम्भावनाओं को सिर उठाने का अवसर नहीं देगा, ऐसी आशावादी सोच को बढ़ावा देना है। राजनीतिक समस्याओं को सुलझाने के लिए वैवाहिक सम्बन्ध बराबर होते हैं। क्यों नहीं सामाजिक, धार्मिक, नैतिक समस्याओं को हल करने के लिए ये प्रयास किये जाये। अक्सर साहित्य को आधार रख कर फ़िल्म बनायी जाती है लेकिन 'होलोकास्ट' के सम्बन्ध में इसका ठीक उल्टा हुआ। पहले टीवी सिरीज़ की स्क्रिप्ट लिखी गयी' जेराल्ड ग्रीन ने बाद में इसे एक उपन्यास में ढाल दिया।

फ़िल्म 'होलोकास्ट' में कैमरा यहूदियों को लम्बी–लम्बी क़तार में चलते दिखाता है। शहर, घेटो, जंगल के दृश्य दिखाता है। फ़िल्म की शूटिंग ऑस्ट्रिया तथा पश्चिम बर्लिन में हुई है। कुशल फ़ोटोग्राफ़र ब्रायन वेस्ट का कैमरा बार–बार क्लोजअप में जाता है जिससे पात्रों के मनोभाव देखने–समझने में दर्शक को आसानी होती है। चाहे घर के भीतर का दृश्य हो अथवा बाहर का लोकेशन हो कैमरा एंगल घटना को बड़ी बारीकी से पकड़ता है। लोगों के ड्रेस स्थानानुरूप हैं, वैसे अमेरिका के पोलिश समुदाय के कुछ लोगों को शिकायत है कि यहूदी लोगों को ले जाने वाले यातायात की निगरानी करने वाले तथा वार्सा घेटो विद्रोह के समय जर्मन पुलिस को पोलिश सेना की यूनिफ़ॉर्म में दिखाया गया है जो बहुत गलत बात है। हालाँकि कॉस्ट्यूम डिजाइनर को पुरस्कार मिला है। यहाँ मुझे याद आ रही है, फ़िल्म 'जू कीपर्स वाइफ़' सत्य घटना पर बनी है। लेकिन फ़िल्म में बहुत सारे परिवर्तन किये गये हैं। एक साक्षात्कार में अंटोनिया ज़ाबिन्स्की की बेटी कहती है, मेरे माता–पिता फ़िल्म में दिखाये लोगों से बहुत अलग थे, मेरे पिता गंजे थे जबकि फ़िल्म में इस पात्र के

सिर पर ख़ूब बाल हैं। लेकिन उसे इससे कोई फ़र्क नहीं पड़ता है। उसके अनुसार फ़िल्म मानवता को दिखाती है और अच्छी तरह दिखाती है और यही महत्त्वपूर्ण है। वास्तव में फ़िल्म के उद्देश्य को देखना चाहिए। फ़िल्म 'होलोकास्ट' लोगों को इस भयंकर काल से परिचित कराती है। एकाध दृश्य को छोड़ दें तो यह फ़िल्म अपने उद्देश्य में कामयाब रही है। दूसरी ध्यान देने वाली बात यह है कि इस फ़िल्म का निर्माण कल्पना के आधार पर हुआ है किसी वास्तविक घटना अथवा अनुभव के आधार पर नहीं।

एक और विशिष्ट बात मैं इस फ़िल्म के विषय में रेखांकित करना चाहूँगी। वह है इसमें स्त्रियों का चरित्र। इसके कई स्त्री पात्र बहुत मज़बूत, साहसी, कर्मठ, प्रेम, समर्पण और त्याग करने में सक्षम हैं। बेर्टा, इन्गा, हेलेना सब बहुत मज़बूत स्त्रियाँ हैं। यहाँ तक कि नकारात्मक ही सही लेकिन एरिक डोर्फ़ की पत्नी मार्टा भी। बेर्टा ख़ूबसूरत है, बुद्धिमान है, मानवता पर विश्वास रखती है। पति, बेटों, बेटी, बहु को प्यार करती है। प्रतिभावान है, पियानो बजाना–गाना जानती है। संगीत ज्ञान के कारण पति के जाने के बाद भी व्यस्त रहती है, अपने जीवन और समय का सदुपयोग करती है। ख़ूब ख़ुश रहती है, आशावान है। वह एक बहुत धनी–सुसंस्कृत परिवार से आती है लेकिन जीवन की कठिनाइयों का सामना डट कर करती है। पति को दूसरे स्थान पर भेज दिये जाने, बड़े बेटे के गिरफ़्तार किये जाने और छोटे बेटे के घर छोड़ जाने पर भी टूटती नहीं है। वक़्त बदलने पर घेटो में रहती है। बेटी आना की मौत की ख़बर से बहुत दुःखी होती है। अपनी गिरफ़्तारी के समय उसे मालूम है, वह अब कभी नहीं लौटेगी। जाते समय वह बच्चों को शिक्षा जारी रखने के लिए कहती है और बच्चों को ठीक उसी स्टाइल में गुडबाय चिल्ड्रेन कहती है, जैसे 'गुडबाय चिल्ड्रेन' फ़िल्म में पादरी–शिक्षक गिरफ़्तार होते समय कहता है। जब यातना शिविर में आना की उम्र की बच्ची देखती है तो उसे प्यार करती है, सहारा देती है। मौत के मुँह में जाते हुए भी उसे संग रखती है अन्त तक उस बच्ची को ढाढस देती है।

मज़बूत और ख़ूबसूरत (उसे डॉक्टर जोसेफ़, एरिक का ऑफ़िसर तथा उसका अंकल ख़ूबसूरत कहता है) तो एरिक डोर्फ़ की पत्नी मार्टा भी है। वह भी अपने पति तथा बेटे–बेटी को प्यार करती है। लेकिन शारीरिक सुन्दरता ही सब कुछ नहीं होती है। वह बहुत महत्वाकांक्षी स्त्री है। इसी महत्वाकांक्षा के चलते वह अपने पति को नाज़ी अत्याचारों की

ओर धकेलती जाती है। जब एरिक का एक ऑफ़िसर मरने वाला है वह बहुत ख़ुश है क्योंकि अब वह पद एरिक को मिलने की सम्भावना है। इससे उसकी उन्नति हो जायेगी। वह विश्वास करती है कि वे लोग एक नया जर्मनी बना रहे हैं। डॉक्टर जोसेफ़ वाइस ने उसके दिल का इलाज किया है मगर वह इसके लिए कृतज्ञ नहीं है। बल्कि अपने पति से कहती है कि वह वाइस परिवार से कोई सम्बन्ध न रखे। अपने पति का काम वह जानती है, वह इसे आदेश मान कर काम करना कहती है। उसे इसमें कुछ गलत नज़र नहीं आता है। नाज़ी जर्मन की भाँति वह यहूदियों से नफ़रत करती है। बच्चों को भी बताती है कि वे बुरे लोग हैं। बाद में जब एरिक डोर्फ़ का अंकल एरिक के कारनामे बतलाता है तो वह उस पर गुस्सा होती है और उसे अपने घर से चले जाने के लिए कहती है। वह अन्त तक नहीं मानती है कि उसके पति ने कोई गलत या ख़राब काम किया है। शायद उसका साथ और बढ़ावा न मिलता तो एरिक इस लाइन में न जाता, वकालत करके ख़ुश रहता, आत्महत्या न करता। मुझे तो यह स्त्री मानसिक रूप से बीमार लगी, जिसमें दया, माया, सहानुभूति कोई मानवीय गुण नहीं है। उसका पति स्त्रियों, बच्चों, पुरुषों की हत्या करता है इससे उसे कोई फ़र्क़ नहीं पड़ता है। उसके लिए इससे अधिक महत्त्वपूर्ण उसकी लीडरशिप, उसका पद तथा उसकी पदोन्नति है। ऐसी स्त्री को ख़ूबसूरत और स्त्री कहना स्त्री का अपमान करना है। इतनी बुरी स्त्री का किरदार निभाने वाली अभिनेत्री की तारीफ़ अवश्य करनी होगी।

इन्गा जर्मन ईसाई है, उसने एक यहूदी से प्रेम और विवाह किया है। वह अपने पति और उसके परिवार को बहुत प्यार करती है। सुख–दुःख दोनों में उनका संग देती है। परिवार के सारे सदस्य भी उसे बहुत प्रेम करते हैं, उस पर बहुत विश्वास करते हैं। वह तन–मन दोनों से सुन्दर है। जब पति को गिरफ़्तार किया जाता है तो वह उसके साथ जाना चाहती है। जब रूडी घर छोड़ कर जा रहा है, वह केवल इन्गा को ही बताता है और अपनी माँ–बहन की देखभाल करने की अपील करता है जो वह करती भी है। वह भी जानता है, विश्वास करता है कि वह ऐसा करेगी। आना की मृत्यु के बाद वह अपनी सास बेर्टा को सहारा देती है, उसके साथ मिल कर रोती है, दुःख मनाती है। जब सार्जेण्ट कहता है कि वह अपने पति को छोड़ दे, उसके माता–पिता भी यही कहते हैं तो वह अपने माता–पिता से लड़ पड़ती है। उनसे स्पष्ट कहती है कि वह

उसका परिवार है, वह उन्हें नहीं छोड़ेगी। पति तक पत्र पहुँचाने, उससे मिलने के लिए अन्त में वह सार्जेण्ट का प्रस्ताव स्वीकार करती है लेकिन कभी समर्पण नहीं करती है। उसका मन पाक–साफ़ है। उसके इसी मन के चलते उसका पति कार्ल फिर से उसे अपना लेता है। फ़िल्म की शुरुआत में इन्गा ख़ूब ख़ुश है मगर इस प्रसन्नचित्त स्त्री को दारुण दुःख झेलना पड़ता है, पर–पुरुष को अपना शरीर सौंपना पड़ता है। वह यह करती है क्योंकि उसे पति से मिलना है, वह उसे प्रेम करती है। मेरिल स्ट्रीप की अभिनय क्षमता के विषय में कुछ कहने की आवश्यकता नहीं है। प्रेम, विवशता, क्रोध, सहानुभूति आदि भावनाओं को चेहरे के भाव से वह मूर्तिमान कर सकती है। फ़िल्म के अन्त में वह बची रहती है। अपने बेटे को ले कर ख़ुश है। रूडी से मिलकर वह उसके भविष्य की योजना जानना चाहती है। खुद के लिए भी उसने अपने बच्चे के साथ भविष्य तय किया हुआ है। रूडी को सम्पर्क बनाये रहने के लिए कहती है।

मज़बूत तो चेक युवती हेलेना भी है। वह अकेली रह रही है, परिवार के बाकी लोग ख़त्म हो चुके हैं। हेलेना बहुत स्मार्ट लड़की है। उसकी स्मार्टनेस का पता उसके परदे पर आते ही पता चल जाता है। वह बड़े कौशल से रूडी को गिरफ़्तार होने से बचाती है। रूडी तेज़ी से घटती घटनाओं के कारण बहुत परेशान था। वह उसकी परेशानी को बाँटती है। वह खुले तौर पर रूडी के प्रेम को स्वीकारती है। उसके जीवन में कोमलता का संचार करती है। ज़रूरत पड़ने पर अपनी सुन्दरता का उपयोग करती है, झूठ बोलती है, अपने पिता को कम्युनिस्ट बताती है, रूडी को भी कम्युनिस्ट बताती है। विद्रोह के समय वह रूडी से क़दम–से–क़दम मिला कर चलती है। उससे शादी करती है। यह बहादुर लड़की नाज़ी सेना की गोली का शिकार होती है और इसकी मृत्यु से रूडी के जीवन में शून्य व्याप्त हो जाता है।

'होलोकास्ट : द स्टोरी ऑफ़ द फ़ैमिली वाइस' कई अन्य फ़िल्मों की झलक लिए हुए होलोकास्ट के पूरे इतिहास, क्रूरता और अमानवीयता को विस्तार से दिखाती है। इस सिरीज़ का होलोकास्ट फ़िल्म इतिहास में विशिष्ट स्थान है। इसे देखकर उस अन्धकाल के विषय में बहुत कुछ जाना–समझा जा सकता है। कई सबक लिए जा सकते हैं।

'लाइफ़ इज़ ब्यूटीफुल' : सम्पूर्ण कॉमेडी

होलोकास्ट पर बहुत सारी फ़िल्में बनी हैं। 1997 में बनी 'लाइफ़ इज़ ब्यूटीफुल' उनमें से एक है। 1939 के यूरोप, खासकर दूसरे महायुद्ध की पृष्ठभूमि पर बनी फ़िल्मों में यह एक अद्भुत फ़िल्म है। इटली और द्वितीय महायुद्ध इसकी क्रियास्थली है। इसमें एक मजबूर पिता गुईदो अपने नन्हें से बेटे जोसुआ के लिए हिटलर के यातना कैम्प को खेल का हिस्सा बना देता है। वह बेटे को बताता है कि इस खेल के मैदान में छिपना है, रोना नहीं है, खुश रहना है, अपनी माँ के विषय में कोई प्रश्न नहीं पूछना है। खेल में अंक मिलेंगे और जो एक हज़ार अंक पा लेगा उसे उपहार स्वरूप टैंक मिलेगा।

द्वितीय विश्वयुद्ध पर बनने वाली फ़िल्मों में इतनी पैथेटिक, इतनी विडम्बनापूर्ण, इतनी त्रासद फ़िल्म शायद कोई और नहीं है। पिता–पुत्र खेल चालू करते हैं, खेल चलता रहता है, चलता रहता है और जब समाप्त होता है तो पिता अपने पकड़े जाने के ठीक पहले बेटे जोसुआ से कहता है कि हम जीत रहे हैं, फिर भी तुम्हें सैनिकों के हाथ नहीं लगना है। जाओ जाकर स्वेट बॉक्स में छिप जाओ। जोसुआ जीत की सवारी में निकले टैंक को अपना पुरस्कार समझ कर ख़ूब प्रसन्न होता है। फ़िल्म के अन्त को सकारात्मक बनाते हुए बच्चे जोसुआ को अमेरिकन सेना द्वारा स्वतन्त्र करा कर उसकी माँ से मिलवा दिया जाता है।

होलोकास्ट पर बहुत तरह की फ़िल्में बनी हैं, किसी को देखकर गुस्सा आता है, कोई जुगुप्सा जगाती है, किसी को देखने के बाद लाचारी का भाव मन में जन्म लेता है, कुछ अविश्वसनीयता पैदा करती हैं। लेकिन 'लाइफ़ इज़ ब्यूटीफुल' इन सबसे भिन्न है। फ़िल्म का अधिकांश हिस्सा यातना शिविर में चलता है फिर भी विडम्बना है कि फ़िल्म हास्य उत्पन्न करती है। यह पढ़ने–सुनने में भले अनोखा लगे पर यह फ़िल्म वास्तव में हास्य से भरपूर है जिसका अन्त त्रासद है, करुणा उत्पन्न करने वाला।

उदासी से सराबोर कर देने वाला। यह फ़िल्म चार्ली चैपलिन की याद दिलाती है। चार्ली के यहाँ भी करुण रस हास्य से पगा हुआ होता है। देखकर जीवन की विडम्बनाओं से हम रू–ब–रू होते हैं। इसे आसानी से ब्लैक ह्यूमर की श्रेणी में रखा जा सकता है। हाँ, ऐसी अनोखी कहानी और सोच को सलाम करने का मन करता है। होलोकास्ट पर ऐसी अनोखी, त्रासद हास्य की फ़िल्म बनाना साहस की माँग करता है।

रोबेर्टो बेनिग्नी इटली का लोकप्रिय कॉमेडियन है। उसी ने 1997 में इटैलियन भाषा में यह फ़िल्म निर्देशित की। यह इटैलियन, जर्मन तथा इंग्लिश भाषा में उपलब्ध है। रोबेर्टो बेनिग्नी ने विन्सेंज़ो सेरामी के साथ मिल कर इस फ़िल्म की कहानी लिखी। उसने फ़िल्म के प्रमुख पात्र गुइदो ओरेफ़िस की भूमिका भी की है। कुछ ही फ़िल्म निर्देशक ऐसे हैं जिन्होंने अपनी फ़िल्म में मुख्य भूमिका निभाई और पुरस्कार भी जीते। चार्ली चैपलिन पहले ऐसे निर्देशक थे। आर्सन वेल्स तथा राज कपूर ने यह किया है। लॉरेंस ऑलीवियर को भी अपने निर्देशन में हैमलेट बनकर प्रमुख भूमिका के लिए 1968 में ऑस्कर मिला था। वैसे देखा जाये तो 'लाइफ़ इज़ ब्यूटीफुल' का प्रमुख पात्र तो छोटा बच्चा गिसुआ (जोसुआ का इटैलियन पर्याय) है। यह चार साल का मासूम बच्चा जोसुआ (जिओर्जिओ कैटारिनी) बाद की पूरी फ़िल्म में छाया हुआ है। यही जोसुआ बड़ा होने पर फ़िल्म का कथावाचक भी है। फ़िल्म एक यहूदी इटैलियन की कहानी है। गुइदो ओरेफ़िस की पत्नी की भूमिका रोबेर्टो बेनिग्नी की वास्तविक पत्नी निकोलेटा ब्रास्ची ने की है। गुइदो सारे समय अपनी कल्पनाशक्ति के बल पर अपने परिवार को नाज़ी सैनिकों से बचाये रखने का प्रयास करता है।

फ़िल्म का शीर्षक 'लाइफ़ इज़ ब्यूटीफुल' ट्रॉटस्की के अन्तिम कथन से लिया गया है। देश निकाले के समय मैक्सिको में अपने मरने के पूर्व ट्रॉटस्की ने लिखा : 'नताशा अभी सहन से खिड़की तक आयी है तथा उसने इसे और खोल दिया है ताकि हवा आसानी से मेरे कमरे में आ सके। मैं दीवाल के नीचे घास की चमकीली हरी पट्टी एवं दीवाल के ऊपर साफ़ नीला आकाश तथा सब जगह सूर्य की रौशनी देख सकता हूँ। ज़िन्दगी ख़ूबसूरत है (लाइफ़ इज़ ब्यूटीफुल)। भविष्य की पीढ़ियों को सारी बुराइयों, दमन और अत्याचार को साफ़ करने दो, ज़िन्दगी खुल कर पूरी तरह जीने दो।'

फ़िल्म की शुरुआत में नाज़ी कहीं नहीं हैं। फ़िल्म एक ख़ुशनुमा वातावरण में प्रारम्भ होती है। तमाशा करने वाला गुइदो नयी ज़िन्दगी की शुरुआत

के लिए गाँव से टुस्कैनी शहर आया है। कार दुर्घटना भी उसके जीवन में ब्लेसिंग इन डिस्गाइज के रूप में होती है। उसके सपनों की रानी उसकी बाँहों में समा जाती है। उसका जीवन भरा–पूरा और प्रसन्न है। वैसे तो वह यहूदी है लेकिन अपनी नयी ज़िन्दगी में रमे होने के कारण पति–पत्नी चारों ओर उठ रही यहूदी–विरोधी आँधी की ओर ध्यान नहीं देते हैं और इसका ख़ामियाजा भुगतते हैं। फ़िल्म का पूर्वार्द्ध हँसी–ख़ुशी में बीतता है। इस हिस्से में रोमाण्टिक कॉमेडी है साथ ही है स्लैपस्टिक कॉमेडी। नायक वेटर का काम करता है। अपने अंकल के साथ रहते हुए वह एक स्कूल टीचर डोरा के प्रेम में पड़ता है। दोनों की पृष्ठभूमि भिन्न है, मगर प्रेम कब इन बातों की परवाह करता है। डोरा स्कूल टीचर है लेकिन वह एक धनी और कुलीन परिवार से है। साथ ही वह यहूदी भी नहीं है। जैसा कि आमतौर पर परिवार चाहते हैं, डोरा की माँ की भी इच्छा है कि डोरा किसी धनी–कुलीन घर के सिविल सर्वेण्ट से शादी करे। मगर डोरा को भाता है एक वेटर गुइदो। डोरा की उसी के परिवार के स्तर के व्यक्ति से सगाई होने जा रही है। उसका मंगेतर कुलीन परिवार से आता है लेकिन स्वभाव से बहुत घमंडी है। सगाई के दौरान गुइदो डोरा को ले कर चलता बनता है। वे शादी करते हैं और उनका एक बेटा होता है। डोरा की माँ ने अपनी बेटी से सम्बन्ध तोड़ लिए थे लेकिन कहते हैं न नाती–पोता अपने बच्चों से अधिक प्यारे लगते हैं। सो बच्चे के चौथे जन्मदिन से ठीक पहले बच्चे की नानी और बच्चे की माँ यानी माँ–बेटी में मेल–मिलाप हो जाता है।

बकरे की माँ की कब तक ख़ैर मनाएगी। चूँकि गुइदो यहूदी है अतः नाज़ी सैनिक उसे खोज निकालते हैं। गुइदो और उसका अंकल एलिसेओ साथ ही बच्चा जोसुआ पकड़ लिए जाते हैं। उन्हें यातना शिविर में डाल दिया जाता है। यह सब होता है ठीक बच्चे के चौथे जन्मदिन के अवसर पर। डोरा अपने परिवार के साथ रहना चाहती है और वह ऐसा कर पाती है। गुइदा नहीं चाहता है कि जोसुआ को शिविर की सच्चाई पता चले। भला कौन पिता चाहेगा अपने बच्चे को ऐसे भयंकर दृश्य से परिचित कराना। गुइदा नहीं चाहता है कि कैम्प की काली छाया बच्चे पर पड़े। इसके लिए वह एक खेल का ईजाद करता है। वह बच्चे जोसुआ को कहता है कि यहाँ एक खेल चल रहा है। खेल के नियम के छद्म में वह बच्चे को कैम्प के कई नियम बता–सिखा देता है। जैसेकि रोना नहीं है, माँ के पास जाने की ज़िद नहीं करनी है। अगर भूख की बात करोगे तो खेल में जीते हुए नम्बर कम

हो जाएँगे। खेल में जो पहले 1000 अंक जीत लेगा उसे उपहार स्वरूप एक टैंक मिलेगा। वह यह भी बताता है कि बाकी बच्चे छिपे हुए हैं ताकि वे खेल जीत सकें। कैम्प के गार्ड से बचे–छिपे रहने पर इस खेल में अंक मिलते हैं। गार्ड दुष्ट हैं क्योंकि वे खुद यह खेल जीतना चाहते हैं। जब पिता यह सब बता रहा हो तो चार साल के बच्चे के मन में किसी तरह की शंका होने की कोई गुंज़ाइश नहीं है। बच्चा मासूम है और पिता ने इतने आधिकारिक ढंग से सब बताया है। बच्चे के चारों ओर बीमारी, मौत का साया है लेकिन बच्चे को बस एक ही धुन सवार हो जाती है उसे 1000 अंक जमा करने हैं, खेल जीतना है और टैंक पाना है। बच्चे को कैम्प की भयंकरता से बचाये रखने के लिए पिता अपनी कलाबाजियों और तमाशों का प्रयोग करता है। वह साहसी और निडर है इसी बल पर वह यातनाओं से घिरा रह कर भी हँसी–खुशी का मुखौटा लगाये रखता है।

त्रासदी को, कॉमेडी को गुइदो अन्त तक बनाये रखता है। अन्त में वह बच्चे को स्वेटबॉक्स के पीछे छिपे रहने के लिए कहता है और खुद गोली का शिकार होता है। यह भी त्रासदी है कि बच्चे को पिता का मर कर गिरना भी खिलवाड़ लगता है। पिता के अभिनय को सत्य मान कर बच्चा हँसता है। विडम्बना है, जाते–जाते पिता बेटे को हँसा रहा है। इसी समय अमेरिकी टैंक बचाव के लिए आ जाते हैं और बच्चा सोचता है कि उसने खेल जीत लिया है। हालाँकि फ़िल्म सकारात्मकता पर समाप्त होती है। बच्चा अपनी माँ से मिल जाता है, उसे पता नहीं है कि उसका पिता मारा जा चुका है। बरसों बाद वयस्क होने पर उसे पता चलता है कि उसके पिता ने उसे ज़िन्दा रखने के लिए खुद को होम कर दिया था। पिता के त्याग और बलिदान के फलस्वरूप वह जीवित है। फ़िल्म के प्रारम्भ और अन्त में वयस्क जोसुआ के स्वर में कथा कही जाती है।

इस फ़िल्म को देखते हुए मुझे कई बार त्रासदी में कॉमेडी दिखाना क्रूरता लगी। एक्टिंग को ले कर मुझे कोई शिकायत नहीं है। सबने बहुत बेहतरीन अभिनय किया है। बेनिग्नी मंच और फ़िल्म का जाना–माना जोकर है, निकोलेटा ब्रास्ची ने उसकी सब फ़िल्मों में काम किया है यहाँ भी वह डोरा की भूमिका के साथ न्याय करती है। बच्चे के रूप में जियोजियो को देखकर दुःख होता है, उस पर खूब प्यार आता है, उसे दुलारने का मन करता है। बच्चों से अभिनय कराना आसान नहीं है। बेनिग्नी ने बच्चे से बड़ा सरल–सहज–स्वाभाविक अभिनय करवाया है। लेकिन कथानक को ले कर मेरी आपत्ति है। अविश्वसनीयता की हद को छूती यह फ़िल्म दर्शकों द्वारा ख़ूब सराही गयी।

'ऐन फ्रैंक' : पूरी कहानी

'जब युद्ध प्रारम्भ हुआ वह मात्र एक छोटी–सी बच्ची थी। जब यह समाप्त हुआ, वह एक पूरी पीढ़ी का स्वर थी...'

डायरी लिखना एक बहुत निजी प्रकार का लेखन है। डायरी में व्यक्ति अपने मन की सारी बातें बिना किसी दुराव–छिपाव के लिखता है। होलोकास्ट से पहले भी बहुत सारे यहूदी डायरी लिखते थे। होलोकास्ट के दौरान भी बहुत से यहूदियों ने डायरी लिखी और होलोकास्ट के भीतर अर्थात मृत्यु शिविर में भी कुछ लोग डायरी लिख रहे थे। इनमें से बहुत सारी डायरी उनके साथ समाप्त हो गयी। कुछ लोगों की डायरी बची भी तो उसमें कुछ पढ़ना मुश्किल था। मांस–चमड़े के साथ उनकी डायरी भी गल गयी थी। जैसा कि मिल्कोस रैडनोटी के साथ हुआ। एक कैम्प से दूसरे कैम्प ले जाते समय उसे गोली मार दी गयी। बहुत बाद में लाश की पैंट की पिछली पॉकेट से एक नोटबुक मिली जिसमें कविताएँ लिखी हुई थीं। लेकिन वे इतनी ख़राब हो चुकी थीं कि उन्हें पढ़ना मुश्किल था। इसी तरह एक किशोरी डायरी लिख रही थी। वह डायरी लिख रही थी जब वे लोग नाज़ी सेना से बचने के लिए घर की परछत्ती में रह रहे थे। वे लोग वहाँ 25 महीने यानी दो साल से अधिक रहे। इसके बाद वे नाज़ियों के हत्थे चढ़ गये, जहाँ घर के मुखिया को छोड़ कर सब समाप्त हो गये। डायरी लिखने वाली बच्ची भी। घर पहुँचने पर मुखिया को अपनी बेटी की डायरी मिली।

क्या गुज़री होगी इस पिता पर अपनी मृत बेटी की डायरी पढ़ते हुए। काफ़ी समय तक उसने इसे किसी को न दिखाया और जब प्रकाशित करवाया तो डायरी के काफ़ी अंश को उसने हटा दिया क्योंकि उन हिस्सों में कई लोगों के नाम थे, वे लोग मर चुके थे, एकाध जीवित भी थे। पिता नहीं चाहता था कि इन लोगों का नाम ख़राब हो अतः उसने कुछ हिस्से

प्रकाशन के लिए नहीं दिये। लेकिन बाद में पूरी डायरी भी प्रकाशित हुई। शुरू में कई वास्तविक नाम बदल दिये गये। प्रकाशन के पश्चात डायरी की सफलता अप्रत्याशित थी। 'डायरी ऑफ़ एन फ्रैंक' की अब तक 30 मिलियन से अधिक प्रतियाँ बिक चुकी हैं, इसका 60 भाषाओं में अनुवाद हुआ है। ऐन फ्रैंक की डायरी पर कई फ़िल्में बनी हैं। शायद आगे भी बनेंगी।

इस बात की कल्पना मात्र से झुरझुरी होती है कि एक परछत्ती में पूरे–पूरे ढाई परिवार दो साल से अधिक समय तक छिप कर रहे हों, वह भी तब जब बाहर निरन्तर बम बरस रहे हों, दरवाज़े पर कभी भी मौत की खटखटाहट सुनाई पड़ने की आशंका हो। विश्वास नहीं होता है मगर यह सच है और इसकी गवाह है एक बच्ची की डायरी। 12 जून, 1942 को नीदरलैण्ड्स में रहने वाली ऐन फ्रैंक ने जब अपना 13वाँ जन्म दिन मनाया, उपहार में उसे एक डायरी मिली। उसने तत्काल उसमें लिखना शुरू कर दिया। स्थान था जर्मनी अधिकृत होलैण्ड। इस डायरी में उस समय की दहशत के साथ–साथ एक संवेदनशील किशोरी की मानसिक, शारीरिक और संवेगात्मक उथल–पुथल भी दर्ज है। बाहर यहूदी खींच कर मृत्यु की ओर ले जाए जा रहे थे और भीतर यह किशोरी कभी भी पकड़े जाने की आशंका से ग्रस्त होने के बावजूद जीवन के विविध रंगों से परिचित हो रही थी। जीवन विडम्बनाओं का पुलिन्दा है। पहले–पहल ऐन ने डायरी में अपनी सामान्य दैनन्दिन को लिखा मगर शीघ्र ही वह एक काल्पनिक मित्र किटी को सम्बोधित करके लिखने लगी।

यह यहूदी परिवार नाज़ी जर्मनों से बचने के लिए एम्स्टरडैम आ गया। शीघ्र ही जर्मनी ने नीदरलैण्ड पर भी अधिकार कर लिया। जून 1942 में ऐन की बहन मार्गोट को डच नाज़ी हेडक्वार्टर्स में बुला भेजा गया। ऐन के डायरी लिखना प्रारम्भ करने के एक महीने बाद ही ऐन का परिवार, उसके पिता के व्यापारी साथी का परिवार परछत्ती में रहने को मजबूर हुआ। ऐन के परिवार में उसके अलावा उसके माता–पिता और बहन थी, दूसरे परिवार में पति–पत्नी और ऐन का हम उम्र–पीटर था। जल्द ही इनसे एक डेंटिस्ट भी आ जुड़ा जिसके कारण ऐन को कुर्सियाँ जोड़ कर सोना पड़ता था। इस स्थान में छिपने से पहले इन लोगों का जीवन अपने संयुक्त परिवार में बड़ा खुशहाल था। सारा परिवार इकट्ठा हो कर सब पर्व–त्योहार, जन्मदिन आदि मनाते। उसका पिता ओटो फ्रैंक प्रथम विश्वयुद्ध का तमगा प्राप्त सैनिक था, पर था तो आख़िर यहूदी ही

न। यहूदियों पर 1930 से ही दमन और अत्याचार शुरू हो गये थे मगर ऐन का पिता काफ़ी समृद्ध था अतः काफ़ी समय तक इन लोगों पर आंच न आयी मगर कब तक? यहूदी दुर्भाग्य इन पर टूट पड़ा। यहूदियों के यहाँ शिक्षा का बहुत महत्त्व है। यहाँ आने के पूर्व ऐन और उसकी बहन स्कूल जा रही थीं अब पीटर के साथ–साथ उनके पिता उन्हें पढ़ा रहे थे।

यह डायरी है एन की, इसमें वह अपनी निजी भावनाओं को खुल कर अभिव्यक्त कर रही थी। उसका अपने पिता से बहुत लगाव था, माँ के प्रति वह काफ़ी आलोचनात्मक थी। माँ एडिथ फ्रैंक के प्रति जब भी वह उद्दण्डता का व्यवहार करती, डायरी में भविष्य में उससे बचने, अपने व्यवहार को सुधारने की बात लिखती। इस बढ़ती हुई उम्र की किशोरी का पीटर के प्रति प्राकृतिक झुकाव हुआ। उसके साथ अपने शारीरिक और भावात्मक लगाव की बात वह लिखती है। वह लिखती है कि वह कभी पत्नी और माँ बन कर सन्तुष्ट नहीं होगी। उसका अपने ईश्वर और अध्यात्म पर अटूट विश्वास था। वह मानती थी कि उसका विश्वास एक उपहार है जिसे वह सँभाल कर रखेगी। आशावादी और जीवन्त ऐन विपरीत परिस्थितियों में भी साहस और प्रसन्नता की मूर्ति थी। डायरी का रचनात्मक लेखन ऐन की प्रतिभा का सबूत है। मगर इस प्रतिभा को 4 अगस्त, 1944 को परिवार के साथ गेस्टापो उठा कर ले गये। एक किशोरी के युवती बनने की दास्तान, 1 अगस्त, 1944 तक का जीवन इस डायरी में दर्ज है। मगर कुछ फ़िल्में कल्पना और प्राप्त जानकारी को मिलाकर डायरी लिखने के पहले और डायरी लिखना समाप्त करने के बाद की घटनाओं को भी दिखाती हैं।

यातना कैम्प में मार्च 1945 को टायफ़ायड से ऐन की मृत्यु हुई। ठीक पन्द्रह दिन बाद यातना शिविर के बाक़ी क़ैदियों को बचा लिया गया। पूरे समूह में केवल ओटो फ्रैंक ऐन का पिता बचा रहा। युद्ध समाप्ति के पश्चात् वह अपनी इसी परछत्ती में लौटा। नाज़ियों ने सब कुछ नष्ट कर दिया था जाने कैसे ऐन की डायरी बची रही। ब्रॉडवे पर इस डायरी पर खेला गया ड्रामा पुलिट्ज़र पुरस्कार का हकदार बना और कई फ़िल्में भी इस डायरी पर आधारित हैं। फ़िल्म की जानकारी के अनुसार साठ भाषाओं में इसका अनुवाद हुआ। एक सूत्र के अनुसार यह डायरी बाइबिल के बाद सबसे ज़्यादा बिकने वाली किताब है। इस आलेख में विश्लेषित फ़िल्म में पिता ओटो फ्रैंक के किरदार में बेन किंग्सले और ऐन की भूमिका में हन्ना

टेलर गोर्डन को देखना एक अलग अनुभूति है। निर्देशक रोबर्ट डोर्रहेल्म की फ़िल्म ऐन की डायरी के बहुत क़रीब है। यह फ़िल्म ऐन को यातना कैम्प में भी दिखाती जबकि डायरी उन लोगों के गिरफ़्तार होने के पहले तक ही लिखी गयी थी। ऐन फ्रैंक की 'डायरी ऑफ़ अ यंग गर्ल' पढ़ना बिल्कुल भिन्न अनुभव है। ऐन अपनी डायरी के रूप में सदा–सदा जीवित रहेगी और इसके साथ ही होलोकास्ट की भयानकता थी।

ऐन फ्रैंक की डायरी पर कई फ़िल्में बनी हैं, मैंने 'ऐन फ्रैंक : द होल स्टोरी' देखी है। इस डायरी पर बनने वाली एक शुरुआती फ़िल्म 'द डायरी ऑफ़ ऐन फ्रैंक' है। 1959 में बनी इस फ़िल्म का निर्देशन जॉर्ज स्टीवेंस ने किया है और ऐन की भूमिका में मिली पार्किन्स है तथा पीटर की भूमिका रिचर्ड बेमर ने की है, पिता ओटो फ्रैंक की भूमिका एक यहूदी अभिनेता जोसेफ़ शिल्डक्राउट ने की है। 2009 में बीबीसी ने ज़ोन जोन्स के निर्देशन में 'द डायरी ऑफ़ ऐन फ्रैंक' सिरीज़ बनायी। इसका स्क्रीनप्ले डेबोराह मोगच ने तैयार किया तथा एली केंड्रिक ने ऐन की भूमिका की है। इयान ग्लेन ओटो फ्रैंक है और फ़िलीसिटी जोन्स मार्गोट फ्रैंक बनी है। लेकिन बात करते हैं 'ऐन फ्रैंक : द होल स्टोरी' की। यह भी दो पार्ट में बनी टीवी सिरीज़ है। इस फ़िल्म की शुरुआत अपनी सहेलियों के साथ स्कूल और स्कूल से घर लौटती हँसती–खेलती ऐन के साथ होती है। चमकती आँखों वाली यह किशोरी किसी चिन्ता–परेशानी से कोसों दूर है। उसके मन में सुनहरे सपने हैं। प्यार भरे वातावरण में ऐन का बचपन बीता है। परिवार बहुत धनी नहीं है लेकिन गरीब भी नहीं है। पिता ओटो फ्रैंक एक बहुत समझदार, मितभाषी तथा शान्त बिज़नेसमैन है। अपने परिवार को बेहद प्यार करने वाला।

नाज़ी पहले ऐन से उसका स्कूल छीनते हैं, उसे, उसके परिवार तथा अन्य यहूदियों को पीला डेविड स्टार पहनाते हैं। उन्हें सार्वजनिक स्थानों का प्रयोग करने से रोक दिया जाता है। उनका पूरा जीवन उथल–पुथल हो जाता है। यहूदियों पर हो रहे अत्याचार की उड़ती–उड़ती ख़बर इन लोगों को मिलती है। जल्द ही पिता ओटो फ्रैंक (बेन किंग्सले) परिवार को गिरफ़्तारी से बचाने के लिए परछत्ती पर बने छोटे–छोटे कमरों में छिपा देता है। तीन कमरे और रहने वाले आठ लोग। खुली हवा उनके लिए दुर्लभ हो जाती है। बाहर की दुनिया से ये लोग पूरी तरह कट जाते हैं। भीतर भी ज़ोर से बात करना जानलेवा हो सकता है, नाचना–गाना दूर की बात है। पहले परछत्ती में केवल ऐन, उसकी बहन मार्गोट (जैसिका

मैनले) और उसके माता–पिता छिपे हुए हैं। जल्द ही तीन सदस्यों वाला एक मित्र परिवार, वैन पेल्स भी इस गुप्त स्थान में रहने आ जाता है। इस परिवार में माता–पिता, हरमन (जोआचिम क्रोल) और अगस्ट (ब्रेंडा ब्लेथिन) तथा ऐन से कुछ बड़ा उनका बेटा पीटर (निकलस औड्सले) है। हरमन लगातार सिगरेट पीता है, बेवकूफ़ी भरे चुटकुले सुनाता है। पीटर की माँ सदैव शिकायत करने वाली, भुनभुनाने वाली स्त्री है।

कुछ दिन और बीतते हैं और परिवार का यहूदी डेन्टिस्ट फ़्रिज़ फ़ेफ़र (जैन निकलस) वहाँ छिपने आ जाता है। जगह पहले भी बहुत न थी अब जगह इतनी कम है कि चलते समय सब एक–दूसरे से टकराते हैं। जब एक संकुचित स्थान में इतने लोग रह रहे हों तो एक और तरह की टकराहट उत्पन्न होती है। विचारों की टकराहट, स्वभाव की भिन्नता, आदतों की भिन्नता की टकराहट। एम्स्टरडैम की इस परछत्ती में भी यह सब होता है। शान्त स्वभाव के पीटर की चिड़चिड़े स्वभाव की माँ सदैव अपने पति और ऐन की माँ एडिथ से लड़ती रहती है। इतना ही नहीं वह ऐन के पिता ओटो फ्रैंक पर डोरे डालने का भी प्रयास करती है। ऐतिहासिक दृष्टि को ध्यान में रखते हुए इस फ़िल्म में उस समय की पोशाक तथा हेयर स्टाइल का खास ध्यान रखा गया है। यातना शिविर में भी ड्रेस उसके अनुरूप है।

अक्सर ऐन फ्रैंक की डायरी पर बनी फ़िल्में ऐन के डायरी लिखने से प्रारम्भ हो कर उसके डायरी लिखना बन्द करने यानी उनकी गिरफ़्तारी पर समाप्त हो जाती हैं। लेकिन 'ऐन फ्रैंक : द होल स्टोरी' अपने नाम के अनुरूप ऐन के डायरी लिखने के पूर्व के जीवन को भी दिखाती है साथ ही यह सिरीज़ सबके गिरफ़्तार होने और बिरकेनाऊ–ऑश्वित्ज यातना कैम्प भेज दिये जाने, वहाँ के अमानुषीय जीवन, ऐन की मौत और उसके बाद ओटो फ्रैंक के बचे रहने, पिता के डायरी मिलने, उसके डायरी पढ़ने जैसी तमाम घटनाओं को समेटती है।

आख़िर किसने मुख़बरी की, ये लोग क्यों और कैसे गिरफ़्तार हुए, यह इन बातों को भी इंगित करती है। फ़िल्म माँ–बेटी, बहन–बहन, पिता–पुत्री के सम्बन्धों को बड़ी सूक्ष्मता से दिखाती है। जैसा कि अक्सर होता है किशोरी ऐन अपने पिता को बहुत प्यार करती है लेकिन उसकी अपनी माँ–एडिथ फ्रैंक (टैटजेना ब्लैशर) से नहीं बनती है। एडिथ अपने परिवार की देखभाल बहुत अच्छी तरह करती है। ऐन के व्यवहार से वह दुःखी होती है यह दुःख उसकी आँखों में देखा जा सकता है। ऐन अपनी बात,

अपने विचार को सदैव ऊपर रखती है। उसे अपने काम में दूसरों का दखल पसन्द नहीं है। और ऐसी लड़की को जिसे वह बेवकूफ़ समझती है ऐसे डेन्टिस्ट के साथ कमरा शेयर करना है। कमरे में मात्र एक छोटी–सी मेज़ है, दोनों उसका उपयोग करना चाहते हैं। ऐन की चिड़चिड़ाहट समझी जा सकती है। बहनों में बहुत अधिक प्रेम है लेकिन यह सम्बन्ध बिरकेनाऊ–ऑश्वित्ज में और सघन हो जाता है। बहन मार्गोट बड़ी है लेकिन ऐन उसकी बीमारी के दौरान बड़ी बहन की तरह उसकी देखभाल करती है। बहन की मृत्यु पर ऐन के दुःख का पारावार नहीं रहता है और अन्ततः ऐन भी समाप्त हो जाती है।

किर्क एलीस की लिखी और रॉबर्ट डोर्नहैम द्वारा निर्देशित यह फ़िल्म दिखाती है कि इन लोगों को गिरफ़्तार करके पहले उन्हें ट्रांजिट कैम्प में रखा जाता है फिर मालगाड़ी से कैम्प भेज दिया जाता है। इनके ऊपर इनका नम्बर दाग दिया जाता है, सिर मूड़ दिये जाते हैं। भूख और बीमारी मृत्यु शिविर में सामान्य बात थी। फ़िल्म चूँकि इन लोगों के छिपने के पहले के जीवन को भी प्रदर्शित करती है अतः ऐन और हेलो सिल्डरबर्ग (निकी कैंटोन) के कुछ दिनों के सम्बन्ध को भी दिखाती है। वह ऐन को चॉकलेट ख़रीद कर देता है और दोनों एकाध बार मिलते हैं लेकिन यह प्यारा सम्बन्ध शुरू होने से पहले ही समाप्त हो जाता है। एक ख़ूबसूरत रिश्ता परवान चढ़ने के पहले ही हिटलर के पागलपन की भेंट चढ़ जाता है। इसी तरह यह भयानक समय बच्चों से उनकी दोस्ती छीन लेता है। यहूदी स्कूल में जैक वान मारसेन (विक्टोरिया ऐन ब्राउन) से ऐन फ्रैंक की गहरी दोस्ती हो जाती है। दोनों तय करती हैं यदि कभी वे दूर हो गयीं तो एक–दूसरे को पत्र लिखेंगी। लेकिन परछत्ती में गुप्त रहते हुए ऐन उसे कैसे पत्र लिख सकती है और वह पत्र कैसे पा सकती है जब दुनिया जानती नहीं है कि वह कहाँ है। पिता के बाद यही वह पहली व्यक्ति है जो ऐन की डायरी पढ़ती है।

मेलिशा मुलर की किताब 'ऐन फ्रैंक' पर आधारित इस सिरीज़ में ऐन फ्रैंक के रूप में ऊर्जा से भरी हुई तथा ख़ूबसूरत हन्नाह टेलर गोर्डन को देखना भाता है। ऐन की भावनाओं, उसके मूड्स का बड़ा सुन्दर अभिनय इस अभिनेत्री ने किया है। ओटो फ्रैंक बने बेन किंग्सले तो पहले से ही अकादमी विजेता हैं। मृत्यु शिविर से लौट कर जब ओटो परिवार जनों की खोज में भटकता है और जब उसे बेटी की डायरी मिलती है और वह बेबस हो कर ज़मीन पर गिर कर रोता है, दर्शक को इस मार्मिक दृश्य की

अनुभूति करा देता है। दर्शक इस फ़िल्म के द्वारा फ्रैंक परिवार के दारुण दुःख को वास्तव में जीता है। कैम्प में ऐन की माँ, पीटर समाप्त कर दिये जाते हैं। ऐन और उसकी बहन को खुजली हो जाती है उन्हें दूसरे कैम्प में भेज दिया जाता है जहाँ मार्गोट भूख, ठण्ड और बीमारी से मर जाती है। ऐन भी कहाँ बच पाती है। बचता है तो केवल ओटो फ्रैंक, उसके मन में अवश्य जीवित बचे रहने का अपराध–बोध होगा।

इस फ़िल्म की एक अन्य विशेषता है माइनर चरित्रों को भी संवेदनशीलता के साथ दिखाना। जैसे मिप गिस जो शुरू में छिपे हुए आठ लोगों की देखभाल करती है। मिप (लिली टेलर) बराबर इन लोगों से मिलने आती है, इनके लिए खाने–पीने की चीज़ों की ख़रीददारी करती है। ऐसे अन्धकाल में जब जीवन की कीमत माटी से भी कम रह गयी थी, गुप्त रूप से रह रहे लोगों से सम्पर्क रखना, उनकी सहायता करना अपनी जान जोखिम में डालना था। मिप गिस यह साहस करती है, यह जोखिम उठाती है। पीटर और ऐन हम–उम्र हैं। धीरे–धीरे उनमें प्रेम विकसित होता है और ऐन को अपने लड़की होने का भान होता है। डेन्टिस्ट की एक गैर–यहूदी प्रेमिका है, वह उससे लगातार सम्पर्क बनाये हुए है जो सबके लिए जोखिम है। यह फ़िल्म आम ज़िन्दगी के छोटे–छोटे ख़ूबसूरत पलों को समेटती है लेकिन अन्त की ओर जाते हुए बड़ी त्रासद हो जाती है।

'ऐन फ्रैंक : द होल स्टोरी' एक बच्ची की भावनाओं, स्वप्नों, आकांक्षाओं को दिखाती है। वास्तविक जीवन की यह कहानी बहुत मार्मिक, बहुत त्रासद है। एक हँसता–खेलता परिवार बिना अपनी किसी गलती के नष्ट हो गया, कुछ लोगों के पागलपन का शिकार हो गया। एक लड़की जो लेखिका बनने का सपना देखती थी, अपनी सारी सम्भावनाओं के साथ समाप्त हो गयी। उसे खिलने–खेलने का अवसर नहीं मिला। जीवन से उसे उखाड़ कर, नोच कर होलोकास्ट के हवाले कर दिया गया। और यह एक कटु वास्तविकता है। ऐसा मात्र एक ऐन के साथ नहीं हुआ। न जाने कितनी ऐन ऐसे ही नष्ट हो गयीं। न केवल बच्चों से उनका बचपन छीन लिया गया, एक सूत्र के अनुसार होलोकास्ट में क़रीब 1.5 मिलियन बच्चे मारे गये थे। बच्चे किसी भी देश के भविष्य होते हैं, वे मानवता की सम्भावनाएँ हैं। उन्हें नष्ट करने का अर्थ है मानवता को नष्ट करना, देश–दुनिया का भविष्य नष्ट करना। यही किया है होलोकास्ट ने। यही दिखाती है ऐन फ्रैंक पर बनी यह फ़िल्म।

'फ़ाइव ब्राण्डेड वीमेन' : जीने की ज़िद

जब भी द्वितीय विश्व युद्ध की बात होती है अथवा होलोकास्ट फ़िल्मों की हम बात करते हैं तो अधिकतर जर्मनी, पोलैण्ड की ही बात होती है, लेकिन होलोकास्ट का असर केवल जर्मनी और पोलैण्ड में ही नहीं हुआ। पूरे का पूरा यूरोप इससे प्रभावित था। ऑस्ट्रिया, रोमानिया, रूस, हंगरी, चेकोस्लोवाकिया, नीदरलैण्ड, बेल्जियम, फ्रांस, ग्रीस, नॉर्वे, इटली, युगोस्लाविया आदि देश भी इस हादसे का शिकार हुए। ऐसा भी नहीं कि सब यहूदियों ने नाज़ियों के सामने चुपचाप हथियार डाल दिये। कई स्थानों पर नाज़ियों का प्रतिरोध हुआ। यातना कैम्प के बाहर रहने वालों ने संगठित हो कर नाज़ी सेना का विरोध किया। यातना शिविर के भीतर भी जर्मन सेना से छुटकारे के प्रयास हुए। अक्सर ये प्रयास असफल सिद्ध हुए। नाज़ी बहुत बलशाली और योजनाबद्ध थे। उनके पास शक्ति, सेना तथा सत्ता थी। लेकिन कई बार यहूदी अपने मिशन में कामयाब हुए। उन्होंने यातना शिविर की भट्ठियाँ नष्ट कीं, शिविर तोड़कर निकल भागने में सफल हुए। नाज़ियों को मारा–जलाया। शिविर से इक्का–दुक्का भागने के प्रयास बराबर होते। अक्सर ऐसे क़ैदी मारे जाते। विभिन्न शिविर में संगठित विद्रोह हुए जिसमें से कई सफल हुए। न केवल बाहर रहने वाले यहूदी नाज़ियों से लोहा ले रहे थे वरन् अन्य कई और लोग भी यहूदियों के पक्ष में संगठित होकर लड़ रहे थे। कई देशों में प्रतिरोध दस्ते कायम थे। यह दीगर है कि इस सब के बावजूद नाज़ी साठ लाख यहूदियों का सफाया करने में कामयाब हुए। क्या इसे कामयाबी कहा जाना चाहिए? ख़ैर।

युगोस्लाविया में भी नाज़ियों का प्रतिरोध किया जा रहा था। वहाँ के प्रतिरोध दस्ते पर एक किताब है 'जोवान्का ए ले अल्टर'। इस उपन्यास को ऊगो पीरो ने लिखा है। उपन्यास में युगोस्लाविया को इटली ने अधिकृत किया हुआ है और वहाँ के स्थानीय लोग आन्दोलन कर उनका प्रतिरोध

कर रहे हैं। इसी उपन्यास पर फ़िल्म निर्देशक मार्टिन रिट ने फ़िल्म बनायी है। पहले फ़िल्म का नाम 'सेवन वीमेन, जोवान्का एण्ड जोवान्का एण्ड अदर्स' रखा गया था, जिसे बाद में रिलीज़ होने के समय 'फ़ाइव ब्राण्डेड वीमेन' कर दिया गया। 1960 में बनी यह फ़िल्म इटैलियन–अमेरिकन सहयोग से बनी है। डीनो डे लॉरेंटिस ने इसको प्रोड्यूस किया है। फ़िल्म में उपन्यास से हट कर युगोस्लाविया के प्रतिरोधियों को इटैलियन नहीं वरन् जर्मनों से लड़ते दिखाया गया है। फ़िल्म दिखाती है कि 1941 में जर्मनी ने युगोस्लाविया पर आक्रमण कर उसे अधिकृत कर लिया। स्थानीय लोगों ने प्रतिरोध आन्दोलन समूह बनाये। इसकी एक शाखा स्वयं को 'पार्टिसन आर्मी' कहती थी। पहाड़ियों में चल रही इस लड़ाई का अगुआ जोसेफ़ टीटो था। टीटो के नेतृत्व में क़रीब 70,000 योद्धा गुरिल्ला लड़ाई लड़ रहे थे।

पारामाउण्ट द्वारा प्रस्तुत इस फ़िल्म का स्क्रीनप्ले आइवो पेरिली ने तैयार किया है। अभिनेताओं का चुनाव अन्तरराष्ट्रीय स्तर पर किया गया है। युद्ध की विभीषिका और उसके परिणाम यहाँ स्पष्ट देखे जा सकते हैं। फ़िल्म की शुरुआत होती है जर्मन नाज़ी प्रतीक, उसके झण्डे से। झण्डे का आकार बता देता है, अब यहाँ किसका शासन है। यहीं से फ़िल्म का मूड सेट हो जाता है। इस श्वेत–श्याम फ़िल्म का प्रारम्भिक दृश्य बड़ा प्रभावशाली है, ख़ासकर उसके साथ चलता संगीत (एंजेलो फ्रांसेस्को लैवाग्नीनो)। एक अनाम शहर का चौराहा इसका केन्द्र है। यह चौराहा फ़िल्म के अन्त की ओर भी आता है। चौराहा प्रतीक है सार्वजनिक जीवन का। एक ओर आदेश पर जर्मन सैनिक मार्च कर रहे हैं, दूसरी ओर उमड़ती भीड़, भावनाओं से भरी भीड़ को बन्दूक के बल पर पीछे धकेला जा रहा है। चौराहे पर कुछ लोगों को गोली से उड़ा दिया जाना है। और आदेश मिलते ही जर्मन सैनिक वही करते हैं। ठाँय–ठाँय और लोग, नागरिक पलभर में लाश में तब्दील हो जाते हैं, भूलुण्ठित हो जाते हैं। दहशत, आतंक फैलाने के लिए सार्वजनिक रूप से लोगों को गोली से उड़ा देना तानाशाह बराबर करते आये हैं। जर्मन सैनिक अपना कर्तव्य पूरा करके आदेश पाते वापिस मार्च कर जाते हैं। रोते–बिलखते लोगों को बन्दूक के बल पर पीछे धकेल दिया जाता है। 110 मिनट की इस इंग्लिश फ़िल्म का कैमरा गुसेप रोटुनो ने सँभाला हुआ है।

आगे भी नाज़ी झण्डा प्रमुखता से लहरा रहा है। नाज़ी सैनिक गश्त

लगा रहे हैं। उनका अनुशासन देखते बनता है। वे पैदल भी मार्च कर रहे हैं और ट्रकों में भी। एक सुनसान गली से एकाकी बच्ची की भागती पीठ दर्शक देखता है और बगल से एक सैनिक ट्रक गुज़रता है, बच्ची भाग कर बिल्डिंग के भीतर चली जाती है। समय है 1943, स्थान है युगोस्लाविया का एक शहर। पूरी फ़िल्म युद्ध काल में चलती है। ऑस्ट्रिया में फ़िल्माई गयी यह फ़िल्म एक्शन से भरपूर है। एक जर्मन सार्जेण्ट केलर (स्टीव फ़ोरेस्ट) स्थानीय लड़कियों से सम्बन्ध बनाता है। कभी लड़की खुशी से राजी हो जाती है कभी उसकी धमकी से विवश हो कर सम्बन्ध बनाती हैं। एक को वह धमकी देता है यदि वह उसकी बात नहीं मानेगी तो वह उसके भाई को पकड़ लेगा। एक बार वह फ़िल्म की नायिका जोवान्का (सिल्वाना मैन्गानो) से झाड़ियों में सम्बन्ध बनाता है उसी समय पार्टीशन समूह के लोग उसे मारते हैं। जब लड़कियों को शहर के बाहर ले जाया जा रहा है वह पट्टियों में बँधा हुआ है, खिड़की से चिल्लाता है। अपनी दशा के लिए उन लोगों को दोष देता है। जिन लड़कियों ने जर्मन सैनिकों से सम्बन्ध बनाया है ऐसी पाँच लड़कियों के बाल सज़ा के तौर पर काट दिये जाते हैं। जोवान्का उनमें से एक है। इन्हें द्रोही करार कर शहर से बाहर निकाल दिया जाता है। सार्जेण्ट को भी सज़ा मिलती है। जोवान्का उसे मात्र जर्मन नहीं एक मनुष्य भी मानती है। ये अभिनेत्रियाँ सिर मुड़ी स्त्रियों की भूमिका के लिए राजी कैसे हो गयीं। इस तरह की भूमिका बहुत साहस की माँग करती है। इस लिहाज़ से इन अभिनेत्रियों की अभिनय के प्रति समर्पण की दाद देनी होगी।

इनके बाल काटे जाते हैं पुरुषवादी मानसिकता के कारण। स्थानीय गुरिल्ला पुरुषों को लगता है कि यदि इन लड़कियों को सज़ा न दी गयी तो गुरिल्ला शक्ति का मान कम हो जायेगा। पाँचों की यात्रा शहर के बाहर शुरू होती है। ज़ाहिर–सी बात है पाँचों के विचार और व्यक्तित्व भिन्न–भिन्न हैं। पहले वे एक उजाड़ चर्च में जाती हैं। इस चर्च में इनके जाने से एक अन्य युद्धाधारित फ़िल्म 'टू वीमेन' की याद आती है। इसमें युद्ध काल में इटली में माँ (सोफ़िया लॉरेन)–बेटी एक उजाड़ चर्च में शरण लेती हैं और वहाँ सैनिकों द्वारा उनका बलात्कार होता है। इनमें से एक को बहुत भूख लगी है, वैसे भूखी तो बाकी चारों भी हैं। वे एक घर में घुसकर रोटी चोरी करती हैं और भागती हैं। सुरक्षा की दृष्टि से वे साथ रहती हैं, उन्हें नाज़ियों के अलावा दूसरे लोगों से भी भय है। जिस लड़की मीरा (कार्ला ग्रेवीना) को बहुत भूख लगती है असल में वह गर्भवती है।

उसका सम्बन्ध एक नाज़ी युवक पॉल से हुआ था। एक लड़की कहती है बच्चे होना वण्डरफुल बात है। पहले उन्हें लगता है कि वे क्यों जीवित रहें, मर जाना बेहतर है। इनमें से एक लड़की डेनिज़ा (वेरा मिलेस) कलाई की नस काट कर आत्महत्या का प्रयास भी करती है। लेकिन बाद में इन्हें अपने जीवन का लक्ष्य–नाज़ियों का प्रतिरोध करना–मिल जाता है। एक अन्य लड़की जर्मन से बच्चा चाहती है, जर्मन की भाँति लम्बा और ख़ूबसूरत बच्चा।

चूँकि फ़िल्म का लोकेशन एल्प्स की पहाड़ियाँ और जंगल है अतः कैमरा कई बार जूम हो कर इनकी ख़ूबसूरती दिखाता है लेकिन फ़िल्म श्वेत–श्याम होने के कारण इन प्राकृतिक दृश्यों की सुन्दरता उतनी खुल कर नज़र नहीं आती है। यह एल्प्स का वातावरण 'साउण्ड ऑफ़ म्यूजिक' फ़िल्म में रंगीन होने के कारण कितना ग़ज़ब का लगता है। फ़िल्म कुछ फ़िल्मी लटकों–झटकों का भी प्रयोग करती है। पाँचों स्त्रियों को नहाने की तलब होती है और वे कपड़े उतार कर झरने में उतर पड़ती हैं। पानी में नंगी खड़ी ये औरतें आपस में ख़ूब बातें कर रही हैं। न केवल दर्शक इनको देखता है वरन् एक गुरिल्ला सैनिक भी इन्हें निहार रहा है। वह इतना उत्तेजित होता है कि पहाड़ियों से सरकता–कूदता इनके निकट पहुँच जाता है। इस तरह की घटनाएँ फ़िल्म की सघनता को कम कर उसे बाज़ारू रुख दे देती हैं।

एक दृश्य में गुरिल्ला कुछ जर्मन सैनिकों को मार गिराते हैं। ये लड़कियाँ उन मरे हुए सैनिकों के कपड़े, जूते और हथियार ले लेती हैं। इस तरह ठण्ड से बचने और अपनी सुरक्षा का उपाय इन्हें मिलता है। एक उजाड़ स्थान पर ये रात बिता रही हैं तब जर्मन सैनिक इनका बलात्कार करना चाहते हैं तब जोवान्का सैनिक को पिस्तौल से मार गिराती है। जब ये आगे बढ़ती हैं तो वेल्को के नेतृत्व वाला गुरिल्ला समूह इन्हें मिलता है। समूह इन्हें अपने साथ अपने अभियान में शामिल कर लेता है। यह वही वेल्को है जिसने जोवान्का के बाल काटे थे। उसी के कहे पर समूह लड़कियों को अपने साथ लेता है। एक अभियान में लगा समूह है तो उसके कुछ नियम–क़ायदों का पालन सदस्यों के लिए अत्यावश्यक है। मसलन कोई शारीरिक सम्बन्ध नहीं बनायेगा। क्योंकि शारीरिक सम्बन्ध से बच्चे हो सकते हैं और बच्चे आन्दोलन में बाधा पैदा करेंगे। ऐसे ही एक अन्य फ़िल्म 'डिफ़ायंस' में भी आन्दोलनकारी सदस्यों को ऐसे ही निर्देश देते हैं। लेकिन क्या यह सम्भव है? क्या यह प्राकृतिक है? हिन्दी में एक

कहावत है आग के पास घी है तो वह पिघलेगा ही। स्त्री–पुरुष सम्बन्ध बनाएँगे ही। यह प्रकृति का नियम है। और ऐसी अवस्था में बच्चे भी हो सकते हैं यह भी अटल सत्य है। शायद उन दिनों गर्भ निरोधक का इतना प्रचलन नहीं था। और बच्चे समाज के लिए, आन्दोलन के लिए आवश्यक हैं। वरना अभियान आगे कैसे बढ़ेगा। अगली पीढ़ी कैसे तैयार होगी। और इस फ़िल्म में तो एक लड़की पहले से ही गर्भवती है।

इस फ़िल्म में प्रमुख नायिका जोवान्का की भूमिका के लिए सिल्वाना मैन्गानो के पहले कई नामों–सोफ़िया लॉरेन, शिर्ली मैक्लेन, बारबरा निकोल्स, जूली हैरिस, क्लैएर ब्लूम, एवा गार्डनर आदि पर विचार किया गया था। कहा तो यहाँ तक जाता है कि निर्देशक रिट ने यह भूमिका ली रेमिक को भी ऑफ़र की थी लेकिन उसने इस भूमिका को करने से इनकार कर दिया। वैसे शुरू में घोषणा हुई थी कि जीना लोलोब्रिगिडा जोवान्का की भूमिका करने जा रही हैं, लेकिन बाद में जीना इस प्रोजेक्ट से हट गयी। एक सूत्र के अनुसार वह बाल उतरवाने के लिए राजी न थी।

हाँ, तो फिर से बात करते हैं फ़िल्म 'फ़ाइव ब्राण्डेड वीमेन' की। एक बात जो फ़िल्म को कमज़ोर बनाती है वह है इन लड़कियों का अचानक कुशल बन्दूकची बन जाना, मशीनगन चलाना। फ़िल्म चरित्रों को स्वाभाविक रूप से विकसित होने का अवसर नहीं देती है। शायद इसीलिए निर्देशक ने एक साक्षात्कार में कहा कि वे केवल अपनी इस फ़िल्म को ले कर शर्मिन्दा हैं। इस फ़िल्म में स्त्री–पुरुषों को सम्बन्ध न बनाने का आदेश दिया जाता है लेकिन आयुध चलाने का प्रशिक्षण नहीं। अपनी बात को मज़बूती देने के लिए एक कहानी भी सुनाई जाती है, दो स्त्री–पुरुषों ने ऐसा किया था नतीजा हुआ जर्मन घुस आये और उन लोगों ने पार्टीशन समूह के चालीस लोगों की जान ले ली। आन्दोलन को इससे नुक़सान पहुँचा। आन्दोलन की सफलता के लिए नैतिकता का पालन ज़रूरी है। आदेश देना एक बात है और उसका पालन होना दूसरी। यहाँ भी एक जोड़ा बनता है। लेकिन पता चलते ही उनकी हत्या कर दी जाती है। यह होता है उनको सज़ा देने के लिए और दूसरों को सबक देने के लिए। जोवान्का को इस जोड़े की स्त्री को मारना था मगर वह आदेश के बावजूद गोली नहीं चलाती है। नियम सुनते समय भी उसने आपत्ति की थी। उसका मानना है क्योंकि खुलेआम प्यार की इजाज़त नहीं है इसलिए लोग छिप कर प्रेम करेंगे।

फ़िल्म में एक नाज़ी कैप्टन रेनहर्ट (रिचर्ड बेसहर्ट) को पकड़ लिया जाता है। उसकी सुरक्षा और निगरानी की ज़िम्मेदारी लूबा (जीनी मोरीउ) लेती है। धीरे–धीरे लूबा इस क़ैदी के प्रति आकर्षित हो जाती है। पता चलता है कि युद्ध के पहले वह एक यूनिवर्सिटी प्रोफ़ेसर था और फ़िलॉसफ़ी पढ़ाता था। वह लूबा से कहता है यदि वह उसे मारेगी तो उसके लिए युद्ध जल्द समाप्त हो जायेगा। और जब वह एक दिन भागने का प्रयास करता है तो कर्तव्य से बँधी लूबा उसे गोली मार देती है। कैप्टन के मरने से वह बहुत दुःखी होती है और उसके दुःख को समूह के अन्य सदस्य और दर्शक अनुभव करते हैं। ये लोग जर्मनों से क़ैदी अदला–बदली की बात सोच रहे थे। लेकिन कैप्टन नाज़ियों को जानता था वह कहता है अदला–बदली नहीं होगी जर्मन क़ैदियों को मार डालेंगे। सबको भेज कर नाज़ियों को कुछ समय रोके रखने के लिए वेल्को रुक जाता है, जोवान्का कहती है कि वह भी उसके साथ रुक रही है। वह वहीं उसके साथ रुक जाती है, मशीनगन सँभाल लेती है। कोमल सम्बन्ध तो धीरे–धीरे कठोर वेल्को (वैन हेफ़्लीन) और जोवान्का में भी विकसित होते हैं। लेकिन परिस्थितियाँ उन्हें प्यार करने का मौक़ा नहीं देती हैं, दुश्मन की लम्बी क़तार मात्र कुछ समय की दूरी पर है। इसलिए निर्देशक केवल उनका हाथ स्पर्श करवाता है।

फ़िल्म की नायिका होने के नाते जोवान्का–सिल्विया मैगानो, अलग से दीखती है लेकिन अन्य अभिनेत्रियों का काम भी बहुत अच्छा है। पुरुष पात्रों में जर्मन युद्ध–बन्दी कैप्टन रेनहर्ट ध्यान खींचता है। उसकी स्थिति और उसका व्यक्तित्व दर्शकों की सहानुभूति बटोरता है। और गुरिल्ला नेता वेल्को भी ध्यानाकर्षित करता है। वेल्को शुरू में बहुत दुष्ट के रूप में फ़िल्म में प्रवेश करता है लेकिन अन्त की ओर वह एक काबिल, अपने दल की चिन्ता करने वाले नेता के रूप में उभरता है। जोवान्का नायिका है। वह कम बोलती है लेकिन उसकी भावपूर्ण आँखें बहुत कुछ व्यक्त करती हैं। वह जब भी बोलती है बहुत अर्थपूर्ण बात कहती है। फ़िल्म युद्ध विरोधी सन्देश देने में सफल रहती है। फ़िल्म के अन्त में जोवान्का नाज़ियों को और खुद उन लोगों को बर्बर कहती है। यह बहुत सटीक शब्द है। नाज़ी बर्बर थे इसमें कोई दो राय नहीं है लेकिन ये गोरिल्ला उससे कम बर्बर, कम क्रूर नहीं हैं। अगर जर्मन गाँव वालों को मार कर लटका देते हैं तो गुरिल्लाओं का लड़कियों के बाल काट देना, प्यार करने वालों स्वेन्का

(एलेक्स निकोल) तथा डैनिज़ा (वेरा मिलेस) को, हँसते–खेलते अपने दो लोगों को, माफ़ी माँगने के बावजूद अनुशासन के नाम पर गोली से उड़ा देना बर्बरता नहीं तो और क्या है?

अन्तिम दृश्य की ओर आने से पहले फ़िल्म फिर से उसी चौराहे पर पहुँचती है। वेल्को ने आदेश दिया है, हम फिर से अपने शहर जा रहे हैं। कारण है नाज़ी अपनी दसवीं वर्षगाँठ का जश्न मनाने जा रहे हैं। यह अच्छा मौक़ा है। बहुत सारे प्रमुख नाज़ी ऑफ़िसर वहाँ जमा होंगे। गुरिल्ला सेना अपने आन्दोलन को मुकाम पर पहुँचा सकती है। कैमरा कट हो कर चौराहे पर पहुँचता है जहाँ नाज़ियों का मार्च पास्ट चल रहा है, सजावट हो रही है। मौक़ा देखकर गुरिल्ला दल आक्रमण करता है। मगर कहाँ मुट्ठी भर गुरिल्ला और कहाँ नाज़ी सेना। फिर भी नाज़ी झण्डा भूलुण्ठित होता है। गुरिल्ला कई नाज़ी सैनिकों को मारने में कामयाब रहते हैं। यह सीन एक्शन से भरपूर है।

वेल्को का मानना है जर्मनों ने उन्हें बर्बर बना दिया है, ऐसा जो नष्ट करते हैं। वेल्को को विश्वास है, युद्ध समाप्त होते ही सब कुछ फिर से वापस सामान्य हो जायेगा, सब फिर से ठीक हो जायेगा। क्या कभी ऐसा होता है? युद्ध के बाद की विभीषिका युद्ध से कम भीषण नहीं होती है। युद्ध के बाद बचे हुओं का, विजेता और विजित किसी का भी जीवन सामान्य नहीं रह जाता है। जोवान्का भी फ़िल्म में वेल्को से कहती है, 'हम कभी वापस नहीं जा सकते हैं।' सामान्य अवस्था में भी कोई व्यक्ति एक नदी में दोबारा नहीं उतर सकता है, युद्ध–काल और उसके बाद की तो बात ही क्या है। एक और दृश्य में जोवान्का कहती है वह कन्धे–से–कन्धा मिला कर लड़ेगी लेकिन अतीत नहीं भूलेगी। कहाँ कोई अपना अतीत भूल पाता है। वह कहती है, मैं जैसी हूँ मुझे वैसा ही स्वीकार करो। फ़िल्म में एक और अर्थपूर्ण संवाद है, हम सब इनसान हैं, हम जर्मन जैसे हैं। इसी तरह एक प्रश्न है क्या जर्मन अच्छे होते हैं? फ़िल्म उत्तर देती है, कुछ जर्मन अच्छे होते हैं। सही बात है, कोई नस्ल या जाति पूरी–की–पूरी ख़राब या अच्छी नहीं होती है। सब में कुछ अच्छे कुछ बुरे लोग होते हैं।

'द लास्ट ट्रेन' : अन्त तक संघर्ष

यह 1943 का साल है। नाज़ी लाखों–लाख यहूदियों को भट्ठी में झोंक चुके हैं लेकिन उनकी हैवानियत अभी ख़त्म नहीं हुई है। बर्लिन में अभी भी कुछ यहूदी बचे हुए हैं। क्या उन्हें ज़िन्दा छोड़ा जा सकता है, कदापि नहीं। अतः उन्हें चुन–चुन कर पकड़ा जा रहा है, ट्रेन में भर कर मृत्यु शिविर में पहुँचाया जा रहा है। कभी भी नाज़ी सैनिक आते और लोगों को पकड़ कर ले जाते। ऐसे ही अप्रैल 1943 में जर्मनी की राजधानी बर्लिन में बचे–खुचे यहूदियों की धर–पकड़ होती रही। उन्हें बन्दूक की नोक पर बर्लिन–ग्रूनेवॉल्ड स्टेशन पर जमा किया जाता है और फिर वहाँ से ट्रेन में जानवरों की तरह ठूँसकर ऑश्वित्ज के लिए रवाना कर दिया जाता है। ट्रेन वास्तव में मालगाड़ी, जानवर ले जाने वाली गाड़ी है। कई दिन की यात्रा के लिए उन्हें खाने की कोई सामग्री नहीं दी जाती है और पूरे डिब्बे भर लोगों के लिए मात्र एक बाल्टी पानी है। इस भयंकर यात्रा को 2006 में फ़िल्म निर्देशक जोसेफ़ विल्समाएर तथा डाना वावरोवा (जोसेफ़ विल्समाएर की पत्नी, जिसने निर्देशक के दुर्घटनाग्रस्त होने पर निर्देशन का काम सँभाला) ने फ़िल्माया है। जर्मन भाषा में बनी यह फ़िल्म इंग्लिश सबटाइटिल्स के साथ उपलब्ध है। फ़िल्म का पूरा नाम है, 'द लास्ट ट्रेन टू ऑश्वित्ज' लेकिन जानी जाती है केवल, 'लास्ट ट्रेन' के नाम से। फ़िल्म जर्मनी–चेक रिपब्लिक सहयोग से बनी है।

आइए फ़िल्म 'द लास्ट ट्रेन' की ओर चलें। देखें, यहाँ क्या हो रहा है। फ़िल्म शुरू होती है ट्रेन की छुक–छुक आवाज़ के साथ। और स्क्रीन पर एक तारीख उभरती है, 19.4.1943, साथ ही लिखा है 688 यहूदी बर्लिन से ऑश्वित्ज को डिपोर्ट कर दिये गये। फिर नज़र आती हैं दूर जाती रेल की पटरियाँ, छतनार पेड़, अन्धकार और फिर आता है फ़िल्म

का टाइटिल, 'द लास्ट ट्रेन'। यहाँ से कैमरा कट करके टाइपराइटर की खटखटाहटों की आवाज़ों के साथ एक नाज़ी ऑफ़िस में पहुँचता है। जहाँ दीवाल पर हिटलर का सबसे बड़ा प्रतीक उसका झण्डा लहरा रहा है। झण्डे का आकार आतंक पैदा करता है। ऑफ़िस में पता चलता है, वे हिटलर को अनोखा उपहार देने जा रहे हैं। आगे चल कर पता चलता है अगले दिन हिटलर का जन्मदिन है और वे बर्लिन के बचे–खुचे यहूदियों को ऑश्वित्ज भेज कर, बर्लिन की पूरी तरह से सफ़ाई का उपहार उसे देने जा रहे हैं। बर्लिन से यहूदी तक़रीबन समाप्त किये जा चुके हैं, बचे हुओं को जितनी जल्दी सम्भव हो हटाना है। टाइपराइटर की खटखटाहट जारी रहती है। उसकी तेज़ गति योजना को तेज़ गति देने की पूरक है।

कैमरा कट हो कर एक सोए हुए परिवार–पति–पत्नी और एक बेटी तथा एक बच्चे पर फ़ोकस करता है। घर शान्त है और घर के बाहर सड़क पर त्वरा के साथ जर्मन ट्रक रुकता है, कूद कर नाज़ी सैनिक उतरते हैं और घरों के दरवाज़े भड़भड़ाना शुरू करते हैं। उनके पास बाक़ायदा लोगों के नामों की लिस्ट है, वे लोगों को नाम ले कर पुकारते हैं। वे कहते हैं, हेनरी न्यूमैन और बस हेनरी का पूरा परिवार समाप्त। बाहर से वे कहते हैं, 'गेस्टोपो' और घर के भीतर वालों को पता चल जाता है दरवाज़े पर मौत खड़ी है। नाज़ी ऑफ़िसर कितने प्रेम से बच्चों से बात करते हैं लेकिन चेहरे का काइयाँपन उनके इरादे ज़ाहिर कर देता है। बच्ची से कहता है, हम तुम्हें सुरक्षित स्थान पर ले जा रहे हैं, जहाँ तुम्हारे मम्मी–पापा काम करेंगे। कैबरे गायक और चुटकुलेबाज रोसेन को आदेश दिया जाता है, पाँच मिनट में जो पैक करना है कर लो। वह अपनी मासूमियत में सोचता है कि वह इन नाज़ी ऑफ़िसरों को जोक्स सुना कर ख़ुश कर देगा। वे सुन कर ख़ुश होते भी हैं लेकिन उसे धकेलकर ट्रक में चढ़ा भी देते हैं। एक प्रेमी जोड़ा छिपने का प्रयास करता है लेकिन नाज़ियों से बचा नहीं जा सकता है। धनी प्रेमी लड़का एल्बर्ट रोसेन नाज़ी ऑफ़िसरों को काफ़ी लालच देता है लेकिन कुछ काम नहीं आता है, उन दोनों को भी गिरफ़्तार कर स्टेशन पहुँचा दिया जाता है। स्टेशन पर भी हिटलर के झण्डे लहरा रहे हैं और वहाँ हैं, जर्मन भयंकर ख़ूँखार कुत्ते।

ट्रेन आती है और सबको चढ़ने का आदेश होता है। एक स्त्री सारा चीख कर कहती है, ये हमें काम के लिए नहीं, मारने के लिए ले जा

रहे हैं। स्त्री सारा प्रतिरोध करती है तो उसके कपड़े फट जाते हैं। सारा नाज़ियों के कारनामों का गाना गाने लगती है और उसका अन्त होता है गोली से। शायद यह अन्त बेहतर है। प्रेमिका रूथ को पहले गोली मारने को कहा जाता है लेकिन फिर रोक दिया जाता है नाज़ी उसे इतनी आसान मौत नहीं देना चाहते हैं। एक ऑफ़िसर दूसरे से कहता है, कई दिन का सफ़र है, अब ये तुम्हारी मुसीबत हैं। यह बहुत बड़ी ज़िम्मेदारी का काम है। अब इन कैदियों का भाग्य विधाता बच्चों जैसे चेहरे वाला दूसरों को सता कर खुश होने वाला नाज़ी ऑफ़िसर क्रेवेस (लुडविग ब्लोचबर्जर) है। स्टेशन पर एक युवक लोगों को अपने विश्वास में ले रहा है क्योंकि वह अपने साथ एक छोटी कुल्हाड़ी ले जा रहा है और उसे विश्वास है कि वे निकल भाग सकेंगे। वह पूर्व बॉक्सर, दस साल पहले लेहमैन को हराने वाले हेनरी से सम्पर्क साधता है, दो भाइयों को भी अपने पक्ष में कर पाता है। पत्नी के मना करने के बावजूद रोसेन लोगों से बात कर रहा है। एक स्त्री अपना शिशु लिए हुए है। सबको ठेल कर डिब्बे में चढ़ा दिया जाता है और डिब्बा बाहर से बन्द कर दिया जाता है। डिब्बे में एक रबाई लगातार मन्त्र बोल रहा है, प्रार्थना कर रहा है। वहाँ डॉक्टर रेडल फ़्राइड और उनकी बेटी है। बेटी का शिशु है। दो भाई हैं, दोनों भाई साथ रहने का प्रयास कर रहे हैं। माँ शिशु को सीने से लगाये हुए है।

ट्रेन के इस डिब्बे में जिन्हें ठूँसा गया है वे अपराधी नहीं हैं, वे समाज के सम्मानित नागरिक हैं। कोई डॉक्टर है, कोई शिक्षक और कोई पियानो वादक। बस, उनका एक ही अपराध है, वे यहूदी परिवार में जन्में हैं। इसमें है एक पूर्व का बॉक्सर हेनरी न्युमैन (गेडिओन बुर्खार्ड), उसकी पत्नी ली न्युमैन (लाला यवस), बेटी नीना (लेना बायरलिंग) और उनका दुधमुँहा बच्चा डेविड। बूढ़ा कैबरे परफोर्मर यकोब रोसेन (इंग्लिश में जेकब) (हान–जुर्गेन सिबलार्मैन) उसकी साथिन पियानोवादक गैब्रिएला हेलमैन (ब्रिजिट ग्रोथम) है। एक डॉक्टर फ़्रैडलिच (जुगराज कुकुरे), उसकी बेटी एरिका फ़्रैडलिच (शेरॉन ब्राउनर), एक निर्भीक, धनी युवा एलबर्ट रोसेन (रोमन रॉथ) तथा उसकी प्रेमिका एक युवती रूथ ज़िल्बरमैन (सिबल केकीली) है। जिस तरह ट्रेन के डिब्बे में ठूँसकर उन्हें बाहर से बन्द कर दिया गया है, उसका वास्तविक चित्रण होलोकास्ट के साहित्य में बराबर

मिलता है। होलोकास्ट से जीवित बचे रहे जिन लोगों ने अपने अनुभव शब्दों में दर्ज किये हैं उनमें से कई लोगों ने इस ट्रेन का चित्रण किया है।

फ़रवरी 1944, फ़ोसोली को जर्मनों ने अधिकृत कर लिया है, उन्होंने लेवी और छह सौ पचास अन्य क़ैदियों को ट्रेन में ठूँस दिया है जिसकी मंज़िल ऑश्वित्ज है। होलोकास्ट से जीवित बचे और स्वतन्त्र होने, ख़ूब लिखने–पढ़ने के चालीस साल बाद आत्महत्या करने वाले प्रीमो लेवी द्वारा वर्णन देखिए, "मालगाड़ी के बारह डिब्बे थे और छह सौ पचास हम, मेरे डिब्बे में हम केवल पैंतालिस थे मगर यह एक छोटा डिब्बा था। यहाँ हमारी अपनी आँखों के सामने, हमारे अपने पैरों के नीचे जर्मन कुख्यात मालवाही ट्रेन थी, जो कभी लौटती नहीं थी और जिसकी रोंगटे खड़े करने वाली और सदैव थोड़ी अविश्वसनीय कहानियाँ हमने अक्सर सुनी थीं। ठीक बिल्कुल ऐसी ही, शब्दशः, डिब्बा बाहर से बन्द हो गया, भीतर आदमी, औरतें और बच्चे बिना किसी दया के ठूँसे हुए, सस्ते असबाब की तरह, एक अनस्तित्व की ओर यात्रा, अतल की ओर। इस बार भीतर हम थे।" आगे वे लिखते हैं, दरवाज़े बन्द थे लेकिन ट्रेन शाम तक नहीं हिली। ये मालगाड़ियाँ थीं अतः इन डिब्बों में खिड़कियाँ नहीं होती थीं।

डिब्बे में घुटन, गर्मी, प्यास, भूख तारी है। एरिका बेहोश हो कर गिर पड़ी है। डिब्बे में दूध पिलाती दो माँ हैं जिन्हें पानी चाहिए। साठ साल की पत्नी और सत्तर साल का शुगर मरीज़ उसका पति है, जिन्हें पानी चाहिए, वरना वे लोग मर जायेंगे। ये लोग पानी के लिए दरवाज़ा पीटते हैं मगर सुनने वाला कोई नहीं है। यहाँ भी अब धुआँ उगलती ट्रेन चल पड़ती है, सारा ज़मीन पर मरी पड़ी है। प्रीमो लेवी भी हर बार ट्रेन रुकने पर–जो जब चाहे तब कहीं भी रुक जाती–पानी की गुहार लगाते। लेकिन सैनिकों के कान पर जूँ न रेंगती। इस फ़िल्म में भी जहाँ–तहाँ ट्रेन रोक कर जर्मन सैनिक ख़ुद मस्ती में खाते–पीते हैं। खेलते हैं। ट्रेन के ड्राइवर और खलासी को भी बेटों के मरने पर छुट्टी नहीं दी जाती है। यहूदी पानी और रोटी के एक टुकड़े के लिए अपने पास की सारी कीमती चीज़ें–पॉकेट घड़ी, कलाई घड़ी, चेन, लॉकेट, अँगूठी, पास का सारा पैसा दे डालना चाहते हैं। वे अपनी चीज़ें गँवाते हैं लेकिन बदले में खाना–पानी नहीं पाते हैं।

एलबर्ट और हेनरी मिलकर लोगों से सहयोग की अपील करते हैं, उन्हें एकजुट करते हैं। डिब्बे में तरह–तरह के स्वभाव के लोग हैं। डिब्बे के भीतर के लोग पहले लोहे की छड़ काटने का प्रयास करते हैं, उनके हाथ लहूलुहान हो जाते हैं। एक जगह ट्रेन रुकने पर ये पानी–पानी चिल्लाते हैं तो इन्हें गोलियों की आवाज़ से चुप करा दिया जाता है। गोली, भूख, प्यास, गर्मी–सर्दी और बीमारी से मरते जाते लोगों को डिब्बे में ही एक तरफ़ एक–पर–एक सामान की तरह रखा जाता है। मौत देखकर बच्ची नीना की प्रतिक्रिया दर्शक को हिला देती है। मौत कितनी सस्ती है, कीमती ज़िन्दगी भी बहुत सस्ती है कभी भी जा सकती है। परिस्थिति कहती है जितनी जल्दी मर जायें उतना बेहतर। मगर जिजीविषा पीछा नहीं छोड़ती है।

इस डिब्बे में जितने प्रमुख पात्र हैं, फ़िल्म उनके अतीत के अच्छे दिनों को दिखाती चलती है। बच्ची नीना दुनिया की सर्वोत्तम डांसर बनना चाहती है। वह माँ के निर्देशन में नृत्य का अभ्यास कर रही है पिता लाड़ से देख रहा है, सहायता कर रहा है। वह वर्तमान में अपनी माँ से सर्वश्रेष्ठ नृत्यांगना बनने का वादा लेती है। माँ के पास उसे आशा और विश्वास देने के अलावा क्या चारा है। इसी तरह उसका पिता हेनरी अपने अच्छे दिन स्मरण करता है, वह रिंग में है और अपने प्रतिद्वन्द्वी को हराता है लेकिन वर्तमान में वह लाचार है। छड़ काटने के प्रयास में उसके हाथ लहूलुहान हैं।

गायक और उसकी पत्नी पियानोवादिका निरन्तर एक–दूसरे का हाथ पकड़े हुए हैं। वह अपने अतीत में उतरता है। वह अमेरिका जाना चाहता है लेकिन उसकी पत्नी कहती है अमेरिका में बहुत सारे पियानोवादक हैं वहाँ जा कर क्या होगा। फ़िल्म का कोई–कोई भाग रंगीन है यह एक ऐसा ही हिस्सा है। पति–पत्नी की नोंक–झोंक चल रही है। जेकब अपनी पत्नी के हाथ की ख़ूबसूरती का प्रशंसक है और अब उन हाथों का क्या होने जा रहा है। वह हवा में पियानो बजाती है जिसे देखकर 'द पियानिस्ट' की याद आती है। जिस व्यक्ति को जो काम करना अच्छा लगता है उसे उस काम से वंचित कर देना जीते–जी उस व्यक्ति की मौत है। इस दृश्य में दर्शक पियानो–ध्वनि सुनता है। यहाँ तो सच में यह पियानोवादक स्त्री

मरती है और उसका प्रेमी–पति लाचारी में इसे देखता रह जाता है। हेनरी अपनी बच्ची नीना को याद दिलाता है, जब हम डरे हुए हों हमें प्रार्थना 'सेमा इज़राइल' करनी चाहिए। इससे सहायता मिलती है। बेटी पूरी प्रार्थना सुनाती है। एक व्यक्ति को विश्वास है, जर्मन उन्हें यहाँ मरता हुआ नहीं छोड़ सकते हैं क्योंकि उन्हें काम करवाना है। कोई अन्य कहता है, ईश्वर है, तो तुम्हारी बात सुन ले। एक जगह एक बाल्टी पानी आता है लेकिन छीना–झपटी में पूरा बिखर जाता है। एक बहुत संवेदनशील दृश्य है। डॉक्टर की बेटी अपने बच्चे के साथ परेशान है वह डिब्बे की दीवाल से अपना सिर टकराने लगती है, 'ईश्वर कहाँ हो तुम'। पिता धीरे–से, बिना कुछ बोले बेटी के सिर और डिब्बे की दीवाल के बीच अपनी हथेली रख देता है। वह उसके बच्चे को ले लेता है, एक अन्य स्त्री उसे ऐसा करने से रोकती है और उसे उसके बच्चे का हवाला देती है। नीना अपने छोटे अबोध भाई डेविड को चित्रों वाली किताब दिखा कर कहानी सुना रही है।

युक्रेनियन एसएस जर्मन एसएस से भी अधिक क्रूर और दुष्ट हैं। एलबर्ट याद करता है, रूथ के 18वें जन्मदिन पर उसका पिता सिल्बरमैन उसे उपहार ख़रीद देने एलबर्ट जौहरी की दुकान पर आया है। आज रेल के डिब्बे के भीतर वह रूथ को चेन पहनाता है। विसमारियर तथा हेल्मफ़्राइड कोबर के कैमरे ने इस 123 मिनट की फ़िल्म में कई संवेदनशील दृश्य पकड़े हैं। फ़िल्म का संगीत क्रिस हाईने ने दिया है। यहूदी बहुत उच्च कोटि की रुचि (फ़ाइन टेस्ट) के लोग हैं। पियानोवादिका को उच्च कोटि का परफ़्यूम पसन्द है। बच्ची नीना सूँघ कर सेण्ट पहचान सकती है। अतीत में पियानोवादिका पियानो बजा रही है और उसका पति कैबरे क्लब में गा रहा है। कितने सुखी और खुश थे ये लोग! डिब्बे में माँ नीना को कहानी पढ़ कर सुना रही है और बाहर फाँसी के तख्ते तैयार कर लोगों को उन पर फाँसी दी जा रही है। भीतर के लोग राहत की साँस लेते हैं क्योंकि ये फन्दे उनके लिए नहीं बनाये गये थे। हाय री जिजीविषा! रात हो जाती है, लाशें फन्दों पर झूल रही हैं और सैनिक मत्त हो कर ट्रेन के डिब्बों के ऊपर नाच–गा रहे हैं। मन बहलाने के लिए गोलियाँ दाग रहे हैं। तब तक जब तक कि क्रेवेस एक सैनिक को मार नहीं गिराता है। संत्रास, दहशत, बेचैनी, अनिश्चितता कौन–सी नकारात्मक भावना यहाँ

अछूती है। सुबह हो गयी है लाशें अभी भी झूल रही हैं और इन लोगों की अन्तिम ट्रेन धुआँ उगलती आगे बढ़ती है। भीतर लोग पागलपन से लोहे की छड़ काटने में जुटे हुए हैं। रूथ और उसके प्रेमी को अभी भी भरोसा है कि यह सब ख़त्म होगा और वे शादी करेंगे। आदमी की आशा उसकी जिजीविषा का आधार होती है। मौत सामने होने पर भी वह उम्मीद का दामन नहीं छोड़ता है।

छोटे ईजी को खिड़की के रास्ते, दरवाज़ा खोलने के लिए बाहर लटकाया जाता है, वह दरवाज़े तक पहुँच जाता है लेकिन ट्रेन की रफ़्तार के कारण सन्तुलन नहीं रख पाता है। उसका पिता लोगों को दोष देता है, उसे लगता है ज़मीन पर पड़ा उसका बेटा अभी जीवित है। अगली बार रूथ प्रयास करना चाहती है। कुछ लोग उसी छेद से चलती ट्रेन से कूद पड़ते हैं जिन्हें ऑफ़िसर की गोली समाप्त कर देती है। फ़िल्म ऐतिहासिक वास्तविकता को परदे पर प्रस्तुत करती है। ऑफ़िसर को पता चलता है कि ट्रेन में बाहर जाने के लिए कुछ किया गया है। दर्शक साँस रोक कर देखता है। ट्रेन रोक कर सबको नीचे उतार कर क़तार में खड़ा कर दिया जाता है, बन्दूकें तनी हुई हैं। लगता है अब सब समाप्त हो जायेगा लेकिन उनसे सारे नुकीले औजार, चाकू आदि रखवा लिए जाते हैं। नीना को ऑफ़िसर बहुत फुसलाता–धमकाता है, मगर बच्ची कुछ नहीं बताती है। डिब्बे की तलाशी ली जाती है, सब उलट–पुलट दिया जाता है, एक मरा हुआ आदमी भी लुढ़का दिया जाता है। क़तार में खड़े एकाध और लोग गोली का शिकार होते हैं और ट्रेन फिर धुआँ उगलती हुई चल पड़ती है। इस बार ये लोग छड़ न काट कर फ़र्श में छेद करना प्रारम्भ कर देते हैं। कड़ी मशक्कत का काम है। एक स्थान के लोग नाज़ी धमकी के बावजूद रोटी के टुकड़े डिब्बे वालों को पकड़ा देते हैं। पेट में अन्न जाते ही वातावरण थोड़ा बदल जाता है। भूख बहुत बड़ा मुद्दा है। प्यास से बेहाल लोग जानवरों की तरह फ़र्श पर गिरा पानी चाट रहे हैं। पानी के लिए शवों से उतार कर चेन और घड़ी दे रहे हैं।

कैबरे गायक एक चुटकुला सुनाता है। हिटलर को किसी ज्योतिषी ने बताया कि उसकी मौत यहूदी त्योहार वाले दिन होगी। गायक आगे कहता है हिटलर जिस दिन भी मरे वह यहूदी त्योहार की छुट्टी का दिन होगा। ट्रेन धुआँ उगलती चली जा रही है एक दिन ये लोग भी धुआँ

बनाकर चिमनी से उगल दिये जायेंगे। जैसे इंजिन में कोयला झोंका जा रहा है ये भी भट्ठी में झोंक दिये जायेंगे। लेकिन अभी तो बच्ची के कहे पर पिता अपनी और बच्ची की माँ की प्रेम कहानी सुना रहा है। परन्तु फिर थोड़ी देर बाद दर्शक देखता है डेविड मर चुका है और डॉक्टर की बेटी ख़ुद अपने शिशु को मार डालना चाह रही है। जिस कुल्हाड़ी से वे फ़र्श खोद रहे थे वह नीचे गिर गयी है और अब छेद को बड़ा करने के लिए कोई औजार नहीं है फिर भी ये लोग हिम्मत नहीं हारते हैं। अन्त में छेद पतले आदमी के निकलने लायक हो जाता है। ड्राइवर बताता है वे सुबह पहुँचने वाले हैं। भोर के ठीक पहले ट्रेन रुकती है। तय होता है, नीना जायेगी, वह बहुत डरी हुई है और माता–पिता को छोड़कर कहीं नहीं जाना चाहती है। उसे पिता कहता है जब वह ऊपर आकाश में देखकर प्रार्थना करेगी तो वो सुन लेगा। बच्ची कहती है वह भगवान नहीं है। नीना के साथ रूथ का जाना तय हुआ है। वे सूराख से उतरती हैं।

आगे की कहानी नाटकीय है। पूरी ट्रेन के लोग ऑश्वित्ज पहुँचते हैं लेकिन रूथ और नीना गुरिल्ला द्वारा बचा लिए जाते हैं। फ़िल्म आशा की किरण छोड़ती हुई सकारात्मक नोट पर समाप्त होती है। ट्रेन जब रुकती है तो जो होता है उसे हम होलोकास्ट से बची एक जिप्सी स्त्री द्वारा सुन–पढ़ सकते हैं। हालाँकि जब यह स्त्री शिविर ले जाई गयी थी तब वह मात्र नौ वर्ष की थी। फ़िल्म 'फ़ोर्गेट अस नॉट' के लिए साक्षात्कार देते हुए इस स्त्री सेइजा स्टोजका ने बताया था, 'शव कोने और दरवाज़े में ढेर के रूप में थे, अनगिनत दिनों तक हम खड़े थे। खाना नहीं, पानी नहीं। सब गर्भवती स्त्रियाँ और शिशु मर रहे थे। दरवाज़ा खुला और शव तथा गर्भवती औरतें बाहर गिर पड़ीं। लोग वर्षा की बूँदों को मुँह में ले रहे थे और क़तार में न लगने के कारण एसएस द्वारा समाप्त किये जा रहे थे।'

फ़िल्म 'लास्ट ट्रेन' अपने लास्ट स्टेशन पर पहुँचती है जहाँ डिब्बों में ठुँसे इन बचे–खुचे लोगों के स्वागत के लिए साण्डरकमाण्डो तथा जर्मन कुत्ते खड़े हैं।

'द रीडर' :
क्या मुख्य धारा में बहना आसान है?

कहा जाता है कि धारा के साथ बहना आसान है। पर क्या सच में यह सही कथन है? जो लोग धारा के साथ बहते हैं, उनके अन्दर तमाम भावनाएँ, तरह–तरह के प्रश्न उगते रहते हैं। ये प्रश्न, ये भावनाएँ उन्हें चैन नहीं लेने देती हैं। सही क़दम न उठा पाने का अपराध बोध, ज़िम्मेदारियों से बच निकलने की कचोट, माफ़ करने न करने का ऊहापोह कभी मन से नहीं निकल पाता है। अनैतिकता में उठाया गया क़दम अपराधी होने की आन्तरिक व्यथा से छुटकारा नहीं है। ख़ास कर जब आपकी मुलाक़ात ज़िन्दगी के किसी मोड़ पर, अपने द्वारा किये गये अन्याय से आहत व्यक्ति से होती है। उन लोगों से आप मिलते हैं, जिन्हें आप माफ़ नहीं कर पाये, अथवा जिनसे आपको माफ़ी मिलनी थी, उन्होंने आपको माफ़ नहीं किया। विश्वयुद्ध की पृष्ठभूमि पर बनी 'अटोनमेण्ट' एक ऐसी ही फ़िल्म है। वहाँ मुद्दा दूसरा था। लेकिन हम यहाँ एक दूसरी फ़िल्म 'द रीडर' की बात करने जा रहे हैं।

वैसे तो ऊपर से देखने पर यह फ़िल्म एक 15 साल के लड़के और एक 35 साल की स्त्री की प्रेम कहानी है, लेकिन असल में यह एक बहुत जटिल फ़िल्म है। तमाम प्रश्न जो लोगों के मन में रहते हैं, उनसे जुड़ी फ़िल्म है। फ़िल्म 'द रीडर' के निर्देशक स्टेफ़ेन डाल्ड्राई के अनुसार फ़िल्म इन्हीं तमाम मुद्दों पर आधारित है। इस फ़िल्म को इसके कथानक के लिए तो देखा ही जाना चाहिए, इसे इसकी फ़ोटोग्राफ़ी, इसके अभिनय की उत्कृष्टता लिए भी अवश्य देखा जाना चाहिए। 15 साल का मासूम माइकेल (डेविड क्रोस) और 24 साल का क्रूर–रहस्यमय, अवसादग्रस्त माइकेल (रेफ़ फ़ाइन्स) एक इनसान के दो चेहरे हैं और दोनों ग़ज़ब के हैं।

फ़िल्म की शुरुआत (एकदम प्रारम्भ में नहीं) में हना स्मिथ (केट

विन्सलेट) और माइकेल बर्ग के प्रेम दृश्य दर्शक को किसी और दुनिया में ले जाते हैं। नैतिकता–अनैतिकता से परे दोनों के यौन–दृश्य इतने मादक और ख़ूबसूरत हैं कि कहीं से भी अश्लील नहीं लगते हैं। किसी अयोग्य फ़िल्म निर्देशक के हाथ में पड़ कर ये दृश्य जुगुप्सा उत्पन्न करने वाले बन सकते थे और नहीं तो कम–से–कम बाल यौन शोषण तो लग ही सकते थे। लेकिन फ़िल्म में ऐसा कुछ नहीं होता है। सब कुछ बहुत डिग्निफ़ाइड और स्वाभाविक तथा सामान्य लगता है। 15 वर्ष के किशोर का उद्दाम प्रेम देखते बनता है, साथ ही हना का संयत लेकिन गहन प्रौढ़ व्यवहार। लड़का मासूम है, उसे पहली बार अपनी यौनिकता का ज्ञान हुआ है, पहली बार उसे किसी औरत का संग–साथ मिला है। इसे प्रेम कहना उचित न होगा। इसे लड़के का पहला क्रश कह सकते हैं। स्त्री उसे एक लड़के की तरह ही ट्रीट करती है, उसे 'किड' कह कर सम्बोधित करती है। अन्त तक वह उसे 'किड' ही कहती है। केट को इस भूमिका के लिए अकादमी पुरस्कार के अलावा कई अन्य सम्मान प्राप्त हुए। फ़िल्म को भी। इस फ़िल्म को कई श्रेणियों के लिए नामित भी किया गया।

कुछ दिन के बाद लड़के को भ्रमित छोड़ कर यह औरत, टिकट कण्डक्टर, हना स्मिथ अचानक ग़ायब हो जाती है। माइकेल के अहं को इससे काफ़ी बड़ा आघात लगता है। अभी तक दर्शक इस स्त्री के अतीत के विषय में कुछ नहीं जानता है। उसका अतीत और माइकेल का भविष्य मिल कर द्वितीय विश्व युद्ध, होलोकास्ट की उथल–पुथल और युद्ध ोपरान्त जर्मन लोगों के व्यवहार को दिखाते हैं। इस फ़िल्म के यौन–दृश्य तब फ़िल्माये गये थे जब अभिनेता डेविड क्रोस 18 साल का हो गया था, फ़िल्म में भले ही वह 15 साल के लड़के की भूमिका कर रहा था। दोनों बहुत ख़ूबसूरत हैं। उनका शारीरिक सौष्ठव देखते बनता है। दोनों का यौन–सम्बन्ध बहुत स्वाभाविक और आकर्षक एवं ख़ूबसूरत है। मगर फ़िल्म यौन–सम्बन्ध को केन्द्र में रख कर नहीं बनी है, यह तो व्यक्ति के आन्तरिक संघर्ष, उसके मन की उथल–पुथल पर है। समय पर सही निर्णय नहीं लेने के पछतावे पर है, अपराधबोध पर है।

फ़िल्म की शुरुआत में दर्शक की मुलाक़ात दीन–दुनिया से निर्लिप्त, अपने–आप में खोए प्रौढ़ माइकेल से होती है, जिसकी एक बेटी भी है। वह खिड़की से अपना लड़कपन देखता है, मगर देखना नहीं चाहता है इसलिए जल्दी से खिड़की बन्द कर देता है। फ़िल्म तुरन्त फ़्लैशबैक, माइकेल की

किशोरावस्था में चली जाती है। जहाँ स्कूल से लौटता लड़का बीमार है, हना उसे अपने यहाँ तीमारदारी के लिए ले आती है। स्वस्थ होकर, तीन महीने बाद लड़का फ़िर उस स्त्री के घर में है। उसे इस औरत से प्यार हो गया है। लड़के को स्त्री रहस्यमयी लगती है। वे एक–दूसरे को अपना नाम बताते हैं। 2008 की यह जर्मन–अमेरिकन फ़िल्म इसी नाम के जर्मन उपन्यास पर आधारित है। 1995 में बर्नहार्ड स्लिंक ने आत्मकथात्मक उपन्यास लिखा था (इंग्लिश अनुवाद कैरोल ब्राउन जेनवे ने किया है)। जिस पर डेविड हारे ने स्क्रिप्ट लिखी। इसके प्रोड्यूसर–एन्थनी मिंघेला तथा सिडनी पोलाक का यह दुर्भाग्य था कि वे अपनी फ़िल्म न देख सके, फ़िल्म रिलीज़ होने के पहले दोनों की मृत्यु हो गयी थी।

द्वितीय विश्व युद्ध के बाद कुछ नाज़ी गार्ड जर्मन औरतों पर मुक़दमा चल रहा है। ये गार्ड नये आने वाले लोगों के लिए स्थान बनाने की खातिर हर महीने 10–10 यानी 60 कैदियों का गेस चैम्बर में भेजने के लिए चुनाव करती थीं। इन लोगों ने एसएस के लिए काम करते हुए 300 यहूदी औरतों को जल मरने दिया था। ये वही कर रही थीं जो इनके ऊपर के अधिकारी इन्हें करने का आदेश दे रहे थे। हना आदेश देने वाली ऊपर की एक अधिकारी थी, ऐसा ये अपराधी औरतें कहती हैं। जबकि उसके अनुसार वह भी बस मात्र एक गार्ड थी, उन्हीं अन्य पाँच की तरह। इन अपराधियों में हना को देखकर माइकेल विमूढ़ हो जाता है। बरसों बाद माइकेल हना को देख रहा है। दर्शक को पता चलता है कि हना होलोकास्ट यातना शिविर में गार्ड के रूप में कार्यरत थी और उसके संग काम करने वाली अन्य स्त्रियों की गवाही के आधार पर हना को आजीवन कारावास की सज़ा होने वाली है। बाक़ी पाँच को मात्र कुछ साल की सज़ा होती है।

लॉ स्कूल का छात्र, 24 साल का माइकेल अपने टीचर और अन्य छात्रों के साथ इस मुकदमे को अपने अध्ययन के सिलसिले में देख रहा है। माइकेल के पास ऐसी सूचना है, जो हना को सज़ा से बचा सकती है। लेकिन वह सूचना का खुलासा नहीं करता है और हना को सज़ा हो जाती है। वह शर्म से सूचना का खुलासा नहीं करता है, क्योंकि खुलासा करते इस औरत से उसके सम्बन्ध का दुनिया के सामने खुलासा हो जायेगा। गोपनीयता का भाव जर्मन साहित्य के केन्द्र में है। ऐसा एक स्कूल टीचर फ़िल्म में सिखाता है। जिनके पास ख़ास सूचना है, जो अलग–अलग कारणों से–कभी विकृत, कभी उच्च–उसे व्यक्त नहीं करने का निश्चय

कर लेते हैं। यहीं से फ़िल्म का ध्यान जर्मन लोगों के होलोकास्ट अपराध बोध से स्थानापन्न होकर मनुष्य के व्यवहार पर चला जाता है।

माइकेल का सूचना को रोक लेना फ़िल्म के केन्द्र में है। क्यों बात रोक लेता है, माइकेल, क्या मात्र बदनामी के भय से, अथवा हना के उसके साथ किये अप्रत्याशित व्यवहार (अचानक बिना कुछ कहे–सुने ग़ायब होना) से आहत मन द्वारा लिया गया प्रतिकार है यह। या वह सच में एक कठोर मनुष्य बन चुका है? और क्या थी यह सूचना, जिसके कोर्ट को बता देने से हना सज़ा से बच सकती थी? चाहती तो हना भी इस बात का खुलासा करके सज़ा से बच सकती थी। लेकिन वह भी सज़ा को अपनाती है, बनिस्बत बात का खुलासा करने के। वह अनपढ़ है, इस बात की उसे शर्म है और इस बात को वह छिपाती है। क्या इसी शर्म के कारण हना ने स्वयं इस बात का खुलासा नहीं किया? वह क्यों सज़ा पाना चाहती है? फ़िल्म ये सारे प्रश्न खड़े करती है, कुछ के उत्तर देती भी है। कुछ के उत्तरों का अनुमान दर्शक को स्वयं लगाना है।

माइकेल को कोर्ट सज़ा नहीं देता है, मगर वह अपनी सज़ा खुद चुनता है। वह अवसादग्रस्त, एकाकी, अकेला जीवन, जीवन से कटा हुआ जीवन अपने लिए चुनता है। वह औरतों के संग रहता है, वह उनसे बहुत सभ्य तरीके से व्यवहार करता है, मगर किसी से जुड़ता नहीं है। न तो हना से मिला उसका घाव भरा है और न ही उसने कोर्ट में अपने किये के लिए खुद को माफ़ किया है। दोनों अपराधबोध से ग्रसित हैं। दोनों एकाकी जीवन बिताते हैं। जब बोलना चाहिए अक्सर हम चुप रह जाते हैं और यह चुप रह जाना ज़िन्दगी भर सालता है। इसका प्रायश्चित्त नहीं होता है। फ़िल्म में अधिकांश जर्मन लोगों की तरह माइकेल भी चुप रहता है, अपनी इस चुप्पी का खमियाज़ा सारी ज़िन्दगी भुगतता है।

फ़िल्म में लॉ स्कूल के छात्र कोर्ट से लौट कर मुक़दमे के विभिन्न पहलुओं पर बात कर रहे हैं, एक छात्र कहता है, मात्र ये छः औरतें अपराधी नहीं हैं। होलोकास्ट की बात सबको पता थी, इन छात्रों के माता–पिता को, इनके शिक्षकों को। प्रश्न यह नहीं है कि बात पता थी। प्रश्न है आपने इसे होने कैसे दिया? और जब पता चला तो आपने ख़ुद को मार क्यों नहीं डाला? हरेक को कैम्प की बात पता थी। वह छात्र माइकेल के उस स्त्री (हना) को देखते रहने की बात कहता है, माइकेल अनजान बनने का नाटक करता है। इस पर वह छात्र कहता है कि अगर

वह होता, तो उस औरत को ख़ुद गोली मार देता। उन छहों को गोली मार देता। इस सारी बात के दौरान प्रोफ़ेसर रोह्ल की भूमिका में ब्रुनो गैंज़ का अभिनय भी बहुत आधिकारिक बन पड़ा है। लॉ स्कूल से निकल कर माइकेल नाज़ी कैम्प जाता है, वहाँ अकेला भटकता हुआ मृतकों के जमा किये हुए जूते और अन्य चीज़ें देखता है, गैस चैम्बर देखता है। इस दृश्य की शुरुआत में पार्श्व संगीत नहीं है फ़िर धीरे–धीरे संगीत आता है। बैरेक, गैस चैम्बर, स्टोररूम सब निःशब्द और उजाड़ पड़ा है।

जब किशोर माइकेल और हना संग में थे, हना कहती मुझे जोर से पढ़ कर सुनाओ। उसका आदेश होता, 'रीडिंग फ़र्स्ट। सेक्स आफ़्टर वर्ड्स।' और वह अपनी पाठ्यपुस्तक से होमर की ओडेसी, दि एडवेंचर्स ऑफ़ हकलबरी फ़िन आदि, आदि से पढ़कर सुनाता है। बाद में एक यहूदी स्त्री की गवाही के अनुसार नाज़ी गार्ड के रूप में भी वह कमज़ोर, बीमार लड़कियों को अपने पास बुला कर उनसे पढ़वा कर सुना करती थी। हना लिखना–पढ़ना नहीं जानती थी। अनपढ़ होने की शर्म हना के चेहरे पर बाद में देखी जा सकती है। इसीलिए लिखित आदेश न देने के बावजूद वह स्वीकार कर लेती है कि उसी ने लिखित आदेश दिया था। एक समीक्षक के अनुसार हना का अनपढ़ होना, होलोकास्ट के विषय में अनभिज्ञता का रूपक है। बाद में माइकेल उन्हीं पढ़ी गयी कहानियों को बोल कर टेप करता है और टेप हना को जेल में भेजता है, मगर उससे मिलने नहीं जाता है। हना जेल की लाइब्रेरी से किताब निकाल कर टेप सुनते, किताब देखते हुए पढ़ना–लिखना सीखती है। वह माइकेल को शुरू में अपनी अनगढ़ भाषा और लिपि में पत्र लिखती है जिनमें धीरे–धीरे सुधार होता है। माइकेल कभी उसके पत्रों का उत्तर नहीं देता है।

माइकेल ने शादी की उसकी बेटी जूलिया भी है, उसका अपनी पत्नी गरर्टुड से तलाक हो चुका है। बाद में बेटी को लेकर वह हना की क़ब्र पर जाता है और बेटी को अपने तथा हना के सम्बन्ध की बात भी बताता है। जी हाँ, हना को अच्छे व्यवहार के चलते समय से पहले रिहा किया जा रहा था। जेल अधिकारी (लिंडा बेसेट) के सहायता माँगने पर हना के रिहा होने से पहले, बीस साल बाद 1988 में माइकेल एक बार उससे मिलने जाता है, लेकिन मिलने पर उससे बड़ा रूखा व्यवहार करता है। उससे पूछता है कि उसने अपने अतीत से क्या शिक्षा ग्रहण की है? हना का उत्तर उसे निराश करता है। हालाँकि वह उसके लिए रहने का घर ठीक

करता है, घर सजाता है और एक दर्ज़ी के साथ उसके लिए एक काम का भी इन्तज़ाम करता है। लेकिन हना रिहाई के ठीक पहले आत्महत्या कर लेती है। वह बैंक तथा चाय के एक टिन में कुछ रकम छोड़ जाती है, साथ ही माइकेल को निर्देश दे जाती है कि यह रकम उस स्त्री को पहुँचा दी जाये जो होलोकास्ट से बच रही है और जिसने होलोकास्ट का लोमहर्षक चित्रण अपने लेखन में किया है। इसी लेखन को पढ़ कर हना ने अपना जीवन समाप्त करना तय किया था।

फ़िल्म होलोकास्ट पर है। होलोकास्ट के दौरान आरोपी औरतों ने यहूदी स्त्रियों को जलते चर्च से निकलने नहीं दिया था और उन्हें उस जलते चर्च में भून जाने दिया था। मगर पूरी फ़िल्म में न तो जलते चर्च का भयंकर दृश्य दिखाया जाता है और न ही होलोकास्ट के अमानवीय अत्याचारों को फ़िल्माया गया है। गार्ड के रूप में काम करने, लोगों को गैस चैम्बर में भेजने के बावजूद हना देखने में कहीं से राक्षसी या अमानवीय नहीं लगती है, जैसा कि फ़िल्मों में अक्सर उन्हें दिखाया जाता है। फ़िल्म में होलोकास्ट है, मगर कहीं इसकी क्रूरता–अमानवीयता को दिखाया नहीं जाता है। इसीलिए एक समीक्षक ने कहा, लोगों को ज़िन्दा जलाने के लिए किसी का पढ़ा–लिखा होना आवश्यक नहीं है, फिर इसे क्यों मुद्दा बनाया गया? फ़िल्म के सारे पात्र होलोकास्ट के सम्बन्ध में बड़े सपाट लहजे में बात करते हैं। दर्शक कहीं भी दहशत से भरता नहीं है, जैसाकि अक्सर होलोकास्ट पर बनी फ़िल्में अनुभूति देती हैं। लगता है निर्देशक ने होलोकास्ट पर 'फ़ील गुड मूवी' बनायी है। वैसे इसे 'कमिंग ऑफ़ एज' फ़िल्म की संज्ञा भी दी जा सकती है।

दो घण्टे तीन मिनट की इस फ़िल्म, 'द रीडर' का फ़ोटोग्राफ़ी निर्देशन क्रिस मेन्जेस तथा रोजर डीकिंस ने किया है और ग़ज़ब का किया है, ख़ासकर यौन–सम्बन्ध, माइकेल का नाज़ी शिविर में एकाकी घूमना, जूली और माइकेल का क़ब्रिस्तान में जाने का दृश्य बहुत जीवन्त बन पड़ा है। कैमरा मीडियम शॉट्स, मीडियम क्लोजअप्स तथा क्लोजअप्स द्वारा पात्रों के मनोभावों को पकड़ने और दर्शकों तक पहुँचाने में पूरी तरह से कामयाब रहा है। एडिटिंग का श्रेय क्लेयर सिम्सन को जाता है। फ़िल्म का संगीत निको मुह्ली का है। कोस्ट्यूम एन रॉथ का है। फ़िल्म इसके निर्माता द्वय को समर्पित है। फ़िल्म के अन्त की ओर नाज़ी यातना शिविर से बचा एक पात्र बहुत मानीखेज बात कहता है, कैम्प थेरेपी नहीं हैं, यूनिवर्सिटी नहीं हैं। सीखना है, तो साहित्य के पास जाओ, थियेटर जाओ। लेकिन कैम्प नहीं।

'द जूकीपर्स वाइफ़' : मनुष्य होने का अर्थ

होलोकास्ट मानवता के इतिहास के चेहरे पर लगा बदनुमा धब्बा है। द्वितीय विश्व युद्ध तो समाप्त हो गया मगर विडम्बना है कि होलोकास्ट आज भी जारी है। यातना शिविर से बचे लोगों में से कुछ ने अपने इन दहशत भरे भयंकर अमानवीय अनुभवों को शब्दों में बाँधा है। कुछ और लोगों ने भी इस त्रासदी पर कलम चलाई है। इतिहास के इस अध्याय पर कई अच्छी, बुरी और सामान्य फ़िल्में भी बनी हैं। ऐसी ही एक श्रेष्ठ फ़िल्म है, 'द जूकीपर्स वाइफ़'। न्यूज़ीलैण्ड की फ़िल्म निर्देशक निकी कारो ने वास्तविक जीवन पर आधारित इस फ़िल्म में एक सशक्त स्त्री को उकेरा है। और इस सशक्त स्त्री के किरदार को परदे पर ख़ूबसूरत और कोमल अभिनेत्री जेसिका चैस्टैन ने बड़ी कुशलता के साथ अभिनीत किया है।

'द जूकीपर्स वाइफ़' में वार्सा के जू डायरेक्टर जैन ज़ाबिन्स्की की पत्नी अंटोनिया यहूदियों को नाज़ी चंगुल से बचाकर छिपाकर अपने संरक्षण में रखती है। दूसरों की जान बचाने के लिए वह अपनी तथा अपने परिवार की जान की बाजी लगाने से नहीं हिचकती है। पति–पत्नी मिलकर क़रीब 300 यहूदियों की जीवन रक्षा करते हैं। इस फ़िल्म को इसकी कुशल अदाकारी, मार्मिक दृश्यों तथा मानवीय गुणों के लिए अवश्य देखा जाना चाहिए।

आदमी बड़ा विचित्र प्राणी है। अपनी करनियों, बेहूदगियों से कुछ नहीं सीखता है। बार–बार एक ही तरह की ग़लती करता जाता है, अपने इतिहास से कुछ नहीं सीखना चाहता है। इसीलिए इतिहास स्वयं को दोहराता है और आदमी बार–बार उन्हीं हादसों, उन्हीं त्रासदियों से गुजरने को अभिशप्त होता रहता है। आदमी के क्रूरतापूर्ण व्यवहार का लेखा–जोखा इतिहास में भरा हुआ है। प्राचीन काल से आदमी को आदमी के द्वारा दास बनाया जाता रहा है। समय–समय पर आक्रमणकारी

शासकों द्वारा क़त्लेआम, गाँव, शहर, बस्ती–की–बस्ती जला देना उजाड़ देना, खड़ी फ़सल रौंद देना उसमें आग लगा देना स्त्रियों, बच्चों, वृद्धों, लाचारों के साथ अत्याचार–बलात्कार, सैनिकों द्वारा अगली नस्लों को संकर बना देना, पूरी–की–पूरी नस्ल या जाति का सफ़ाया कर देना, धर्म के नाम पर लोगों की हत्या करना, उन्हें ज़िन्दा जला देना, डायन कह कर किसी की ज़िन्दगी समाप्त कर डालना, दूसरी नस्ल–धर्म के लोगों को आग की भट्टी में झोंक देना, दूसरी विचारधारा के लोगों को देश बदर करना आदि घटनाएँ आज भी जारी हैं जबकि हम तथाकथित सभ्य हो चुके हैं, सभ्य दुनिया में रहते हैं।

ये सारे क्रूर कर्म होलोकास्ट के समक्ष कुछ नहीं हैं। होलोकास्ट से जीवित बच निकले विक्टर फ्रैंकल लिखते हैं, 'कोई भी सपना कितना भी भयंकर क्यों न हो, यातना शिविर की हमारे आसपास की सच्चाई से भयंकर नहीं हो सकता है।' और यह हुआ सोची–समझी, जानी–बूझी रणनीति के तहत। एक व्यक्ति की तानाशाही का समर्थन करते हुए चालीस यातना शिविरों की स्थापना कर दी गयी और तमाम लोगों की सहमति से यहूदियों, दासों, जिप्सियों, कम्युनिस्टों तथा समलैंगिकों को अनावश्यक घोषित करके समाप्त कर डाला गया। आदमी को नष्ट करने के तमाम औज़ार ईजाद किये गये। गैस भट्टियों, प्राणान्तक सूइयों का उपयोग किया गया। ज़िन्दा आदमी, औरतों तथा बच्चों पर तरह–तरह के क्रूर प्रयोग किये गये। क्या–क्या नहीं हुआ, होलोकास्ट के दहशत भरे भयंकर काल में। और यह सब हुआ पिछली सदी में, बीसवीं सदी में। बीसवीं सदी जिसे आविष्कारों की सदी कहा जाता है। क्या ख़ूब आविष्कार किये हमने!

निकी कारो की फ़िल्म 'द व्हेल राइडर' देखी थी और पसन्द की थी, अब मैंने उसकी एक और फ़िल्म 'ज़ूकीपर्स वाइफ़' देखी है जो होलोकास्ट से सम्बन्धित है। 'द व्हेल राइडर' माऊरी संस्कृति और मिथ पर आधारित है। दोनों फ़िल्में एक–दूसरे से बिल्कुल भिन्न हैं और निकी कारो की निर्देशन रेंज को बताती हैं। कहाँ न्यूजीलैण्ड की परिकथा–कहानी और कहाँ 'द ज़ूकीपर्स वाइफ़' जैसी ठोस और ब्लीक फ़िल्म। दोनों में कोई साम्य नहीं है यदि कोई साम्य है तो बस यह है कि दोनों के केन्द्र में सशक्त स्त्री है। यह भी पूरी तरह ठीक नहीं है, क्योंकि 'व्हेल राइडर' की नायिका पाई (उपन्यास में उसका नाम काहू है) मात्र एक किशोरी है,

जबकि 'द ज़ूकीपर्स वाइफ़' एक वयस्क, शादीशुदा, बाल–बच्चेदार स्त्री है। लेकिन दोनों अपने इरादों की पक्की हैं, जो तय कर लेती हैं, वह कर के रहती हैं। 'द व्हेल राइडर' किताब और फ़िल्म पर मैंने अन्यत्र लिखा है उसका प्रतिपाद्य होलोकास्ट है भी नहीं, अतः इस आलेख में 'द ज़ूकीपर्स वाइफ़' (जिसका मूल पोलिश शीर्षक 'एज़िल' अर्थात् असाइलम या सैंचुरी है) पर ध्यान केंद्रित करती हूँ।

2017 में होलोकास्ट पर 'ज़ू कीपर्स वाइफ़' फ़िल्म का निर्देशन निकी कारो ने किया है और इसी नाम की डाइने एकमैन की किताब को एन्जेला वर्कमैन ने फ़िल्म में ढ़ाला है। इसके साथ फ़िल्म में अंटोनिया ज़ाबिन्स्की की डायरी से काफ़ी कुछ लिया गया है। इसीलिए यह एक आधिकारिक फ़िल्म बन सकी है। इसमें 'शिंडरर्स लिस्ट' की भाँति यहूदियों को यातना शिविर से बचाने की मुहिम दिखायी गयी है। बात 1939 की है, इस समय पोलैण्ड में अंटोनिया ज़ाबिन्स्की (जेसिका चौस्टैन) और ज़ू का डॉयरेक्टर, उसका पति डॉक्टर ज़ैन ज़ाबिन्स्की (जोहान हेल्डेनबर्ग) रह रहे हैं। डॉक्टर की देख–रेख में वार्सा का चिड़ियाघर चलता है। अंटोनिया भी उसकी सहायता करती है। लेकिन जब नाज़ी उनके देश को अधिकृत कर लेते हैं तो चिड़ियाघर बन्द कर दिया जाता है और चिड़ियाघर के विशिष्ट जीव–जन्तु प्रयोग करने के लिए नाज़ी उठा कर ले जाते हैं। बाकी बचे जानवरों को हलाल कर दिया जाता है और ज़ू सूअर बाड़े में बदल जाता है। लेकिन दम्पति प्रतिकार दस्ते में काम करते हुए, अपनी जान की बाजी लगा कर सैकड़ों यहूदियों को वार्सा घेटो से निकाल कर सुरक्षित रखते हैं, यातना शिविर से बचाते हैं। वास्तविकता है, ये लोग इस अत्यन्त कठिन समय में करीब 300 यहूदियों की जान बचा पाये।

यह दो घण्टे से कुछ ऊपर की ऐतिहासिक फ़िल्म है। इतिहास अधिकतर सामान्य रूप से पुरुषों द्वारा लिखा जाता है, पुरुषों के लिए लिखा जाता है। ज़ाहिर–सी बात है उसमें स्त्री के योगदान की चर्चा कदाचित ही होती है। इतिहास में यदि स्त्री आयी है तो वह पुरुष की दृष्टि से, पुरुष के लिए आती है। 'महाभारत' करवाने का दोष अवश्य उसके मत्थे मड़ा जाता है। इतिहास में उसके प्रत्यक्ष योगदान को रेखांकित करना चलन में नहीं है। फ़िल्म की अभिनेत्री जेसिका चैस्टैन का लालन–पालन सिंगल मदर के द्वारा हुआ। इस फ़िल्म पर बात करते हुए उनका कहना है कि वे उन स्त्रियों का उत्सव मनाना चाहती हैं, जिन्होंने

अतीत में दूसरों की सहायता करते हुए महान त्याग किया है। वे भी कहती हैं, 'चलन है, हम इतिहास में स्त्री की शिनाख़्त नहीं करते हैं।'

लेकिन फ़िल्म 'द ज़ूकीपर्स वाइफ़' इस बात को रेखांकित करती है। यह स्त्री के उल्लेखनीय योगदान को दिखाती है। वह भी इतिहास के सर्वाधिक जघन्य, अमानवीय काल में उसके सकारात्मक योगदान को प्रदर्शित करती है। इस अर्थ में यह फ़िल्म बहुत महत्वपूर्ण है। 'शिंडलर्स लिस्ट' की भाँति यह भी सत्य घटना पर आधारित है। एक तरह से इसे शिंडलर्स लिस्ट का स्त्री रूप कह सकते हैं। ख़ुद निकी कहती हैं कि वे होलोकास्ट पर एक ऐसी मूवी बनाना चाहती थीं, जो मलहम का काम करे। उन्होंने ऐतिहासिक ड्रामा बनाया है। बाद में उन्हें पता चला कि उन्होंने एक तत्कालीन फ़िल्म बनायी है।

यह बात उन्हें दुःखी करती है कि आज भी होलोकास्ट जैसे जघन्य कार्य हो रहे हैं।

निकी कारो पर दो शब्द कहे बिना यह आलेख पूरा नहीं हो सकता है। वैसे तो निकी कारो 1990 से म्यूज़िक वीडियो, टीवी, शॉर्ट फ़िल्म से जुड़ी हुई हैं, लेकिन उन्हें प्रसिद्धि मिली 2000 में। 2000 में उन्होंने एक अन्तरराष्ट्रीय फ़िल्म बनायी 'व्हेल राइडर'। यह एक अनोखी फ़िल्म है। निकी कारो की एक और विशेषता है उनकी अभिनेत्रियों का ऑस्कर पुरस्कार के लिए नामांकन होना। न्यूज़ीलैण्ड की निकी कारो ने हॉलीवुड के पुरुष वर्चस्व को तोड़ा है और अपना झण्डा गाड़ दिया है। अकेले 100 मिलियन डॉलर की फ़िल्म बनाने वाले कुछ ही निर्देशक हैं, महिला निर्देशक तो गिनी–चुनी हैं, निकी कारो उनमें से एक हैं।

आइए फ़िर से 'द ज़ूकीपर्स वाइफ़' की ओर चलें। फ़िल्म की शुरुआत एक बहुत खुशनुमा सुबह से होती है। एंटोनिया अपने बच्चे के साथ–साथ पशुओं के बच्चों को भी बहुत प्यार करती है। सुबह उसके चिड़ियाघर का फ़ाटक खोलने के पहले ही फ़ाटक के बाहर चिड़ियाघर घूमने आये तमाम लोग जमा हैं। उसकी ख़ूबसूरती, प्रफुल्लता छुतहरी है। वह स्वयं विज़िटर्स का अभिवादन करती है। पशुओं से उसका लगाव देखते बनता है। ख़ास कर ऊँट का एक शावक साइकिल चलाती एंटोनिया के साथ रेस लगाता है। सब कुछ बहुत उल्लासपूर्ण है, मगर कब तक? बस तभी तक जब तक नाज़ियों की आँख चिड़ियाघर पर नहीं पड़ती है। उसके बाद सब उलट–पुलट हो जाता है। न केवल चिड़ियाघर में, वरन एंटोनिया के

निजी जीवन में भी। और तब पता चलता है कि यह सुन्दर, कोमल स्त्री भीतर से कितनी दृढ़ है।

बम वर्षा ज़ू को तहस–नहस कर डालती है। बचे–खुचे जीव नाज़ी उठा कर ले जाते हैं। कुछ को सर्दी से बचाने के नाम पर मार डाला जाता है। फ़िल्म बहुत संवेदनशीलता के साथ दिखाती है कि आने वाली विपत्ति का आभास आदमी से पहले पशुओं–पक्षियों को हो जाता है। नाज़ी ऑफ़िसर डॉ. लुज़ हेक (डैनियल ब्रुल) की आँख चिड़ियाघर के अलावा एंटोनिया पर भी है। वह उसकी सत्ता–शक्ति को जानती है, अतः अपने परिवार की सुरक्षा के लिए उसे बरदाश्त करती रहती है। उसका पति इस हरकत को देख लेता है। पति को ये हरकतें नागवार गुज़रती हैं, किसी भी पति को नागवार लगेगी। पति की प्रतिक्रिया वांछित है। डॉ. लुज़ हेक पशु–प्रजनन के अपने शोध के लिए वार्सा में स्थायी ऑफ़िस बनाता है। यह व्यक्ति इतना क्रूर है कि ख़ुद चिड़ियाघर के पक्षियों का शिकार करता है और उनमें भुस भरवाने का आदेश देता है।

पूरा वार्सा नाजी क्रूरता का शिकार बनता है। लूट–पाट, हत्या, लोगों को उठा कर ले जाना आम घटनाएँ बन जाती हैं। यहूदियों के लिए पीला डेविड का स्टार बाँह पर लगाना अनिवार्य हो जाता है। अब यहूदी घरों के भीतर भी सुरक्षित नहीं हैं। ज़ाबिन्स्की के दो मित्र अपने लिए नहीं वरन, दूसरों के लिए इन पति–पत्नी से बचाव की गुहार लगाते हैं। जान बचाने के लिए वे माग्दा को अपनी परछत्ती में छुपाते हैं। लेकिन यहीं उनकी दया–ममता रुकती नहीं है।

ज़ाबिन्स्की दम्पति डॉ. लुज़ हेक के समक्ष एक प्रस्ताव रखते हैं। प्रस्ताव है कि वे सूअर पालन करेंगे जो अधिकृत करने वाली सेना के भोजन के काम आयेंगे। उनका प्रस्ताव स्वीकृत हो जाता है और वार्सा का नामी–गिरायी चिड़ियाघर सूअर बाड़े में बदल जाता है। ज़ाबिन्स्की दम्पति ने यह सोच–समझ कर एक रणनीति के तहत किया था। वे सूअरों के लिए खाना जमा करने घेटो में जाने की इजाज़त ले लेते हैं और वहाँ से छिपा कर यहूदियों को ले आते हैं। जब ज़ैन घेटो में जाता है, तो दर्शक सांस रोक कर उसके और उसके साथ छिपा कर लाये लोगों की सलामती की दुआएँ माँगता है। जब ये लोग सुरक्षित चिड़ियाघर में पहुँच जाते हैं, तो दर्शक की साँस में साँस आती है। ऐसे कई पल फ़िल्म दिखाती है और दर्शक अन्त तक नायक–नायिका के साथ रहता है। फ़िल्म में ऐसे

बहुत सारे मार्मिक और तनावपूर्ण खूबसूरत दृश्य हैं (यदि उन्हें खूबसूरत कहा जा सके)। पूरी फ़िल्म भय, दहशत, आशंका और दर्द से भरी हुई है। यहाँ मैं एक अन्य दृश्य की बात करना चाहूँगी। एंटोनिया सिंह–शावक को गोद में लेकर प्यार करती है, लेकिन उससे भी अधिक भावात्मक बात है, हथिनी प्रसव पीड़ा में है, किसी को नज़दीक नहीं आने दे रही है और एंटोनिया उसकी योनि में हाथ डाल कर ख़ून, गन्दगी की परवाह न करते हुए हाथी के शिशु को बाहर निकालने में कामयाब रहती है, साथ ही इस सारे समय में हथिनी के साथी हाथी को भी शान्त रखती है।

इनमें से कुछ लोगों को ये लोग वेश बदलवा कर सीमा पार करा देते हैं, कुछ को नागरिकता दिलवा देते हैं। अब उनका घर और चिड़ियाखाना दो तरह के जीव पाल रहा है। पशु के रूप में सूअर, जो खुल कर घूम–फिर सकते हैं, दूसरे, मनुष्य जो न तो ज़ोर से बोल सकते हैं न खाँस–छींक सकते हैं। यदि कोई आवाज़ हुई तो सबकी जान ख़तरे में पड़ जायेगी। एंटोनिया इसे 'ह्यूमन ज़ू' की संज्ञा देती है। दड़बों में छिपकर रह रहे इन लोगों में नाज़ी बलात्कार की शिकार एक बच्ची उर्सुला भी है। बच्ची उर्सुला की भूमिका में एक इज़रायली अभिनेत्री शीरा हास ने बेहतरीन काम किया है। उसका अभिनय इतना कुशल है कि दर्शक उसके दुःख–कष्ट को भौतिक रूप से अनुभव करता है। एंटोनिया जिस कोमल भाव के साथ उसे अपने संरक्षण में लेती है, उसे फिर से स्वस्थ करती है, यह अभिनय भी काबिले–तारीफ़ है।

यह दम्पति पशुओं के खोल में मनुष्यों को रख कर उनकी ज़िन्दगी बचाने का प्रयास कर रहे हैं। यह मानव विडम्बना है कि एक ओर, ये लोग अपनी जान की क़ीमत पर लोगों की जान बचाने में लगे हुए हैं, दूसरी ओर नाज़ी लोगों को गाड़ियों में भर–भर कर मृत्यु शिविर पहुँचा रहे हैं। अन्त में नाज़ी घेटो में आग लगा कर बचे–खुचे यहूदियों को समाप्त कर डालते हैं।

ये दम्पति लोगों को बचाने का हर सम्भव प्रयास कर रहे हैं। एंटोनिया बाल ब्लीच करके, कुछ लोगों को आर्य बना कर, बचा कर बाहर भेज रही थी। लेकिन एक बार ऐसी दो स्त्रियाँ पकड़ी जाती हैं। उनके जाली पासपोर्ट का भेद खुल जाता है। दोनों को वहीं सड़क पर फ़ाँसी दे दी जाती है। अतः इस तरकीब को तिलांजलि देनी पड़ती है।

जैन ज़ाबिन्स्की वार्सा प्रतिरोध में संलग्न था, वहाँ उसकी गर्दन में

गोली लगती है और वह गिरफ़्तार कर लिया जाता है। लेकिन इसके पहले एंटोनिया ने एक बच्ची को जन्म दिया है, ये लोग उसका नाम टेरेसा रखते हैं।

पति का पता लगाने के लिए एंटोनिया हेक के पास जाती है, मगर वह उसका बलात्कार करना चाहता है। उसे पता चल गया है कि वह यहूदियों की सहायता करती है। किसी तरह वह उसके चंगुल से बच निकलती है। रूसी फ़ौजें आने लगी हैं और नाज़ी वार्सा खाली कर रहे हैं। हेक दीवार पर ड्रॉइंग्स देखता है और उसे यहूदियों के वहाँ छिपे होने का पता चल जाता है। लेकिन एंटोनिया समय रहते यहूदियों को वहाँ से निकाल चुकी है। हेक को जब कुछ नहीं मिलता है तो वह एंटोनिया के बेटे पर आक्रमण करता है और उसे बन्दूक की नोंक पर रखता है। एंटोनिया के याचना करने पर वह उसके बेटे को छोड़ देता है और वहाँ से चला जाता है। एंटोनिया हेक के परीक्षण के लिए क़ैद में रखे साँड़ को मुक्त कर देती है, वह जंगल में भाग जाता है।

अब नाज़ियों ने समर्पण कर दिया है, वार्सा का पुनर्निर्माण प्रारम्भ होता है। एंटोनिया बचे–खुचे लोगों के साथ फ़िर से चिड़ियाघर बनाने में जुट जाती है। आज भी वार्सा का यह ज़ू पर्यटकों का मनोरंजन करता है। फ़िल्म का सुखान्त होता है, जब जैन ज़ाबिन्स्की वापस घर लौट आता है। परिवार के पुनर्मिलन का यह दृश्य बड़ा मार्मिक और ख़ूबसूरत है। अपनी जान जोखिम डाल में कर दूसरों की जान बचाने वाले वास्तविक जैन से बाद में जब किसी ने पूछा कि उसने ऐसा क्यों किया तो उसका उत्तर बहुत अर्थपूर्ण था। उसने कहा, 'मैंने केवल अपनी ड्यूटी की–अगर आप किसी की ज़िन्दगी बचा सकते हैं, तो इसकी कोशिश करना आपका कर्तव्य है।'

फ़िल्म दर्शकों को बताती है कि युद्ध के बाद वार्सा की केवल 6 प्रतिशत आबादी जीवित बची थी। युद्ध की समाप्ति के पूर्व हेक बर्लिन लौटता है, लेकिन तब तक मित्र सेना ने बम वर्षा द्वारा उसका चिड़ियाघर नष्ट कर दिया था। सोचने की बात है, आदमियों के युद्ध में निरपराध पशुओं का वध हुआ, उन्होंने किसी का क्या बिगाड़ा था? वे न तो यहूदी थे और न ही नाज़ी। मगर नाज़ियों ने भी उन्हें नष्ट किया और मित्र सेना ने भी उनकी हत्या की। हेक के बेहूदा प्रयोग बुरी तरह असफ़ल रहे थे। हाँ, प्रयोगों के नाम पर उसने पशुओं के साथ मनमाना क्रूर व्यवहार अवश्य किया था।

हालाँकि इस विषय पर 2009 में 'सेफ़ हेवन : द वार्सा ज़ू' नाम से एक डॉक्यूमेंट्री बन चुकी है। लेकिन निर्देशक निकी कारो युद्ध काल के बाह्य वातावरण और घटनाओं से लोगों की आन्तरिक भावनाओं और व्यवहार पर अधिक ध्यान केन्द्रित करती हैं। निर्देशक ने अभिनेत्री जेसिका चैस्टैन के साथ मिल कर एक सत्य घटना को ईमानदारी के साथ परदे पर साकार किया है। जेसिका के अनुसार यह उनके लिए बहुत भावात्मक तथा महत्त्वपूर्ण फ़िल्म है। वास्तव में यह एक मार्मिक और मानवीय गुणों से भरपूर फ़िल्म है, जिसे अवश्य देखा जाना चाहिए।

'इडा' : अतीत और सन्ताप

मनुष्य का अतीत उसके लिए बहुत महत्त्वपूर्ण होता है। अतीत ही उसका भविष्य निर्धारित करता है। अतीत से कट कर वह नहीं रह सकता है।

इस साल (2018) का बुकर पुरस्कार पोलिश लेखक ओल्गा टोकार्चूक को मिला है। उनका कहना है कि आज समय आ गया है जब हमें यहूदियों और पोलेण्ड को नये सम्बन्धों में देखना–जानना–समझना है। इस बीच साहित्य और सिनेमा में पोलेण्ड के इतिहास को नयी दृष्टि से देखने के प्रयास हुए हैं। पोलेण्ड का इतिहास बहुत उथल–पुथल वाला रहा है। यहाँ की संस्कृति भी दूसरे देशों से भिन्न है। द्वितीय विश्व युद्ध में पोलेण्ड में बहुत अत्याचार हुए। नाज़ी सेना ने पोलेण्ड को पूरी तरह से अपने अधिकार में ले लिया था। वहाँ रह रहे यहूदियों पर केवल नाज़ी जर्मन ने ही अत्याचार नहीं किया, अवसर का फ़ायदा उठाते हुए पोलिश ईसाइयों ने भी अपने पड़ोसी यहूदियों के साथ धोखा और अत्याचार किया। यहूदी अक्सर बहुत धनी हुआ करते थे अतः उनकी सम्पत्ति हड़पने के लिए उनके पड़ोसियों ने भी कोई कसर न छोड़ी। द्वितीय विश्व युद्ध के बाद वहाँ यहूदियों का क़रीब–क़रीब सफाया हो गया। एक सूत्र के अनुसार पोलेण्ड में तीन लाख यहूदी समाप्त किये गये। बचे हुए अन्य लोगों का जीवन भी वही नहीं रह गया। बचे हुए लोग बहुत चिड़चिड़े, अविश्वासी हो गये। वे किसी भी यहूदी की उपस्थिति को स्वीकारने तक के लिए भी राजी न थे। उन लोगों ने आसपास की तमाम चीज़ों से खुद को बिल्कुल काट लिया है। वे सब भावशून्य हो गये हैं। वे अपने आप से पृथक होकर एक दूसरा जीवन जीने लगे हैं। वे अपनी स्मृतियों से पूरी तरह से विरत हैं। वे होलोकास्ट अथवा यहूदियों को भूल कर याद नहीं करना चाहते हैं। और यही सब प्रदर्शित है फ़िल्म 'इडा' में।

होलोकास्ट पर तरह–तरह की फ़िल्में बनी हैं। ये एक–दूसरे से बहुत

अलग किस्म की हैं लेकिन 2013 में आयी 80 मिनट की फ़िल्म 'इडा' इन सबसे बहुत अलग–थलग है। है तो यह भी होलोकास्ट की पृष्ठभूमि पर बनी फ़िल्म, लेकिन इसमें नाज़ियों का अत्याचार नहीं है। न ही यातना शिविर या हिटलर है और न ही जर्मन नाज़ी क्रूर सैनिक हैं। होलोकास्ट पर बनी एक अनोखी फ़िल्म जिसमें होलोकास्ट के अमानवीय अत्याचार कहीं नहीं दिखाए गये हैं परन्तु उसका विषादपूर्ण चित्रण है, फ़िल्म पूरी तरह से सन्ताप में डूबी हुई है। मानव व्यथा की कथा। कैसे दिखाएँगे मानव व्यथा परदे पर, उसकी कहानी के द्वारा ही न। और यही किया है, पावेल पावलिकोवस्की ने। वे पोलैण्ड में पोलिश–यहूदी रिश्तों को नयी रोशनी में परिभाषित करते हैं। अपनी कथा ध्वनि और दृश्य के सृजनात्मक उपयोग से रचते हैं। परिवेश और वातावरण को बड़ी बारीकी से सृजित करते हैं। इस फ़िल्म को एक से अधिक बार देखना होगा, संवेदनशीलता के साथ देखना होगा। समझने के लिए फ़िल्म में आहिस्ते से प्रवेश करना होगा।

निर्देशक पावेल पावलिकोवस्की ने एक किशोर के रूप में पोलैण्ड छोड़ दिया था। उनका जन्म पोलैण्ड में हुआ था लेकिन जब वे चौदह साल के थे 1971 में उनकी माँ उन्हें ले कर इंग्लैण्ड में रहने आ गयीं। इंग्लैण्ड में वे एक प्रसिद्ध फ़िल्म निर्देशक के रूप में जाने जाते हैं। अब बरसों बाद वे पोलैण्ड में फ़िल्म बनाने लौटे। चूँकि वे किशोरावस्था से ब्रिटेन में रह रहे हैं अतः उन्हें सही अर्थों में पोलिश फ़िल्म डॉयरेक्टर कहना उचित न होगा। पोलैण्ड पर यह उनकी पहली फ़िल्म है। फिर भी कीलित करने वाली इस मौलिक मास्टरपीस फ़िल्म के विषय में उनका कहना है कि इसमें उन्होंने अपने बचपन की स्मृतियों, दृश्यों तथा ध्वनियों को पिरोया है।

'इडा' की कहानी पिछली सदी के छठवें दशक के पूर्वार्द्ध में स्थित है। नाज़ियों के बाद अभी पोलिश जनता होलोकास्ट के हादसे से उबर नहीं पायी थी कि पोलैण्ड पर समाजवाद के नाम पर दमन चला। 'इडा' इस सदी के दूसरे दशक के अन्त में बनी है, लेकिन श्वेत–श्याम फ़िल्म, पात्रों की ड्रेस, उनका केश विन्यास, मोटर गाड़ी, घर की बनावट, सड़कें, लोगों की बातचीत, व्यवहार सब पिछली सदी के छठवें दशक को ही साकार करते हैं, लगता है हम उसी युग का प्रत्यक्षीकरण कर रहे हैं। निर्देशक पावेल पावलिकोवस्की ने इंग्लिश नाटककार रेबेका लेन्किविओज़ के साथ मिलकर फ़िल्म 'इडा' की पटकथा लिखी है।

पोलैण्ड शुरू से एक दुर्भाग्यपूर्ण देश रहा है। अगर इतिहास में दूर

न भी जायें तो 1939 तथा 1945 के बीच पोलैण्ड की जनता का पाँचवाँ हिस्सा समाप्त हो गया जिसमें तीन लाख यहूदी भी शामिल थे। और युद्ध के बाद के दो वर्षों में कम्युनिस्ट शासन रहा। रूस की लाल सेना और खुफ़िया पुलिस ने उन लोगों को समाप्त कर डाला जिन्होंने नाज़ियों का प्रतिरोध किया था। इसके साथ ही स्वतन्त्र विचार वाले बुद्धिजीवियों को भी नष्ट कर दिया गया। फ़िल्म 'इडा' यह सब कुछ नहीं दिखाती है लेकिन फ़िल्म इसी सब पर बनी है, इसका आभास अवश्य देती है। पूरे देश का वातावरण मरा हुआ है, जनता नाममात्र को है, लोगों का मूड बहुत चिड़चिड़ा है। साधारण बातचीत कोई नहीं करता है, कोई सामान्य व्यवहार नहीं करता है। सब लोग तने हुए हैं, जानबूझ कर अनजान बनने का नाटक करते हुए। लगता है बचे हुए लोगों ने या तो वेवफ़ाई की है अथवा अनजान बनने का नाटक कर रहे हैं।

कुछ लोगों के अनुसार यह एक 'रोड मूवी' है, जिसमें दो स्त्रियों का सम्बन्ध विकसित होता है। दोनों पात्रों का इतिहास साझा है। यह यात्रा पोलैण्ड के भीतरी भाग में चलती है। दोनों स्त्रियाँ पोलैण्ड के भीतरी भाग में जाती हैं। दर्शक का सामना चर्च और राज्य सरकार से होता है। वह वहाँ की ईसाइयत और यहूदी लोगों से परिचित होता है। जब इडा और वाण्डा मिलती हैं तब तक इडा को न तो अपने अतीत के विषय में कुछ ज्ञात है और न ही वह वाण्डा के विषय में कुछ जानती है। अनाथ इडा (अगाथा ट्रेज़बुचोस्का) का पालन-पोषण एक कॉन्वेण्ट में हुआ है। 1945 में एक अनजान व्यक्ति उसे कॉन्वेण्ट के दरवाज़े पर छोड़ गया था। 17 साल की एना सिस्टर (नन) बनने की प्रक्रिया में है। अन्तिम 'वाऊ' (वचन) लेने के पूर्व उसकी सुपरियर उससे कहती है कि अपनी एकमात्र जीवित रिश्तेदार से वह लोड्ज़ में मिल ले और तब अन्तिम रूप से नन बनने का निर्णय करे। एना इस स्त्री से मिलने के लिए निकल पड़ती है।

इडा ने इससे पहले कभी कॉन्वेण्ट नहीं छोड़ा है और वह अपने परिवार के विषय में कुछ नहीं जानती है। एना की मौसी वाण्डा ग्रूज़ (अगाथा कुलेस्ज़ा) चालीस साल की प्रौढ़ा एक बहुत भिन्न प्रकृति की स्त्री है। वह ख़ूब शराब पीती है, विभिन्न पुरुषों से सम्बन्ध रखती है और एना (इडा) के बारे में सब कुछ जानती है। वह इडा को टुकड़ों-टुकड़ों में उसका अतीत बताती है। वह बताती है कि एना का वास्तविक नाम इडा लेबेन्स्टेन है और वह क्रिश्चियन नहीं बल्कि एक यहूदी है। चूँकि इडा का

पालन–पोषण कॉन्वेण्ट में हुआ है और वह नन बनने का प्रशिक्षण ले रही है अतः वह इन बातों को सुन कर बहुत प्रतिक्रिया नहीं करती है। दर्शक को इडा का सपाट चेहरा देखकर पता नहीं चलता है कि उसके भीतर क्या चल रहा है। वाण्डा बात–बात में इडा की मासूमियत और उसकी ईसाइयत का मज़ाक़ उड़ाती है। वाण्डा जितनी इम्पल्सिव और आक्रमक है, उसके ठीक विपरीत इडा बिल्कुल शान्त और एक तरह से भावहीन है। एक कैथोलिक है तो दूसरी नास्तिक, लेकिन दोनों बिल्कुल अकेली हैं। ठीक उस समय के पोलैण्ड की भाँति। स्वभाव से विपरीत होते हुए भी वाण्डा भांजी को अपने संरक्षण में ले लेती है और उसकी सहायता को तत्पर हो जाती है।

लेकिन एक समय ऐसा आता है जब इनकी भूमिकाएँ परिवर्तित हो जाती हैं। इडा बड़े बुजुर्ग की भूमिका में आ जाती है और वाण्डा को ढाढस बँधाती है, वाण्डा इडा के कन्धे पर सिर रख कर अपना दुःख व्यक्त करती है। फ़िल्म में निर्देशक इन दो स्त्रियों के व्यवहार के द्वारा दो भिन्न जीवन शैलियों को प्रदर्शित करता है। वाण्डा भरपूर जीवन जीती है जबकि इडा ने जीवन को नकारा हुआ है। हालाँकि वाण्डा का जीवन जितना सतही नज़र आता है, उतना सतही है नहीं। भीतर से वह बुरी तरह टूटी हुई और उदास–हताश तथा अपने अतीत से भयभीत है। वाण्डा एक समय की प्रसिद्ध कठोर जज है। यह कम्युनिस्ट स्त्री स्टालिन काल में 'एनीमीज ऑफ़ पीपुल' को फाँसी की सज़ा दिया करती थी।

हम जिस तरह की फ़िल्म देखने के आदी हैं कुल 80 मिनट की मास्टरपीस 'इडा' उससे बहुत भिन्न प्रकृति की फ़िल्म है। इस फ़िल्म की स्थिरता (स्टिलनेस) देखकर झटका लगता है। फ़िल्म की फ़ोटोग्राफ़ी (रिस्ज़ार्ड लेन्ज़ेवस्की तथा लुकाज़ जाल) कमाल की है साथ ही फ़िल्म में मौन का जैसा सार्थक उपयोग हुआ है वह भी इसे विशिष्ट फ़िल्म बनाता है। इडा की नन की पोशाक और उसका मासूम चेहरा लोगों से सम्मान पाता है। दूसरी ओर वाण्डा लोगों में भय उत्पन्न करती है। इडा के आने पर वाण्डा उससे पूछती है, "उन लोगों ने तुम्हें बताया नहीं कि मैं कौन हूँ, क्या करती हूँ?" वाण्डा चेन स्मोकर है, ख़ूब शराब पीती है। वह इडा को बताती है कि वह उसकी मौसी है। वाण्डा प्रस्ताव रखती है कि हम लोग पता कर सकते हैं कि युद्ध में इडा के माता–पिता का क्या हुआ। ऊपर से मज़बूत दीखने वाली वाण्डा भीतर से बहुत भयभीत और दुःखी है। वह इडा के आने से भी

भयभीत है क्योंकि अब उसे अपने अतीत का सामना करना होगा जिससे वह अब तक बचती आयी है। इडा के आ आने के बाद वह अपने अतीत से बच नहीं सकती है। वाण्डा का चरित्र और उसका इतिहास धीरे–धीरे दर्शक के समक्ष खुलता है। इस चरित्र को देखते हुए बरबस 'सोफ़ीज च्वाइस' की सोफ़ी का स्मरण हो आता है। युद्ध में लोग मरते हैं, बचे हुए लोगों के जीवन को युद्ध उथल–पुथल कर देता है। बचे हुए लोगों के मन में कहीं जीवित बचे रहने का अपराध–बोध भी पलता रहता है। दर्शक के सामने वाण्डा के बेतरतीब जीवन का राज धीरे–धीरे खुलता है।

वाण्डा ग्रूज़ का चरित्र एक वास्तविक स्त्री पर आधारित है हालाँकि परदे पर आते–आते उसमें काफ़ी परिवर्तन हुआ है। वास्तविक स्त्री का नाम हेलेना वोलिन्स्का–ब्रुस है। वो ऑक्सफ़ोर्ड में एक प्रोफ़ेसर की पत्नी हैं। पावेल उनसे वहीं पिछली सदी के आठवें दशक की शुरुआत में मिले थे। यहूदी पोलिश नस्ल की यह स्त्री हेलेना वोलिन्स्का–ब्रुस द्वितीय विश्व युद्ध से जीवित बच रही है। हेलेना भी कम्युनिस्ट प्रतिरोध दस्ते की सदस्य रही है जो युद्धोपरान्त लोगों को फाँसी की सज़ा सुनाया करती थी। इसी तरह का फाँसी देने का एक कुख्यात केस 1953 में हुआ था जिसमें जनरल निल फ़ील्डोफ़ को फाँसी हुई थी। पता नहीं वोलिन्स्का–ब्रुस इसमें संलग्न थी या नहीं लेकिन वह इस केस की वास्तविक प्रोसीक्यूटर नहीं थी। वह 1971 से इंग्लैण्ड में रह रही थी। स्टालिन काल की क्रूर न्यायाधीश से इस ऊष्मापूर्ण स्त्री का कोई साम्य निर्देशक को नज़र नहीं आया। वह इस विरोधाभासी स्त्री के जीवन पर एक फ़िल्म बनाना चाहता है। इसी स्त्री को ध्यान में रख कर उसने 'इडा' में वाण्डा का चरित्र गढ़ा है। इस जटिल चरित्र को मँजी हुई पोलिश अभिनेत्री एग्नेटा कुलेस्ज़ा ने बड़ी आधिकारिकता के साथ निभाया है।

निर्देशक पावेल पावलिकोवस्की के लिए अपने मन में बसी इडा की छवि के लिए अभिनेता खोजना आसान न था। वाण्डा की नैतिक असफलता के सामने उन्हें इडा की मासूम नैतिकता खड़ी करनी थी। इडा एक बहुत ख़ूबसूरत लड़की है उसके गालों में पड़ने वाले गड्ढे बहुत आकर्षक हैं। उसके ख़ूबसूरत बाल नन के हुड में छिपे रहते हैं फिर भी वह बहुत प्यारी नज़र आती है। उसका व्यवहार बहुत संयत है। पावेल को एक ऐसी लड़की की तलाश थी जो इस चरित्र को परदे पर साकार कर सके। इसके लिए उन्होंने क़रीब चार–सौ अभिनेत्रियों का साक्षात्कार

लिया। लेकिन बात नहीं बनी। एक दिन उनके एक दोस्त ने अगाथा को वार्सा में पुस्तक पढ़ते हुए एक कैफ़े में बैठा देखा। हालाँकि अगाथा के पास अभिनय का कोई अनुभव न था और न ही अभिनय करने की कोई योजना थी, वह स्वयं को नारीवादी कहती है। पावेल के दोस्त ने उसे पावेल से मिलने के लिए राजी कर लिया। अगाथा मिलने के लिए राजी हो गयी क्योंकि वह पावेल की फ़िल्म 'माई समर ऑफ़ लव' की दीवानी थी। इस तरह निर्देशक पावेल की एक प्रशंसक उनकी इडा बनी। इडा के चेहरे की ताजगी का यह भी एक राज है। आघात के लिए खुला इडा का चेहरा ख़ूबसूरत है, साथ ही कठोर भी। मासूम है, साथ ही बेवकूफ़ नहीं। उसे अपने क्रूर अतीत की जानकारी नहीं है।

लेकिन वाण्डा ने अपना अतीत न केवल जाना–समझा है बल्कि भोगा भी है। उसके भीतर द्वितीय विश्व युद्ध में जीवित बचे रहने का अपराध–बोध है। उसने अपनों को इस युद्ध में खोया है। युद्ध में उसके लोगों ने वीर गति नहीं पायी है उनकी हत्या हुई है। वे शहीद नहीं हुए हैं उन्हें बेरहमी से मार डाला गया है। इस निजी और सार्वजनिक त्रासदी का वह कैसे सामना करे। अपने अतीत से पलायन के लिए वह शराब–सिगरेट पीती है। अनजान लोगों से शारीरिक सम्बन्ध बनाती है। वाण्डा के पास क्लासिकल रिकॉर्ड्स का संग्रह है, उसकी कार में भी म्यूजिक है। उसके जीवन का सर्वाधिक दुःखद पहलू अभी दर्शक के सामने आना बाकी है। होलोकास्ट से जीवित बची वाण्डा इडा को बताती है कि उसके माता–पिता (वाण्डा के बहन–बहनोई) को उनके धार्मिक विश्वास के कारण मार डाला गया था। वाण्डा अपनी भांजी से बहुत दिन से नहीं मिली है, भांजी को तो कुछ स्मरण भी नहीं है। इसके बावजूद वाण्डा उसकी सहायता करने को राजी हो जाती है। दोनों इडा के माता–पिता की अनाम क़ब्र की खोज में निकल पड़ती हैं ताकि उनका उचित ढंग से अन्तिम संस्कार किया जा सके। रास्ते में जो भी मिलता है वाण्डा उस पर रौब गाँठती है, उन्हें डराती–धमकाती है। इस कटु, निराशावादी, विद्रोही स्त्री को लोग 'रेड वाण्डा' के नाम से जानते हैं। उसने युद्ध की भयानकता देखी–भोगी है और अब वह दूसरों को भयभीत करती है।

वाण्डा जैसी प्रतिभावान लोगों का इतिहास बहुत जाना–पहचाना है। वह यंग कम्युनिस्ट लीग की सदस्य थी। नाज़ी जर्मनी से बच कर भूमिगत हो गयी और 1945 में बचे हुए यहूदियों में से कुछ की भाँति सरकारी सेवा

में लग गयी (कुछ रूस चले गये)। पोलैण्ड में यह एण्टी–कम्युनिस्टों के बीच अच्छा नहीं माना जाता था। ऐसे लोगों को दो बार धोखा मिला। एक बार यहूदियों के रूप में इनके लोगों की हत्या नाज़ी और यहूदी विरोधियों द्वारा हुई, दूसरी बार स्टालिनवाद में विश्वास करने वाले लोगों द्वारा। ऐसे लोगों के पास जीवित बचे रहने के लिए बहुत कुछ न था। वाण्डा के पास एक छोटा–सा घर, कुछ मज़ाक़, मोज़ार्ट की सिम्फ़नी, शराब और यौन क्षुधा के अलावा कुछ और न था। ऐसी मज़बूत स्त्री कुछ भी बोल सकती थी, कोई झूठ भी। ऐसे लोगों के साथ दर्शक की सहानुभूति होना बड़ी सामान्य बात है। दर्शक वाण्डा से सहानुभूति रखता है।

यूरोपियन यूनियन की सारी ऑफ़िसियल भाषाओं में सबटाइटिल्स के साथ उपलब्ध 'इडा' फ़िल्म की इस यात्रा में कैमरा नाज़ी अत्याचार को नहीं नाज़ी अत्याचार के बाद उजाड़ पड़े पोलैण्ड को दिखाता है। यहाँ आबादी नाममात्र की है जो बचे हैं वे कुछ बोलना नहीं चाहते हैं, कुछ याद नहीं करना चाहते हैं। तेज़ चलती कार, निरन्तर सिगरेट पीती वाण्डा की बगल में स्थिर बैठी इडा कॉन्ट्रास्ट उत्पन्न करती है। एक अधैर्य की मूर्ति है तो दूसरी धैर्य की। फ़िल्म की शुरुआत में कॉन्वेण्ट का दृश्य है जहाँ नन जीसेस की एक मूर्ति बना कर उसे स्थापित करती हैं और उसके सामने प्रार्थना करती हैं। सब कुछ दबा–दबा सा है, कोई ज़ोर से बात नहीं करता है। खाते समय भी नहीं। खाते समय भी केवल चम्मच की आवाज़ आती है, सारी नन आँखें नीची किये हुए खा रही हैं। ये सारे समय आँखें नीची किये रहती हैं। इनकी पूरी दिनचर्या नियत एवं बँधी हुई है, कहीं कोई विचलन नहीं। चर्च के मोटे, मज़बूत खम्बे, बादल, ऊँची खिड़कियाँ, भारी वातावरण। लगता है सब कुछ मध्य युग में ही जमा हुआ है, तब से अब तक कुछ बदला ही नहीं है। लगता नहीं है कि हम आज की बनी फ़िल्म देख रहे हैं। 'इडा' बीते ज़माने की कला फ़िल्म का आभास देती है।

फ़िल्म शुरुआती कुछ शॉट्स में एना के व्यक्तित्व को स्थापित कर देती है। साथ ही यह भी बता देती है कि एना के जीवन में कुछ परिवर्तित होने वाला है। मौसी–भांजी कार में चली जा रही हैं। उन्हें पता करना है कि उनके परिवार के लोग कहाँ दफ़न हैं, दफ़न हैं भी या नहीं। वे चलती जाती हैं। उन्हें पता करना है कि आख़िर इडा कॉन्वेण्ट कैसे पहुँच गयी। युद्ध की विभीषिका और उससे उत्पन्न उजाड़ वातावरण को ज़ाल का कैमरा सपाट आकाश और उससे दबी इडा को फ़्रेम के तल में धकेल

देता है। फ़िल्म में 'मेस एन सीन' का ख़ूब प्रयोग हुआ है। पूरी फ़िल्म में लॉन्ग शॉट्स का भरपूर उपयोग किया गया है।

जन्म देने वालों से ज़्यादा महत्त्व पालन करने वालों का होता है। जीवन यही लोग बचाते हैं। वैसे भी बच्चे के व्यक्तित्व का निर्माण गुण–सूत्र के अलावा पर्यावरण पर निर्भर करता है। बच्चा वही बोली–बानी सीखता है जिनके बीच में वह रहता है। इडा भी शुरू से ईसाइयों के बीच रही है अतः उसे अपने परिवार के यहूदी धर्म के विषय में कुछ ज्ञात नहीं है। अब उसका परिवार यही सिस्टर्स हैं। उसके व्यक्तित्व का निर्माण कॉन्वेण्ट में हुआ है। बाहर भी उसे उसके हैबिट (नन की पोशाक) के कारण सम्मान मिलता है अतः उसके लिए उसे छोड़ पाना सरल नहीं है। इडा को देखते हुए मुझे रवीन्द्रनाथ के उपन्यास 'गोरा' का भी बार–बार स्मरण हुआ। लेकिन यह भी सही है कि समाज व्यक्ति को मनुष्य से पहले हिन्दू–मुसलमान या ईसाई बना देता है। 'इडा' फ़िल्म में जीसेस की मूर्ति, क्रॉस, चर्च, सिस्टर्स का इतना प्रयोग हुआ है लगता है फ़िल्म ईसाइयत के प्रचार–प्रसार के लिए बनायी गयी है। एक रोता बच्चा नन इडा के स्पर्श करते ही शान्त हो जाता है। सिस्टर्स ने ईसाई होते हुए भी एक यहूदी बच्ची को पाला–पोसा। वैसे यह सच है कि द्वितीय विश्व युद्ध के दौरान कुछ यहूदी बच्चों को कॉन्वेण्ट में शरण मिली थी। लेकिन यह भी सही है कि पोलिश कैथोलिक चर्च यहूदी विरोधी थे और उन्होंने होलोकास्ट के दौरान हिटलर की नीति का समर्थन ही किया था, भले ही वे स्वयं होलोकास्ट में बहुत सक्रिय न थे। 'इडा' का चर्च इससे भिन्न है वह विस्मृति का प्रतीक है, कुछ भी न बताने वाला। लेकिन इसी फ़िल्म में एक पेरिस–प्रीस्ट को दिखाया गया है जो इडा से टकराता है जिसे याद नहीं है कि वहाँ कोई लेबेन्स्टीन्स परिवार रहता था। उसे यह जान कर वितृष्णा होती है कि किसी नन का यहूदी परिवार से कोई नाता हो भी सकता है।

रास्ते में उनसे एक युवा, ख़ूबसूरत सेक्सोफ़ोन वादक लिस (डैविड ओगरोडनिक) लिफ़्ट माँगता है। यहाँ से यात्रा में बदलाव आता है। शुरू से युवा इडा के प्रति आकर्षक है। इडा के व्यक्तित्व में भी कुछ परिवर्तन होता है, उसकी बॉडी लैंग्वेज़ बदल जाती है। अभी तक इडा ने स्वयं को इस दृष्टि से नहीं देखा था पहली बार वह किसी युवक को ख़ुद में रुचि लेता हुआ देख रही थी। युवक इडा की ओर आकर्षित है इसमें कोई शक नहीं है, उसके मन में इडा के प्रति एक सम्मान का भाव भी है। होटल के

बॉलरूम में लिस सेक्सोफ़ोन बजाता है, वहाँ पश्चिमी तर्ज़ पर पोलिश पॉप और अमेरिकन जाज़ का मिला–जुला रूप दिखाई देता है। यह पोलैण्ड में एक युग की समाप्ति और नये युग की शुरुआत का प्रतीक है। इडा उसे देखती है। उसके लिए यह भी एक मार्ग है। वह इस नाच–गान में हिस्सा नहीं लेती है। लेकिन बाद में वे बात करते हैं। और मौसी के मरने के बाद दोनों एक बार फिर मिलते हैं। इस बार वे हम बिस्तर भी होते हैं। युवक इडा को शादी का प्रस्ताव देता है। लेकिन युवक को सोता छोड़ कर इडा अपनी नन की पोशाक पहनकर चुपचाप निकल पड़ती है। फ़िल्म यह स्पष्ट नहीं करती है कि वह कहाँ जा रही है हालाँकि इसके संकेत बहुत साफ़ हैं, वह संसार की ओर नहीं उससे विमुख दिशा में जा रही है। लेकिन क्या अब वह अपने अतीत से छुटकारा पा सकती है? फ़िल्म इडा को काफ़ी देर तक कैमरे की ओर हिलता–डुलता, चलता हुआ दिखाती है और उसके चेहरे के क्लोजअप पर समाप्त हो जाती है। फ़िल्म की यह समाप्ति फ़्राँस्वा त्रूफ़ो की फ़िल्म '400 ब्लोज' की याद दिलाती है। बैकग्राउण्ड में बाख का संगीत सुनाई देता है।

इडा कॉन्वेण्ट से बाहर आती है मगर उसके चेहरे का भाव काफ़ी समय तक नहीं बदलता है। वह गम्भीर, शोक से दबी हुई नज़र आती है। बाहर की दुनिया से वह ख़ुद को जोड़ नहीं पाती है। हालाँकि यह अगाथा की पहली फ़िल्म है लेकिन उसका अभिनय बहुत स्वाभाविक बन पड़ा है। इडा का पालन–पोषण इस तरह हुआ है कि वह बाहर की दुनिया से कटी हुई है, बाहर की दुनिया पर उसे विश्वास नहीं है। बाहर की दुनिया में जो स्वतन्त्रता, प्रसन्नता है वह उससे ख़ुद को बिल्कुल भी नहीं जोड़ पाती है। ये बिल्कुल दो भिन्न जीवन–शैली हैं। एक ने जीवन के उल्लास को नकारा हुआ है दूसरा जीवन रास–रंग से भरा हुआ है। असल में इडा का सामना दो भिन्न छोर से होता है। कॉन्वेण्ट का नीरस जीवन, दूसरी ओर वह अपनी मौसी का उच्छृंखल जीवन देखती है। असल में इन दोनों छोरों के बीच में भी एक जीवन है उससे उसका पाला ही नहीं पड़ता है। बाद में भी जब वह शारीरिक सम्बन्ध से गुज़रती है तो उसमें हिस्सा नहीं लेती है। वह अपनी मौसी के जीवन के अनुभव को केवल एक रिचुअल की तरह निभाती है, उसका हिस्सा नहीं बनती है। वह मेकअप करती है, मौसी की ड्रेस पहनती है, ऊँची एड़ी की सैण्डिल पहनती है, सिगरेट–शराब पीती है, पुरुष से सम्बन्ध बनाती है मगर कहीं

भी इन चीज़ों से जुड़ती नहीं है। इन अनुभवों से उसका नन बनने का निर्णय और दृढ़ हो जाता है।

होलोकास्ट पर बनी कई फ़िल्मों को देखकर आपको गुस्सा आता है, कई फ़िल्में आपमें निराशा हताशा उत्पन्न करती हैं। कई आपको प्रतिकार के लिए उकसाती हैं। 'इडा' देखकर आप सोचने–विचारने पर मजबूर हो जाते हैं। अगर आपके साथ किसी ने वैसा व्यवहार किया होता जैसा इडा के माता–पिता के साथ किया था तो आपकी उस आदमी के प्रति क्या प्रतिक्रिया होती? वाण्डा और इडा जब उस पिआस्की नामक गाँव में पहुँचती हैं जहाँ इडा के माता–पिता और उसकी मौसी रहती थी तो कोई उनसे बात करने को तैयार न था। इडा को वाण्डा ने बता दिया है कि उसके माता–पिता और भाई को मार डाला गया है लेकिन किसने मारा है वह उसे अभी तक पता नहीं है। उसे बता दिया गया है कि उनकी कोई क़ब्र नहीं है, न केवल उनकी बल्कि किसी भी यहूदी की वहाँ कोई क़ब्र नहीं है। शायद उनके शव कहीं जंगल या नहर में पड़े होंगे। मौसी यह भी कह देती है अगर तुम्हें वहाँ पहुँच कर पता चले कि कोई भगवान नहीं है तो?

ज्यों–ज्यों वे गाँव के निकट पहुँचती हैं फ़िल्म बेचैन करने वाली होती जाती है। वहाँ लोगों के भीतर आशंका, रहस्य, सन्देह तथा अविश्वास है। यहूदियों का नाम लेते ही लोगों के कान खड़े हो जाते हैं। वे उनकी उपस्थिति को स्वीकार नहीं करना चाहते हैं। दोनों वहाँ पहुँचती हैं जहाँ वाण्डा और इडा का परिवार रहा करता था। वर्तमान में वहाँ रहने वाले कहते हैं कि यहाँ कभी कोई यहूदी परिवार नहीं रहता था। लेकिन वाण्डा छोड़ती नहीं है। वाण्डा ने इडा को बताया था कि उसकी माँ स्टेनग्लास बनाती थी और उन्हें गोशाला की खिड़कियों में लगाती थी। गाँव पहुँच कर वाण्डा इडा को गोशाला दिखाती है जहाँ इडा की माँ का बनाया हुआ स्टेनग्लास खिड़की में लगा हुआ है। बाद में इडा अपनी उसी गोशाला में जाती है और देखती है कि खिड़की में स्टेनग्लास लगा हुआ है। पक्का हो जाता है कि यही उनका घर था। गाय की बगल में खड़ी इडा पर खिड़की के स्टेनग्लास से छन कर रोशनी पड़ रही है। इस फ़िल्म की एडिटिंग पोलिश सिनेमा के कुशल सिने एडिटर जारोस्लॉ कामिन्स्की ने की है। पूरी फ़िल्म में संगीत और ध्वनि का ख़ास महत्त्व है। जब इडा और वाण्डा ग्रामीण इलाके में पहुँचती हैं तो कुछ नरम ध्वनियाँ सुनाई पड़ती हैं, जबकि वहाँ की धरती बहुत सपाट है।

दोनों को रास्ते में कहीं क़ब्रिस्तान नहीं मिलता है, कोई क़ब्र नहीं मिलती है। हाँ एक स्थान पर सड़क किनारे क्रॉस मिलता है जहाँ इडा कार रुकवा कर घुटने टेक कर प्रार्थना करती है और वाण्डा खड़ी–खड़ी सिगरेट पीती है। बाद में एक पादरी मिलता है जो इडा को रात बिताने के लिए स्थान देता है लेकिन विश्वास नहीं कर पाता है कि उसका किसी यहूदी परिवार से कोई नाता है। पादरी को वहाँ किसी यहूदी परिवार के होने की कोई याद नहीं है। यहूदियों को विस्मृत करने का अर्थ है होलोकास्ट को नकारना। निर्देशक पावेल ने अपने बचपन की स्मृति के आधार पर इस भुतहे स्थान की निर्मिति की है। होलोकास्ट का भूत पूरी फ़िल्म पर हावी है। होलोकास्ट से बचे प्रीमो लेवी की एक किताब है, 'इफ़ दिस इज़ ए मैन', इसमें वे लिखते हैं, 'बहुत साल विस्मृति में रहा... क्योंकि यह यूरोप के लिए सोग और पुनर्निर्माण का बहुत कठिन काल था और जनता अभी–अभी समाप्त हुए सालों के युद्ध की दर्दनाक स्मृति में लौटना नहीं चाहती थी।' 'इडा' में कहीं प्रत्यक्ष होलोकास्ट नहीं है लेकिन पूरी फ़िल्म होलोकास्ट की छाया से ग्रसित है।

नाज़ी जर्मनी की अनुपस्थिति को लेकर इस फ़िल्म की ख़ूब आलोचना हुई। होलोकास्ट पर फ़िल्म बने और उसमें जर्मन सैनिक न हों ऐसा कहीं होता है। लेकिन निर्देशक का कहना है कि उसने इतिहास पर फ़िल्म नहीं बनायी है उसकी फ़िल्म विस्मृति पर है। पोलिश एण्टी–डिफ़मेशन लीग वालों का कहना था कि इडा जानबूझ कर दिखाती है कि पोलिश लोग खासकर ग्रामीण लोग होलोकास्ट के ज़िम्मेदार थे। पावेल के अनुसार जब लोग कहते हैं कि पोल्स ने नाज़ियों का साथ दिया था–तो कुछ ने दिया था, कुछ ने नहीं। कुछ, बहुत से थोड़े लोगों ने अत्याचार किया, दूसरे, थोड़े से लोगों ने साहस दिखाया। अधिकांश ने बस बचे रहने का प्रयास किया, पूरा देश शिकार था। कुछ लोगों को वाण्डा के चित्रण को ले कर आपत्ति है। यह इतनी सरल फ़िल्म नहीं है कि इसे किसी एक नज़रिए से देखा जाये। इडा और वाण्डा दोनों दुनिया पर पूरा–पूरा विश्वास नहीं कर पा रही हैं, न ही दुनिया को सहन कर पा रही हैं। वाण्डा न तो कम्युनिस्ट सिद्धान्त में विश्वास रख पा रही है न ही उसे ईसाइयत पर भरोसा है। इस समय यदि लोगों ने घोषणा की कि ईश्वर मर चुका है तो कोई आश्चर्य नहीं होना चाहिए। अडोर्नो ने कह दिया कि अब कविता नहीं होगी। सच ऐसे भयंकर काल से गुज़रने के बाद लोग वो नहीं रह सकते हैं जो वे पहले थे। फ़िल्म दिखाती है कि शराब–सिगरेट भी इससे उबरने

का रास्ता नहीं है और न ही जाज़ संगीत अथवा पश्चिमी जीवन–शैली और नाचना–गाना इस स्थिति से छुटकारा दिला सकता है। वाण्डा किसी बात में, किसी पर विश्वास नहीं करती है, इडा के पास कम–से–कम उसके धर्म का सहारा है। जाज़ संगीतकार, सेक्सोफ़ोन वादकौस पीढ़ी का प्रतिनिधित्व करता है जो सब भुला कर जीना चाहता है। मगर यह भी क्या उचित मार्ग है? इडा द्वारा उससे पूछे गये प्रश्न और उसके असन्तुष्ट उत्तर इडा के जीवन के लक्ष्य को स्पष्ट कर देते हैं। वह वहाँ नहीं रुकती है।

सन 2000 में जैन ग्रॉस ने एक ऐतिहासिक किताब लिखी, 'नेबर्स : द डिस्ट्रक्शन ऑफ़ द ज्यूइश कम्यूनिटी इन जेडवाब्ने, पोलैण्ड' इसने पोलिश–यहूदी सम्बन्धों पर एक नयी बहस छेड़ दी। अपने लेखन में उन्होंने दिखाया है कि जेडवाब्ने में ग्रामीणों ने तक़रीबन सारे यहूदियों को मार डाला और उनकी सम्पत्ति हड़प ली। जबकि सरकार दिखाने की चेष्टा कर रही थी कि पोलिश लोगों ने इस काल में यहूदियों की ख़ूब सहायता की। लोगों की सांस्कृतिक स्मृति में भी पोलिश लोगों का अत्याचार जीवित है। यह ऐसा ही है जैसे हमारे यहाँ टीपू सुल्तान को बहुत महान दिखाने का प्रयास किया जाता है, जबकि मलयाली जातीय स्मृति में टीपू सुल्तान का नाम लेते ही भय से शरीर में सिहरन होती है। 'इडा' फ़िल्म भी दिखाती है कि सम्पत्ति के लालच में इडा के माता–पिता की हत्या की गयी और अब जो उनके घर में रह रहे हैं वे यहूदियों की उपस्थिति से स्पष्ट इनकार कर रहे हैं। जब ये लोगों से प्रश्न पूछती हैं तो लोग इन्हें उत्तर न दे कर केवल घूरते हैं। फ़िल्म दर्शक के मन में भी तमाम सवाल उठाती है। ऐसी स्थिति में आप क्या करेंगे? बदला लेना तो हल नहीं है। बदला लेना है तो किससे लेंगे? क्या बदला लेने से अतीत सही हो जायेगा?

फ़िल्म के हत्यारे से इनके मिलने वाले भाग को देखकर दर्शक सिहर उठता है। वाण्डा फ़ेलिक्स स्किबा (एडम सिज़िनोस्की) से पूछती है उसने उसके बेटे को कैसे मारा? 'तुमने यह कैसे किया? कुल्हाड़ी से?' फ़िल्म वाण्डा को यहाँ क्लोजअप में दिखाती है। असल में वाण्डा अपने बेटे टेडज़िओ को अपनी बहन–बहनोई के पास छोड़ कर प्रतिरोध दस्ते में काम करने चली गयी थी। ये लोग नाज़ी अत्याचार से बचने के लिए अपने क्रिश्चियन पड़ोसी स्किबा के यहाँ छुपे हुए थे। विडम्बना है कि अनजाने में फ़ेलिक्स की पत्नी इडा से अपने बच्चे के लिए आशीर्वाद माँगती है और

इडा एक नन के नाते उसे आशीर्वाद देती है। वाण्डा भांजी को वहाँ ले जाती है जहाँ वाण्डा और उसकी बहन का जीवन बीता है। जहाँ अपना बेटा अपनी बहन के पास छोड़कर वह आन्दोलन के लिए चली गयी थी। वह फ़ेलिक्स और उसके पिता से जानना चाहती है कि वाण्डा के परिवार का क्या हुआ। फ़ेलिक्स इस शर्त पर बताने को राजी होता है कि वे लोग इस घर पर अपना दावा छोड़ देंगी। वह स्वीकारता है कि उसने उन्हें मार कर जंगल में गाड़ दिया था और ख़ुद उनके घर में रहने लगा था।

क़ब्र के पास की फ़ोटोग्राफ़ी ध्यान देने योग्य है। फ़ेलिक्स से प्रश्न पूछने के साथ ही वेदना के बोझ से दबी वाण्डा का सिर नीचे झुकता जाता है और सीने पर टिक जाता है, वह फ़्रेम में किनारे होती जाती है और अन्त में मात्र उसका आधा चेहरा ही नज़र आता है। पूरी फ़िल्म में लाइट का बहुत विशिष्ट प्रयोग हुआ है। अक्सर केवल खिड़की से आती रोशनी का प्रयोग हुआ है। खिड़की का उपयोग बाहर देखने के लिए होता है मगर फ़िल्म खिड़की से बाहर का दृश्य कभी नहीं दिखाती है। चाहे वह अस्पताल की खिड़की हो अथवा वाण्डा के कमरे की खिड़की जिससे कूद कर वाण्डा आत्महत्या करती है। इस फ़िल्म को देखते हुए कई बार मन इतना भारी हो जाता है कि रुकना पड़ता है। इस सीन में फ़ेलिक्स क़ब्र के भीतर है, इडा और वाण्डा क़ब्र के किनारे ऊपर हैं। वाण्डा अपने बच्चे की खोपड़ी अपने स्कार्फ़ में लपेट कर धीरे–धीरे वहाँ से दूर चली जाती है, फ़्रेम से बाहर हो जाती है। यहीं पता चलता है कि लड़के का खतना हुआ था इसीलिए उसके धर्म का पता चल गया और उसे मार डाला गया। इडा चूँकि लड़की थी इसलिए उसे कॉन्वेण्ट में दे दिया गया। फ़ेलिक्स इडा को उसके माता–पिता की हड्डियाँ पकड़ा देता है। इसके बाद हम देखते हैं कि वाण्डा और इडा मिलकर इन अस्थियों को लिबिन के यहूदी क़ब्रगाह में दफ़नाती हैं। उनकी सहायता के लिए वहाँ कोई और नहीं है।

'इडा' की आलोचना करते हुए इस पर कई अन्य फ़िल्मों के प्रभाव की चर्चा होती है। साठ के दशक के कार्ल थिओडोर ड्रेयर ('द पैशन ऑफ़ जुआन ऑफ़ आर्क') तथा रॉबर्ट ब्रेससन ('डायरी ऑफ़ ए कंट्री प्रीस्ट'), एंड्रेज़ वाज्दा ('इनोसेंट सोसेरेर्स'), लुई ब्रुनेल ('विरिदिआना'), फ़्राँस्वा त्रूफ़ो ('द 400 ब्लोज') की फ़िल्मों का प्रभाव इस पर बताया जाता है। कुछ लोग मानते हैं कि फ़्राँस्वा त्रूफ़ो के 'द वाइल्ड चाइल्ड' से इसने काफ़ी

कुछ लिया है। लेकिन यह सत्य है कि कोई भी फ़िल्म इसकी उत्कृष्टता के निकट नहीं पहुँचती है।

वाण्डा अपने बेटे और अपनी प्रिय बहन की मौत के बाद हुई घटनाओं से पूरी तरह टूट जाती है, अब उसके जीने का कोई मकसद नहीं बचा है क्योंकि इडा भी कॉन्वेण्ट लौट चुकी है। अतः वाण्डा बहुत धैर्य के साथ अपना जीवन समाप्त कर लेती है। वाण्डा की मृत्यु के बाद इडा उसके घर में लौटती है, उसके घर को साफ़ करती है, बेकार की चीज़ें उठा कर बाहर फेंकती है और वाण्डा के जीवन को ख़ुद जी कर देखने का प्रयास करती है।

1992 में पावेल लोज़िन्स्की ने एक फ़िल्म बनायी है, 'बर्थप्लेस'। यह एक डॉक्यूमेण्ट्री है। इसमें एक यहूदी लेखक हेनरिक ग्रीनबर्ग पोलैण्ड के अपने जन्मस्थान लौटता है। नाज़ी काल में उसका परिवार ग़ैर–यहूदियों के यहाँ छिप कर रह रहा था। हेनरिक जानना चाहता है कि उसके पिता का क्या हुआ क्योंकि वे ग़ायब हो गये थे। यह स्पष्ट है कि उसके पिता की नाज़ियों द्वारा हत्या नहीं हुई यह भी पता चलता है कि उसके पिता की हत्या एक पोलिश किसान ने की है। उसने उनकी हत्या करके उन्हें खेत में गाड़ दिया था। फ़िल्म के अन्त में उसकी हड्डियों को निकाला जाता है। इस डॉक्यूमेण्ट्री से 'इडा' फ़िल्म की समानता देखी जा सकती है।

अगर कोई 'इडा' फ़िल्म को चाक्षुष–रति के लिए देखना चाहेगा तो उसे बड़ी निराशा होगी। यहाँ जिजीविषा भी नदारद है। जीवन के प्रति आस्था और निष्ठा का भी नामोनिशान नहीं है।

डॉयस्पोरा, होलोकास्ट और लेखन

हिन्दी में जब प्रवास, प्रवासी और प्रवासी साहित्य की बात होती है तो वह बहुधा एक बहुत संकुचित दायरे में सिमट कर रह जाती है। यहाँ उन्हीं प्रवासियों की बात होती है जो हिन्दी प्रदेश से विदेश गये हैं और जो हिन्दी में लिख रहे हैं। अक्सर हम यह भूल जाते हैं कि भारत एक विशाल भूभाग है और इसमें हिन्दी क्षेत्र के अलावा अन्य प्रदेश भी हैं, वहाँ से भी प्रवास पर भारतीय बाहर जाते रहे हैं। भारत के विभिन्न प्रदेशों की भाषा–बोली के इन प्रवासियों में से कुछ लोग लिखते भी हैं और इन विभिन्न भारतीय भाषाओं में प्रवासी साहित्य उपलब्ध है। बहुत अधिक हुआ तो हम इंग्लिश प्रवासी रचनाकारों–सलमान रुश्दी, झुम्पा लाहिरी, चित्रा दिवाकारुणी को शामिल कर लेते हैं मगर बंगला, तमिल, मराठी, गुजराती, पंजाबी, उर्दू, मलयालम, कन्नड़, तेलुगू प्रवासी लेखकों की बात कभी नहीं करते हैं। प्रवासी इंग्लिश लेखन को शामिल कर लेते हैं क्योंकि वह अब भी हमारे लिए प्रभु भाषा है। क्योंकि सलमान रुश्दी, किरण देसाई को बुकर पुरस्कार मिला है।

हम हिन्दी वाले एक और बात भूल जाते हैं कि भारत के अलावा अन्य देश, धर्म, जाति–नस्ल के लोग भी प्रवास करते हैं और इनमें से कुछ प्रवासी अपनी–अपनी भाषा या फिर इंग्लिश में रचनाएँ करते हैं। प्रवास शब्द का इंग्लिश पर्याय 'माइग्रेशन' है। इंग्लिश में प्रवास का बोध कराने वाला एक और शब्द प्रचलित है वह है 'डॉयस्पोरा'। यूनानी उत्पत्ति के शब्द 'डॉयस्पोरा' का शाब्दिक अर्थ है 'बीज छींटना' अथवा 'फैलाना'। इस शब्द का प्रयोग मुख्य रूप से एक देश अथवा एक संस्कृति के लोगों का दूसरे स्थानों पर जा बसने के लिए किया जाता है। कैपीटल डी (D) से लिखने पर इस शब्द का संकुचित, मूल रूप से अर्थ यहूदियों के विस्थापन से लिया जाता है। पैलेस्टीन पर रोमन और बेबीलोनियन के क़ब्जे के बाद

यहूदियों का निष्कासन प्रारम्भ हुआ। इसके बाद यह शब्द यूनानी और अरमेनियन लोगों के लिए भी प्रयोग होने लगा। लेकिन मुख्य रूप से यह यहूदियों के लिए ही रूढ़ हुआ। इस शब्द के साथ बलपूर्वक देश निकाला, नुक़सान, नष्ट होना, विस्थापन, शक्तिहीनता, दुःख–दर्द, दमन–अत्याचार, एक विशिष्ट सांस्कृतिक–नस्लीय चेतना जैसे भाव जुड़े हुए हैं। कुछ विद्वानों के अनुसार किसी एक धर्म या नस्ल के लोगों के समूह का बलपूर्वक देश निकाला ही डॉयस्पोरा है। इस दृष्टि से यहूदियों के लिए डॉयस्पोरा शब्द का प्रयोग सर्वथा उचित है। यहूदियों का देश निकाला, उनके दुःख–दर्द आज भी समाप्त नहीं हुए हैं। शुरू से उन्हें जबरदस्ती उनके मूल स्थान से उखाड़ा गया है मगर हिटलर के समय उन पर जो अत्याचार हुए वैसा पहले कभी नहीं हुआ, क्रूसेड के समय भी नहीं, रूस के जार एलेक्जेंडर द्वितीय की 1881 में हत्या के बाद पोग्रोम (रूसी भाषा में इसका अर्थ नष्ट करना होता है) के तहत भी नहीं।

प्रथम विश्व युद्ध में जर्मनी की करारी हार हुई जिसका ठीकरा उन्होंने यहूदियों के सिर पर फोड़ा ठीक वैसे ही जैसे यूरोप में 1347–1351 में फैले प्लेग में यहूदी भी मरे मगर यूरोप के अधिकांश हिस्सों में इसका कारण यहूदी ही माने गये और उस समय भी यहूदियों को समाज से निकाल बाहर किया गया। 19वीं सदी के सत्तर के दशक में 'एण्टी–सेमिटिज़्म' के नाम पर इन्हें आर्यों से हीन मान कर नष्ट किया गया। हिटलर ने उन्हें समाज बाहर न करके दुनिया से ही निकाल बाहर किया। आठवीं सदी से यहूदी जर्मनी में रह रहे थे, 12वीं–13वीं सदी में रोमन चर्च ने इनके लिए कई नियम लागू कर दिये जिसके तहत ये किसी ईसाई को अपने यहाँ काम पर नहीं रख सकते थे, न ही कोई ईसाई इनके पड़ोस में रह सकता था। इन्हें अपनी बाँह पर एक खास चिह्न (स्टार ऑफ़ डेविड) पहनना ज़रूरी था और ईसाइयों के त्योहार और अवकाश के दिन इनके बाहर निकलने पर पाबन्दी लगा दी गयी थी।

ईसाइयों को सूद पर रकम उठाने की मनाही थी अतः यह काम यहूदियों के पास रह गया। पोलेण्ड में 16वीं–17वीं सदी में यहूदियों ने ख़ूब उन्नति की। वे व्यापारी, सूद पर रकम चढ़ाने वाले और चिकित्सक थे। इसी समय फ्रांस में ये व्यापारी, फ़ाइनेंसर, और जहाज़ निर्माता थे। औद्योगिक क्रान्ति के समय इन बुद्धिमानों को दूर रखना बुद्धिमानी न थी फिर भी इन्हें कोई अधिकार और कानूनी सुरक्षा प्राप्त नहीं थी। ये घेटो

में रहते थे और अधिकांश लोग काफ़ी गरीब थे। इस काल में यहूदियों ने भी अपनी पोशाक और भाषा बदली। 19वीं सदी तक ये काफ़ी बदल चुके थे जहाँ रह रहे थे वहीं की भाषा–पहनावे का प्रयोग करने लगे थे। इस कारण यहूदियों के दो धड़े हो गये एक आधुनिक दूसरा पुरातनवादी (ऑर्थाडोक्स)। भाषा–संस्कृति के अनुसार भी कई समूह बन गये।

द्वितीय विश्व युद्ध में यहूदियों का सफाया एक सोची–समझी रणनीति के तहत योजनाबद्ध तरीक़े से हुआ। एक आदमी की घृणा के फलस्वरूप हुआ। विश्व प्रसिद्ध लेखक स्टीफ़न स्वाइग अपनी आत्मकथा में लिखते हैं कि यह पढ़ कर वक़्त काँप उठेगा कि नफ़रत से बौराए एक इकलौते आदमी ने बीसवीं सदी में संस्कृति के उस नगर पर क्या–क्या कहर बरपाये थे। स्वाइग अपने एक नगर की बात कर रहे हैं जबकि हिटलर ने न जाने कितने नगरों पर कहर बरपाये। स्वाइग बताते हैं कि विश्वविद्यालय के प्रोफ़ेसर अपने नंगे हाथों से सड़कें साफ़ करने को मजबूर किये गये, धमाली छोकरे धर्मनिष्ठ उम्रदराज यहूदियों को सिनेगॉग में खदेड़ते और जबरन मुर्गा बना कर उनसे समवेत 'हिटलर ज़िन्दाबाद' चिखवाते। बेक़सूर लोगों को गलियों में खरगोश की तरह दबोच–घेर लिया जाता और फिर उनसे एसएस ट्रूप्स के बैरकों की टट्टियाँ साफ़ कराई जातीं। मगर जो स्वाइग लिख रहे हैं वह होलोकास्ट की तुलना में पासंग बराबर भी न था।

ग्रीक भाषा में होलोकास्ट का अर्थ ही है पूरी तौर पर जला देना और यही किया गया, साठ लाख यहूदियों को ज़िन्दा जला दिया गया, गैस–चैम्बर में भून दिया गया। अपने मूल रूप में यह शब्द आहुति के लिए प्रयोग होता था। अब यह शब्द बड़े पैमाने पर नरसंहार के लिए प्रयोग होने लगा है। बीसवीं सदी के तीसरे और चौथे दशक में जर्मन ईसाई मुख्य रूप से आर्थिक कारणों से यहूदियों से घृणा करते थे। उस समय यहूदी शिक्षा, व्यापार, उद्योग, संगीत, कला, साहित्य, विज्ञान सबमें अव्वल थे। मगर हिटलर की घृणा का मूल उसका जातीय दम्भ था। वह इसी कारण इन्हें नेस्तनाबूद करने के लिए जी–जान से जुट गया। हिटलर के साथी हेनरिख हिमलर के अधीन एसएस के दस्ते नाज़ी मशीनरी के प्रमुख थे। मुख्य रूप से यह यहूदी नरसंहार के लिए निर्मित किये गये थे। इन्होंने बाईस मृत्यु शिविरों का निर्माण किया (कहीं–कहीं चालीस शिविरों का उल्लेख है।)। 1941 में हिटलर ने यहूदियों के प्रश्न को हल करने, उनका सफाया करने का मौखिक आदेश जारी किया। प्रारम्भ में ये दस्ते यहूदियों

को घेर कर एक उजाड़ स्थान में ले आते उनके कपड़े उतरवाकर उनसे उनकी क़ब्र खुदवाते फिर क़ब्र के किनारे खड़ा कर या उकड़ूँ बैठा कर उन्हें गोली मार देते। रूस के बारी यार नामक स्थान में 29–30 सितम्बर, 1941, दो दिन में तैंतीस हज़ार यहूदियों को इसी तरह मार डाला गया और भीड़ मज़े लेती रही। पाशविकता मनोरंजन का एक बड़ा साधन है। यहूदियों को मारने का यह तरीक़ा बड़ा धीमा, बेढंगा और नापर्याप्त था। फिर मास्टर प्लान बनाया गया। कुछ शातिर दिमाग़ जुटे और यहूदियों को समाप्त करने का नायाब तरीक़ा अपनाया गया।

लियोन यूरिस अपनी किताब 'एक्जोडस' में विस्तार से बताते हैं कैसे पहले यहूदियों को उनके व्यापार और महत्त्वपूर्ण पदों से हटाया गया और घेटो में समेट कर दाने–दाने के लिए जर्मनों का मुहताज कर दिया गया। यहूदियों के लिए नियम इतने कठोर थे कि जब स्वाइग की माँ अपनी मृत्यु शैया पर थी दोनों भाई उसे देखने की इज़ाजत न पा सके। उसका एक चचेरा भाई उनकी मरती माँ के पास रहना चाहता था मगर डॉक्टर ने उसके पास एक जर्मन नर्स तैनात कर दी और यहूदी स्त्री के साथ एक घर में एक यहूदी पुरुष को रहने की इज़ाजत न थी भले ही वह साठ साल का बूढ़ा क्यों न हो। अतः स्वाइग के चचेरे भाई को रात बाहर बितानी पड़ी और स्वाइग की माँ बिना किसी अपने के नज़दीक रहते हुए अपनों से सदा के लिए दूर चली गयी। यह भाई बीमार था और शीघ्र ही वह मर भी गया। स्वाइग राहत अनुभव करते हैं कि उनकी माँ शान्तिपूर्वक मरी। इस अमानवीय काल में कुछ मानवीय लोग भी थे। स्वाइग की माँ की उस रात जो नर्स देखभाल कर रही थी उसने भाई से माफ़ी माँगी, उसे दुःख था कि एक मरते आदमी के पास उसे रहने नहीं दिया जा रहा है। मगर वह नियमों से बँधी और मजबूर थी। स्वाइग कभी यातना शिविर में न रहे मगर नाज़ी अत्याचार उन्होंने भी भोगा था और एक दिन अवसाद की अवस्था में उन्होंने अपनी दूसरी पत्नी के साथ आत्महत्या कर ली।

फिर आयी 9 नवम्बर, 1938 की काली रात जिसे इतिहास में 'नाइट ऑफ़ ब्रोकन ग्लास' के नाम से दर्ज किया गया है। बेक़सूर लोग जान नहीं सके कि कोई इस तरह उन्हें उनके घर से बिना वजह निकाल देगा। एक सितम्बर 1939 को द्वितीय विश्वयुद्ध प्रारम्भ हुआ। जर्मनों ने पोलैण्ड को हथिया लिया, बीस लाख यहूदियों को काँटेदार तार और दीवाल के पीछे क़ैद कर दिया गया। वार्सा घेटो की दीवाल कँटीले तारों से घिरी

दस फ़ीट ऊँची थी जिसके पन्द्रह फाटक निरन्तर निगरानी में थे। शान्ति और संगीत प्रेमी यहूदी घेटो में संघर्ष के बीच अपना जीवन चलाने लगे इन्होंने कई बार विद्रोह भी किया। 1941 में 3000 वाफ़न एसएस के लोग रूस के यहूदियों का सफाया करने निकले और उन्होंने इस काम को बड़ी फुर्ती से अंजाम दिया। यूरोप के तमाम देश की सरकारों ने हिटलर के समक्ष घुटने टेक दिये और अपने देश के यहूदियों की रक्षा के स्थान पर किसी जिंस की तरह उन्हें जर्मनों को सौंप दिया। फ्रांस, इटली, हंगरी, रोमानिया सबने यही किया। केवल डेनमार्क ने अपने यहूदियों को बचाने की जी–तोड़ कोशिश की वहाँ नाज़ियों ने यहूदियों की सम्पत्ति को नष्ट किया। हिमलर का आदेश था, 'पुरुष यहूदियों को गोली मार दो स्त्रियों को दलदल में भेज दो।' आदेश का सख़्ती से पालन हुआ। सितम्बर–दिसम्बर 1941 तक मारने के विभिन्न तरीक़ों का ईजाद किया गया। ऑश्वित्ज़ में साइनाइड गैस का सफल प्रयोग प्रारम्भ हुआ। पोलैण्ड के चेल्मनो कैम्प में 8 दिसम्बर से यह काम शुरू हुआ। नॉर्वे, फ्रांस, इटली, नीदरलैण्ड, हंगरी, बेल्जियम सब जगहों से मालग़ाड़ी में लाद–लाद कर यहूदी इन गैस–चैम्बरों में धुएँ में परिवर्तित कर दिये गये। जुलाई 1942 से बेल्ज़िक, सोबीबोर, ट्रेब्लिंका में काम शुरू हो गया। 950,000 ट्रेब्लिंका में, क़रीब 600,000 बेल्ज़िक में और 200,000 सोबीबोर में गैस भट्ठियों में झोंक दिये गये। ऑश्वित्ज़ में सर्वाधिक 1000,000 लोग भूने गये। वहाँ कई भट्ठियाँ थीं। साठ लाख मरने वाले यहूदियों में 15 लाख बच्चे थे।

ऐसा नहीं था कि यहूदियों ने विद्रोह नहीं किया, निकल भागने का प्रयास नहीं किया। व्यक्तिगत और संगठित प्रयास हुए। बहुत कम सफलता मिली। सोबीबोर में एक ऐसा ही प्रयास हुआ था। 14 अक्टूबर को लियोन फ़ेल्ढेन्ड्लर के नेतृत्व में यहूदियों ने विद्रोह किया कुछ जर्मन गार्ड्स को मार डाला, भागते समय बहुत सारे मारे गये। 320 यहूदी निकल भागने में कामयाब हुए पर अगले दिन 100 से ऊपर पकड़े गये। मात्र 48 बच सके। इनके लीडर ने इन्हें सौगन्ध दिलाई थी कि जो बच रहेगा वह दुनिया को डेथ कैम्प का सत्य बतायेगा। थॉमस ब्लाट बचने वालों में से एक था। उसने इस सौगन्ध की रक्षा की और 'सोबीबोर, द फ़ोरगोटन रिवोल्ट' तथा 'फ़्रॉम द ऐशेस ऑफ़ सोबीबोर' दो किताबें लिखीं। उसने ज़िद करके सोबीबोर पर फ़िल्म बनवायी। उसका इण्टरव्यू एनकार्टा एनसाइक्लोपीडिया पर पढ़ा जा सकता है। उसके मन में प्रतिकार की भावना नहीं है क्योंकि उसे मालूम है

कि जो चले गये वो लौट कर नहीं आयेंगे। उसकी आँख के सामने उसकी माँ, पिता और छोटे भाई को समाप्त कर दिया गया था तब वह मात्र 15 साल का था। नाज़ी गार्ड टॉम फ्रेंज़ेल के लिए उसने गवाही दी और बाद में उससे बात भी की। सोबीबोर कैम्प में क़रीब 250.000 यहूदी मारे गये थे।

विलियम स्टाइरॉन के सफल उपन्यास 'सोफ़ीज च्वाइस' पर इसी नाम से बनी फ़िल्म यातना शिविर की क्रूरता पर केन्द्रित न हो कर उन लोगों की कहानी है जो यातना शिविरों से जीवित बचे रहे हैं (विस्तार के लिए कथाक्रम जुलाई–सितम्बर 2012 में लेखिका का आलेख देखें)। माँ के बचे रहने और उसकी आँख के सामने उसके बच्चे को आग में झोंक दिये (बच्ची तार में दौड़ते करंट से मरती है।) जाने का रोंगटे खड़े कर देने वाला चित्रण सिंथिया ओज़िक की 'द शॉल' नामक एक छोटी–सी कहानी में भी मिलता है। क्या जीवित बच रहना नियामत है? या यह निरन्तर यन्त्रणा में जीना है? कई बार मरना श्रेयस्कर होता है। जिन्हें हम अपनी जान से अधिक प्रेम करते हैं उन्हें जब हमारी आँखों के सामने मार दिया जाता है और खुद हम जीवित बचे रह जायें तो इससे उत्पन्न अपराध–बोध के साथ जीना कितना कठिन होता होगा यह शब्दों में बयान नहीं किया जा सकता है। इसीलिए जो होलोकास्ट से बचे रहे उनमें से अधिकांश मौन रहे। इस अमानवीय हादसे से बचे लोग स्तम्भित थे।

मनोविज्ञान कहता है कि मनुष्य और समाज 'सलेक्टिव एम्नेशिया' के तहत, बचे रहने के लिए हादसों की स्मृति को भुला देना चाहता है। इन लोगों के मन में यह शंका भी थी कि यदि बोलेंगे तो कौन पतियायेगा। पतियाने पर भी क्या बाहर रहने वाले इसकी गहनता, दहशत और भयंकरता को समझ सकेंगे? दुःखद स्मृतियों से निपटने का एक और कारगर तरीक़ा है, अनुभव को शब्द देना, रंग–आकार देना। इनमें से कुछ लोगों ने अपने अनुभवों को साक्षात्कार दिये, संस्मरण लिखे, फ़िल्म बनायी, कुछ ने लेखन किया। होलोकास्ट पर लिखने वालों में इमरे कर्टीज ('फ़ेटलेस', 'खदीज़ फ़ॉर अ चाइल्ड नॉट बोर्न', 'लिक्वीडेशन', 'फ़ेलियर') हैं, ये एक बालक थे जब एसएस के लोग इन्हें उठा ले गये। 'फ़ेटलेस' में ये एक बच्चे के रूप में ही सारी घटनाओं को देखते–दिखाते हैं। इस बालक कोव्स को नाज़ी अधिकारी बड़े कार्यकुशल और फुर्तीले लगते हैं। कवि, पत्रकार, अनुवादक, लेखक प्रीमो लेवी ('सर्वाइवल इन ऑश्वित्ज़', 'द ड्राउनिंग एण्ड द सेव्ड', 'इफ़ दिस इज़ मैन', 'द रिअवेकनिंग') हैं। लेवी ने 11 अप्रैल, 1987 को

आत्महत्या कर ली। लेवी बताते हैं कि एक एसएस ऑफ़िसर ने यातना शिविर के क़ैदियों से कहा था कि उन लोगों की भयानक कहानियों पर बाद में कोई विश्वास नहीं करेगा क्योंकि ये विश्वास करने के लिए अति भयानक हैं। क़ैदियों के लिए यह दुःस्वप्न बन गया। हादसा इतना भयंकर था कि जब बचे हुए लोग बाहर रह रहे लोगों से इस विषय में बात करते तो कोई उनकी बात सुनने–मानने को तैयार न था। कुछ लोग इसे स्कैण्डल कहते, कुछ सोचते यह सब मनगढ़न्त बाते हैं, कपोल कल्पना हैं। मगर न्युरमबर्ग मुक़दमे के तहत बातें खुल कर सामने आईं और थोड़े समय के बाद जब बचे हुए लोगों ने बोलना, लिखना प्रारम्भ किया तो लोगों को उनकी बात सुननी पड़ी, उन पर विश्वास करना पड़ा। लेवी के अनुसार सारे अत्याचारी पागल होते हैं क्योंकि वे यथार्थ से सम्पर्क खो चुके होते हैं। हिटलर के लिए खासकर यह सत्य था। विश्वास न करने का एक कारण यह भी था कि उस समय आज की तरह संचार के साधन उपलब्ध न थे।

विक्टर ई. फ्रैंकल वियना के एक बहुत बड़े मानसिक अस्पताल के निदेशक थे। इसके साथ ही वे युवाओं के लिए काउंसिलिंग बैठक चलाया करते थे। मगर जर्मनों ने उन्हें कई अन्य डॉक्टर और उनके परिवार के साथ गिरफ़्तार कर यातना कैम्प भेज दिया। वे अपने संग अपनी पहली किताब की पाण्डुलिपि लेते गये थे जिसे उनसे छीन कर नष्ट कर दिया गया। दोबारा किताब लिखने की ज़िद ने फ्रैंकल को तीन साल इस अमानवीय स्थिति में भी जीवित रहने में सहायता दी। मनोवैज्ञानिक और दर्शनशास्त्री होने के नाते अपने अनुभव के आधार पर फ्रैंकल ने बाहर निकल कर 'वियना के तीसरे स्कूल' की नींव रखी, उन्होंने 'लोगोथेरेपी' को प्रतिपादित किया। इस अस्तित्ववादी विश्लेषण को अपनी किताब 'मैन्स सर्च फ़ॉर मीनिंग' में विस्तार से समझाया है। इसमें लोगोथेरेपी और विक्टर फ्रैंकल के यातना शिविर के अनुभव दोनों शामिल हैं। यातना शिविर में भी फ्रैंकल ने लोगों को आत्महत्या से बचाने का प्रयास किया, लोगों से प्रश्न पूछ कर उन्हें उनके जीवन का अर्थ समझने में सहायता दी, निराशा के गर्त से उबरने में सहायता दी। उनकी सकारात्मक मनःचिकित्सा प्रणाली का सार है खुद से पूछना ज़िन्दगी आपसे क्या चाहती है? ज़िन्दगी आपसे जो चाहती है उसे दुनिया में आपके अलावा कोई और पूरा नहीं कर सकता है। उसे आप और मात्र आप पूरा कर सकते हैं। कम–से–कम दुनिया में एक व्यक्ति ऐसा है जिसको आपकी ज़रूरत है। दुनिया के लिए भले ही आप एक आदमी हैं

पर इस एक आदमी के लिए आप पूरी दुनिया हैं। इसलिए प्रत्येक आदमी को यह जानने की इच्छा रखनी चाहिए कि ज़िन्दगी आपसे क्या चाहती है। अगर फ्रायड का सिद्धान्त 'विल टू प्लेज़र' और एडलर का सिद्धान्त 'विल टू पावर' पर आधारित है तो फ्रैंकल का सिद्धान्त 'विल टू मीनिंग' पर आधारित है। पहले उन्होंने 'फ्रॉम डेथ–कैम्प टू एक्सिस्टेन्शिअलिज़्म : अ साइकेट्रिक्स पाथ टू अ न्यू थेरेपी' लिखा फिर 1959 में इसका पुनर्लेखन और विस्तार किया जो 'मैन्स सर्च फॉर मीनिंग : एन इंट्रोडक्शन टू लोगोथेरेपी' नाम से प्रकाशित हुआ। इस थेरेपी का सार है जब व्यक्ति को अपने जीवन का अर्थ ज्ञात हो जाता है तो उसे जीने का एक मकसद मिल जाता है और वह कोई भी कष्ट सह सकता है। इस सकारात्मक थेरेपी का प्रणेता भी होलोकास्ट के भूत से अपना पीछा न छुड़ा सका और फ्रैंकल ने अन्ततः आत्महत्या की। जीन एमरी और प्रीमो लेवी भी विक्टर फ्रैंकल की तरह बौद्धिक व्यक्ति थे। इन्होंने भी आत्महत्या की।

अहारोन एपलफ़्लेड ('द एज़ ऑफ़ वण्डर', 'ट्ज़्ली : द स्टोरी ऑफ़ अ लाइफ़,– 'टू द लैण्ड ऑफ़ कैटाइल्स', 'कैटरीन', 'अनटू द सोल', 'आइरन ट्रैक्स'), पॉल सेलान ('पॉपी एण्ड मेमोरी', 'डेथ फ़्यूगस', 'द सैंड फ्रॉम द अर्न्स', 'लाइट फ़ोरु', 'ब्रेथट्रन'), एली विसेल ('नाइट', 'द गेट ऑफ़ द फ़ोरेस्ट', 'डोन', 'दि इंसिडेण्ट', 'द टाउन बियाण्ड द वॉल', 'अ बेगर इन जेरुशेलम', 'द टेस्टामेण्ट : अ नॉवेल', 'द फ़ॉरगॉटन', 'द टाइम ऑफ़ द अपरूटेड') जैसे तमाम लोगों ने अपने भयावह अनुभवों को शब्दों में प्रस्तुत किया। विसेल की पत्नी भी नाज़ी कैम्प से जीवित निकल आयी थी उसने अपने पति को इंग्लिश अनुवाद में सहायता दी। बचे हुए एलिस लोक कहाना स्मरण करते हुए कहते हैं कि साहित्य में कभी बेर्गेन–बेल्सेन (जिस यातना कैम्प में वे रह रहे थे) की तुलना का कुछ नहीं है। फिर भी लोगों ने लिखा। इन पर दूसरे लोगों ने भी लिखा। जॉन फ़ेल्सटीनर ने 'पॉल सेलान : पोयेट, सर्वाइवर, ज्यू' नाम से पॉल सेलान की जीवनी लिखी। 'डबल बॉन्ड' में यही कार्य केरौल इंजियर ने किया है, उन्होंने प्रीमो लेवी की जीवनी लिखी।

कुछ लोगों ने होलोकास्ट के दौरान लिखा, वे स्वयं न बच सके पर उनका लिखा बचा रहा। ऐन फ्रैंक उनमें से एक है। इमैनुअल रिंगलब्लूम (नोट्स फ्रॉम द वार्सा घेटो) यातना शिविर में विद्रोह में मारा गया। बिरकेनाऊ में घुसते ही विसेल ने जो देखा वह रोंगटे खड़े कर देता है। वे कहते हैं

कि मैं कभी उन नन्हे बच्चों के चेहरों को नहीं भूल पाऊँगा जिनके शरीर को मैंने मूक आकाश में धुएँ में परिवर्तित होते देखा। वे अपनी कविता में सात बार, 'मैं भूल नहीं सकता' का प्रयोग है। विसेल की 'नाइट', 'डोन' तथा 'दि एक्सीडेंट' त्रयी इसी क्रम में पढ़ी जानी चाहिए। इन्हें 1986 में शान्ति का नोबेल पुरस्कार मिला। 'ऑल रीवर्स रन टू द सी' तथा 'एण्ड द सी इज़ नेवर फुल' इनके संस्मरण के नाम हैं। विसेल के एक मित्र ने 1942 में लोगों को हत्या और सामूहिक क़ब्रगाह के बारे में आगाह करना चाहा पर विडम्बना है कि किसी ने उसकी बात पर विश्वास नहीं किया।

नोबेल पुरस्कार प्राप्त चेश्लाव मिलोश ने पोलैण्ड में नाज़ियों का अत्याचार देखा था अतः वे प्रतिरोधक आन्दोलन में शामिल हो गये। जब वे और उनकी पत्नी 1944 में वार्सा छोड़ने का प्रयास कर रहे थे तभी जर्मनों ने उन्हें पकड़ लिया, मगर कुछ समय कैम्प में रख कर छोड़ दिया। ये लोग कई महीनों तक शरणार्थियों की तरह इधर–उधर भटकते रहे। जब रूस की लाल सेना ने जर्मन सेना का सफाया कर दिया तभी ये वापस लौट सके। पोलैण्ड क़रीब पाँच साल से अधिक जर्मनों के कब्ज़े में रहा। ये अनुभव मिलोश के साहित्यिक कार्य का आधार बने। उनके 'एलजी फ़ॉर एन. एन.' का चौथा और पाँचवाँ भाग द्वितीय विश्वयुद्ध, होलोकास्ट के भयानक दमन और अत्याचार को इंगित करता है।

जिन्होंने स्वयं होलोकास्ट का नरक भोगा उन्होंने चिन्तन–मनन को प्रेरित करने वाले संस्मरण, विश्लेषण, सामाजिक समीक्षाएँ, उपन्यास, नाटक, कविताएँ लिखीं ताकि सनद रहे कि एक घटना जिसने न केवल मनुष्य बल्कि मनुष्यता, शोषित और शोषक दोनों को ख़तरा पहुँचाया। होलोकास्ट से बच कर लौटे 1909 में जन्मे येहिल दिनुर (का ट्ज़ेट्निक) ने 'हाउस ऑफ़ डॉल्स' लिखा, इस उपन्यास में उन्होंने एक यहूदी भाई–बहन के जीवन को क्राकॉऊ घेटो से नाज़ी यातना शिविर तक दिखाया है। दिनुर की मृत्यु 2001 में हुई। रूथ क्लुगर (Ruth Kluger) ने 'स्टिल अलाइव : अ होलोकास्ट गर्लहुड रिमेंबर्ड' लिखा तो 'रिटर्न टू ऑश्वित्ज़' किट्टी हर्ट के संस्मरण हैं। इनके पिता, भाई, दादी सब यातना कैम्प की भेंट चढ़ गये सिर्फ़ माँ–बेटी बची रहीं। वे बाद में फिर से कैम्प देखने भी गयीं।

नोबेल पुरस्कृत नेली ज़ॉक्स खुद और उनकी माँ यातना शिविर से बाल–बाल बचीं पर उनके सारे रिश्तेदार और मित्र–परिचित इसकी भेंट चढ़ गये। वे बचपन से सेलमा लेगरलॉफ़ की फ़ैन थीं, दोनों में बराबर पत्र–

व्यवहार होता था। सेलमा की प्रेरणा से नेली ने कविता लिखना प्रारम्भ किया और सेलमा ने ही राज–परिवार से कहकर उनके स्वीडन में रहने की व्यवस्था करवाई। माँ–बेटी किसी तरह आख़िरी जहाज़ पकड़ कर कई महीनों की यात्रा के बाद स्वीडन पहुँचीं। इसके पहले ही सेलमा की मृत्यु हो चुकी थी और माँ–बेटी स्वीडन में किसी को नहीं जानती थीं न ही वहाँ की भाषा से परिचित थीं। नेली का किशोरावस्था में एक लड़के से परिचय था। एक दिन वह ग़ायब हुआ तो फिर कभी न लौटा। नेली ने कभी विवाह नहीं किया, इन्हें कई बार मानसिक अस्वस्थता के दौरे पड़े। नेली ज़ॉक्स ने जीवन भर यहूदियों के दुःख–दर्द, दमन–शोषण, त्रासदी को अपने काव्य का स्वर बनाया। इनके काव्य में लाशों की फ़ैक्टरियाँ, गैस–चैम्बर्स और यातना शिविर की सच्चाई बार–बार चित्रित है। इन्हें निःसन्देह होलोकास्ट की रुदाली कहा जा सकता है। 'एण्ड नोवन नोज़ वेयर टू गो', 'जर्नी टू द बियॉण्ड', 'इन द हैबिटेशन्स ऑफ़ डेथ', 'एक्लिप्स ऑफ़ द स्टार्स', 'इवेन सन हैज़...' तथा 'फ़्लाइट एण्ड मेटामोर्फ़िसेस' इनके संग्रह हैं। 'ओ द चिमनीज़' इनका सर्वाधिक प्रसिद्ध संग्रह है। जेरूशेलम के सेमुअल योसेफ़ एगनॉन और नेली ज़ॉक्स को संयुक्त रूप से 1966 का नोबेल पुरस्कार मिला था।

1941–1943 तक एटी हिलेसम ने यातना कैम्प में डायरी लिखी। यह युवा यहूदी महिला अन्त तक एक बेहतर भविष्य की आशा में थी। उसे ज्ञात था कि वह नहीं बचेगी फिर भी दूसरों से साझा करने के लिए लिख गयी कि जीवन की समस्याओं के क्या हल हो सकते हैं। यातना शिविर में बहुत सारे लोगों ने डायरी और पत्र लिखे। एक डायरी बाद में बहुत प्रसिद्ध हुई। बहुत सारे यहूदी यातना शिविर जाने के पहले छिप कर रह रहे थे। यह सोच कर रोंगटे खड़े हो जाते हैं कि खाने–पीने की किल्लत के बीच कैसे एक कमरे में बिना आवाज़ किये कई–कई लोग रहते थे। वे बाहर की बमवर्षा भी देख–सुन रहे थे। रोमन पोलांस्की खुद तो बच गये पर उनके परिवार के सारे लोग मारे गये। उनकी माँ को गैस–चैम्बर में भून डाला गया। इस अपराध–बोध से वे कभी न उबर सके। स्वयं उन्हें उनके पिता ने नाज़ियों की आँख बचा कर कँटीले तारों के पार धकेल दिया था। बालक पोलांस्की जाने कहाँ–कहाँ भूखा–प्यासा–भयभीत भटकता रहा। अपनी फ़िल्म 'द पियानिस्ट' में छिपकर रह रहे यहूदियों के दारुण जीवन का बड़ा मार्मिक चित्रण उन्होंने किया है। यह पियानो वादक व्लाशिस्लॉव स्पिलमैन की जीवनी पर आधारित है।

पॉल सेलान खुद दो साल यातना कैम्प में रह कर भी बच गये परन्तु उनके माता–पिता रोमानिया कैम्प में जीवित न बच सके। सेलान की एक प्रसिद्ध कविता है, 'डेथ फ़्यूग'। फ़्यूग के दो अर्थ हैं एक तरह का गाना जिसमें एक थीम ली जाती है जिसकी बार–बार आवृत्ति की जाती है। दूसरे अर्थ में इसे बहुवचन के रूप में प्रयोग किया जाता है। यह चुनी हुई विस्मृति की स्थितियों के लिए प्रयोग होता है, ऐसी स्थिति जिसमें व्यक्ति घर से दूर भटकता है और पिछले दुःखद, अस्वीकृत कारणों से विस्मृति का शिकार होता है। सेलान की कविता पोलैण्ड के ऑश्वित्ज़ यातना शिविर का चित्रण करती है। इसमें इन्होंने छह असमान पद्यांश रखे हैं, बिना किसी विराम चिह्न के ये पद्यांश नाज़ी यातना कैम्प के विषय में वक्ता के उस नज़रिए को प्रस्तुत करते हैं जिससे उसकी चेतना निरन्तर यातना के कैम्प से गुज़र रहे, मृत्यु के मुँह में जाते लोगों का सामना कर रही थी। ताज़िन्दगी इस भयावहता ने इनका पीछा किया और अन्त में इन्होंने पेरिस की सेन नदी में डूब कर आत्महत्या कर ली।

इस बात की कल्पना मात्र से झुरझुरी होती है कि एक परछत्ती में पूरे–पूरे ढाई परिवार दो साल तक छिप कर रहे हों, वह भी तब जब बाहर निरन्तर बम बरस रहे हों, दरवाज़े पर कभी भी मौत की खटखटाहट सुनाई पड़ने की आशंका हो। विश्वास नहीं होता है मगर यह सच है और इसकी गवाह है एक बच्ची की डायरी। 12 जून, 1942 को नीदरलैण्ड्स में रहने वाली ऐन फ्रैंक ने अपना 13वाँ जन्म दिन मनाया। उपहार में उसे एक डायरी मिली। उसने तत्काल उसमें लिखना शुरू कर दिया। स्थान था जर्मनी अधिकृत होलैण्ड। इस डायरी में उस समय की दहशत के साथ–साथ एक संवेदनशील किशोरी की मानसिक, शारीरिक और संवेगात्मक उथल–पुथल भी दर्ज है। बाहर यहूदी खींच कर मृत्यु की ओर ले जाये जा रहे थे और भीतर यह किशोरी कभी भी पकड़े जाने की आशंका से ग्रस्त होने के बावजूद जीवन के विविध रंगों से परिचित हो रही थी। जीवन विडम्बनाओं का पुलिन्दा है। पहले–पहल ऐन ने डायरी में अपनी सामान्य दैनन्दिन को लिखा मगर शीघ्र ही वह एक काल्पनिक मित्र किटी को सम्बोधित करके लिखने लगी।

यातना कैम्प में मार्च 1945 को टायफ़ायड से ऐन की मृत्यु हुई। ठीक पन्द्रह दिन बाद यातना शिविर के बाकी क़ैदियों को बचा लिया गया। पूरे समूह में केवल ओटो फ्रैंक ऐन का पिता बचा रहा। युद्ध समाप्ति के

पश्चात् वह इस परछत्ती में लौटा। नाज़ियों ने सब नष्ट कर दिया था जाने कैसे ऐन की डायरी बची रही। बॉडवे पर इस पर ड्रामा बना जिसे पुलिट्ज़र पुरस्कार मिला और एक फ़िल्म भी इस डायरी पर आधारित है। फ़िल्म की जानकारी के अनुसार साठ भाषाओं में इसका अनुवाद हुआ। ऐन फ्रैंक की डायरी ऑफ़ अ यंग गर्ल पढ़ना बिल्कुल भिन्न अनुभव है। ऐन अपनी डायरी के रूप में सदा–सदा जीवित रहेगी और इसके साथ ही होलोकास्ट की भयानकता थी।

11 फ़रवरी, 1944 को इटली के प्रीमो लेवी और बहुत सारे यहूदियों को बारह पशु गाड़ियों में भर कर ऑश्वित्ज़ भेज दिया गया। लेवी वहाँ ग्यारह महीने रहे, लौट कर उन्होंने अपने अनुभव और संस्मरण लिखे। कैरोल एंजियर ने 'डबल बॉण्ड' नाम से लेवी की जीवनी लिखी। लेवी यातना कैम्प के पहले और बाद में केमिस्ट के रूप में काम करते रहे मगर अन्त में इन्होंने भी आत्महत्या की। आत्महत्या के समय ये एक पेंट बनाने वाली कम्पनी सिवा के डायरेक्टर जनरल के पद से सेवानिवृत्त हो चुके थे। दिसम्बर 1946 में इन्होंने लुसिया मोरपर्गो से विवाह किया, इनके दो बच्चे, बेटी लीसा और बेटा रेंज़ो हैं।

ये बचपन में बहुत शर्मीले थे मगर पढ़ने में अत्यन्त तेज़, इनकी छोटी बहन मारिया प्रारम्भ से बहिर्मुखी थी। बहन उनकी सबसे अच्छी दोस्त थी। पिता इंडस्ट्रियल इंजीनियर थे। लिखना भी लेवी बहुत पहले से कर रहे थे। ये अपनी माँ के घर इटली के टुरिन में रहते थे। एकाध वर्ष छोड़ कर ये कभी इस घर को छोड़ कर कहीं और नहीं रहे। इनके अनुसार यातना कैम्प में जो सर्वोत्तम थे वे मिट गये और जो बदतर यानी कि ज़िन्दा रहने के लिए कुछ भी करने को राजी थे, बचे रहे। लेवी दूसरों की सहायता और अपनी इच्छा–शक्ति के बल पर बचे रहे। वे अपने लेखन का श्रेय यातना शिविर के अनुभवों को देते हैं। मरने के पूर्व वे लेखक, वक्ता के रूप में बहुत प्रसिद्ध हो चुके थे। एक ओर प्रसिद्धि मिल रही थी दूसरी ओर वे अवसादग्रस्त और एकाकी, अन्तर्मुखी होते जा रहे थे।

क़रीब एक साल का समय जो लेवी ने यातना केन्द्र में व्यतीत किया वह उनके जीवन का सबसे महत्त्वपूर्ण और दर्दनाक समय था इसने उनका जीवन बदल कर रख दिया। मौत के मुँह में जाने के ठीक पहले इनका कैमिस्ट होना काम आया और इन्हें नाज़ी सहायता के लिए ज़िन्दा रख लिया गया। इन्होंने इस काल में मनुष्य के विषय में बहुत कुछ

सीखा–जाना। जनवरी 1944 में रूसी सेना की सहायता से ये स्वतन्त्र हुए और 9 महीने तक हंगरी, चेकोस्लोवाकिया, ऑस्ट्रिया, जर्मनी होते हुए 19 अक्तूबर, 1945 को अपने घर टुरिन पहुँचे।

जैसे प्रीमो लेवी को कैमिस्ट्री की उनकी प्रतिभा ने जीवन दान दिया ठीक वैसे ही पेरिस की एक गायिका फ़ानिया फ़ेनेलोन भी अपनी कुशलता के चलते नाज़ी ऑर्केस्ट्रा का हिस्सा बनी। ठीक मौत के लिए चुने जाते समय उसे किसी ने पहचान लिया। ऑथर मिलर ने फ़ानिया के संस्मरण 'प्लेइंग फॉर टाइम' को अपने टेलेप्ले के लिए चुना। इसमें फ़ानिया यातना शिविर से छूटने पर कहती है कि हम बदल गये हैं...हमने मनुष्य की नस्ल के बारे में कुछ वह जान लिया है जिसे हम पहले नहीं जानते थे। और यह एक अच्छी ख़बर नहीं है।

जो बचे रहे वे कभी सामान्य जीवन न व्यतीत कर सके। उनके अन्दर सदा के लिए कुछ बुझ गया, मर गया। अधिकांश बचे हुए लोग फिर से समाज में न घुल–मिल सके। भले ही उन्होंने विवाह किया, बच्चे पैदा किये। उच्च पदों पर काम किया, साहित्य रचा, पुरस्कृत हुए मगर अवसाद से न उबर सके। ज़्यादातर ने आत्महत्या की या गुमनामी का जीवन बिताया। होलोकास्ट से बचे लोग खुद से घृणा करते, उन लोगों से घृणा करते रहे जो होलोकास्ट को रोक सकते थे, उनकी सुरक्षा कर सकते थे, पर रक्षा की नहीं। इन लोगों ने अपराध–बोध पाले रखा, खुद को अपने लोगों की मृत्यु का ज़िम्मेदार समझते–मानते रहे। यहूदी धार्मिक प्रवृत्ति के होते हैं, पर होलोकास्ट से बचे यहूदी लोग क्या ईश्वर पर विश्वास कर सकते हैं? यदि ईश्वर चाहता तो क्या होलोकास्ट रोक नहीं सकता था?

नाज़ी यातना शिविर से बचे हुए जितने लोगों ने अथवा दूसरे लोगों ने होलोकास्ट पर लिखा है उनका उद्देश्य है कि जिन्दा अथवा मृत जो भी होलोकास्ट के शिकार हुए, जिन पर अमानुषी अत्याचार हुए उन्हें कभी भुला न दिया जाये। साथ ही आने वाले युग में ऐसे भयावह हादसे फिर से न हों। पर क्या मनुष्य अपने अतीत से सीख लेता है? द्वितीय विश्व युद्ध के बाद न मालूम दुनिया में कितने और नरसंहार हुए हैं और दुनिया मूक खड़ी देखती रहती है। जब तक एक–एक व्यक्ति अत्याचार के विरुद्ध नहीं उठ खड़ा होता सिलसिला किसी न किसी रूप में कहीं न कहीं जारी रहेगा। होलोकास्ट में केवल यूरोप में यातना शिविर थे आज न जाने दुनिया में कहाँ–कहाँ यातना शिविर हैं।

सहायक पुस्तकें :

सिंथिया ओज़िक : द शॉल

डैडी : सिल्विया प्लाथ

लियोन यूरिस : एक्ज़ोडस

मैगिल्स च्वाइस– होलोकास्ट लिटरेचर

विक्टर फ़्रैंकल : लोगोथेरपी

प्रीमो लेवी : सर्वाइवल इन ऑश्वित्ज़

ऐन फ़्रैंक : डायरी ऑफ़ अ गर्ल

इमरे कर्टीज़ : फ़ेटलेस

व्लाशिस्लॉव स्पिलमैन : द पियानिस्ट

नेली ज़ाक्स : ओ द चिमनीज़

थॉमस केनेली : शिंडलर्स लिस्ट

थॉमस ब्लाट : इण्टरव्यू

विलियम स्टाइरॉन : सोफ़ीज च्वाइस

साहित्य तथा होलोकास्ट

'प्याज छीलते' ('पीलिंग द अनियन' गुंटर ग्रास की आत्मकथा) हुए गुंटर ग्रास ने जो धमाका किया उसकी अनुगूँज हिन्दी हल्कों में भी ख़ूब सुनाई दी। ज्योंही गुंटर ग्रास ने स्वीकार किया कि एक समय वे हिटलर की वाफ़न एसएस के सदस्य थे तमाम लेखक, साहित्यालोचक, इतिहासकार, राजनेता उन पर टूट पड़े। उन पर तरह–तरह के आरोप लगाये गये। मसलन वे अपनी आत्मकथा, जो सितम्बर में रिलीज़ होनी थी की बिक्री बढ़ाना चाहते थे। प्रकाशक ने किया भी यही। उसने सितम्बर के बजाये अगस्त में ग्रास के साक्षात्कार के तीन दिन के बाद ही उनकी पुस्तक रिलीज़ कर दी। एक ही रात में 150,000 प्रतियाँ बिकने की उम्मीद प्रकाशक ने की और अगली 100,000 प्रतियाँ और मुद्रित कर लीं। ग्रास हिटलर की सेना में थे यह तथ्य सदा उनको घेरे हुए था, सदा उनके समक्ष उपस्थित था। उन्होंने पहले क्यों नहीं बताया, इसके विषय में उनका कहना है कि वे स्वयं इसका कारण नहीं जानते हैं। यह भी वे स्वीकारते हैं कि उन्होंने कभी किसी को मारा नहीं। हाँ, उनका समूचा लेखन उस समूची पीढ़ी की नैतिकता को प्रस्तुत करता है। उन्होंने अपने साहित्यिक और अन्य लेखन में सदैव मानवता का पक्ष लिया है। वे एक दारुण पीढ़ी के साथ नाज़ियों की जघन्य बर्बरता, क्रूरता, झूठ और भ्रष्टाचार का चित्रण करते रहे। ग्रास कहते हैं कि इस आत्मस्वीकृति से ज़्यादा महत्त्वपूर्ण प्रश्न उनके सामने है कि 'हिटलर के युवा' के रूप में चकराए हुए तब उन्होंने ये प्रश्न क्यों नहीं पूछे। उचित प्रश्न क्यों नहीं पूछे। वे वाफ़न से भयभीत न थे हालाँकि वे वाफ़न के उच्च स्तर से परिचित थे। हिटलर भले ही नकारात्मक, आसुरी लीडरशिप का प्रतीक है लेकिन है वह करिश्माई लीडर। न जाने कितने लोग उसके व्यक्तित्व से तब प्रभावित थे और इसमें शक नहीं कि आज भी प्रभावित हैं।

सच है, सही समय पर निर्भीक हो कर सही प्रश्न पूछना बहुत सारे अन्यायों को रोक सकता है। यदि लोग प्रश्न पूछते तो शायद इतना भयंकर होलोकास्ट न होता। 2005 के साहित्य के नोबेल पुरस्कार विजेता नाटककार हेरॉल्ड पिंटर भी लोगों से अपील करते हैं कि वे साहस के साथ प्रश्न पूछें। भारत की मेधा सदा से प्रश्न पूछने के पक्ष में रही है, यहाँ तो एक उपनिषद् का नाम ही है, 'प्रश्नोपनिषद्'। नाज़ियों ने जो किया वह अविश्वसनीय और रोंगटे खड़े कर देने वाला है। अचम्भित करने वाला है। इसीलिए इतिहास के इस कालखण्ड पर बहुत समय तक चुप्पी छायी रही। प्रश्न पूछना तो दूर की बात है, लोग तो इस जघन्य घटना की बात भी नहीं करना चाहते हैं। पर धीरे–धीरे यह बर्फ़ पिघली। लोग इस सदमे से उबरने लगे या शायद ऐसा था कि सदमे की सघनता सहनशक्ति के बाहर हो गयी। हादसे की भयंकरता इतनी ज़्यादा थी कि उसे कह कर, उसे लिख कर अपने सिस्टम से बाहर निकालना आवश्यक हो गया। शनैः–शनैः लोग इसकी बात करने लगे। यातना शिविरों से बचे हुए भुक्तभोगी इससे सम्बन्धित बातें लिखने लगे। फिर इस पर काल्पनिक साहित्य भी आने लगा। और इस आसुरी घटना पर फ़िल्में भी बनने लगीं। गुंटरग्रास को भी इसकी भयंकरता का ज्ञान न्यूरमबर्ग मुक़दमे के समय ही हुआ। अभी हाल में नेशनल ज्योग्राफ़ी चैनल पर इस मुक़दमे की डॉक्यूमेण्ट्री देखते हुए न मालूम कितनी बार मैं और मेरी बेटी काँप गये। हालाँकि पूरी डॉक्यूमेण्ट्री मुख्य रूप से मुक़दमे पर आधारित थी। होलोकास्ट को वास्तविक रूप से बहुत कम दिखाया गया था। क्या हो रहा था वहाँ? यह आज इतिहास की पुस्तकों, होलोकास्ट से बचे हुए गिने–चुने लोगों द्वारा लिखित दस्तावेज़ों, साहित्य और फ़िल्म में देखने–पढ़ने–सुनने को उपलब्ध है। वैसे जो वहाँ हुआ उसको जानते–समझते हुए ये सारी अभिव्यक्तियाँ नाकाफ़ी हैं। हम बाहर वाले इसे कभी पूरी तरह से नहीं अनुभव कर सकते हैं। फिर भी इनके द्वारा ही हम इसे जान–समझ सकते हैं।

अपने अतीत को जानना बहुत ज़रूरी है। अपने अतीत को जानना स्वयं अपने आपको जानना है। अतीत से ही वर्तमान और भविष्य पैदा होता है। हम अतीत से बच नहीं सकते हैं। हम उसे बदल भी नहीं सकते हैं। हाँ, अतीत हमारे वर्तमान और भविष्य को अवश्य प्रभावित करता है। अतीत में की गयी गलतियों को जान–समझ कर, उनका विश्लेषण करके हम अपने वर्तमान और भविष्य को बेहतर बना सकते हैं, उसे सँवार सकते

है। ख़ासकर होलोकास्ट जैसे भयंकर अतीत को जानना हमारे लिए बहुत ज़रूरी है। होलोकास्ट पर कुछ फ़िल्में बनी हैं। इसी सन्दर्भ में बहुत सारा साहित्य रचा गया है। होलोकास्ट का शाब्दिक अर्थ इसी पुस्तक में अन्यत्र विस्तार से बताया जा चुका है।

उन्नीसवीं शताब्दी में यूरोप के यहूदियों के स्तर में बहुत सुधार हुआ और वे ईसाइयों की बराबरी का दर्जा पाने लगे। लेकिन इसी समय कुछ यहूदी विरोधी उन्हें शैतान सिद्ध करते हुए परेशान करने लगे। ये यहूदी विरोधी लोग विश्वास करते थे कि यहूदी एक ऐसी प्रजाति है जिसे यूरोप की सभ्यता से दूर रखना चाहिए। लोगों का विश्वास था कि यहूदी लोग यूरोप की सभ्यता–संस्कृति के लिए घृणित हैं। यूरोप की सभ्यता–संस्कृति को प्रदूषित कर देंगे। वैसे तो यहूदियों को यूरोप में प्रारम्भ से ही शत्रु मानते हुए समाज से बाहर रखा गया था। अब इन बहिष्कृत लोगों को जड़ से समाप्त करने की मुहिम चली। जर्मन अपनी नस्लगत श्रेष्ठता के गर्व में यहूदियों को नेस्तनाबूद करने के लिए प्राणप्रण से जुट गये।

एसएस दस्ते शुरू में हिटलर के अंगरक्षक के रूप में थे लेकिन हेनरिक हिमलर के अधीन यह माराक बल नाज़ी मशीनरी का सर्वाधिक संहारक दस्ता और होलोकास्ट का प्रमुख संगठनकर्ता बन गया। एसएस जर्मन नाज़ी संगठन सुरक्षा सेवाओं और नरसंहार के लिए निर्मित की गयी वह समिति थी जिसका निर्माण अप्रैल 1925 में जुलियस श्रेक ने हिटलर के बॉडीगार्ड यूनिट के रूप में किया था। 1926 में श्रेक के उत्तराधिकारी जोसेफ़ ब्रेस्ट ने पूरी पार्टी के लिए सुरक्षा का विस्तार किया। 1827 में उसका उत्तराधिकारी अर्हार्ड हैडन एसएस का राष्ट्रीय नेता बना। यह ज़िम्मेदारी 1929 में हेनरिक हिमलर ने उठा ली जिसने 1932 में एक इण्टेलिजेंस यूनिट एसडी की स्थापना की जिसका प्रमुख बना रैनहार्ड हैड्रिड। 1933 में जब नाज़ी शक्ति सत्ता में आयी तब एसएस में 50,000 सदस्य थे। उस समय इसमें हिटलर की बॉडीगार्ड यूनिट भी शामिल थी, साथ ही बीस में से सबसे पहले मृत्यु शिविर दचाऊ का स्टाफ़ भी शामिल था। मार्च 1934 में एसएस ने गेस्टापो तथा पूरी जर्मन पुलिस को भी अपने नियन्त्रण में ले लिया और जुलाई में यह इतना शक्तिशाली हो गया कि राज्य और पार्टी के नियम का पालन करना इसके लिए आवश्यक नहीं रह गया। इसकी अपनी सेना संगठित हुई। 1936 में इसने हिमलर की योजना के अन्तर्गत 'टीवी डेथ्स हेड स्क्वाड्स' तथा 'लेबेंस्बोर्न' (स्प्रिंग

ऑफ़ लाइफ़) बनाया। चुनिन्दा लोगों को बचाये रखने के लिए 'मास्टररेस' के निर्माण का कार्य शुरू किया गया। इसी के तहत यहूदियों का सफाया किया गया। इतना ही नहीं एसएस जर्मनी के आर्थिक–सामाजिक मामलों को भी अपने नियन्त्रण में रखता था।

1941 में हिटलर ने यहूदियों के प्रश्न को हल करने के लिए आदेश दे दिया। आदेश मौखिक था। यह हल था उनका सफाया। कर्नल इचमैन को इसका इंचार्ज बनाया गया। कुछ महीनों में एक्शन कमाण्डोज़ को स्पेशल एक्शन ग्रुप में परिवर्तित कर दिया गया जो पोलैण्ड, बाल्टिक तथा अधिकृत रूस में अपने मिशन पर चल पड़े। क्या था इनका मिशन? यहूदियों को घेर कर एक उजाड़ स्थान में ले आना, उन्हें उनकी क़ब्र खोदने के लिए मजबूर करना, फिर उनके कपड़े उतरवा कर उन्हें क़ब्र के किनारे उकड़ूँ बैठा कर गोली मार देना ताकि वे स्वयं अपनी क़ब्र में गिर जायें। रूस के शहर किइव की सीमा बाबी यार नामक स्थान पर दो दिन में तैंतीस हज़ार यहूदियों को इसी तरह गोली मारी गयी जबकि इसे देखने के लिए स्थानीय लोग जमा हुए। इन स्थानीय लोगों की भावनाएँ यहूदियों के प्रति जर्मन लोगों से भिन्न न थीं। अतः इन्हें इस दृश्य में काफ़ी मज़ा आया और इन लोगों ने ख़ूब तालियाँ बजायी। लेकिन यहूदियों को मारने का यह तरीक़ा नाकाफ़ी था। यह काम काफ़ी धीमा और बेढंगा था अतः इचमैन, पॉल ब्लोबल, हिमलर जैसे प्रमुख अधिकारियों ने एक विशाल मास्टरप्लान बनाया। बेहतरीन इंजीनियर्स की सहायता से कम खर्च पर रेलरोड के निकट असेम्बली लाइन के आधार पर यहूदियों के सफ़ाये का इन्तज़ाम किया गया।

1942 में वाफ़न एसएस ने कॉन्सन्ट्रेशन कैम्पस और 165 लेबर कैम्पस की कमान सँभाल ली। इन लेबर कैम्पों में क़रीब 600,000 क़ैदी थे, जिनसे एसएस के लिए काम लिया जाता था। गुप्त तरीक़े से तमाम कम्पनियाँ इमारती सामान, आयुध, कपड़ा, चमड़ा और भोजन सामग्री तैयार करती थीं। दूसरे महायुद्ध के दौरान नाज़ी सेना ने यूरोप के कई देशों को अपने अधीन कर लिया और लाखों यहूदियों को यातना कैम्प में बन्दी बना कर मार डाला। 1944 में जब नाज़ी सेना की हार हो गयी उस समय वाफ़न एसएस की 40 टुकड़ियाँ थीं और इनमें 910,000 ट्रूप्स थे। पराजय के बाद नाज़ी नेता हिटलर के उत्तराधिकारी हिमलर के विषय में एलाइड के साथ मोल–भाव कर रहे थे। हिमलर ने 30 अप्रैल, 1945 को आत्महत्या कर ली लेकिन उसके पहले ही एसएस को समाप्त कर दिया

गया था। हिमलर को पार्टी से निकाला जा चुका था। 28–29 अप्रैल को हिटलर ने आत्महत्या कर ली थी। परन्तु युद्ध की समाप्ति तक क़रीब साठ लाख यहूदी आदमी, औरत, बच्चे मार डाले गये थे।

जब 1933 में जर्मनी में नाज़ी शासन आया, इसने सबसे पहले यहूदियों के ख़िलाफ़ क़दम उठाये। यह सब बड़ी योजना बना कर किया गया। सबसे पहले यहूदी की एक विशिष्ट परिभाषा निर्धारित कर दी गयी। हर उस व्यक्ति को यहूदी की संज्ञा दी गयी जिसका एक भी पूर्वज इस धर्म को मानता था। बाबा, दादी, नाना, नानी में से कोई तीन या चारों यहूदी है तो बच्चा अपने आप यहूदी माना जायेगा। यदि एक पितामह यहूदी है तो ऐसे व्यक्ति को 'मिसलिंग' कहा जायेगा और मिसलिंग आर्य नहीं माने जाएँगे। नस्ल की उच्चता उन्हें प्राप्त नहीं होगी और नस्ल की शुद्धता के लिए ऐसे लोगों से दूर रहना, उन्हें दूर रखना आवश्यक माना। नस्ल की सर्वोत्तमता को बचाये रखने के नाम पर बड़े योजनाबद्ध तरीकों से यहूदियों को सारे कार्य–व्यापार और महत्त्वपूर्ण पदों से हटा दिया गया। इतना ही नहीं उन्हें समाज बहिष्कृत कर, बाकायदा दीवाल बना कर दूर घेटो में फेंक दिया गया। जहाँ वे जीवन की न्यूनतम आवश्यकताओं जैसे भोजन, दवा, ईंधन जैसी चीज़ों के लिए नाज़ियों पर निर्भर थे। लियोन यूरिस अपनी पुस्तक 'एक्जोडस' में इन घेटो का बड़े विस्तार से चित्रण करते हैं।

'नाइट ऑफ़ ब्रोकन ग्लास' के साथ यहूदियों की धर–पकड़ प्रारम्भ हुई। अचानक उन्हें गिरफ़्तार किया जाने लगा। उन्हें घेटो से उखाड़ कर यातना शिविरों में डाला जाने लगा। सितम्बर 1939 में द्वितीय विश्वयुद्ध प्रारम्भ हुआ। जर्मन सेना ने पश्चिम पोलैण्ड को अधिकृत कर लिया और तक़रीबन बीस लाख यहूदी जर्मन शक्ति के नीचे दबा दिये गये। पोलैण्ड के यहूदियों पर कड़े नियम और प्रतिबन्ध लागू हो गये। उन्हें काँटेदार तारों से घिरे और दीवाल के पार घेटो में ढकेल दिया गया। जहाँ वे एक तरह का जेल जीवन जीने को मजबूर हुए। नाज़ी लोगों द्वारा उन्हें भोजन–कोयला प्रदान किया जाता और उनके द्वारा उत्पादित वस्तुएँ नाज़ी ले लेते। खाने के लिए शलजम, गाजर और चुकन्दर तथा नाममात्र का अनाज दिया जाता। ऐसे में कालाबाज़ारी का पनपना लाजमी था। रहने के स्थान नाकाफ़ी थे। एक–एक कमरे में सात–आठ लोग रहते। उन्हें बाँह पर यहूदियों का प्रतीक 'स्टार ऑफ़ डेविड' पहनना अनिवार्य कर दिया गया। जून 1941 में जर्मन सेना यूएसआर में घुस गयी उसी

समय वाफ़न ने 3,000 लोग रूस के सारे यहूदियों को मारने के लिए भेजे। इस एक्शन स्क्वाड्स ने अपना काम बड़ी तत्परता के साथ किया। इसी के साथ अन्य कई देशों की राजधानियों में भी यहूदियों की हत्याएँ हुईं।

'एक्जोडस' में लियोन यूरिस ने चित्रण किया है कि पोलैण्ड फ़तह करते ही हैंस फ्रैन्क वहाँ का गवर्नर बना दिया गया जिसने कानून की एक लम्बी लिस्ट यहूदियों के लिए बना दी। जिसमें उन्हें पूजा–अर्चना की मनाही, सीमित यात्रा, ज़्यादा–से–ज़्यादा टैक्स, पब्लिक ऑफ़िस, सिविल तथा चुने हुए स्थानों से उन्हें हटा दिया गया। सार्वजनिक स्थानों पर वे नहीं जा सकते थे। स्कूलों से उन्हें निकाल दिया गया। जर्मन क्लाइण्ट के लिए वे काम नहीं कर सकते थे। अचानक दरवाज़े पर थाप पड़ती, नाज़ियों के लिए काम करने वाले पोलिश सैनिक नीली यूनिफ़ॉर्म में घर में घुसते, बिना किसी मोहलत के घर के सदस्यों को इकट्ठा करते और रिसैटलिंग के नाम पर ले जाकर उन्हें एक स्थान पर जमा करते ताकि उन्हें समाप्त करने में सुविधा हो। एक बिल्डिग में दस परिवार ठूँस दिये जाते, जिनके लिए मात्र एक बाथरूम और एक किचेन होता। विभिन्न इलाकों से यहूदियों को वार्सा में हाँक लाया गया। जो भी बन पड़ा वे बोरों में भर–भर कर या व्हील बेरो या फिर ठेलागाड़ी में धकेल कर खुद ले आते। घेटो में जर्मन लोगों ने यहूदियों को स्वयं अपनी काउंसिल बनाने की बात कही थी लेकिन असल में यह काउंसिल मात्र जर्मन नियमों का पालन करती। उन्हीं आदेशों को लागू करती है। क्योंकि उन्हें बहुत जल्द ज्ञात हो गया था कि कोई और चारा नहीं है। कुछ यहूदियों को ऐसा भी लगता था कि जर्मन लोगों के साथ चलने में ही उनकी भलाई है। इस छोटे से एरिया वार्सा घेटो में धीरे–धीरे पाँच लाख यहूदी भर दिये गये। 1940 के अन्त तक कई हज़ार यहूदियों को जबरदस्ती मज़दूरों के काम पर लगा दिया गया। वार्सा के यहूदी क्षेत्र में दस फुट ऊँची दीवाल उठा दी गयी। इस बात को कई फ़िल्मों में भी दिखाया गया है। दीवाल के ऊपर कँटीले तार लगा दिये गये। पूरे क्षेत्र में 15 गेट रखे गये जिन पर कड़ा पहरा बिठा दिया गया। कोई यहूदी बिना इज़ाजत के बाहरी दुनिया से सम्पर्क नहीं कर सकता था। खाना उन लोगों को मिलता जिनके पास लेबर कार्ड होता, वह लेबर कार्ड जो कभी भी छीना जा सकता था। घेटो में जीवन प्रतिदिन जीने के लिए संघर्ष का नाम था।

लेकिन यहूदी कला प्रेमी हैं घेटो के इस निराशाजनक जीवन में भी वे साप्ताहिक ऑर्केस्ट्रा आयोजित करते, जहाँ बहुत फ़ाइन सिम्फ़नी

बजती, शॉपिन बजता (पोलैण्डवासी अपने पियानिस्ट शॉपिन के दीवाने थे।), लघु थियेटर आयोजित होते। लिओन यूरिस व्यंग्य करते हुए लिखते हैं, यहूदी बहस, वाद–विवाद करने में बहुत रुचि लेता है। इसीलिए घेटो में डिबेट और लेक्चर के आयोजन होते थे। प्रिंटिंग प्रेस चलती, अखबार छपते, नकली पासपोर्ट तैयार किये जाते जिनकी सहायता से कुछ यहूदी अपनी जान बचा कर घेटो से बाहर दूसरे देशों में जा बसे। इन्हीं प्रिंटिंग प्रेस में प्रतिरोध आन्दोलन के प्रचार–प्रसार के पर्चे छपे। वार्सा के इसी घेटो ने जर्मनों के ख़िलाफ़ एकजुट हो कर लोहा लिया और नाज़ियों को कई बार मुँह की खानी पड़ी। लेकिन हर बार की हार नाज़ियों को और तेज़ी से और बड़े पैमाने पर तथा और अधिक चालाकी से आक्रमण के लिए उकसाती, उत्तेजित करती।

बहुत समय तक गुंटर ग्रास भी अन्य यहूदियों और साहित्यकारों–कलाकारों की भाँति होलोकास्ट पर चुप रहे। 'सलेक्टिव एम्निशिया' के कारण लोग इस भयंकर त्रासदी की स्मृति मन से मिटा डालना चाहते थे। ग्रास भी याद नहीं करना चाहते थे लेकिन यह उनकी आत्मा पर बोझ बना रहा। वे अपने साहित्यिक तथा अन्य लेखन में बार–बार अतीत से टकराते हैं। एक व्यक्ति के रूप में, एक राष्ट्र की स्मृति के रूप में और चेतना के रूप में भी। यही उनकी नैतिकता, राजनीति तथा साहित्यिक सौन्दर्य के केन्द्र में रहा है। ग्रास को बहुत निराशा हुई कि उनकी आत्मस्वीकृति को सही ढंग से नहीं लिया, उनके प्रायश्चित् को नहीं देखा–जाना–समझा। दूसरों के समक्ष अपराध–बोध और शर्म को स्वीकृति से प्राप्त होने वाली विमुक्ति को नहीं पहचाना। इसमें शक नहीं कि सब उनका विरोध नहीं कर रहे थे। प्रारम्भिक उफ़ान समाप्त होने के बाद आज के आलोचक उनके साहित्यिक और अन्य दाय का वास्तविक मूल्यांकन करेंगे ऐसी आशा है। केवल महान लोग ही अच्छे और बुरे दोनों अनुभवों से खेल सकते हैं। ग्रास की आत्मस्वीकृति में यह महानता है, जब उनसे किसी ने पूछा कि उन्होंने इतना समय क्यों लगाया? उनका उत्तर था, मैंने आत्मस्वीकृति नहीं की और इसके साथ जीता रहा। वे होलोकास्ट को पहले मात्र एक प्रॉपेगैंडा समझ रहे थे। बाद में जब उन्हें इसकी वास्तविकता ज्ञात हुई, उन्होंने अपनी सारी सृजनात्मक ऊर्जा नाज़ीवाद और उसके अतीत के ख़िलाफ़ वातावरण तैयार करने में झोंक दी।

उनकी पीढ़ी के कई लेखकों ने होलोकास्ट पर लिखा है। 1971

में सिग्फ्राइड लेन्ज़ ने अपने 'द जर्मन लेसन' में अपराध–बोध के प्रश्न को प्रस्तुत किया है। यूवी जॉनसन ने अपने 'एनीवर्सरीज' (1975 में जिसका कुछ हिस्सा इंग्लिश में अनुवादित हुआ) में जर्मनी और अमेरिका की ऐतिहासिक घटनाओं को अपने उपन्यास में प्रस्तुत किया है। मार्टिन वेल्सर ने दर्जनों उपन्यास इसी थीम पर लिखे। लेकिन उन्होंने अपने कथानक में हास्य का सहारा लिया है। उस काल में समाज में नाकाफ़ी नायकों की बात कही जाती है। यिद्दिस साहित्य में सामान्यतः घेटो जीवन का चित्रण मिलता है। यह जीवन बाह्य सम्पर्क से कटा हुआ था, अपने आप में सिकुड़ा हुआ था और इस कारण वहाँ के लोग काफ़ी संकुचित विचारों के हो गये थे। साथ ही इसमें लोगों की संवेदनशीलता का भी चित्रण मिलता है। ये लोग एक–दूसरे से और ईश्वर से जुड़े हुए थे। कई यिद्दिस साहित्य में होलोकास्ट का प्रचुर वर्णन मिलता है, जिसमें वीरता और साहस का चित्रण है तथा शहीदों का चित्रण हुआ है। इसमें दुष्टता, क्रूरता की प्रकृति का विश्लेषण भी मिलता है। इजैक जिसने वार्सा विद्रोह में भाग लिया था और जिसे बाद में यातना शिविर में मार डाला गया, उसने 1943–44 के बीच जो कविताएँ लिखीं उनमें से एक कविता होलोकास्ट की त्रासदी की महान साहित्यिक कृति मानी गयी है। इसी विद्रोह से बचे हुए इमौनुअल रिंगब्लूम ने 'नोट्स फ्रॉम द वार्सा घेटो' लिखा। एली विसेल, लेबेल बोटविनिक, एलीनोर रोबिन्सन मेलेच रैविट्स आदि ने भी यिद्दिस साहित्य में इस काल को उकेरने में अपनी महत्त्वपूर्ण भूमिका अदा की है। इस भाषा साहित्य के सबसे प्रसिद्ध और नोबेल पुरस्कार से सम्मानित लेखक आइजक बासविक सिंगर हैं। दुनिया में सर्वाधिक लोगों द्वारा पढ़ी जाने वाली डायरी, 'डायरी ऑफ़ ऐन फ्रैंक' इसी का प्रतिफल है। इस डायरी पर कई फ़िल्में भी बनी हैं।

नेशनल सोशलिस्ट (नाज़ी) ने जर्मन संस्कृति को तहस–नहस कर डाला और अपने विचारों को जबरदस्ती वहाँ के यहूदियों पर थोपा। नतीजा यह हुआ कि बदले हुए राजनीतिक और सांस्कृतिक माहौल में बहुत सारे लेखकों ने जर्मनी छोड़ दिया। अतः द्वितीय विश्वयुद्ध के बाद का प्रमुख जर्मन साहित्य निर्वासित लेखकों द्वारा ही प्राप्त होता है। इनमें बर्तोल ब्रेस्ट, थॉमस मान, स्टीफ़न स्वाइग, नेली जाक्स, पॉल सेलेन, प्रमुख हैं। 1966 की नोबेल पुरस्कृत नेली जाक्स की कविता, 'ओ द चिमनी' होलोकास्ट पर जर्मन भाषा में लिखी गयी पहली कविता है। इसी तरह पॉल सेलेन

ने 'फ़्यूग ऑफ़ डेथ' लिखी जिसकी 36 पंक्तियों में यहूदियों के ऑश्वित्ज़ में रोंगटे खड़े कर देने वाले अनुभव को अभिव्यक्ति मिली है। पश्चिम जर्मनी के लेखक योल्फ़फ़ैंग ने 1947 में एक बहुत सशक्त नाटक, 'द मैन आउटसाइडर' लिखा जिसमें एक सैनिक खँडहर में लौटता है।

इसी साल युवा लेखकों का एक समूह 'ग्रुप 47' बना। इन लोगों ने हिटलर द्वारा नष्ट की गयी जर्मन भाषा के उद्धार का प्रयास किया। इनमें गुंटर ग्रास, इंगबोर्ग बाकमैन प्रमुख हैं। इसी समूह से ऑस्ट्रियन लेखक इलसे ऐचिंगर तथा 1972 के नोबेल पुरस्कृत हेनरिक बोल भी हैं। बोल की प्रारम्भिक कहानियाँ युद्ध की व्यर्थता को दर्शाती हैं। बाद में उन्होंने 1971 में 'ग्रुप पोर्ट्रेट बिथ लेडी' लिखा जिसमें वेस्ट जर्मन फ़ेडरल रिपब्लिक द्वारा अमानवीय भौतिकवाद को अपनी विषय–वस्तु बनाया। इस लेखक के द्वारा 1974 में लिखे 'द लॉस्ट ऑनर ऑफ़ कैथरीना ब्लम' में सामाजिक मूल्यों की आलोचना देखी जा सकती है। यह किताब भी उनके अपने अनुभवों पर आधारित है। किताब दिखाती है, गटर प्रेस एक युवा स्त्री का चरित्र हनन करता है। इस पर एक फ़िल्म भी बनी। होलोकास्ट पर उपलब्ध साहित्य में जेन योलेन का 'द डेविल्स अरिथमैटिक', लीला पर्ल का 'फ़ोर पर्फ़ैक्ट पेबल्स : ए होलोकास्ट स्टोरी', इव बन्टीना का 'टेरिबल थिंग्स : ऐन एलीगरी ऑफ़ द होलोकास्ट', सोफ़िया रिचमैन का 'ए वुल्फ़ इन द एटैक : द लेगसी ऑफ़ ए हिडन चाइल्ड ऑफ़ द होलोकास्ट', मिल्टन जे. न्यूस्मा का 'किंडरलेजर : ऐन ओरल हिस्ट्री ऑफ़ यंग होलोकास्ट सर्वाइवर्स' आदि प्रसिद्ध हैं। होलोकास्ट से बचे और नोबेल पुरस्कृत इमरे कर्टीज का समस्त साहित्य इसी श्रेणी में आता है। इमरे कर्टीज ने 'फ़ेटलेस', 'फ़ियास्को', 'खदीस फ़ॉर द चाइल्ड नॉट बोर्न' के साथ होलोकास्ट पर बहुत सारे लेख लिखे। सलमान रुश्दी ने भी अपने उपन्यास 'शालीमार द क्लाउन' में नाज़ी अत्याचार का चित्रण किया है लेकिन वह एक अवान्तर कथा के रूप में आया है। लेकिन सबसे ज़्यादा प्रसिद्ध हुई ऐन फ्रैंक की डायरी, 'ऐन फ्रैंक : द डायरी ऑफ़ ए यंग गर्ल'।

और सर्वाधिक प्रसिद्ध हुए लेखक गुंटर ग्रास। उन्हें 1999 का नोबेल मिला। उनके आलोचक चाह रहे थे वे पुरस्कार लौटा दें। हालाँकि उन्होंने ऐसा नहीं किया। जब उन्हें होलोकास्ट की वास्तविकता का ज्ञान हुआ, उन्हें दहशत होने लगी। वे अपने युवा काल को बेवकूफ़ी की ओर झुका हुआ मानते हैं। जानकारी ने उन्हें हिला दिया, वे परेशान थे, या शायद

इससे भी ज़्यादा कुछ। सामूहिक अज्ञानता को नहीं जानने और नहीं जानना चाहने के भेद की इच्छा सब गडमड कर देती है। जब दहशत हद से गुज़र जाती है तो व्यक्ति नकार पर उतर आता है। उसका प्रतिवाद, खण्डन करने लगता है।

यह देखना अप्रासंगिक न होगा कि होलोकास्ट पर रचे साहित्य में कितनी आधिकारिक, निरपेक्ष अभिव्यक्ति हुई है। बहुत सारे साहित्य के रचयिता होलोकास्ट के भुक्तभोगी हैं। वे मृत्यु के चंगुल से, यातना–गृह से बच आये। उन्होंने अपने परिवार, मित्र और रिश्तेदारों को होलोकास्ट में झोंके जाते देखा। वे गवाह हैं आदमी की हैवानियत के। रचनाकारों की कल्पना इतने बीभत्स, इतने बीहड़ अनुभवों के समक्ष भोथरी हो गयी। सच्चाई इतनी कठोर, दहशतभरी थी, स्ट्रेन्जर दैन फ़िक्शन थी। काफ़ी समय तक वे कलम न उठा पाये। काफ़ी कुछ लिखा गया है, मौखिक रूप से कही बातों को समेटा गया है लेकिन अभी काफ़ी कुछ अनकहा है, एक सूत्र के अनुसार आना बाकी है।

तीस और चालीस के दशक में जर्मन नाज़ी नेताओं ने 22 यातना शिविर कायम किये जिनमें यहूदियों, दासों, जिप्सियों, कम्युनिस्टों तथा समलैंगिक लोगों को अनावश्यक करार दे कर गोली, गैस अथवा ज़हरीली सूई लगा कर मार डाला गया। 'फाइनल सोल्यूशन ऑफ़ ज्यूइश क्वेश्चन' के आदेशानुसार युद्ध के अन्त तक साठ लाख लोग इन कैम्पों में मार डाले गये। ज़्यादातर कैम्प पोलैण्ड और जर्मनी में थे। मात्र वार्सा घेटो में 300,000 यहूदियों को मिटा डाला गया। पहली खेप में स्त्रियों, बच्चों तथा काम न कर सकने वाले वृद्धों को ले जाया गया। काम योग्य यहूदियों को रोके रखा गया लेकिन अन्ततः उन्हें भी मार डाला गया। इन ले आये लोगों को कभी अपने गन्तव्य का पता न होता। उन्हें कहा जाता, काम कराने ले जा रहे हैं, फ़ैमिली कैम्प में ले जा रहे हैं। लेकिन बात धीरे–धीरे यहूदियों के बीच फैली। बाद में यह ख़बर इंग्लैण्ड और अमेरिका पहुँची (वैसे एक सूत्र के अनुसार यह सही नहीं है, इन लोगों को काफ़ी कुछ शुरू से मालूम था।)। अप्रैल 1943 में वार्सा के बचे हुए 65,000 यहूदियों ने प्रतिरोध किया लेकिन प्रतिरोध तीन सप्ताह टिक सका और जर्मन पुलिस ने उनका सफाया कर दिया।

सरकारें जो अपने देश के नागरिकों की सुरक्षा के लिए कायम की जाती हैं, उन्होंने नाज़ियों के समक्ष घुटने टेक दिये। यूरोप के सब देशों ने

अपने–अपने देश के यहूदी नाज़ियों के हवाले कर दिये। फ्रांस की वीची सरकार ने नाज़ियों के कहने के पहले ही अपने यहूदी उन्हें सौंप दिये, मानो मनुष्य न हो कर कोई वस्तु हों। सब हो रहा था ईसाई देशों में। इटली की फ़ासिस्ट सरकार ने शुरू में सहयोग करने से इनकार किया पर जब जर्मनी ने इटली अधिकृत किया तो वहाँ के यहूदी भी यातना शिविर भेज दिये गये। प्रीमो लेवी ऑश्वित्ज से बच कर लौटे और जिन्होंने अपने अनुभव पर काफ़ी कुछ लिखा वे इटली के रहने वाले थे। प्रीमो लेवी का जन्म 31 जुलाई, 1919 को टुरिन में हुआ। यूनिवर्सिटी में केमिस्ट्री पढ़ने के बाद 1939 से 1941 तक उन्होंने मिलान में रिसर्च केमिस्ट के तौर पर काम किया। 1943 में जर्मन सेना ने इटली अधिकृत किया तब लेवी ने यहूदी प्रतिरोध–समूह में भाग लिया, उन्हें पकड़ लिया गया और बिरकानेऊ, ऑश्वित्ज भेज दिया गया। वहाँ वे ज़िन्दा रहने के लिए प्रयोगशाला में काम करते रहे। बाद में वे इण्डस्ट्रियल केमिस्ट के रूप में 1946–47 तक काम करते रहे। रिटायर होने के बाद उन्होंने अपना ध्यान लेखन की ओर लगाया और क़रीब साढ़े तीन हज़ार पन्नों का लेखन किया।

उन्होंने ऑश्वित्ज के अमानवीय बर्ताव के अपने अनुभवों पर 1959 में 'इफ़ दिस इज़ ए मैन' (1959 में इंग्लिश में) लिखी। 1959 में ही उन्होंने 'द सीज फ़ायर' भी लिखी। इसमें उन्होंने पोलैण्ड और रूस से होते हुए अपने घर लौटने की लम्बी कष्टकर यात्रा का वर्णन किया है। अपनी पुस्तक 'इफ़ नॉट नाऊ व्हैन?' में उन्होंने प्रतिरोध दस्ते की गतिविधियों एवं नाज़ियों के सामने यहूदियों की निष्क्रियता का चित्रण किया है। इसके अलावा उन्होंने 'द ड्राउण्ड एण्ड द सेव्ड', 'मोमेंट्स ऑफ़ रिप्राइव', 'ए मेमोयर ऑफ़ ऑश्वित्ज', 'सर्वाइवल इन ऑश्वित्ज' भी लिखी। इस आलेख में 'सर्वाइवल इन ऑश्वित्ज' से काफ़ी कुछ उद्धृत किया गया है। वे जिस घर में जन्मे थे उसी घर में 11 अप्रैल, 1987 को उनकी मृत्यु हुई। असल में उन्होंने अपने तनाव, एकाकीपन से घबराकर आत्महत्या कर ली। उनकी आत्महत्या पर एली विसेल का कहना है, प्रीमो लेवी ऑश्वित्ज में चालीस साल बाद मरा। एक लेखक ने कहा है, होलोकास्ट और उसके बाद 'टू बी ऑर नॉट टू बी' का संशय नहीं रहा, बात तो 'टू बी एण्ड नॉट टू बी' हो गया।

प्रीमो लेवी 'सर्वाइवल इन ऑश्वित्ज' की भूमिका में कहते हैं, इस डेथ कैम्प की कहानी को प्रत्येक व्यक्ति को एक ख़तरे की घण्टी के रूप

में समझना चाहिए। इन शिविरों का कानून था मनुष्य अपने अन्त को सब साधनों के द्वारा स्वयं ही खोजता है। जो गलती करते हैं वे अधिक मूल्य चुकाते हैं। यहाँ हाजिरी के वक़्त यदि एक व्यक्ति कम होता तो उसके बदले दस लोगों को मार दिया जाता। सामाजिक परम्परा से एक कठोर रिवाज का पालन किया जाता और ज़ोर दिया जाता कि जो लोग मृत्यु दण्ड पाते हैं, उनकी सारी लालसाएँ और क्रोध शान्त हो जाये और न्याय का कार्य समाज की ओर से एक उदास कर्तव्य के रूप में किया जाये। यहाँ तक कि फाँसी देने वाले के मन में भी उस व्यक्ति के प्रति दया का भाव रहता है, इसलिए सज़ायाफ़्ता व्यक्ति को सब बाह्य चिन्ताओं से दूर रखा जाता। उसे एकान्त में रखते हैं और यदि वह चाहे तो उसे धार्मिक सहायता भी दी जाती है। संक्षेप में कह सकते हैं कि उसे ऐसे रखा जाता है कि वह न तो अपने आसपास घृणा का अनुभव करे, न ही निरंकुशता का अनुभव करे। सज़ा या माफ़ी में उसे मात्र आवश्यक न्याय अनुभव हो मगर ऑश्वित्ज में इसकी कोई गुंज़ाइश न थी। वहाँ कोई सुरक्षा अधिकारी यह देखने न आता कि जो मरने वाले हैं, वे क्या–क्या करते हैं।

हंगरी में भी यही हुआ। रोमानियन सरकार ने अपने यहूदी नाज़ियों को देने से इनकार किया लेकिन उसने खुद ही अपने यहूदियों का बड़े पैमाने पर सफाया कर दिया। डेनमार्क यूरोप का एकमात्र ऐसा देश था जिसने न केवल जर्मनों की बात मानने से इनकार कर दिया बल्कि अधिकृत होने पर भी अपने यहूदियों को बचाने का प्रयास भी किया। जब डेनमार्क पर जर्मन अधिकार हो गया तो वहाँ के लोगों ने अपने यहूदियों को बचाने का निश्चय किया। उन्होंने हज़ारों यहूदियों को नाव से निरपेक्ष देश स्वीडन पहुँचा दिया। जहाँ यहूदी न मिले नाज़ियों ने उनकी सम्पत्ति को नष्ट कर डाला।

यहूदियों को मृत्यु शिविर पहुँचाने का मुख्य यातायात साधन ट्रेन था। ये मालगाड़ियाँ होतीं जो बहुत धीमी गति से जहाँ–तहाँ रुक–रुक कर चलतीं। अक्सर बीमार–बूढ़े रास्ते में दम तोड़ देते। प्रीमो लेवी चार साल घेटो में रहे और चौबीस साल की उम्र में 13 दिसम्बर, 1943 को नाज़ियों द्वारा गिरफ़्तार कर अनजाने भविष्य और अनिश्चित स्थान के लिए पार्सल कर दिये गये। हाँ, इसे पार्सल ही कहा जाना चाहिए। पहले उन्हें जिस कैम्प में रखा गया वहाँ डेढ़ सौ इटैलियन यहूदी थे लेकिन शीघ्र ही यह संख्या बढ़कर छह–सौ से ऊपर पहुँच गयी। 21 जनवरी, 1944 को उन लोगों को पता चला कि उन्हें जाना है, सारे यहूदियों को

बिना किसी अपवाद के जाना है। बच्चे, बूढ़े, बीमार सबको। मगर कहाँ? किसी को पता नहीं था। सबने अपने–अपने तरीक़े से ज़िन्दगी से विदा ली। कुछ प्रार्थना करने लगे, कुछ जानबूझ कर पीकर मत्त हो गये, कुछ अन्य विषय–वासनाओं में लग गये।

मगर माताएँ रास्ते के लिए बड़े मन और ध्यान से पाथेय बनाने लगीं। बच्चों को नहलाने लगीं। उनके सामान बाँधने लगीं। रात भर उन्होंने काम किया। सुबह सारे तार लटकते–सूखते कपड़ों से भरे थे। प्रीमो लेवी बड़ा व्यंग्यात्मक और महत्त्वपूर्ण प्रश्न यहाँ पूछते हैं, क्या आप सब यह कहीं करेंगे? यदि मालूम हो कि आपके बच्चे कल मार दिये जायेंगे तो क्या आप आज उनको खाना नहीं खिलाएँगे? होलोकास्ट में क़रीब 15 लाख बच्चे मार डाले गये थे।

इसी तरह उस सुबह का बहुत मार्मिक वर्णन उन्होंने किया है जिस सुबह उन्हें ट्रेन से ऑश्वित्ज भेजा जाना था। जिस ट्रेन से इन लोगों को भेजा जाना था वह एक बारह डिब्बों की मालगाड़ी थी जिसमें साढ़े छह सौ लोगों को ठूँस दिया गया था। (यहाँ 'द लास्ट ट्रेन', 'द ग्रे जोन' आदि फ़िल्मों को याद किया जा सकता है।) यह वह ट्रेन थी जो कभी लौटती नहीं थी, जिसके बारे में उन लोगों ने केवल सुना था, अब वे उसमें थे। मालागाड़ी के डिब्बे बाहर से बन्द कर दिये गये। पर शाम तक ट्रेन हिली भी नहीं। फिर शून्यता की ओर यात्रा प्रारम्भ हुई। अन्ध अतल की ओर। चार दिन चली इस यात्रा में हताशा, भूख, प्यास, घुटन और सबसे ऊपर थी कड़ाके की ठण्ड। ट्रेन की रफ़्तार बहुत धीमी थी और वह कहीं भी रुक जा रही थी। जिस डिब्बे में प्रीमो लेवी थे उसमें 45 में से केवल चार लोगों ने दोबारा अपना घर देखा। कैसे ठूँसे जाते थे लोग, इसका चित्रण यूरिस के शब्दों में, एक बार क़ैदियों को तकनीकी गड़बड़ी के कारण गैस–चैम्बर तक ले जाना कठिन था अतः बैन में ही मारने का इन्तज़ाम किया गया। वैन में बीस लोग ही अँट सकते थे परन्तु यह एक इमरजेंसी थी। जर्मन सेना ने क़ैदियों के हाथ उनके सिर के ऊपर उठवा दिये (नाज़ी सेना का एक प्रमुख आदेश) और इस तरह वे छह या आठ और लोगों के लिए स्थान बना सके। फिर उन्हें लगा कि अभी भी सिर और वैन की छत के बीच में कुछ इंच खाली जगह है। इस जगह को उन्होंने आठ–दस बच्चों से भर दिया।

पोलैण्ड में थे मृत्यु शिविर चेल्मनो, बेल्जेक, सोबीबोर, ट्रेब्लिंका,

मेडेनेक और ऑश्वित्ज। इसमें ऑश्वित्ज में सर्वाधिक लोगों की जान ली गयी। चेल्मनो में गैस से 150,000 लोगों को समाप्त किया गया। जब कि 600,000 यहूदियों को नष्ट करने के लिए बेल्जेक में कार्बन मोनो ऑक्साइड काम में लायी गयी। सोबीबोर में मृतकों की संख्या 250,000 थी और ट्रेब्लिंका में यह संख्या 800,000 थी, लुबलिन में 50,000। या तो इनको गोली मार दी गयी या गैस से मार डाला गया, ऑश्वित्ज में यह संख्या दस लाख थी। सारा काम बहुत सोच–समझ कर योजना बना कर किया गया। लिओन यूरिस लिखते हैं कि बीस हज़ार एकड़ ज़मीन, खेत और गाँवों को साफ़ कर के इस कार्य के लिए अधिकृत की गयी और उसे काँटेदार तार से घेर दिया गया। इस विशाल प्रोजेक्ट के लिए बेहतरीन इंजीनियर, वैज्ञानिक, परिवहन विशेषज्ञ, कंस्ट्रक्शन से जुड़े लोग काम पर लगाये गये। ऑश्वित्ज से दो मील की दूरी पर बिरकेना में गैस–चैम्बर बनाये गये। यह स्थान आबादी से ख़ासा दूर था साथ ही यहाँ रेल से पश्चिमी यूरोप, पूर्वी यूरोप, दक्षिणी यूरोप सब स्थानों से क़ैदियों को लाया जा सकता था। ट्रेब्लिंका में एक बार में केवल तीन हज़ार लोगों का सफाया हो सकता था और अगर मौसम अच्छा रहा तथा थोड़ी कुशलता से काम लिया गया तो एक बार में यह संख्या दस हज़ार तक पहुँच सकती थी। शिविर में जगह–जगह विभिन्न भाषाओं में संकेत और सूक्तियाँ तथा नाम लिखे हुए थे, जैसे सैनीटेशन सेण्टर, स्वच्छता स्वतन्त्रता है। मरने वाले सोचते, उन्हें कहा जाता कि उन्हें नहाने–धुलाने ले जाया जा रहा है।

दूसरे मृत्यु शिविरों से भिन्न ऑश्वित्ज में इस काम में तेज़ी लाने के लिए हाइड्रोजन साइनाइड का प्रयोग किया जाता था। नार्वे, फ्रांस, यूगोस्लाविया, इटली, जर्मनी, चेकोस्लोवाकिया, हंगरी, पोलैण्ड, ग्रीक, यूरोप के सब देशों से हाँक, शिकार करके लोग ऑश्वित्ज लाये गये। सब क़ैदियों को सीधे–सीधे मृत्यु का ग्रास नहीं बनाया जाता। कुछ लोगों को प्रयोग के लिए प्रयोग किया जाता। प्रयोग जैसे कि एक व्यक्ति की एक हड्डी कितनी बार तोड़ी और जोड़ी जा सकती है। आदमी को कितने दिनों तक भूखा रखा जा सकता है। उसे कैसे नपुंसक बनाया जा सकता है। स्त्रियों के गर्भाशय पर तरह–तरह के प्रयोग किये गये, जुड़वाँ बच्चे उनके प्रयोग का निशाना बने। बहुत सारे लोग इन वैज्ञानिक प्रयोगों और गैस–चैम्बर में जाने के पहले ही भूख, ठण्ड और बीमारी से मर जाते।

कुछ लोगों को यूँ ही गोली मार दी जाती। गैस–चैम्बर में ठूँस दिया जाता। मृतकों की हड्डियों का चूरा बनाने के लिए हड्डियों को चक्की में डाला जाता। उनके बालों, चमड़ों से तरह–तरह की चीज़ें बनाने का काम होता। जब क़ैदी नाज़ी यातना शिविर में पहुँचते सैनिक उन्हें दो समूहों में बाँट देते, एक समूह काम करने योग्य होता, दूसरे में लाचार, बूढ़े, बीमार, अयोग्य लोग रखे जाते। इन काम न करने योग्य लोगों को नहाने के बहाने नंगा करके गैस–चैम्बर में डाल कर समाप्त कर दिया जाता।

असल में इन क़ैदियों को मनुष्य समझा ही नहीं जाता था। उनके लिए कार्गो शब्द का प्रयोग होता, उन्हें जिंस समझा जाता। लेवी को आश्चर्य होता कोई किसी को बिना क्रोध के कैसे मार सकता है। लेकिन जर्मन लोगों को ऐसे ही मारते थे। बिना क्रोध के, मानो कोई उबाऊ–सा काम निबटा रहे हों। इन शिविरों में बहुत थोड़े से लोग थे जो जानते थे अपनी मृत्यु की ओर कैसे आत्मसम्मान के साथ जाया जाये। पूछताछ करने वालों के चेहरे–स्वर सब पत्थर की तरह भावहीन सपाट होते। सबसे पूछताछ की भी नहीं जाती। भला कितनों से की जाती। कुछ से करना काफ़ी था। भविष्य तो सबका तय था–मृत्यु। साढ़े छह–सौ में से अधिकांश दो दिन में समाप्त हो गये। मात्र 96 पुरुष और 29 स्त्रियाँ मोनोविज़ बूना और बिरकेनाऊ यातना शिविर में पहुँचे। शिविर में कोई सोचने–विचारने के क़ाबिल न रहा, मानो मर चुके हों। वहाँ पहुँचते है उनके जूते, कपड़े, घड़ी, चश्मा, ज़ेवर, पर्स सब उतरवा कर सिर मूड़ दिये जाते। भला और कैसे एक व्यक्ति की अस्मिता को समाप्त किया जा सकता है? अमेरिकी लोग भी जब अफ़्रीका से गुलाम लाते थे तो उनके साथ यही सब करते थे। मारते नहीं थे क्योंकि गुलाम उनकी सम्पत्ति होते थे। प्रीमो लेवी बताते हैं, कॉन्सेंट्रेशन कैम्प्स में यहूदियों के अलावा अपराधी, युद्धबन्दी, राजनीतिक क़ैदी, जिप्पी भी हैं। सबके काम अलग, कपड़े अलग, निशान अलग। यहूदियों को क़ैदी के रूप में एक नम्बर उनकी बायीं बाँह पर दाग दिया जाता जो आजीवन उनके साथ रहता। इस कैम्प से निकलने का एक ही रास्ता है, चिमनी के धुएँ के रूप में। एक–एक झोंपड़े में दो–ढाई सौ लोगों को ठूँसा जाता है। एसएस लोग कैम्प के बाहर रहते हैं, उनकी संख्या बहुत कम है। क़ैदियों को हाँकने का काम क़ैदियों में से ही कुछ को चुन कर उनसे करवाया जाता है। दिन भर कीचड़, बर्फ़ में अपमान झेलते हुए काम करने के बाद मिलता है

नपा–तुला शलजम और पत्तागोभी का सूप। जिसका नतीजा होता टखनों में सूजन, पिचके गाल, फूला पेट और बहुमूत्र। पीने को पानी नहीं मिलता, जो मिलता वह पीने योग्य नहीं होता। मिलने वाले काठ के जूते मृत्यु का कारण बनते। एक अन्य भुक्तभोगी ने बताया, नंगे शरीर पर ओढ़ने को मिलता गीला कम्बल। हम भारतवासी यूरोप की सर्दी का अनुमान नहीं लगा सकते हैं, ख़ासकर जब शरीर पर वस्त्र न हों। प्रीमो लेवी कहते हैं, 'न सोचना ही बेहतर है।'

इन यहूदी क़ैदियों के साथ अनेक प्रकार के अपमान का व्यवहार होता। उनके समस्त अधिकार छीन लिए गये थे लेकिन जीवित रहना था तो समझौता तो करना ही था (कुछ समझौता करके ही जीवित रह पाते, मगर कब तक? उनका भी अन्त निश्चित था।) अतः ये लोग गन्दे पानी से अपना चेहरा धोते और अपनी जैकेट से स्वयं को पोंछते। हर समय डर था, कटोरा, चम्मच, कपड़े, जूते कोई चुरा न ले। आँख बन्द हुई और चीज़ें ग़ायब। इस काम के लिए क़ैदी दूसरों को प्रेरित करते, घृणा उन्हें प्रेरित करती। सब एक–दूसरे के दुश्मन थे, कोई भावना, कोई संवेदना बची नज़र नहीं आती थी।

'का बी' का हिस्सा बीमारों के लिए था जिसमें दो सप्ताह से अधिक कोई न रहता। यहाँ रहने की अधिकतम सीमा दो माह थी। इस दौरान या तो वे मर जाते या स्वस्थ (?) हो जाते। कैसे होता था सलैक्शन? कैसे तय होता कौन जीवित रहेगा और कौन मार दिया जायेगा? यह निर्भर करता ऑफ़िसर की मनमर्जी पर। जिन्हें बायें कर दिया जाता वे गैस–चैम्बर में चले जाते और जो दायें छिटका दिये जाते वे भी दोबारा नरक भोगते। इन सबके बहुत पहले वे एक मनुष्य के रूप में समाप्त किये जा चुके होते। 'का बी' के नारकीय जीवन पर प्रीमो लेवी ने एक पूरा अध्याय लिखा है।

प्रीमो लेवी कहते हैं, यहाँ सब 'कलैक्टिव ड्रीम' (सामूहिक स्वप्न) देखते हैं, खाने की अच्छी चीज़ें, घर की गर्माहट, अपनों का प्यार। दिन भर का सारा दुःख–दर्द रात को स्वप्न में रूपान्तरित हो जाता है। हरेक की कहानी दुःखद, क्रूर और हिला देने वाली है। चाहे वह नॉर्वेजियन हो, इटैलियन हो अथवा अल्जीरियन या फिर युक्रेनियन। सरल और समझ के बाहर। बाइबिल की कहानियों की तरह। वे कहते हैं क्या ये अपने आप में नयी बाइबिल की कहानियाँ नहीं हैं? कापोज जो इनसे काम लेने के ज़िम्मेदार हैं वे इन्हें पूरी बर्बरता, अमानुषता और उग्रता से मारते, मानो

सवार घोड़ों को मार रहा हो। काम ऐसा कि आदमी ठण्ड, भूख और कमज़ोरी से सुन्न हो जाये। इस बूना की मिट्टी में इतना ज़हर घुला हुआ है कि यहाँ घास का एक तिनका भी नहीं उगता है। ऑश्वित्ज के गेट पर लिखा था, 'वर्क मेक्स फ़्रीडम' लेकिन यहाँ काम का मतलब था बेकार, बेमतलब और भयंकर काम। इसी मृत्यु शिविर से प्रीमो लेवी जीवित बच पाये तो कुछ लोगों की चालाकी, कुछ लोगों की संगठन शक्ति और कुछ लोगों की मानवता के कारण। इस लौमहर्षक अनुभव को पढ़कर नाज़ियों के अत्याचार का थोड़ा–सा अन्दाज़ा लगाया जा सकता है। लेवी कहते हैं, 'मनुष्य को नष्ट करना उतना ही कठिन है जितना उसका निर्माण करनाः यह सरल और तीव्रता से नहीं हुआ पर जर्मन यह करने में सफल हुए।' उन्होंने जब बहुत बाद में 'इफ़ दिस इज़ ए मैन' लिखा, उसमें उन्होंने सत्य लिखा लेकिन वह भी छाना हुआ सत्य है। बहुत डायल्यूटेड सत्य है। इस बात को प्रीमो लेवी स्वयं स्वीकारते हैं। 'शिंडलर्स लिस्ट' ने राह खोल दी लेकिन यह होलोकास्ट न था। होलोकास्ट था मनुष्यता का घोर अपमान, क्रूरता, भयावहता की पराकाष्ठा। इसी तरह डाइने एकमैन ने 'जू कीपर्स वाइफ़' नाम से एक किताब लिखी। इस किताब और होलोकास्ट के समय की एक वास्तविक स्त्री अंटोनिया ज़ाबिन्स्की की डायरी को मिलाकर निकी कीरो ने एक फ़िल्म बनायी 'जू कीपर्स वाइफ़'। अंटोनिया ज़ाबिन्स्की की डायरी बताती है कि उन लोगों ने अपनी जान की बाजी लगाकर सैकड़ों यहूदियों को वार्सा घेटो से निकालकर सुरक्षित रखा, यातना शिविर से बचाया। ये लोग इस अत्यन्त कठिन समय में क़रीब 300 यहूदियों की जान बचा पाये। यहाँ भी सारा ध्यान यहूदियों से हट कर ज़ाबिन्स्की दम्पति पर केन्द्रित हो जाता है।

गुंटर ग्रास की पूरी किताब 'द टिन ड्रम' ब्लैक ह्यूमर तथा गहरे अवसाद से ओतप्रोत है। उन्होंने 'कैट एण्ड माउस' तथा 'डॉग ईयर्स' में भी उसी काल को विश्लेषित किया है। हिटलर के दस्ते के दानवी डॉक्टर के सहयोगी डॉक्टर मिक्लोस निस्ज़्ली ने बाद में अपने संस्मरण लिखे, जिसका शीर्षक है, 'ए डॉक्टर्स एकाउंट'। ऑश्वित्ज की सच्चाई की झलक इस किताब में मिलती है। पोलैण्ड के पियानोवादक ब्लैडीस्लाब स्पीलमैन के संस्मरण पर आधारित है, 'द पियानिस्ट'। यह किताब बताती है कैसे एक महान पियानोवादक होलोकास्ट के सारे समय वार्सा में अकेला जीता है। चाक्षुष रूप से फ़िल्म हमें अचम्भित करती है। इसी

संस्मरण की भाँति कई अन्य लोगों ने भी अपने संस्मरण लिखे। ऑर्थर रूबिंस्टन (1887–1982) पोलिश–अमेरिकन रोमाण्टिक कम्पोजर था। वह खासकर फ़ेड्रिक शॉपिन को प्रस्तुत करने के लिए प्रसिद्ध था। 1940 में फ्रांस के जर्मन द्वारा अधिकृत होने के बाद वह सदा के लिए अमेरिका में जा बसा। होलोकास्ट में मरने वालों के कारण उसने जर्मनी में फिर कभी पियानो नहीं बजाया लेकिन विश्व के अन्य स्थानों पर घूम–घूम कर पियानो बजाता रहा। वह अक्सर रेडियो, टीवी तथा फ़िल्मों के लिए पियानो बजाता था। उसने अपनी आत्मकथा दो भागों में लिखी है। पहला भाग 1973 में 'माई यंग ईयर' तथा दूसरा भाग 1980 में 'माई मेनी ईयर' नाम से आया है।

इन मृत्यु शिविरों में स्त्रियों के साथ क्या हो रहा था? उनके अनुभव कैसे थे? उन पर कैसे अत्याचार हो रहे थे? वे कैसे इन विषम परिस्थितियों का सामना कर रही थीं? वे कैसे संगठित होती थीं? बहुत कम लिखित सामग्री इस विषय पर उपलब्ध है। शुरू से लिखना पुरुष का क्षेत्र रहा है, कुछ समय पहले तक लेखन में गिनी–चुनी स्त्रियों के ही नाम थे। होलोकास्ट से बचे हुए लोगों में से भी स्त्रियों ने बहुत कम लिखा। कुछ कॉन्फ़्रेंस में उनकी बातों, अनुभवों को आवाज़ देने का काम हुआ है। उनके अनुभवों को रिकॉर्ड किया गया है। रावेन्सब्रुक शिविर स्त्रियों तथा बच्चों के लिए ख़ासतौर पर बनाया गया था। 1941 में नाज़ियों ने इसे वेश्यालय में परिवर्तित कर दिया। कुछ ने स्वेच्छा से यह वृत्ति अपनायी क्योंकि उन्हें स्वतन्त्रता का लालच दिया गया था जो कभी मिली नहीं। कुछ को बलपूर्वक वेश्या बनाया गया। स्त्रियों पर होने वाले अत्याचार भयानक थे। उनसे उनकी क्षमता से कई गुणा अधिक काम कराया जाता, तब तक काम कराया जाता जब तक कि वे गिर न जातीं। कई बार पीट–पीट कर समाप्त कर दिया जाता। बलात्कार तो होना ही था। अगर वे गर्भवती हो जातीं तो या तो जबरदस्ती गर्भपात कराया जाता अथवा उन्हें अमानुषिक परिस्थितियों में प्रसव करना होता। कई भूख से अपने शिशु की बगल में मृत पायी जातीं कई दफ़ा जच्चा–बच्चा दोनों मर जाते। उनके शरीर पर कई परीक्षण किये जाते। उन्हें बन्ध्या बनाया जाता।

होलोकास्ट में स्त्री लेखन में प्रमुख है 'ऐन फ्रैंक की डायरी' हालाँकि यह डायरी यहूदियों के छिपे रहने के अनुभवों पर ही आधारित है, इसमें यातना शिविर का वर्णन नहीं है क्योंकि गिरफ़्तार होने के बाद ऐन फ्रैंक

ने डायरी नहीं लिखी। नेली ज़ाक्स स्वयं और उनकी माँ यातना कैम्प नहीं गयीं लेकिन उनके तमाम रिश्तेदार होलोकास्ट में समाप्त हो गये। उन्हें 1966 का साहित्य का नोबेल पुरस्कार प्राप्त हुआ। नेली ने होलोकास्ट पर कविताएँ लिखीं। 'ओ चिमनीज' उनकी एक प्रसिद्ध कविता है। उनके पहले कविता संग्रह का शीर्षक है, 'इन द हाउसेस ऑफ़ डेथ'। इनमें दारुण दुःख, जलावतनी, और तमाम यहूदियों की मृत्यु के बारे में वे कहती हैं। लेकिन फ्रेंच लेखिका शार्लोट डेल्बो यातना शिविर में थीं। वहाँ से जीवित बच निकलने के बाद उन्होंने खुद तथा दूसरों पर होने वाले भीषण अत्याचार पर 'ऑश्वित्ज एण्ड आफ़्टर' लिखा।

जब स्त्रियाँ यातना कैम्प के बाहर थीं तो उनमें से कुछ ने प्रतिरोध दस्तों में सक्रिय भूमिका निभाई। हाइका ग्रॉसमैन तथा सोफ़ी स्कॉल ऐसी ही स्त्रियाँ थीं। सोफ़ी के जीवन पर एक फ़िल्म 'सोफ़ी स्कॉल–द लास्ट डेज़' नाम से बनी है। कुछ भुक्तभोगी स्त्रियों ने लेखन किया जिसमें एल्ज़अबिएटा एटीन्जर (किंडरागर्डेन एण्ड क्विकसैंड), हाना डेमेट्ज़ (द हाउस ऑन प्राग स्ट्रीट) तथा सूसन फ्रॉमबर्ग शीफ़र (आन्या) का काम प्राप्त होता है। कुछ स्त्रियाँ यातना शिविर में न थीं लेकिन उन्होंने इस विपत्ति को बाहर रहते हुए अनुभव किया और इस पर लिखा। ऐसी लेखिकाओं में सर्वप्रथम सिंथिया ओज़िक का नाम आता है। उनकी 'शॉल' नामक रचना काफ़ी प्रसिद्ध है। मैर्ग पिएर्सी ('गॉन टू सोल्जर्स'), नोर्मा रोसेन ('टचिंग इविल'), कोरी टेन बूम ('द हाइडिंग प्लेस : द ट्राइफेंट ट्रू स्टोरी ऑफ़ कोरी टेन बूम'), जेन योलेन ('द डेविल्स अरिथमेटिक्स'), एडिथ हान बीयर ('द नाज़ी ऑफ़ीसर्स वाइफ़ : हाऊ वान ज्युइश वूमन सरवाइव्ड द होलोकास्ट'), डायने एक्रमैन ('द जू कीपर्स वाइफ़'), जेनिफ़र राय ('येलो स्टार'), लीला पर्ल ('फ़ोर परफ़ेक्ट पेपब्ल्स') आदि होलोकास्ट पर स्त्रियों की किताबें स्त्रियों की लिखी हुई हैं।

स्त्रियों की मानसिक गठन पुरुषों से भिन्न होती है। उनकी शारीरिक संरचना भी अलग होती है। ऑश्वित्ज में स्त्री–पुरुषों के अनुभवों में, उन पर होने वाले अत्याचारों में, उनके जीवित रहने के तरीक़ों में, उनके आपसी सम्बन्धों में काभी भिन्नता है। ऑश्वित्ज से ज़िन्दा बची इसाबेला लिटनर कहती हैं कि सारे जर्मन यहूदी बिना किसी श्रेणी या किसी अन्य विभाजन के मात्र या तो पुरुष यहूदी थे या फिर स्त्री यहूदी। मृत्यु शिविरों में स्त्रियों के संस्मरण 'उसी नरक' के 'भिन्न भय' को दर्शाते हैं। हिटलर

बराबर कहा करता था, 'नाज़ी क्रान्ति पूर्णरूपेण पुरुष घटना है।' यह राजनीतिक आर्य पुरुष वर्चस्व वाला उद्देश्य और सामाजिक संरचना सारे यहूदियों और स्त्रियों के अस्तित्व और सत्य को नकारती थी। हालाँकि हिटलर आर्य माता की प्रशंसा करता था और उसे आर्य सैनिक का रुतबा देता था। परन्तु राष्ट्रीय समाजवाद में जर्मन स्त्री बच्चे पैदा करने और पालने वाली के अलावा अन्य रूप में अदृश्य थी। वह एक घरेलू माता और पति की सहायक थी, उसका पूरा संसार उसका पति, उसका परिवार, उसके बच्चे और उसका घर था। 'होलोकास्ट : द स्टोरी ऑफ़ द फ़ैमिली वाइस' में डोर्फ़ की पत्नी मार्टा ऐसी ही स्त्री है।

हिटलर के लिए रोज़ा लुक्ज़मबर्ग जैसी एक्टिविस्ट यहूदी स्त्री यहूदीपन की बुराई थी। उसके जैसी यहूदी और गैर–यहूदी स्त्रियाँ भय और घृणा का उदाहरण थीं और उन्हें रोकना राष्ट्रीय समाजवाद का प्रण था। मृत्यु शिविर से बची एक स्त्री जिसके पिता यहूदी और माता जर्मन ईसाई थी, कहती है, नाज़ी इतने पुरुषवादी थे कि वे यहूदी पिता की सन्तान को उन बच्चों से ज़्यादा यहूदी मानते थे जो यहूदी माता से उत्पन्न हैं। जबकि यहूदी कानून ठीक इसका विपरीत मानता है। नाज़ियों ने कई कारणों से यहूदी पुरुषों की अपेक्षा यहूदी स्त्रियों को ज़्यादा मारा। पुरुष कठोर श्रम में लगाये जा सकते थे, औरतें नहीं। कठोर काम करने वाले पुरुषों की बड़ी संख्या में ज़रूरत थी। अतः स्त्रियों को गैस–चैम्बर में डाल दिया जाता था। स्त्रियों के संग अक्सर उनके बच्चे चिपके रहते थे अतः काम में बाधा पड़ती थी। ज़रा उन माताओं के साहस की कल्पना कीजिए जो अपने बच्चों को अकेला गैस–चैम्बर में जाने नहीं देना चाहती थीं। जिन्होंने अपने बच्चों की ख़ातिर अपनी आहुति दी। ऑश्वित्ज के कमांडेंट रुडोल्फ़ हेस ने लिखा है, उसने बार–बार अपने हँसते या रोते बच्चों के संग माताओं को गैस–चैम्बर में जाते देखा। ऑश्वित्ज के साण्डरकमाण्डो की एक पाण्डुलिपि जो उसने लिख कर राख में दबा दी थी मिली है। उसमें उसने लिखा है, 1943 की सर्दियों में बच्चों की एक खेप को गैस–चैम्बर में ले जाने के पहले उसके सामने के कमरे में नंगा किया जा रहा था। प्रमुख साण्डरकमाण्डो ने देर होती देखकर कुछ जर्मनों को सहायता के लिए उस कमरे में भेजा तो वहाँ एक आठ साल की लड़की अपने भाई के कपड़े उतार रही थी। जब सैनिक उसकी सहायता करने आगे बढ़ा तो वह चीखी, 'चले जाओ, यहूदियों के हत्यारे! यहूदी

ख़ून से रंगे अपने हाथ मेरे प्यारे भाई से दूर रखो। अब मैं इसकी माँ हूँ और यह मेरी बाँहों में मरेगा।' आठ साल की छोटी–सी बच्ची का अपने भाई को बचाने का साहस, साहस की नयी परिभाषा गढ़ता है।

लियोन यूरिस लिखते हैं, जब आठ महीने की गर्भवती रूथ को ट्रेबिलंका के गैस–चैम्बर में ले जाया जा रहा था उसने गैस–चैम्बर को धोखा दे दिया। ट्रेन में इतने लोग ठूँसे गये थे कि प्रसव वेदना के समय वह लेट न सकी और वेदना की अधिकता से मर गयी। उसका बच्चा भी उसी के संग मर गया। इसी तरह वे चित्रित करते हैं, अधिकारियों को अपने काम की सफलता दिखाने के लिए ट्रेन में ही कार्बन मोनोक्साइड द्वारा कुछ सैकेण्ड में डिब्बों के पूरे लोगों को मार डाला गया और खुली क़ब्रों में उन्हें डालने के पूर्व उनके दाँतों में लगे सोने को उखाड़ लिया जाता। यहाँ भी लांडाऊ ने जर्मनों को धोखा दिया। उसके दाँत में लगा सोना पहले ही परिवार के खाने के इन्तज़ाम के लिए बेचा जा चुका था। क्या खा रहे थे यहूदी ज़िन्दा रहने के लिए? वार्सा घेटो में लोग सर्दी और भूख से मर रहे थे, जिनकी संख्या बाबी यार में मारे जाने वालों से कम न थी। जब परिवार को कई दिनों तक खाना न मिलता तो लेह अपना कोई जेवर बेच कर खाने का इन्तज़ाम करती। एक बार जब पाँच दिन बिना खाये गुज़र गये तब उन्हें खाने का दर्शन हुआ लेकिन लेह के हाथ से उसकी शादी का बैण्ड ग़ायब था। लेकिन एक बार उनका भाग्य खुला, उन्हें एक मरियल–सा घोड़ा मिल गया। घोड़े का मांस खाना यहूदी धर्म में निषिद्ध है परन्तु उस दिन यह बहुत सुस्वादु था।

किसी ने कहा है जब तक एक भी आँख नम है, मानवता मर नहीं सकती है। भयंकर भूख, प्यास, अत्याचार, घृणा, क्रूरता, घण्टों ठण्ड में कठिन परिश्रम और दारुण मार सहन करने के बावजूद जीवन चलता रहा। जिजीविषा कायम रही तो इसका कारण था आपसी एकता। यह एकता पुरुषों की अपेक्षा स्त्रियों में ज़्यादा थी। पुरुषों के बारे में कहना है कि हरेक आदमी दूसरे आदमी से कॉमरेडशिप माँगता था लेकिन बहुत कम लोग इसे देने के लिए तैयार थे। स्त्रियाँ अपने यहूदी गर्व से भरी हुई थीं। वे सक्रिय प्रतिरोधक और लड़ाकू थीं। क्रिमेटोरियम चार में जब 7 अक्टूबर, 1944 को विद्रोह हुआ तो यूनियन फैक्ट्री के बारूद यूनिट में काम करने वाली स्त्रियों ने साण्डरकमाण्डोज को क्रिमेटोरियम उड़ाने के लिए बारूद पहुँचाई थी। फ़िल्म 'द ग्रे ज़ोन' में इस घटना का उपयोग

किया गया है। माला जिमटबौम अपने प्रेमी एडेक गालिंस्की के साथ यातना शिविर से भागने का साहस करने के कारण प्रसिद्ध हो गयी। उसे ऑश्वित्ज की बहनें एक खुशनुमा स्त्री के रूप में याद करती हैं। यहाँ वह अपनी आध्यात्मिक और भौतिक शक्ति के लिए जानी जाती थी।

काफ़ी दिनों तक कीचड़ और घिनौनी स्थिति में रहने के बाद पेलागिया लेविंस्की को भान हुआ कि नाज़ी जान–बूझकर उनके आत्मसम्मान को नष्ट करने के लिए, उनकी मानवीयता समाप्त करने के लिए और उन्हें तोड़ने के लिए कीचड़ और गन्दगी में रखते हैं। उसे पता चला कि वे उन्हें जंगली जानवर में परिवर्तित करने के लिए ऐसा करते हैं। अतः उसने निश्चय किया कि यह उसका कर्तव्य है कि वह नाज़ियों की योजना का प्रतिरोध करे, उसे ज़िन्दा रहना है। अगर वह यहाँ मरती है तो यह मौत एक मनुष्य की मौत होनी चाहिए। वह किसी भी हालात में अपने दुश्मन की योजना का शिकार नहीं होगी और इस विचार ने उसमें साहस भर दिया तथा जीने का मकसद दिया।

होलोकास्ट ने सृजन की प्रेरणा भी दी। जिसला पर्ल ने एसएस बल के यहूदी औरतों पर अत्याचार का वर्णन किया है। ख़ासकर गर्भवती औरतों पर होने वाले अत्याचार का। अत्याचारी इन कृत्यों से खासा आनन्द भी उठाते थे। वे उन्हें गदा और चाबुक से पीटते, कुत्तों से नुचवाते, उनके बाल पकड़कर घसीटते, उनके पेट पर भारी जर्मन बूटों से आघात करते। जब वे गर्भवती औरतें गिर जातीं उन्हें ज़िन्दा भट्ठियों में डाल दिया जाता। कभी–कभी उन्हें प्रसव के समय तक ज़िन्दा रखा जाता और प्रसव के बाद जच्चा–बच्चा दोनों को मार दिया जाता। होलोकास्ट से जीवित बचे कई लोगों ने अपने संस्मरण तैयार किये। अहरॉन एपलफ़ेल्ड, प्रीमो लेवी, इडा फ़िंक, एली विसेल, शार्लोट डेल्बो ने अपने भयंकर अनुभवों को लिपिबद्ध किया।

होलोकास्ट पर लिखने वालों में प्रसिद्ध एली विसेल ने कई किताबें लिखीं, सबकी थीम क़रीब–क़रीब एक है। उन्होंने 'नाइट', 'डॉन', 'ए बेगर इन जेरुसलाम' लिखा। उनका प्रमुख कथानक है, आस्था का नाश, ईश्वर के अस्तित्व के प्रति विश्वास का नष्ट हो जाना। साथ ही वे प्रार्थना की बात भी करते हैं। यह विरोधाभासी लग सकता है मगर यही सत्य है। अपने 'नाइट' में वे बार–बार लिखते हैं, 'ईश्वर नहीं है, मैं उससे घृणा करता हूँ।' ऑश्वित्ज के बाद ईश्वर की अनुपस्थिति सर्वाधिक अनुभव की गयी। पीड़ितों

को पूरा हक है कि वे विश्वास करें कि ईश्वर इस काल में गायब था। बहुत बार उनके चरित्र कहते हैं कि वे अब ईश्वर में विश्वास नहीं करते हैं। 'इसके बावजूद एक प्रार्थना उठी।' मनुष्य निराशा के गर्त में भी आशा का दामन नहीं छोड़ता है। यह उसकी एक विशेषता और शक्ति है।

'नाइट' का एक मर्मान्तक दृश्य है : "एक दिन जब हम काम से लौटे, हमने असेम्बली के स्थान पर तीन गैलोज खड़े देखे, तीन काले कौवे। रोल कॉल। हमारे चारों ओर एसएस, मशीनगन प्रशिक्षित, एक परम्परागत सेरेमनी। तीन क़ैदी बेड़ियों में—और उनमें से एक छोटा नौकर, उदास आँखों वाला एंजेल।

एसएस ज़्यादा ही व्यस्त दीख रहे थे। सामान्य से अधिक परेशान। हज़ारों दर्शकों के सामने एक बच्चे को फाँसी देना मज़ाक़ नहीं था। कैम्प के प्रमुख ने फ़ैसला पढ़ा। सबकी दृष्टि बच्चे पर थी। वह पीला पड़ गया था क़रीब–क़रीब शान्त, अपने होंठ काटता हुआ। गैलोज की छाया उस पर पड़ रही थी।

इस बार लेजर कैपो ने फाँसी देने से इनकार कर दिया। तीन एसएस ने उसकी जगह ले ली।

तीन गर्दनें एक समय में फन्दों में डाल दी गयीं।

'लॉन्ग लिव लिबर्टी!' दोनों वयस्क चीखे। लेकिन बच्चा शान्त रहा।

'ईश्वर कहाँ है? वह कहाँ है?' मेरे पीछे किसी ने पूछा।

कैम्प प्रमुख के इशारे के साथ तीन कुर्सियाँ उलट दी गयीं।

पूरे कैम्प में पूर्ण सन्नाटा। क्षितिज पर सूर्य डूब रहा था।

तब मार्च पास्ट शुरू हुआ। दोनों वयस्क जीवित न थे। उनकी निलौंछ लिए फूली जीभें बाहर लटक रही थीं। लेकिन बच्चे की रस्सी अभी भी हिल रही थी। हल्का होने के कारण बच्चा अभी भी जीवित था।

आधे घण्टे से ज़्यादा वह वहाँ रहा। जीवन–मृत्यु के बीच झूलता हुआ, हमारी आँखों के सामने धीमी यन्त्रणापूर्ण मौत के लिए संघर्ष करता हुआ। और हमें उसे देखना था। जब मैं उसके सामने से गुज़रा, वह तब भी जीवित था। उसकी जीभ तब भी लाल थी, आँखें अभी धुँधली नहीं हुई थीं।

मेरे पीछे, मैंने सुना कोई पूछ रहा था : 'अब ईश्वर कहाँ है?'

और मैंने अपने अन्दर उसका उत्तर देती हुई एक आवाज़ सुनी :

'कहाँ है वह? यहाँ है वह—वह यहाँ सूली पर लटका हुआ है।'

उस रात सूप लाशों के स्वाद से भरा हुआ था।"

नोबेल पुरस्कृत पैट्रिक मोदियानो, इमरे कर्टीज ज़िन्दगी भर एक ही कथानक पर लिखते रहे। मोदियानो ने 'रिंग रोड्स : ए नोवेल', 'विला ट्रिस्ट', 'ए ट्रेसेस ऑफ़ मेलिस', 'हनीमून', 'सो दैट यू डोंट देट लॉस्ट इन द नेबरहुड' आदि किताबें लिखीं। इमरे कर्टीज ने 'फ़ेटलेस', 'फ़ियास्को', 'खदीज फ़ॉर ए नॉट बोर्न चाइल्ड', 'गैली डायरी' आदि लिखीं। दोनों ने ही आत्मकथात्मक लेखन किया है। मोदियानो के लेखन को 'ऑटोफ़िक्शन' की संज्ञा दी जाती है। इमरे कर्टीज यातना शिविर में थे और मोदियानो का जन्म द्वितीय विश्व युद्ध की समाप्ति पर हुआ था। 'द बुक थीफ़' (मार्कस जुसाक), 'द ब्वॉय इन द स्ट्राइप्ड पैजामाज़' (जॉन बायने), 'नम्बर द स्टार्स' (लुई लोरी), 'दोज हू सेव्ड अस' (जेना ब्लूम), 'दिस वे फ़ॉर द गैस, लेडीज एण्ड जेंटलमेन' (टाडिज़ बोरोब्स्की), 'आई विटनेस ऑश्वित्ज : थ्री ईयर्स इन द गैस–चैम्बर्स' (फ़िलिप मुलर) आदि लेखन होलोकास्ट पर हुआ है। होलोकास्ट पर काफ़ी कुछ लिखा गया है लेकिन जितना व्यापक यह हादसा था उसकी बनिस्बत इस पर आया साहित्य बहुत कम है। क्या जो कुछ हुआ उसे शब्दों में बाँधा जा सकता है?

7 मार्च, 2007 के 'परिकथा' में प्रकाशित आलेख का परिवर्तित–संशोधित रूप।

होलोकास्ट टाइमलाइन

30 जनवरी, 1933 : अडोल्फ़ हिटलर जर्मनी का चांसलर बना।

27 फ़रवरी : राइकस्टेज में आग लगा दी गयी, हिटलर इसके लिए कम्युनिस्टों को दोषी करार देता है।

20 मार्च : डचाऊ, पहला यातना शिविर बनाया गया।

27 मार्च : एक्ट पास करके हिटलर को सम्पूर्ण शक्ति दे दी गयी।

अप्रैल : यहूदियों की ऑफ़िसियल हत्या प्रारम्भ हुई।

2 अगस्त 1934 : राष्ट्रपति पॉल वोन हिंडरबर्ग की मृत्यु, राष्ट्रपति के ऑफ़िस का विलय कर हिटलर राइक का चांसलर तथा जर्मनी का फ़्युरर (लीडर) बन गया।

15 सितम्बर, 1935 : न्यूरेंबर्ग रेस कानून पारित हुआ, यहूदी जर्मनी के नागरिक नहीं रह गये।

6–15 जुलाई 1938 : 32 देशों के प्रतिनिधि फ्रांस के एविअन में यह तय करने के लिए मिले कि जो यहूदी जर्मनी छोड़ना चाहते हैं उनका क्या किया जाये। केवल डोमिनिक रिपब्लिक अतिरिक्त यहूदियों को रखने को राजी होता है।

28 अक्टूबर : जर्मनी में रह रहे हज़ारों यहूदियों को बहिष्कृत कर दिया गया। उन्हें पोलैण्ड तथा जर्मनी के बीच में शरणार्थी शिविरों में रहने के लिए बाध्य किया गया।

9–10 नवम्बर : 'क्रिस्टल नाइट' जर्मन सरकार ने देश भर में हज़ारों सिनॉगॉग, यहूदियों के स्टोर, व्यापार को नष्ट किया। 20,000 यहूदी आदमी–औरतें यातना शिविर में भेजे गये।

1 दिसम्बर : जर्मनी से पहली किंडरट्रांसपोर्ट ट्रेन निकली।

1 सितम्बर 1939 : जर्मनी पोलैण्ड में घुसा, द्वितीय विश्वयुद्ध प्रारम्भ हुआ।

सितम्बर 3 : ग्रेट ब्रिटेन ने जर्मनी के विरुद्ध युद्ध की घोषणा की।

अक्टूबर 1941 : पहली खेप के जर्मन तथा ऑस्ट्रियन यहूदी डिपोर्ट किये गये।

11 दिसम्बर : जर्मनी ने यूनाइटेड स्टेट्स के विरुद्ध युद्ध की घोषणा कर दी। नाजी जर्मनी के विरुद्ध मित्र राष्ट्रों ने अमेरिका का साथ देना तय किया।

20 जनवरी 1942 : वार्सा कॉन्फ्रेस में 'फ़ाइनल सोल्यूशन टू ज्युइश क्वेश्चन' की योजना बनाने के लिए नाज़ी ऑफ़िसर एकत्र हुए।

6 जून, 1944 : मित्र राष्ट्र सेना ने नोर्मैंडी में प्रवेश किया।

30 अप्रैल, 1945 : हिटलर ने आत्महत्या की।

7 मई : जर्मनी ने मित्र राष्ट्र सेना के समक्ष समर्पण कर दिया।

□□